F

Pour leMé

rite

Viktor Suworow

Marschall Schukow

Lebensweg über Leichen

Kriegstreiber Stalins
„Befreier“ von Berlin
Held der Sowjetunion

Pour le Mérite

Titelseite: Jirka Buder, unter Verwendung eines Fotos des DIZ/Süddeutscher Verlag

Aus dem Russischen übersetzt von Bernd Reimann

Die Deutsche Bibliothek – CIP-Einheitsaufnahme

Suvorov, Viktor:
Marschall Schukow : Lebensweg über Leichen / Viktor Suworow.
– Selent : Pour le Mérite, 2002
ISBN 3-932381-15-7

Einem großen Mann namens Lew gewidmet

ISBN 3-932381-15-7

Pour le Mérite-Verlag für Militärgeschichte
Postfach 52, D-24236 Selent

Gedruckt in Österreich

Kapitel 1

… ist heilig zu sprechen

„Unsere Toten lassen uns nicht im Stich in der Not …"[1]
W. Wyssotzki

1.

Ganz am Ende ihrer Geschichte stand die Sowjetunion ohne Helden da. Es zeigte sich, daß die Führer des Landes – ausnahmslos alle – eine Bande von Kriminellen und Halunken gewesen waren.

Verläßt man die astronomischen Höhen des Kreml und wirft einen genaueren Blick auf die bescheidenen Helden, an denen sich das Volk ein Beispiel nehmen sollte, so verliert auch hier das Heroische seinen Glanz.

Nehmen wir das legendäre Gefecht vom 16. November 1941 am Eisenbahnkreuzungspunkt Dubossekowo. Auf sowjetischer Seite standen 28 Soldaten der 4. Kompanie des 1075. Schützenregiments der 316. Schützendivision unter dem Kommando von Generalmajor I. W. Panfilow. Ihre Bewaffnung bildeten Gewehre, Granaten und Flaschen mit Brandsätzen. Es gab weder Panzer noch Artillerie. Die Deutschen verfügten über 54 Panzer, unterstützt von 20 Minenwerfer- und Geschützbatterien.

Die Worte, die Politleiter Dijew vor dem Gefecht an die Soldaten richtete, gingen um die ganze Welt: „Rußland ist groß, aber es gibt keinen Platz zum Zurückweichen – hinter uns liegt Moskau!" In heldenhaftem Kampf vernichteten Panfilows Soldaten zahlreiche Panzer, gaben dabei ihr Leben – bis zum letzten Mann, doch sie ließen den Feind nicht nach Moskau vordringen … Der Befehlshaber der Westfront, Armeegeneral Georgi Konstantinowitsch Schukow, veranlaßte ein Auszeichnungsgesuch. Auf Erlaß des Präsidiums des Obersten Sowjets wurde jedem der 28 Kämpfer posthum der Ehrentitel Held der Sowjetunion verliehen ...

Am Beispiel dieser Großtat sind wir alle erzogen worden.

Aber da gab es Unklarheiten. Sie tauchten bereits 1941 auf. Am 27. November 1941 berichtete die Armeezeitung *Krasnaja swesda* (Roter Stern), an der Spitze der 28 Helden habe Politleiter Dijew gestanden. Am 22. Januar 1942 wurde diese Funktion von der gleichen Zeitung einem Politleiter Klotschkow zugeschrieben. Versuche, beide Personen in einer summarischen Gestalt zu vereinen, zeitigten entgegengesetzte Ergebnisse: Der Held vervielfältigte sich. In die sowjetische Geschichtsschreibung ging er in vier Varianten ein: Dijew, Klotschkow, Klotschkow-Dijew und Dijew-Klotschkow.

Und wenn alle umkamen, bis zum letzten Mann, woher wissen wir dann, was der mutige Politleiter vor dem Gefecht sagte?

Es gab auch andere Ungereimtheiten – die noch viel erstaunlicher waren.

Nach dem Krieg befaßte sich die Militärstaatsanwaltschaft mit der Episode. Und dabei kamen wahrhaft phantastische Einzelheiten ans Licht. Vor allem eine: Hinter den Soldaten lag zwar Moskau, doch es gab noch Rückzugsräume. Denn in diesem Gefecht wurde das 1075. Schützenregiment aus seinem Frontabschnitt verdrängt. Was den Kommandeur und den Kommissar der Einheit die Dienststellung kostete.

Und noch ein Moment. Wenn die 4. Kompanie des 2. Bataillons vollkommen aufgerieben wurde und doch den Feind nicht durchließ, wenn vor den Schützengräben des 2. Bataillons zu Dutzenden deutsche Panzer brannten, dann hätte der Bataillonskommandeur Major Reschetnikow darüber Bericht erstatten müssen. Doch aus unerfindlichen Gründen tat er es nicht. Offenbar waren ihm die brennenden deutschen Panzer entgangen. Keinerlei Bericht über die militärische Großtat lieferten auch der Kommandierende des 1075. Schützenregiments, Oberst I. W. Koprow, der Kommandierende der 316. Schützendivision, Generalmajor I. W. Panfilow, und der Befehlshaber der 16. Armee, Generalleutnant K. K. Rokossowski. Von einigem Interesse ist darüber hinaus der Umstand, daß die Deutschen ebensowenig von diesem Gefecht wußten. Da lag die Frage nahe: Wenn keiner der Frontkommandeure Bericht erstattete, wie erhielt dann Moskau Kenntnis davon?

Als erstes vermeldete das Zentralorgan der Armee, *Krasnaja swesda*, die Großtat. Der Literatursekretär der Zeitung, A. J. Kriwitzki, beschrieb den heldenhaften Kampf, als sei er dabei gewesen. Aber war er wirklich Augenzeuge? In der Militärstaatsanwaltschaft stellte man Kriwitzki höflich die Frage, ob er sich am 16. November 1941 im Gebiet des Eisenbahnkreuzungspunktes Dubossekowo aufgehalten habe. Heraus kam: Besagter Genosse war zu besagter Zeit nicht in besagtem Kampfgebiet. Wäre er es gewesen, hätte er diese Hölle nicht lebend verlassen. Beim Verhör mußte Kriwitzki zugeben: Er hatte den November 1941 in Moskau zugebracht. Von der Heldentat erfuhr er durch den Militärkorrespondenten W. Korotejew, der bei den Truppen gewesen war. Wobei er sich allerdings nur bis zum Stab der 16. Armee an die vorderste Frontlinie heranwagte. Dort, im sicheren Windschatten des Stabes, hatte der brave Kriegsberichterstatter denn auch das Gerücht vom heldenmütigen Widerstand der Panfilow-Soldaten aufgeschnappt und wie eine geschwätzige Elster in die Redaktionsstuben der *Krasnaja swesda* weitergetragen.

Bei den Ermittlungen klärte sich auch die Herkunft der Zahlen, mit denen die Zeitung die Öffentlichkeit in ehrfürchtiges Staunen versetzt hatte. Die Statistik der Heldentat war so entstanden: Der Chefredakteur der *Krasnaja swesda*, D. Ortenberg, hatte Korotejew gefragt, wieviel Mann die heldenhafte Kompanie gezählt habe. Der antwortete: „30 bis 40." Man einigte sich auf 30. Aber die konnten nicht alle Helden gewesen sein. Das ging wirklich nicht. Es gab ja auch in der Sowjetarmee Negativbeispiele. Schließlich hatte der Oberste Befehlshaber, Genosse Stalin, in seinem Befehl Nr. 308 vom 18. September 1941 gefordert, „Feiglinge und Panikmacher mit eiserner Hand zu zügeln". Also hatten zwei Soldaten vor dem Gefecht die Hände gehoben und sich dem Feind ergeben wollen. Und waren, versteht sich, auf der Stelle von den eigenen Leuten erschossen worden. Mit eiserner Hand gezügelt sozusagen. Blieben also wieviel Helden übrig? Richtig, 28. Dann, nach einigem Überlegen, besann sich Ortenberg: Zwei Verräter, das war doch etwas viel – und strich einen. Aber die Zahl der Helden beließ man bei 28. Und wieviel Panzer hatten die Deutschen aufgeboten? Zwei auf jeden russischen Helden, einmal angenommen ... Macht also 56. Die reduzierte der Chefredakteur – wieder nach einigem Nachdenken – um zwei. Das klang glaubhafter. Mit den Jahrzehnten verringerte sich ihre Zahl sogar auf 18. Aber auch das war reine Zahlenakrobatik. Man teilte einfach 54 durch 3. Hätten unsere glorreichen Ingenieure der menschlichen Seelen noch weiter so tapfer geteilt und subtrahiert, wären sie schließlich dicht bei der Wahrheit gelandet.

Im Zuge der Ermittlungen kamen peinliche Dinge zutage, die man besser schnell vergaß. Deshalb hängte die Militärstaatsanwaltschaft die Angelegenheit nicht an die große Glocke. Man hätte die Schreiberlinge bestrafen und dem Chefredakteur einen Denkzettel verpassen können. Aber die Ruhmestat der Panfilow-Soldaten war bereits in Enzyklopädien und Schulbücher eingegangen, in Granit gehauen, mit ehernen Lettern in der Geschichte des Krieges verewigt als eine seiner eindrucksvollsten Episoden. Außerdem gab es da eine Verbindung zu G. K. Schukow, Marschall der Sowjetunion. Hatten die Schreiberlinge des Guten zuviel getan? Das machte nichts weiter. Schließlich war die ganze Geschichte der Sowjetunion ausgedacht. Aber ohne Schukow wäre die Ruhmestat der Panfilow-Soldaten nichts anderes geblieben als eine Spielart der Mär vom heldenhaften Kosaken Kosma Krjutschkow, über den man sich im Ersten Weltkrieg derart erstaunliche Geschichten erzählte, daß sie nach Geist und Sinn den tollkühnen Abenteuern des Barons Münchhausen nahekamen. So soll er gleich sieben Deutsche auf ein Bajonett gespießt haben. Die 28 Panfilow-Soldaten wären Brüder des Kosaken Kosma Krjutschkow geblieben. An solchen Geschichten ist schließlich nichts Schlechtes. Hat doch auch der Dichter Alexander Twardowski ein Poem darüber verfaßt, wie der russische Soldat Wassili Tjorkin morgens aufs Feld geht und sieht: Nicht weniger als tausend deutsche Panzer donnern auf ihn zu! Klar, was so ein richtiger russischer Soldat ist, der verliert natürlich auch da nicht die Nerven ... Für dieses muntere Fabulieren liebte das Frontvolk Twardowski und den von ihm erfundenen Soldaten Wassili Tjorkin, der aus jedem Schlamassel als Sieger hervorgeht. Alle wußten: Das war Flunkerei, ein fröhliches Heldenmärchen. Doch Schukow erhob die Geschichte von den 28 Panfilow-Soldaten von einem Frontgerücht, einer Zeitungsente in den Rang realer Ereignisse. War er es doch, der bei jeder Gelegenheit prahlte: Wo ich bin, da ist der Sieg! Wo ich auftauche, bleibt jeder deutsche Angriff stecken! Unter meinem Kommando stirbt man, aber man ergibt sich nicht! Im Dezember 1941 las ein Untergebener des Marschalls in der *Krasnaja swesda* die Erzählung von der phantastischen Heldentat der 28 Soldaten und erstattete Schukow Bericht. Der gab Befehl, eine Liste der Gefallenen zusammenzustellen – derjenigen, die an diesem legendären Gefecht hätten beteiligt gewesen sein können –, und schlug sie zur Auszeichnung vor. Alle, die in dieser Liste standen, erhielten die hohen Ehrungen posthum. Schukow verlieh der erstaunlichen Geschichte als erster offiziellen Klang. Nach dem Erlaß des Obersten Sowjets wurde die Frucht journalistischer Geschwätzigkeit zum realen Ereignis. Obwohl nicht alle, deren Namen sich in der Liste fanden, wirklich im Gefecht ums Leben kamen. Als Helden aufgezählt wurden auch einige, die freiwillig zur Hitlerarmee übergelaufen waren und dort treue Dienste leisteten.

Die Geschichte von den 28 Panfilow-Soldaten war so schlecht zusammengezimmert, daß sie beständig das Interesse von Wissensdurstigen weckte, die die Wahrheit ergründen wollten. Lange vor Glasnost und Perestroika unterzog W. Kardin in der Literaturzeitschrift *Nowy mir* (Neue Welt) die ganze Heldensaga einer gnadenlosen Analyse. B. Sokolow, W. Ljuletschnik und andere taten es ihm nach. Dann folgte eine förmliche Sturzflut von Veröffentlichungen – und die Episode fiel aus den Ruhmesblättern der Kriegsgeschichte heraus.

2.

An der Arbeitsfront hatte man sich ein Beispiel an dem Bergmann Alexej Stachanow zu nehmen. Seine Planvorgabe: sieben Tonnen Kohle pro Schicht. Und da kommt er doch in der Nacht zum 31. August 1935 daher und bringt es auf sage und schreibe nicht sieben, sondern 102 Tonnen! Was eine ganze Stachanow-Bewegung in Gang setzte: Diejenigen, die ihm nacheiferten, wollten zehn Normen in einer Schicht schaffen! Zwanzig! Die Propaganda nannte sie Stachanow-Arbeiter, im Volk hießen sie Stachanow-durch-die-Gurgel-Leiter. Die Leute wußten, daß hier nicht alles sauber war. Jahrzehnte später kamen auch die Einzelheiten dieser „Heldentat" ans Licht. Stachanow hatte tatsächlich 102 Tonnen Kohle gehauen. Wobei man allerdings in der Rekordschicht allen anderen Hauern die Preßluft abschaltete, damit in Stachanows Abbauhammer der Druck nicht fiel, und den Arbeitsrhythmus des gesamten Schachts auf den Kopf stellte, um den Enthusiasmus des Bestarbeiters nicht zu bremsen. Die von Stachanow gehauene Kohle mußte vor Ort abtransportiert werden – also her mit den Loren! Und die so schnell wie möglich raus aus dem Schacht! Alle anderen Brigaden konnten warten.

Es gab auch noch andere Zauberkunststücke. Der Obertrick aber war die Statistik. Alles hängt davon ab, wie man etwas berechnet. Ein Häuer arbeitet nicht allein. Die gehauene Kohle muß beräumt, in Loren verladen und abtransportiert werden, es sind Stempel zu schleppen, die Stollenwände abzustützen. Verteilt man die von einem Häuer gehauene Kohle auf alle, die ihm helfen und seine Arbeitsleistung sichern, so ergibt das eben jene sieben Tonnen pro Nase. In der Rekordschicht kam jedoch eine andere, progressivere Erfassungsmethode zur Anwendung. Alle von Stachanow gehauenen Tonnen wurden ihm allein angerechnet, die gesamte Fördermenge galt als seine persönliche Leistung. Diejenigen, die die Kohle beräumt, verladen und abtransportiert hatten, diejenigen, die den von Stachanow vorangetriebenen Stollen befestigten, erschienen in einer anderen Spalte. Auf sie fiel keine Tonne ab. So kam ein Rekord zustande, der in der gesamten Sowjetunion seinesgleichen suchte.

Stachanows Heldentat an der Arbeitsfront – die übliche sowjetische Mogelei. Und sein Glorienmantel – nichts weiter als des Kaisers neue Kleider.

Auch die anderen Helden, einen Rang tiefer als die Panfilow-Soldaten und die Stachanow-Bestarbeiter, waren in Wirklichkeit getürkt. Aus der Propagandadecke über so mancher Großtat spießten allenthalben spitze Kanten, wenn nicht gar Eselsohren hervor. Die Leute lachten, erfanden Witze und haarige Spottverse über die Papieridole.

Die Sache auf den Punkt gebracht: Ich will nicht sagen, daß es im Krieg kein massenhaftes Heldentum gab. Mir geht es um etwas anderes. Das russische Volk ist mutig. Und hat vieles geleistet, für das man ihm nur Bewunderung zollen kann. Aber der Agitpropmaschine war aus bestimmten Gründen daran gelegen, ins wahrhaft Legendäre reichende Heldentaten auszumalen, sprich: zu erfinden. Unsere Agitatoren und Propagandisten zog es aus bestimmten Gründen zu getürkten Geschichten. Die flogen unvermeidlich auf mit der Zeit, und nun steht das Land ohne Helden da.

Und die Ideologen haben ein Problem: An wem soll sich das Volk ein Beispiel nehmen? An dem Syphilitiker Lenin oder der „Jungen Garde", jener Partisanenorganisation, die der Feder des Schriftstellers Konstantin Fadejew entsprang? Die Kopfgeburt eines Hirns, das von zu viel Alkohol durchtränkt war.

Da mußte dringend ein neues Idol her, das sich auf den Granitsockel heben ließ. Die Führer dachten nach und beschlossen: Schukow! Wer denn sonst? Schukow – der Retter des Vaterlandes, das große Genie auf dem weißen Hengst!

So entstand ein neuer Personenkult.

3.

Erfahrung im Entfachen von Kulten hatte die Sowjetunion mehr als genug. Der Schukow-Kult wurde geschickt und schnell in Szene gesetzt. Legenden, eine schöner als die andere, rankten sich um den Militär.

Der Marschall des Großen Sieges! Schukow hat in seinem Leben keine einzige Niederlage hinnehmen müssen! Wo Schukow war, da war der Sieg! Schukow brauchte nur einen einzigen Blick auf die Karte zu werfen, um die Situation richtig einzuschätzen, die Intention des Gegners zu durchschauen! Sogar zu so etwas verstieg man sich: Ach, wenn Schukow doch noch lebte![2]

Die Genossen im Kreml sind sich nicht sicher: Sollen sie Lenin nun begraben oder als Anschauungsmaterial aufbewahren? Dabei zerbrechen sie sich ganz umsonst den Kopf. Man kann Lenins Leiche seelenruhig aus dem Mausoleum tragen. Der Kult um Marschall Schukow hat den Leninkult bereits zuverlässig ersetzt und verdrängt. Das blutige Idol Schukow auf dem Bronzeroß mit dem – für ein bestimmtes Geschäft – erhobenen Schweif paßt unserem Volk weitaus besser in den Kram als das Idol mit der unsauberen russischen Aussprache, das unter einem ärmlichen Heuschober im Finnischen seine Zeit abwartete.

Und schon geht im Lande das Gerücht um, Marschall der Sowjetunion Georgi Konstantinowitsch Schukow habe für seine Großtaten keine entsprechende Würdigung erfahren. Er war ja nur vierfacher Held der Sowjetunion. Und davon gab es unter den sowjetischen Heerführern mehr als einen. Der zweite ist Marschall der Sowjetunion Leonid Iljitsch Breschnew.

Deshalb (um Schukow ein wenig über das Feldherrngenie Breschnews zu erheben) wird vorgeschlagen, letzterem seine vier Heldenorden zu belassen, Schukow jedoch posthum einen fünften Stern zu verleihen und damit zum fünffachen Ordens-Champion zu machen.

Das ist freilich immer noch zu wenig. Ein anderer Vorschlag lautet, den Rang „Generalissimus Rußlands“ einzuführen und Schukow ebenso posthum zuzuerkennen.[3] Das ist bei uns in Rußland gang und gäbe: Wir ehren die Toten nicht nur, sondern beraten uns mit ihnen, erbitten ihre Hilfe und Fürsprache, nehmen sie in unsere Arbeitskollektive und Truppeneinheiten auf, stellen ihnen Parteibücher aus mit der Nummer 00000001, verleihen ihnen Orden und Ehrentitel und möchten sogar, daß sie uns die Richtigkeit des gewählten Weges bestätigen. Ich hoffe, meine Landsleute erinnern sich noch an die Zeiten, als Zuträger und Henker im Ruhestand nach dem dritten Glas schluchzten: „Ach, wenn doch Lenin noch leben würde!“, als an jeder Wand die posthume Ermunterung des unsterblichen Führers prangte: „Ihr beschreitet den richtigen Weg, Genossen!“ Der tote Lenin mußte also sehen, wohin wir gehen, und es aus seinem Jenseits gutheißen: Weiter so! Uns regierte ein Toter.

Hier ist allerdings einzuräumen, daß uns einige Freunde in Sachen Unterordnung unter Tote überholt hatten, einen Schritt voraus waren. Nur ein Beispiel. In der Koreanischen Volksdemokratischen Republik bleibt der Posten des Präsidenten auf ewig dem dahingegangenen führenden Genossen Kim Ir Sen vorbehalten. Ein toter Präsident an der Spitze eines Landes! Ein Land, regiert von einem Toten. Der aus dem Grab den Kurs bestimmt. Aus dem Jenseits Anweisungen schickt. Und wir, um nicht zurückzubleiben auf diesem Gebiet, erheben Schukow in den Rang eines ewig Lebenden unter Anrechnung der posthumen Dienstjahre und Beförderung in die nächstfälligen Dienstränge.

Doch selbst diese hohe Ehre scheint Schukows Bewunderern nicht genug. Deshalb gibt es das Ansinnen, ihn noch weiter nach oben zu befördern. In den Himmel eben. So unterbreitet „der überzeugte, rechtgläubige Atheist“ W. Deberdejew, Mitglied des Verbandes der Journalisten Rußlands, den Vorschlag, Georgi Konstantinowitsch Schukow in den Kreis der Heiligen der Russisch-Orthodoxen Kirche aufzunehmen.[4]

Das Verzwickte daran ist, daß es bereits einen Heiligen Georgi gibt. Der Vorschlag des Genossen Deberdejew liefe folglich darauf hinaus, diesen zu doublieren. Dann gäbe es zwei. Der erste wäre einfach der Heilige Georgi, der zweite, nicht ganz so schlicht – der heilige Georgi Konstantinowitsch. Wie sollte man die beiden sonst unterscheiden? Wo sie doch beide auf einem weißen Pferd sitzen …

Noch ist Schukow nicht heiliggesprochen, da läßt sein ehemaliger Leibwächter – sein „Zugeordneter“, wie es bei ihnen so schön heißt – schon den

Ruf über das Land schallen: Geheiligt werde sein Name! Zu Papier gebracht in Großbuchstaben und Fettdruck, nachzulesen in der *Krasnaja swesda* vom 30. November 1996. Und die *Krasnaja swesda* vom 1. März 1997 fällt in das gleiche Motiv ein: „die erhabene Aureole, ja sogar gewisse Heiligkeit" des Marschalls.

Unangenehm berührt daran folgendes: Genosse Deberdejew, der Schukow in den Rang eines Heiligen erhoben wissen will, glaubt selber weder an Teufel noch an Heilige. Und macht daraus auch gar keinen Hehl. Eine bekannte Situation, die uns schon einmal Hals und Beine gebrochen hat: Das ganze 20. Jahrhundert lang wurden wir von Hochstaplern aller Couleur beschwatzt und gezwungen, an etwas zu glauben, an das sie selbst nicht glaubten.

Und um nicht wieder Gefahr für Leib und Leben zu laufen und einen Scherbenhaufen anzurichten, sollten wir uns ins Gedächtnis rufen, was diejenigen über den Heiligen Georgi in spe sagten oder schrieben, die ihn besser gekannt haben als wir. Hören wir nicht auf die modernen Schreiberlinge, sondern auf Schukows Zeitgenossen, seine Kommandeure, Mitstreiter und Untergebenen.

4.

Der Generalissimus der Sowjetunion Jossif Wissarionowitsch Stalin: „Marschall Schukow hat jegliche Bescheidenheit verloren und, fortgerissen von persönlichem Ehrgeiz, die Ansicht vertreten, seine Verdienste würden ungenügend gewürdigt, wobei er in Gesprächen mit Untergebenen sich selbst die Ausarbeitung und Durchführung aller grundlegenden Operationen des Großen Vaterländischen Krieges zuschrieb, einschließlich derjenigen, zu denen er keinerlei Beziehung hatte."[5]

Die Marschälle der Sowjetunion N. A. Bulganin und A. M. Wassilewski waren mit der Ansicht des Genossen Stalin völlig einverstanden. Mehr noch: Sie hatten diese Worte selbst geschrieben und am 8. Juli 1946 Stalin den Entwurf des Befehls über Schukow zugeleitet. Der Text des Befehls und ein Faksimile des Bulganin-Wassilewski-Briefes an Stalin können nachgelesen werden.[6] Stalin stimmte dem vorbereiteten Text zu und unterzeichnete den Befehl.

Der Marschall der Sowjetunion K. K. Rokossowski kannte Schukow ein halbes Jahrhundert lang persönlich. Er war anfangs Schukows Befehlshaber gewesen. Und hatte ihn zur Beförderung vorgeschlagen.

Das kam so: 1930 kommandierte Rokossowski die 7. Samara-Kavalleriedivision „Englisches Proletariat". Schukow unterstand die 2. Brigade dieser Division. Nachfolgend ein Auszug aus der Attestation Schukows, die Rokossowski am 8. November 1930 unterschrieb: „Besitzt einen erheblichen Anteil Starrsinn. Krankhaft ehrgeizig."[7]

Schukows ungezügelte Selbstgefälligkeit verband sich mit Alkoholismus, dem Hang zu sexueller Ausschweifung und unmenschlicher Grausamkeit. Diese Eigenschaften treffen sehr oft zusammen: Ein Wüstling ist fast immer auch ein Sadist und ein Sadist fast immer auch ein Wüstling. In der Roten Armee gehörten Beschwerden und Klagen nicht zur Tagesordnung, doch Schukows Brutalität übertraf jedes Maß des Üblichen. Rokossowskis Aussagen wurden 25 Jahre lange von den Kommunisten vor der Öffentlichkeit geheimgehalten. Jetzt konnten sie erscheinen. Und sind erdrückend. Rokossowski beschreibt die Atmosphäre wilder Nervosität, die in Schukows Truppe herrschte. Die Brigade zitterte wie im Fieber. Ordnung konnte erst einziehen, wenn Schukow nicht mehr an ihrer Spitze stand. Er mußte „fortgelobt" werden. Rokossowski schreibt: „Bei der Division gingen Beschwerden ein, die Führung mußte sich damit auseinandersetzen. Versuche, auf den Brigadekommandeur einzuwirken, hatten keinen Erfolg. Deshalb sahen wir uns gezwungen, zur Gesundung des Klimas in der Brigade G. K. Schukow in eine höhere Dienststellung ‚zu befördern'."[8]

Schukow wurde nach Moskau geschickt – als Gehilfe des Kavallerie-Inspekteurs der Roten Armee. Schukow stieg nicht auf, weil er ein sehr guter Kommandeur war, sondern weil man die Lage entspannen, die Brigade von einem Sadisten befreien mußte – um jeden Preis, und sei es durch die Beförderung in eine höhere Dienststellung.

In der Roten Armee stand Grausamkeit hoch im Kurs. Ein sadistischer Kommandeur wurde mit Gold aufgewogen. Schukows Brutalität allerdings ging über die Grenzen des Erwünschten hinaus.

Ein Jahr später, am 31. Oktober 1931, schreibt S. M. Budjonny, Mitglied des Revolutionären Militärrates der UdSSR und Kavallerie-Inspekteur der Roten Armee eine Attestation über Schukow. Budjonny urteilt, Schukow sei ein unerschütterliches Mitglied der Partei, neige jedoch zu übermäßiger Brutalität.[9]

Die nächste Stufe der Karriereleiter: Schukow wird Kommandeur der 4. Kavalleriedivision. „S. M. Budjonny erwähnte mehrfach, wie Schukow das Divisionskommando übernahm und betont streng in Aussicht stellte, darin Ordnung schaffen zu wollen."[10] Semjon Budjonny rutschte selbst sehr oft die Hand aus. Auch er tat sich in dieser Hinsicht keinen Zwang an. Wofür es genügend Beweise gibt. Und natürlich schlug der Kavallerie-Inspekteur nicht die Soldaten – er schlug die Kommandeure. Doch Schukows Stil war selbst für ihn unannehmbar.

In Schukows Attestation schreibt der Befehlshaber des Belorussischen Militärbezirks, Korpskommandeur[11] M. P. Kowaljow, was nun bereits nicht mehr neu war: „Es gab Fälle von Grobheit im Umgang mit Untergebenen, wofür Genosse Schukow auf der Parteilinie einen Verweis erhielt."[12]

Im Januar 1943 war Marschall der Sowjetunion A. I. Jeremenko Generalleutnant und Befehlshaber der Stalingrader Front. Am 19. Januar 1943 trägt er in sein Tagebuch ein: „Schukow, dieser Usurpator und Grobian, hat mich ganz schlecht behandelt, einfach unmenschlich. Er hat alle auf seinem Weg zertreten ... Ich habe schon mit Genossen Schukow gearbeitet, kenne ihn wie meine Westentasche. Ein furchtbarer, beschränkter Mensch. Ein Karrierist höchster Güte."[13]

Und die Meinung des Marschalls der Sowjetunion M. W. Sacharow: „Es entstand eine denkbar gespannte Atmosphäre. Unter diesen Bedingungen war Marschall Schukow, der die Kampfhandlungen der 1. und der 2. Ukrainischen Front koordinierte, nicht imstande, das Zusammenwirken der Truppen, die den Ansturm des Feindes abwehrten, exakt genug zu organisieren, und wurde vom Hauptquartier nach Moskau abberufen."[14]

Ein Telegramm Stalins bestätigt die Aussagen Marschall Sacharows: „Ich muß Sie darauf hinweisen, daß ich Ihnen die Aufgabe übertragen habe, die Handlungen der 1. und 2. Ukrainischen Front zu koordinieren, währenddessen zeigt Ihr heutiger Bericht, daß Sie ungeachtet aller Brisanz der Lage unzureichend über die Situation informiert sind: Sie wissen nicht, daß der Gegner Chilki und Nowa-Buda eingenommen hat; Sie haben keine Kenntnis von Konews Entscheidung, 5. Gkk und Pk Rotmistrow einzusetzen, um den durchgebrochenen Gegner zu vernichten ..."

Es geht hier nicht um beliebige Dörfer, die die Deutschen besetzen konnten, sondern um einen der dramatischsten Momente des Krieges. Im Februar 1944 hatten am rechten Dnepr-Ufer zwei sowjetische Fronten eine starke Gruppierung der deutschen Truppen eingeschlossen. Die Aufgabe der deutschen Führung bestand darin, aus dem Belagerungsring herauszugelangen. Die Aufgabe der sowjetischen Führung war genau umgekehrt – den Gegner nicht ausbrechen zu lassen. Doch im Kampfgebiet agierten zwei sowjetische Fronten, zwei Stäbe, zwei Befehlshaber – Armeegeneral I. S. Konew und Armeegeneral N. F. Watutin. Jeder deutete die Situation aus seiner Sicht, traf seine eigenen Entscheidungen. Die Handlungen der beiden Fronten von Moskau aus zu koordinieren, war außerordentlich schwierig. Die Situation konnte schnell umschlagen. In den Stäben der beiden Fronten mußte jede Meldung vorbereitet, chiffriert und nach Moskau abgesetzt, dort dechiffriert und ausgewertet, sodann der gefaßte Beschluß wiederum chiffriert und übermittelt werden. Während man noch über der Dechiffrierung saß, änderte sich die Situation möglicherweise grundlegend und der Befehl lief der neu eingetretenen Lage zuwider. Stalin konnte Moskau nicht verlassen. Er hatte nicht nur am rechten Dnepr-Ufer Probleme. Deshalb schickt er seinen Stellvertreter Schukow in das Kampfgebiet. Beide Fronten sind Schukows Befehl unterstellt. Es kommt der entscheidende Moment der Auseinander-

So begrüßte die Bevölkerung der westlichen Ukraine im Sommer 1941 die deutsche Armee. Hatte sie in den knapp zwei Jahren Sowjetherrschaft erfahren müssen, was kommunistische Macht wirklich bedeutet, so empfand sie das Einrücken von Hitlers Armee als ersehnte Befreiung vom Terror Stalins und Schukows.

setzung: Der Gegner beginnt den Durchbruch. Stalin in Moskau weiß davon. Er weiß, daß der Durchbruch der deutschen Heeresgruppierung erfolgreich verläuft. Er weiß, in welchem Frontabschnitt die Divisionen der Deutschen durchbrechen. Während Schukow, der sich im Kampfgebiet aufhält, überhaupt nichts weiß und Stalin Meldung macht, es gäbe keine ernsthaften Vorkommnisse.

Eine Eigentümlichkeit in Stalins Telegramm verdient Beachtung. Das Kavalleriekorps erwähnt er mit der Ordnungsnummer 5. Gkk, also 5. Gardekavalleriekorps, das Panzerkorps hingegen mit dem Namen des Kommandeurs Pk Rotmistrow, also Panzerkorps Rotmistrow. Warum? Weil selbst in chiffrierten Telegrammen die Dinge nicht beim Namen genannt wurden. Häufig bediente man sich solcher Wendungen wie „die Ihnen bekannte Stadt halten", „auf Höhe des Ihnen bekannten Flusses vorstoßen". Statt der Familiennamen der Oberkommandierenden wurden Pseudonyme gesetzt. Beispielsweise „Wassiljew" für Marschall Wassilewski. Leicht zu erraten? Mitnichten. Denn die Pseudonyme wechselten häufig und ohne System. Heute war „Wassiljew" Marschall Wassilewski, morgen aber Stalin selbst. Gestern stand „Konstantinow" für Marschall Schukow, morgen konnte es für Rokossowski stehen. Dafür würde Schukow unter dem Pseudonym „Jurjew" arbeiten, Rokossowski zu „Kostin" und Stalin zu „Iwanow" werden.

Mit dem gleichen Ziel wechselten auch die Benennungen der wichtigsten Truppenverbände. Im Februar 1944 spricht Stalin vom „Panzerkorps Rotmistrow", dabei existierte seit genau einem Jahr kein solches Korps in der Roten Armee mehr, sondern es gab die 5. Gardepanzerarmee Rotmistrows. Pawel Alexejewitsch Rotmistrow war ein Liebling Stalins. Im Februar 1943 war er Generalleutnant der Panzertruppen, im Februar 1944 – in dem Moment also, von dem hier die Rede ist – bereits Marschall. Stalin spricht in dem chiffrierten Telegramm nicht davon, daß die 5. Gardepanzerarmee des Marschalls der Panzertruppen P. A. Rotmistrow in die Kampfhandlungen eingezogen wurde. Er dämpft den Klang, spricht vom „Panzerkorps Rotmistrow". Wer sich auskannte, verstand das schon richtig.

Also: Um den Ausbruch des Gegners aus dem Ring zu verhindern, hatte der Befehlshaber der 2. Ukrainischen Front, Armeegeneral I. S. Konew, die 5. Gardepanzerarmee und das 5. Gardekavalleriekorps in das Gefecht geführt. Stalin in Moskau weiß das. Schukow hingegen, der sich im Kampfgebiet aufhält und Befehl hat, die Handlungen der beiden Fronten zu koordinieren, weiß nichts davon. Und der Oberste Befehlshaber weist seinen Stellvertreter Schukow in dem Telegramm darauf hin, daß dieser keine Ahnung hat von der Lage und den übertragenen Aufgaben nicht gerecht wird.

Der Kürze halber habe ich nur einen Ausschnitt des Stalinschen Telegramms angeführt. Der Rest spricht dieselbe Sprache. Und es gab noch ein weiteres, im gleichen Duktus gehaltenes Telegramm Stalins an Schukow. Danach befahl Stalin seinem Stellvertreter, nach Moskau zurückzukehren: Er nützte ohnehin nichts im Kampfgebiet. Und wenn die Kommunisten behaupten, Schukow habe keine einzige Schlacht verloren, empfehle ich ihnen, an das Gefecht am rechten Dnepr-Ufer im Jahre 1944 zu denken. Die starke gegnerische Gruppierung war ohne Schukow eingekreist worden. Er brauchte die Eingeschlossenen nur im Belagerungsring festzuhalten. Bei dieser Aufgabe versagte er und ließ die Operation kläglich scheitern: Ein großer Teil der Eingeschlossenen deutschen Truppen entkam der Mausefalle und zog ungehindert ab.

Der Marschall der Sowjetunion S. S. Birjusow äußert sich wie folgt: „Von dem Moment an, wo Genosse Schukow den Posten des Verteidigungsministers übernahm, wurden die Bedingungen im Ministerium unerträglich. Schukow hatte nur eine Methode – zu unterdrücken.“[15]

S. K. Timoschenko, ebenfalls Marschall der Sowjetunion, kannte Schukow seit Anfang der dreißiger Jahre. Damals war Timoschenko Kommandeur des Korps, in dem Schukow ein Regiment befehligte. Hier seine Meinung: „Ich kenne Schukow gut aus dem langen gemeinsamen Dienst, und ich muß offen sagen, daß ihm die Tendenz zu unbegrenzter Macht und das Gefühl der persönlichen Unfehlbarkeit gleichsam im Blut liegen. Ich sage es unverhohlen, er ist nicht nur ein oder zwei Mal zu weit gegangen, und beständig hat man ihn, angefangen beim Regimentskommandeur und noch höher, deshalb auseinandergenommen.“[16]

Und der Hauptmarschall der Fliegerkräfte A. A. Nowikow urteilt: „Im Hinblick auf Schukow möchte ich vor allem sagen, daß er ein überaus machtbesessener und ehrgeiziger Mensch ist, Ruhm und Ehren sehr liebt, es gern hat, wenn man vor ihm liebedienert, und Widerspruch nicht ausstehen kann.“[17]

Aufschlußreich ist auch die Position des Marschalls der Sowjetunion F. I. Golikow. Er hatte sich bereits 1946 über Schukow geäußert. „Harsche Kritik an Schukow übte auch Golikow. Er warf Schukow Unbeherrschtheit und Grobheit gegenüber Offizieren und Generälen vor.“[18] Im Oktober 1961 erklärte Marschall Golikow in aller Öffentlichkeit, Schukow sei die lebende Verkörperung der literarischen Gestalt des berüchtigten Unteroffiziers Prischibejew. Und das vor den Delegierten des XXII. Parteitags, auf dem Delegationen von fast 100 kommunistische Parteien und Journalisten aller führenden Nachrichtenagenturen der Welt vertreten waren!

Der Marschall der Sowjetunion I. S. Konew wählte die Parteizeitung *Prawda* (vom 3. November 1957), um zu sagen, was er über Schukow dachte. Die Sowjetunion bereitete sich gerade wieder auf ein „großes Jubiläum“ vor, nämlich den 40. Jahrestag der kommunistischen Machtergreifung, es hagelte Orden und Medaillen – für diejenigen, die sie verdient hatten, und für solche, die weniger ...

In dieser Zeit kommt Konew und verpaßt Schukow einen vernichtenden Schlag! Allen Verehrern Marschall Schukows empfehle ich sehr, diese *Prawda*-Ausgabe herauszusuchen. Und zu lesen. Nichts hat Konew Schukow vergessen: nicht den Kursker Bogen, nicht Berlin, und auch nicht jene Episode am rechten Ufer des Dnepr, als Stalin von Moskau aus die Situation im Blick hatte, während Schukow im Kampfgebiet überhaupt nichts sah.

Marschall Konew beschrieb Schukow als geistlosen, unfähigen Söldling und Spitzbuben. Ich weiß nicht, ob Konews Artikel ein Auftragswerk war oder sich der Marschall persönlich bemüßigt fühlte, jedenfalls hat er später nichts zurückgenommen und keine Reue gezeigt. Doch selbst wenn Konew etwas zu dick aufgetragen haben sollte, was machen wir mit den anderen Beweisen? Die gesamte oberste Militärführung des Landes, alle, die auf ihren Schulterstücken Sterne erster Größenordnung trugen, waren gegen Schukow: Generalissimus Stalin, die Marschälle der Sowjetunion Bulganin, Wassilewski, Jeremenko, Konew, Sacharow, Golikow, Rokossowski, Timoschenko, Birjusow. Wer will, findet leicht auch Belege für die erklärtermaßen negative Haltung sämtlicher übriger Marschälle der Sowjetunion zu Schukow. Budjonny, Woroschilow, Tschuikow, Goworow, Sokolowski, Gretschko, Moskalenko, Flottenadmiral Kusnezow – alle waren sie gegen ihn.

Gehen wir einen Rang tiefer und hören wir uns die Meinung eines Vier-Sterne-Generals an. Der Held der Sowjetunion Armeegeneral G. I. Chetagurow charakterisiert Schukow so: „Maßlos grob, bis zur Verletzung menschlicher Gefühle.“[19] 1944 war Chetagurow Stabschef der 1. Gardearmee. Ihn zu schlagen, wagte Schukow nun doch nicht, beschimpfte ihn aber unflätig. Worauf Chetagurow etwas erwiderte. Einen Rangniederen hätte Schukow auf der Stelle erschossen. Aber Chetagurow war immerhin Stabschef der besten Armee. Klar, daß er aus dieser Dienststellung flog und ernannt wurde zum – Divisionskommandeur. Praktisch den ganzen Krieg hatte Chetagurow als Stabschef der Armee mitgemacht, dazu noch an den wichtigsten Schauplätzen – 1941 bei Moskau, 1942/43 bei Stalingrad. Und nun, wo der Krieg seinem Ende entgegenging, wurde ein General mit diesem Erfahrungsschatz von Schukow gleich drei Stufen tiefer – nicht zum Korpskommandeur und nicht zum Stabschefs eines Korps, sondern zum Divisionskommandeur „befördert“. Während die Generäle, die sich Schimpftiraden und Schläge gefallen ließen, bei Schukow aufstiegen.

Wir können noch weiter hinuntergehen. Generalleutnant A. A. Wadis, der Leiter des Militärischen Abwehrdienstes SMERSCH der Gruppe der sowjetischen Besatzungstruppen in Deutschland, meldet im August 1945 auf dem

Dienstweg: „Schukow ist grob und anmaßend, streicht seine Verdienste heraus, an den Straßen hängen Plakate ‚Ruhm sei Marschall Schukow'."[20]

Gibt Ihnen nicht zu denken, daß alle, die Schukow persönlich kannten, dieselben Worte wiederholen?

Ich habe viele Belege zusammengetragen. Wollte ich sie alle veröffentlichen, müßten Sie bis zur letzten Seite dieses Buches nur Zitate über den Leuteschinder Unteroffizier Prischibejew – im Unterschied zu Tschechows literarischem Vorbild allerdings mit Marschall-Schulterstücken – lesen.

Wenn Sie dem Generalissimus, den Marschällen, Generälen und Admirälen nicht glauben, lassen wir die Soldaten zu Wort kommen. Sie hatten für Schukow nur eine Bezeichnung: Mjasnik, der Fleischer.

5.

Der Einsatz der Fäuste war auf der Generalsebene und sämtlichen darunterstehenden Diensträngen der Roten Armee ebenso verbreitet wie Diebstahl und Alkoholismus. Nur ein Beispiel: Im Herbst 1941 wird der Sekretär des ZK der AKP (B)[21] Belorußlands, Gapenko, zum Mitglied des Militärrates der 13. Armee der Brjansker Front ernannt. Er schickt ein Telegramm an Stalin, in dem er über eine Belehrung des Militärrates durch den Befehlshaber der Brjansker Front, Generalleutnant A. I. Jeremenko, berichtet. In dem Telegramm findet auch Generalleutnant M. G. Jefremow – der Stellvertreter des Frontkommandeurs – Erwähnung. „Ohne irgend etwas zu fragen, begann Jeremenko, dem Militärrat Feigheit und Preisgabe der Heimat vorzuhalten. Auf meine Bemerkung hin, man solle besser nicht mit solch schwerwiegenden Anschuldigungen um sich werfen, stürzte sich Jeremenko mit den Fäusten auf mich und versetzte mir mehrere Schläge ins Gesicht, wobei er mir mit Erschießung drohte. Ich erklärte, erschießen könne er mich, doch die Würde eines Kommunisten, eines Deputierten des Obersten Sowjets anzutasten, habe er kein Recht. Da zog Jeremenko seine Mauser, aber das Eingreifen Jefremows hinderte ihn zu schießen. Nun bedrohte Jeremenko Jefremow. Während dieser ganzen unsäglichen Szene schrie Jeremenko hysterisch Beschimpfungen, und als er sich dann etwas beruhigt hatte, begann er zu prahlen, er habe – angeblich mit Stalins Billigung – mehrere Kommandeure verprügelt und einem sogar den Kopf eingeschlagen."[22]

Wenn ein Generalleutnant, der Befehlshaber einer Front, einem Sekretär des Zentralkomitees der Kommunistischen Partei Belorußlands und Mitglied des Militärrates der 13. Armee ins Gesicht schlagen, wenn er den eigenen Stellvertreter, ebenfalls im Range eines Generalleutnants, bedrohen kann, was konnte er sich dann erst erlauben mit irgendeinem Generalmajor, der nur eine Division oder ein Korps befehligte? Alles. Er konnte mit ihm machen, was er wollte. Und das setzte sich nach unten fort. Hatte der Divisionskommandeur Schläge einstecken müssen vom Korpskommandeur, rief der Prügelknabe seine Regimentskommandeure zu sich und ließ seine Wut an ihnen aus. Von ganz oben bis ganz unten reichte dieses Faustrecht.

Hinzugefügt werden muß, daß Jeremenko der tätliche Angriff auf das Mitglied des Militärrates ebenso wie die Vielzahl ähnlicher Delikte keine Bestrafung eintrug. Er blieb Befehlshaber der Brjansker Front. Nach seiner Verwundung befehligte er die 4. Stoßarmee, nachdem er ein zweites Mal verwundet wurde – die Stalingrader Front. Nach der ersten Verwundung hinkte Jeremenko zeitlebens. An der Front lief er mit einem Stock herum, den er nicht nur als Stütze gebrauchte, sondern auch auf die Köpfe von Mißliebigen krachen ließ. Jedoch konnte selbst Jeremenko in seiner Bestialität nicht mit unserem Marschall konkurrieren. Vor dem Hintergrund der Schukowschen Grausamkeit galt Jeremenko als erträglicher, ja sogar weicher Kommandeur.

Untergebene Offiziere schlug Schukow ganz selten, das ist gut bekannt. Es konnte vorkommen, daß er einem mit dem Handschuh über das Gesicht fuhr oder einem anderen mit der Faust in die Zähne. Aber ich wiederhole, solche Fälle waren selten. Wozu sollte er einen Offizier schlagen? Offiziere schlug Schukow nicht, er brachte sie um. Seine Faust gebrauchte er nicht bei Offizieren, sondern meist gegenüber Generälen. Die schlug Schukow viel und oft. Und mit Genuß. Manchmal stürzte er sich wie ein Kettenhund sogar auf Marschälle.

Hier können wir den Regisseur Grigori Tschuchrai als Zeugen anführen: „Ich war für einige Zeit abgelenkt. Plötzlich höre ich Lärm. Ich schaue mich um und denke, mich trifft der Schlag: Schukow und Konew sind aufeinander losgegangen und haben sich am Schlafittchen. Wir sind gerannt, um sie auseinanderzubringen."[23]

Ich würde mich nicht wundern, wenn ich zwei sowjetische Generäle sähe, die einander in einer anständigen Gesellschaft die Visagen polieren. Das ist nichts Besonderes. Aber daß Marschälle ... Berlin wurde von zwei Fronten eingenommen: der 1. Belorussischen und der 1. Ukrainischen. Schukow und Konew. Nach dem Krieg fielen die beiden Befreier-Marschälle übereinander her, nicht mit einem verbalen Schlagabtausch, nein, wie üblich: mit der Faust. Was für feine Marschallssitten!

Unsere Marschälle sollten bei den Ganoven in die Lehre gehen. Die benehmen sich nicht so. Unsere Ganoven halten auf Etikette. Kaum schlagen sich zwei, schreit der dritte dazwischen: „Los, beschnüffelt euch wieder!" Und wenn es schon in der Öffentlichkeit nicht ohne Keilerei abgeht, sagt der eine zum anderen: „Komm, wir gehen raus!" Aber unsere Marschälle, angefangen bei Schukow, fahren sich bei der geringsten Kleinigkeit in die Visage. Mitten unter den Leuten, unter den Augen von Generälen, Ordensträgern, Akademiemitgliedern und Volksschauspielern. Könnte der eine Marschall den anderen Marschall nicht in sein Dienstzimmer bestellen und ihm dort eins aufs Auge geben?! Und noch eins zwischen die Zähne?! Und wenn er dann umgekippt, noch ein paar Fußtritte hinterdrein?

Die russische Armee von heute krankt an Sadismus, für den offiziell die Bezeichnung „nicht der Dienstordnung entsprechende Beziehungen" geprägt wurde. Dahinter verbirgt sich unvorstellbare menschliche Erniedrigung in unglaublichen Größenordnungen, verbergen sich Schläge, Folter, Verstümmelungen, grauenvolle Morde. Und die Soziologen zerbrechen sich den Kopf: Woher kommt das nur? Von unseren Generälen und Marschällen! Von zweifachen Helden der Sowjetunion, dreifachen, vierfachen. Von Tschuikow und Gordow. Von Jeremenko und Sacharow. Von Moskalenko. Von Schukow.

6.

Schukows Unverschämtheit ist legendär. In Kriegs- wie in Friedenszeiten duzte er alle, die im Rang unter ihm standen, selbst wenn sie drei oder vier Generalssterne auf den Schulterstücken trugen.

Zum Beweis sei Marschall Rokossowski zitiert: „Nach einem Gespräch mit Schukow über die Direktleitung sah ich mich genötigt, ihm zu erklären, daß ich die Unterredung abbreche, wenn er seinen Ton nicht ändert. Die Grobheit, die er sich an dem Tag erlaubte, überstieg alle Grenzen."[24]

Bei den Historikern gibt es einen Begriff: „unabsichtliche Zeugenschaft". Es handelt sich dabei um eine Situation, wo der Zeuge das eine sagt und schreibt, zwischen den Worten und Zeilen jedoch – wie die sprichwörtliche Ahle aus dem Sack – etwas ganz anderes hervorspießt. Und dieses andere ist die eigentliche Wahrheit.

Der Kundschafter Wladimir Karpow hat den gesamten Krieg mitgemacht. An der Front fiel ihm die gefährlichste Aufgabe zu: Viele Male wagte er sich in das feindliche Hinterland und holte von dort „Zungen". Die Aufklärer können Tausende Daten gewinnen und vergleichen, die Schallmesser die Lage jeder Geschützbatterie berechnen, die Luftbildauswerter anhand einer einzigen Aufnahme Veränderungen in der gegnerischen Gruppierung ausmachen, die Funkaufklärer besonders wichtige Meldungen abhören und dechiffrieren. Und trotzdem bleiben dem Kommandeur Zweifel: Haben wir es wirklich mit der SS-Division „Totenkopf" zu tun oder soll uns das nur weisgemacht werden? Und er gibt Befehl: „Beschafft mir eine Zunge!" Karpow beschaffte sie. Beschaffte die Zungen, die man brauchte. Wofür er mit dem Goldenen Stern eines Helden der Sowjetunion ausgezeichnet wurde. Nach dem Krieg ging er unter die Schriftsteller. Brachte es bis zum Sekretär des Schriftstellerverbandes der UdSSR. Karpow hatte vielfach Kontakt mit Schukow und verfaßte ein Lobesbuch über ihn, den Großen, Mächtigen, Unbesiegbaren. Zwischen den Zeilen jedoch schaut ein ganz anderer Schukow hervor. Hier die Beschreibung eines Gesprächs zwischen dem Schriftsteller und dem ruhmreichen Feldherrn.

„Schukow sah mich an, lenkte dann den Blick auf den Goldenen Stern an meiner Brust und fragte:

– Wofür hast du den gekriegt?

Schukows Gesicht hellte sich merklich auf, für Kundschafter hatte er immer viel übrig.

– Und wo hast du gedient, Oberstleutnant?

– Wir haben alle bei Ihnen gedient, Genosse Marschall."[25]

Karpow siezt Schukow, während der ihn mit „du" anredet.

Schukow spricht mit Karpow, wie Breschnew mit dem polnischen Diktator Wojciech Jaruzelski gesprochen hat. Seinerzeit konnte Wladimir Bukowski eine Unzahl von Dokumenten aus dem Archiv des ZK der KPdSU herausbringen. Auch das folgende Stenogramm, dessen Anfang zitiert werden soll:

„L. I. Breschnew. Guten Tag, Wojziech.

W. Jaruszelski. Guten Tag, hochverehrter, geschätzter Leonid Iljitsch."

So war es auch bei Schukow und Karpow.

In der britischen Armee bekommt ein junger Leutnant beigebracht, daß er die Freundin eines untergebenen Soldaten mit der gleichen Achtung zu behandeln hat wie die Gattin eines Generals.

In unserer Armee lernt man so etwas nicht. Jedenfalls hatte es Schukow auch nach mehr als 40 Jahren Dienst nicht einmal bis zum kleinen Einmaleins der Kultur gebracht. Schukow – ein in Ungnade gefallener Marschall, mit Schimpf und Schande aus der Armee gejagt, von den Gipfeln der Macht gestoßen. Und vor ihm – der Frontoffizier Karpow. Hab Achtung vor ihm, Schukow! Mit den Knochen solcher Leute wie er ist die Erde von Moskau bis Berlin, von Leningrad bis Wien, von Stalingrad bis Königsberg und Prag gepflastert. Vor dir steht kein einfacher Frontmuschkote, sondern ein Held. Nimm die Mütze ab, Schukow, vor einem Frontkundschafter! Auf seinem Buckel bist du in Kiew und in Warschau und in Berlin eingezogen!

Doch nein. Der Frontkämpfer, der Held, wendet sich so an Schukow: Was meinen Sie, Georgi Konstantinowitsch, zu dieser Frage? Worauf die Antwort lautet: Verstehst du ...

Und da erzählt man uns, wie Schukow die Soldaten geliebt und geachtet hat. Was soll das für eine Achtung sein? Karpow und Schukow treffen sich zwei Jahrzehnte nach dem Krieg. Schukow ist längst nicht mehr Verteidigungsminister. Karpow nicht mehr sein Untergebener. Und trotzdem duzt ihn Schukow.

Man kann diese Situation auch unter einem anderen Blickwinkel betrachten. Als er sich mit Schukow trifft, ist Karpow nicht einfach der ehemalige Kundschafter, sondern ein Kader der Nomenklatura[26], Anwärter auf die höchsten Posten der Schriftstellerhierarchie. Wenigstens in dieser Eigenschaft solltest du Achtung vor ihm haben, Schukow. Aber Schukow weiß: Karpow hat ihm nichts zu befehlen, deshalb kann der gefallene Schukow den Nomenklaturakader Karpow behandeln wie ein Gutsherr seinen Leibeigenen.

Karpow ist allerdings auch nicht schlecht. An der Front ertrugen die Generäle Schukows Unflätigkeiten aus Angst vor Erschießung. Was hat Karpow zu befürchten? Er hätte die Tür zuknallen und gehen können.

Hat er aber nicht. Sondern ein Buch über Schukows Größe geschrieben. Er wollte ein strategisches Genie vorführen, doch gegen seinen Willen hat er einen ungehobelten, unverschämten, dummdreisten Unteroffizier Prischibejew gezeigt.

7.

Noch ein Beispiel dafür, wie sehr seine Mitstreiter Schukow liebten.

1957 wird er aller Ämter enthoben. Das Plenum des ZK der KPdSU behandelt den Fall. Anwesend sind zahlreiche Marschälle, Generäle und Admiräle. Alle sprechen gegen Schukow. Für ihn – keiner.

Aber vielleicht sind unsere Generäle und Marschälle nur eine fügsame Herde? Vielleicht hatte ihnen Chruschtschow befohlen, gegen Schukow aufzutreten, und das taten sie nun einmütig?

Nein, die Marschälle und Generäle waren keine Herde. 1946 beabsichtigte Stalin, Schukow nicht nur abzusetzen, sondern auch hinter Gitter zu bringen – und möglicherweise zu erschießen. Man muß dazu sagen, daß Schukow die Erschießung verdient hätte. Nach unseren heimatlichen sowjetischen Gesetzen war er ein Krimineller. Ihn am Leben zu lassen, hätten die Richter kein Recht gehabt. Hätte Stalin Schukow erschossen, wäre das nicht nur die gerechte Strafe für seine ungeheuerlichen Verbrechen gewesen, sondern auch die Rettung des Landes vor nicht minder großen künftigen Untaten. Aber die Marschälle und Generäle widersetzten sich Stalin. Darüber berichtet Generalleutnant N. G. Pawlenko: „Als alle gesprochen hatten, erzählte Konew später, ergriff Stalin erneut das Wort, wieder sehr heftig, doch schon etwas anders. Offenbar hatte er anfangs vorgehabt, Schukow sofort nach der Sitzung zu verhaften. Doch als er den inneren und nicht nur inneren Widerstand der Militärführer spürte, eine gewisse Solidarität der Militärs mit Schukow, dachte er offenbar um und rückte von seinem ursprünglichen Plan ab. Uns scheint, Konew hat sich in seinem Vorgefühl nicht getäuscht. Stalin wollte diesmal wirklich mit Schukow abrechnen, doch die Solidarität der Militärs hinderte ihn daran."[27]

Die Haltung der Generäle und Marschälle rettete Schukow. Wie soll man das verstehen? Unter dem späten Stalin und unter dem frühen Chruschtschow dienten dieselben Generäle, Admiräle und Marschälle. Unter Stalin retteten sie Schukow, aber unter Chruschtschow dann ließen sie ihn ins Bodenlose fallen. Stalin war 1946 bereits 24 Jahre an der Macht. War bereits offiziell anerkannt als Genie aller Zeiten und Völker. War ein Diktator, wie ihn die Welt vorher noch nicht erlebt hatte. Seine Autorität war unantastbar, seine Macht grenzenlos. Und gegen den Willen dieses Stalin agierten die Marschälle und Generäle, ließen nicht zu, daß Schukow verhaftet wurde. So etwas hätte jeden von ihnen den Kopf kosten können.

Chruschtschow dagegen hatte 1957 gerade den Durchbruch zum Gipfel geschafft. Er besaß noch keine Autorität. Worauf seine Macht fußte, war unklar. Die Praxis der physischen Vernichtung von Konkurrenten gab es nicht mehr. Erschießen konnte er die unbotmäßigen Generäle nicht. Und dieselben Marschälle und Generäle erlauben Chruschtschow, Schukow abzusetzen, und unterstützen ihn dabei noch einmütig.

Wie ist das zu erklären?

1946 standen die Marschälle und Generäle nicht für Schukow ein, sondern für sich selbst. Sie begriffen: Heute verhaftete, verurteilte und – auch das war denkbar – erschoß Stalin Schukow. Und wer kam morgen an die Reihe? Daher rührte ihr Mut, ihre Einmütigkeit. Sie wußten noch: Genau so hatte das Jahr 1937 begonnen. Sie hinderten Stalin daran, es zu wiederholen.

Aber auch 1957 traten die Generäle und Marschälle nicht für Chruschtschow ein, sondern wieder für sich selbst. Im Sommer 1957 gab es zwei Personen auf dem Gipfel der Macht – Chruschtschow und Schukow. Für alle beide war dort kein Platz. Zwei Spinnen in einem Glas. Zwei Ratten in einem Eisenfaß. Entweder würde Schukow Chruschtschow fressen oder Chruschtschow Schukow. Und die obersten Kommandeurskader der Streitkräfte ergriffen unisono Partei für Chruschtschow.

* * *

Die Generäle und Marschälle wußten nur zu gut, daß Schukow krankhaft ehrgeizig war. Ein brutaler, beschränkter Mensch. Ein Usurpator und Grobian. Maßlos grob – bis zur Verletzung menschlicher Gefühle. Ein Karrierist höchster Güte, der alle auf seinem Weg zertrat, dem die Tendenz zu unbegrenzter Macht und das Gefühl persönlicher Unfehlbarkeit im Blut lagen. Das waren die Attribute, mit denen sie ihn beschrieben hatten.

Sie wußten, was sie erwartete, wenn Schukow an die Macht kam.

Kapitel 2

Ein Debüt mit Rätseln

„Es ist möglich, daß Marschall Schukow nach der Menge des vergossenen Bluts und der Spur höchstpersönlich vollstreckter Todesurteile, die sich hinter ihm herzieht, in bestimmten Jahren sogar Stalin übertrifft.“[1]

A. Buschkow

1.

1939. Die Mongolei. Am Fluß Chalchin-Gol. Schukows Debüt als Feldherr.

In der Mongolei befand sich ein sowjetisches Schützenkorps – das 57. Sonderkorps unter dem Befehl von Korpskommandeur N. W. Feklenko. Stabschef war Brigadekommandeur A. M. Kuschtschew. Auf der anderen Seite der Grenze stand der Gegner – einige japanische Divisionen und Brigaden. Anfang Mai kam es an der mongolischen Grenze zu einem bewaffneten Konflikt. Die Auseinandersetzungen zwischen den sowjetischen und den japanischen Truppen wuchsen sich zu Gefechten unter Einsatz von Luftstreitkräften, Artillerie und Panzern aus. Keiner hatte keinem den Krieg erklärt, doch die Intensität der Kampfhandlungen nahm zu. Nicht alles lief glatt für die sowjetischen Truppen. Und da schickt man dorthin, in die Mongolei, den Divisionskommandeur Georgi Konstantinowitsch Schukow, ausgestattet mit außerordentlichen Vollmachten. Sein Befehl lautet: Lage klären und Bericht erstatten.

Am 5. Juni 1939 trifft Schukow im Stab des 57. Korps ein und verlangt einen genauen Überblick über die Situation. Was dann geschieht, beschreibt er selbst so: „Bei seinem Bericht zur Lage wandte A. M. Kuschtschew sofort ein, daß sie noch nicht genau analysiert sei. Aus dem Bericht ging hervor, daß die Korpsführung die tatsächliche Situation nicht kannte ... Es stellte sich heraus, daß keiner der Korpskommandeure außer dem Regimentskommissar M. S. Nikischew am Schauplatz der Ereignisse gewesen war. Ich schlug dem Korpskommandeur vor, unverzüglich zur vordersten Linie zu fahren und dort die Lage genauestens zu studieren. Unter Hinweis darauf, daß ihn Moskau jeden Augenblick ans Telefon rufen könne, schlug er vor, Genosse M. S. Nikischew solle mit mir fahren."[2]

Schukow und Kommissar Nikischew fuhren also an die vorderste Kampflinie. „Nachdem wir zum Befehlsstand zurückgekehrt waren und uns mit der Korpsführung beraten hatten, schickten wir eine Meldung an den Volkskommissar[3] für Verteidigung. Darin wurde der Handlungsplan der sowjetisch-mongolischen Truppen kurz dargestellt ... Am nächsten Tag erhielten wir die Antwort. Der Volkskommissar war völlig einverstanden mit unserer Beurteilung der Lage und den geplanten Handlungen. Am gleichen Tag traf der Befehl des Volkskommissars ein, daß Divisionskommandeur N. W. Feklenko der Befehl über das 57. Sonderkorps entzogen und ich zum Kommandeur des Korps ernannt sei."

Schukow forderte die sofortige Verstärkung der sowjetischen Truppengruppierung. Sie wurde verstärkt. Schukow verlangte die Entsendung der besten Jagdflieger, die in der Sowjetunion aufzutreiben waren. Er erhielt sie. Der Jagdfliegergruppe, die zu Schukow abkommandiert wurde, gehörten 21 Helden der Sowjetunion an. Das war damals ein außerordentlich hoher Ehrentitel. Zu Schukows Verfügung standen die Besten der Besten im Lande, jeder von ihnen hatte bereits mindestens ein Dutzend Siege über dem Himmel Spaniens und Chinas auf seinem Konto, viele sammelten ihre Erfahrungen in den Luftkämpfen über dem Chassansee.

Am 15. Juli 1939 wurde Schukows 57. Sonderkorps zur 1. Armeegruppe entfaltet. Eine Armeegruppe war in etwa ein Mittelding zwischen einem Korps und einer vollwertigen allgemeinen Armee. Am 31. Juli 1939 erhielt Schukow den Dienstgrad Korpskommandeur.

Auch der Gegner verstärkte seine Truppengruppierung. Am 10. August wurden die japanischen Verbände, die die Kampfhandlungen an der mongolischen Grenze führten, zur 6. Armee formiert.

Mitte August gehörten zu Schukows 1. Armeegruppe 57.000 Soldaten und Offiziere, 515 Kampfflugzeuge, 542 Geschütze und Granatwerfer, 385 Panzerwagen, zumeist mit Kanonen bestückt, und 498 Panzer.

Den ganzen Juni und Juli über sowie in der ersten Augusthälfte lieferten sich die sowjetischen und die japanischen Truppen schwere Gefechte zu Lande und in der Luft. Mit wechselndem Erfolg. Die Intensität der Kämpfe wuchs, der Konflikt nahm dauerhaften Charakter an ...

Und da plötzlich, am frühen Morgen des 20. August, beginnt die sowjetische Artillerie einen Überraschungsangriff auf die gegnerischen Gefechtsstände und Flakbatterien. Dem ersten Artilleriefeuer folgt ein massiver Schlag der Jagdbomber, danach eine Artillerievorbereitung von zwei Stunden und 45 Minuten. In dem Moment, wo das Feuer von der Vorderlinie in die Tiefe gelenkt wird, führen die sowjetischen Schützendivisionen, Motschützen- und Panzerbrigaden an den Flanken Schläge gegen die japanische Gruppierung.

Am 23. August haben die sowjetischen Truppen die japanische 6. Armee eingeschlossen.[4] An diesem Tag setzen im Kreml Molotow und Ribbentrop ihre Unterschrift unter den Moskauer Pakt, der seinem Wesen nach ein Vertrag über die Teilung Europas und den Beginn des Zweiten Weltkrieges ist.

Am 31. August 1939 war die völlige Zerschlagung der eingeschlossenen japanischen Gruppierung in der Mongolei abgeschlossen. Am nächsten Tag begann der Zweite Weltkrieg.

Der Sieg über die japanischen Truppenverbände am Chalchin-Gol hatte strategische Konsequenzen. Die japanische Führung stand vor der Wahl: die Sowjetunion zu überfallen oder aber die Vereinigten Staaten und Großbritannien. Man entschied sich für letzteres. Einer der Gründe, warum die Wahl so und nicht anders ausfiel, lag in der Lehre, die Schukow den japanischen Generälen am Fluß Chalchin-Gol erteilt hatte.

Für die Zerschlagung der japanischen Truppen am Chalchin-Gol wurde ihm am 29. August 1939 der Ehrentitel Held der Sowjetunion verliehen. Er erhielt die Medaille Goldener Stern und die höchste staatliche Auszeichnung – den Lenin-Orden.

Noch ein interessantes Detail: Die Medaille Goldener Stern war ganz neu, die Sowjetunion hatte sie gerade erst eingeführt, am 1. August 1939, als die Kämpfe am Chalchin-Gol auf dem Höhepunkt standen. Den Titel Held der Sowjetunion gab es zwar schon vorher, jedoch ohne dazugehöriges Ehrenzeichen.

2.

Schukow war mit außerordentlichen Vollmachten in die Mongolei gekommen. Er schöpfte sie restlos aus, ja sogar mehr als das. Jeder wußte: Schukow erschießt gnadenlos, bei dem geringsten Anlaß – und auch ohne. Die schriftlichen Beweise für diese Erschießungen, über die ich verfüge, reichen für jedes Kriegstribunal.

Ich weiß, was Sie mir entgegenhalten werden: Ja, Schukow war ein Sadist. Ja, Schukow hat seine Soldaten und Offiziere am Chalchin-Gol nicht nur erschossen, um für Ordnung zu sorgen, sondern auch, um sein persönliches Mütchen zu kühlen. Aber was für eine militärische Operation hat der Mann hingelegt!

Einverstanden. Eine glänzende Operation, in der Tat. Aber richten wir unsere Aufmerksamkeit doch einmal auf ein unscheinbares Detail. Finden wir einfach heraus, wer Schukows Stabschef war in der Schlacht am Chalchin-Gol.

Wir können die erste Ausgabe der Schukow-Memoiren durchforsten, die zweite, dritte ... und so weiter und so fort – bis zur allerletzten. Ich persönlich habe den Namen des Stabschefs in keiner einzigen Ausgabe gefunden. Dabei erinnert sich Schukow an die Namen von heldenhaften Jagdfliegern, heldenhaften Panzerfahrern, heldenhaften Kundschaftern und heldenhaften Kavalleristen. Er erinnert sich an seine Stellvertreter, die Kommandeure von Divisionen, Brigaden, Regimentern, ja sogar Bataillonen. Schukow erinnert sich an den Namen D. Ortenberg – den Redakteur der Truppenzeitung der 1. Armeegruppe. Damit hat es allerdings seine besondere Bewandtnis. Schukow protegierte Ortenberg, und der posaunte dafür Schukows Ruhm in die Welt hinaus. Zwei Jahre später hatte es Ortenberg bereits zum Chefredakteur des Zentralorgans der Roten Armee, *Krasnaja swesda,* gebracht. Er war es, der die Heldensaga verbreitete: Wie die tapferen 28 Panfilow-Soldaten unter der genialen Führung des unbesiegbaren Feldherrn Schukow eine unglaubliche Anzahl deutscher Panzer vernichteten.

In seinem Buch erinnert sich Schukow an die Namen von Ärzten, die heldenhaft die Verwundeten versorgten. Er erwähnt namentlich eine ganze Kohorte von Politleitern. Erinnert sich an ein halbes Dutzend Moskauer Schriftsteller und Fotokorrespondenten, die am Chalchin-Gol waren: Konstantin Simonow, Lew Slawin, Wladimir Stawski und andere. Auch hier gab es wieder einen besonderen Grund. Am Vorabend des Zweiten Weltkrieges schärften die jungen kommunistischen Agitatoren am Chalchin-Gol ihre Federn. Kontantin Simonow, gerade am Anfang seines Weges, schrieb damals beispielsweise ein Buch über die künftige Weltherrschaft der Kommunisten. Schukow war ein glühender Verfechter dieser Idee, wer sie predigte, genoß seine Gunst und wurde in privilegierte Nomenklatura-Positionen gehoben.

Und dennoch will das seltsam scheinen: An irgendeinen Konstantin Simonow erinnert sich Schukow, nicht aber an seinen Stabschef.

Diese Vergeßlichkeit kommt nicht von ungefähr.

3.

Den Vorgänger seines Stabschefs erwähnt Schukow namentlich: Brigadekommandeur A. M. Kuschtschew. Der nicht durchsah. Und abgesetzt wurde. Das weiß Schukow noch.

Jemand anderes kam auf Kuschtschews Posten. Aber wer genau, hat Schukow vergessen. Wäre der neue Stabschef den Aufgaben nicht gerecht geworden, hätte er abgesetzt und ein neuer, dritter Stabschef ernannt werden müssen. Schließlich besaß Schukow besondere Vollmachten. Er forderte für den Einsatz in der Mongolei die besten Jagdflieger der Sowjetunion. Und bekam sie. Hätte er einen neuen Stabschef verlangt, würde er auch den bekommen haben. Wir schreiben den Sommer 1939. Der Große Krieg hat noch nicht begonnen. Von der gesamten Roten Armee kämpft bisher nur ein Korps. Das dann zur Armeegruppe entfaltet wird. Ein einziges Korps, eine einzige Armeegruppe repräsentiert das Erscheinungsbild der Roten Armee. An den Handlungen eines Korps, einer Armeegruppe werden Freund und Feind die ganze Rote Armee messen. Der militärische Ruf der Sowjetunion steht auf dem Spiel. Es liegt im Interesse der Führung des Landes, am Chalchin-Gol den Besten der besten Stabschefs zu haben …

Das ist nun wirklich ein Rätsel der Geschichte:

Wenn der Stabschef schlecht war, warum hat Schukow nicht seine Ablösung gefordert?

Wenn der Stabschef gut war, warum kann sich Schukow dann nicht an ihn erinnern?

Man möchte hinüberschreien, dorthin, in das 20. Jahrhundert: Was verschweigst du uns, Georgi Konstantinowitsch?

4.

Sie wissen so gut wie ich: Das Buch *Wospominanija i rasmyschlenija* (Erinnerungen und Gedanken) hat nicht Schukow geschrieben. Obwohl sein Name auf dem Umschlag steht und die Darstellung in der Ich-Form gehalten ist. Lassen Sie uns deshalb – zur Vereinfachung der Argumentation – annehmen, daß Schukow in einer gewissen Beziehung zur Entstehung des Werkes stand.

Die Erklärung für die rätselhafte Vergeßlichkeit der Verfasser der Schukow-Memoiren ist ganz simpel. Der gesuchte Name läßt sich in jeder x-beliebigen Quelle über die Schlacht am Chalchin-Gol finden: „Chef des Stabes der Gruppe war vom 15. Juli bis zum September 1939 Brigadekommandeur M. A. Bogdanow.“[5]

Der Autor dieser Zeilen, Marschall der Sowjetunion M. W. Sacharow, erwähnt nicht umsonst den Stabschef der 1. Armeegruppe, und erst recht nicht zufällig datiert die Erwähnung in das Jahr 1970. Dahinter verbirgt sich folgendes: 1969 erschienen Schukows Memoiren. In denen seltsamerweise der Name des Stabschefs der 1. Armeegruppe fehlte. Also halfen die anderen Marschälle – nicht nur Sacharow – Schukow auf die Sprünge: Heh, vergiß nicht, wer damals bei dir Stabschef gewesen ist! Bogdanow war es, der deine Operation am Chalchin-Gol geplant hat! Warum hast du den vergessen?

Schukow mußte am Chalchin-Gol für sich nicht den Besten aller besten Stabschefs fordern, weil er wußte: Bogdanow war genau der, den er brauchte, einen besseren gab es nicht. Aber als es daran ging, den Ruhm zu teilen, da ereilte Schukow ein katastrophaler Gedächtnisschwund.

Dabei weiß er noch so vieles: „Die Organisation der parteipolitischen Arbeit in unseren Einheiten habe ich bereits berührt. Die Parteiorganisationen leisteten einen außerordentlich wichtigen Beitrag zur Lösung der Gefechtsaufgaben. In den ersten Reihen standen der Leiter der Politabteilung der Armeegruppe, Divisionskommissar Pjotr Iwanowitsch Gorochow, der Regimentskommissar Roman Pawlowitsch Babitschuk, der Sekretär der Parteikommission des Sonderkorps Alexej Michailowitsch Pomogailo, der Kommissar Iwan Wassiljewitsch Sakoworotny.“[6]

„Wo ich auch hinkam – in Jurten oder Häuser, in Institutionen und Truppenteile –, immer und überall sah ich auf dem Ehrenplatz das Porträt W. I. Lenins, über den jeder Mongole mit aufrichtiger Wärme und Zuneigung sprach.“[7]

Unsere heldenmütigen Kommissare und Politarbeiter hatten „immer und überall“ Bilder des Unsterblichen aufgehängt. Das ist richtig toll. Und genauso toll ist, daß Schukow das noch weiß. Aber wie der Plan der glänzenden Operation am Chalchin-Gol ausgearbeitet wurde, daran erinnert er sich nur verschwommen.

Ich habe nicht von ungefähr am Anfang dieses Kapitels Schukow zitiert. Lesen wir noch einmal bei ihm nach, wie der Operationsplan entstand. Will man Schukow Glauben schenken, standen an der Spitze des 57. Sonderschützenkorps Schafsköpfe: der Korpskommandeur Feklenko und sein Stabschef Kuschtschew. Im Gefechtsgebiet waren sie nicht gewesen und hatten keine Vorstellung von der Lage. Schukow nahm Kommissar Nikischew und fuhr mit ihm in das Gebiet der Kampfhandlungen. Dann kamen sie zurück und ... „Nachdem wir uns mit der Korpsführung beraten hatten, schickten wir eine Meldung an den Volkskommissar für Verteidigung. Darin war der Handlungsplan der sowjetisch-mongolischen Truppen kurz dargestellt ... Am gleichen Tag traf ein Befehl des Volkskommissars ein, daß Divisionskommandeur N. W. Feklenko der Befehl über das 57. Sonderkorps entzogen und ich zum Kommandeur des Korps ernannt sei.“

Schukow vermittelt uns die Vorstellung, der Handlungsplan sei kollektiv ausgearbeitet worden. Aber in unserem Gedächtnis bleibt etwas ganz anderes hängen. Schukow sagt nicht: Ich beschloß, ich schickte ... Und doch verstehen wir seine Darstellung genau so. Schukow umreißt den Kreis der Personen, die in den Plan eingeweiht waren: er selbst, Kommissar Nikischew, Divisionskommandeur Feklenko und Stabschef Kuschtschew.

Dabei weiß jeder, daß Kommissar Nikischew zwar bei der Ausarbeitung des Planes zugegen, nicht aber verantwortlich beteiligt gewesen sein kann. Ein Kommissar hatte im Auge zu behalten, daß der Kommandeur regelmäßig das *Manifest der kommunistischen Partei* las und beim Trinken nicht über das rechte Maß hinausschoß, daß in jeder mongolischen Jurte mindestens zwei Leninbilder hingen: eins über dem Eingang, das andere über der Feuerstelle.

Schukows Vorgänger, Divisionsionskommandeur Feklenko, kam als Miturheber des Plans auch nicht in Frage. Schukow charakterisiert ihn als Kretin, der keine Ahnung hatte von der Lage, das Kampfgebiet nicht kannte und damit außerstande war, dem klugen, genialen Schukow zuzuarbeiten. Schließlich wurde er ja auch sofort abgesetzt. Sein Stabschef war vom gleichen Kaliber.

Nach der Beschreibung des Durcheinanders, das im Stab des 57. Korps herrschte, bevor Schukow eintraf, streicht der Leser diese Ignoranten automatisch aus dem Kreis der potentiellen geistigen Väter des glänzenden Plans. Aber neben ihnen und Kommissar Nikischew erwähnt Schukow ja nur noch sich selbst. Wenn also sein Vorgänger an der Korpsspitze, dessen Stabschef und der Kommissar zu streichen sind – was unser Hirn automatisch tut –, dann bleibt als Urheber des Handlungsplans einzig und allein Schukow übrig.

Das Buch operiert mit den Wendungen „wir kamen zu dem Schluß", „nachdem wir uns mit der Korpsführung beraten hatten" usw. Und doch ist die Darstellung so gehalten, daß der Leser die feste Überzeugung gewinnt: Außer Schukow hat kein einziger etwas Vernünftiges zu dem Plan beigesteuert und auch gar nicht beisteuern können.

5.

Einen Plan zur Zerschlagung einer ganzen Armee auszuarbeiten, ist kein Pappenstiel. Man muß eine Unmenge Daten zusammentragen und analysieren, die Lage ergründen, einen Beschluß fassen und das Konzept des Vorgehens formulieren. Weiterhin ist das Handeln aller Truppenteile und Verbände zu planen, Aufklärung und Sicherung vorzubereiten, das Zusammenspiel der einzelnen Einheiten untereinander zu organisieren und zu gewährleisten, es sind Gefechtsbefehle zu erstellen und exakte Aufgabenstellungen zu erarbeiten für alle, die an dieser Operation mitwirken. Es gilt, das Netz der Nachrichtenverbindung zu organisieren und die Mittel der gedeckten Führung der Truppen vorzubereiten. Es ist das Beschußsystem zu organisieren, die ununterbrochene Versorgung der Truppen mit Munition,

Treibstoff, Pioniergerät, materiell-medizinischen Mitteln und Proviant sicherzustellen usw. usw.

Wenn Schukow das alles selber gemacht hat, dann war er ein schlechter Kommandeur. Die Pläne muß der Stab ausarbeiten. Natürlich unter Führung des Kommandeurs. Der sollte aber nicht den Stabschef ersetzen wollen. Wenn der Kommandeur die Obliegenheiten eines anderen auf sich nimmt, bleibt ihm weder Kraft noch Zeit für seine eigenen.

Mit der konkreten Aufstellung eines Operationsplans befaßt sich in jedem Stab die Operative Abteilung. Alle anderen Stabsabteilungen arbeiten ihr zu. Setzt sich der Kommandeur selber an die Pläne, während der Stabschef und der Leiter der Operativen Abteilung Däumchen drehen, dann hat es der Kommandeur nicht verstanden, das Handeln seiner Untergebenen richtig zu organisieren.

Hier ein Beispiel, wie Truppenführung nicht aussehen sollte: Das Armee-Zentralorgan *Krasnaja swesda* berichtet am 27. Januar 2000 von einer Großtat des Generalmajors M. Malofejew in Tschetschenien. Malofejew war Stellvertreter des Kommandeurs der 58. Armee. Und seine heldenhafte Aktion bestand darin, daß er sich „als erster zur Attacke erhob". Natürlich kam der Generalmajor bei dem Angriff ums Leben. Die *Krasnaja swesda* rühmt begeistert den Kampfesmut Malofejews: Ach, wie tapfer er doch war! Dabei wird hier kein Beweis für Mut geliefert, sondern für den katastrophalen Zustand der Russischen Armee und die völlige Unfähigkeit der Generäle zur Führung ihrer Untergebenen. Wenn sich ein Stellvertretender Armeekommandeur selbst in die Attacke werfen muß, dann sollte man diese Armee auseinanderjagen und die führenden Chargen des Verteidigungsministeriums vor Gericht stellen.

Wenn ein Regimentskommandeur selbst Zäune streicht und Latrinen säubert, während seine Soldaten Fett ansetzen vom Nichtstun, bedeutet das nicht im mindesten, daß wir es mit einem guten Kommandeur zu tun haben. Es bedeutet vielmehr, daß der Kommandeur diese Dienststellung nicht verdient, ihm die Befähigung zur Ausübung des Kommandos fehlt.

Und wenn uns erzählt wird, Schukow habe alle Pläne selbst erarbeitet, ist das alles andere als ein Kompliment.

Diejenigen, die Schukows Memoiren verfaßten, haben das begriffen. Denn weiter heißt es in dem Buch lapidar: „Die Ausarbeitung des Plans für den Generalangriff nahmen im Stab der Armeegruppe der Kommandeur persönlich, ein Mitglied des Militärrates, der Leiter der Politabteilung, der Stabschef und der Leiter der Operativen Abteilung vor."[8]

Das Mitglied des Militärrates und der Leiter der Politabteilung sind Kommissare. Ihre Rolle haben wir bereits geklärt. Erwähnung finden sie hier nur, um zu demonstrieren, wie sehr Schukow die Politleiter und Kommissare schätzte. 1957 wurde Schukow von den Gipfeln der Macht gestoßen, unter anderem auch deshalb, weil er versuchte, die politische Arbeit in der Armee einzuschränken, Politleiter und Kommissare daraus zu entfernen oder sie bestenfalls zu Organisatoren der künstlerischen Selbstbetätigung und der sonntäglichen Freizeitbeschäftigung der Soldaten und Offiziere umzufunktionieren. Nach Schukows Sturz kamen Militärs an die Macht, die im Krieg Kommissare gewesen waren: Chruschtschow, Bulganin, Breschnew, Jepischew, Kiritschenko und andere. Wie ein geprügelter Hund kroch der winselnde Schukow nun für den ganzen Rest seines Lebens vor den Kommissaren, erflehte Vergebung. Sein Buch ist eine einzige Hymne auf die Politleiter und Kommissare: Die Partei – unser großer Steuermann! Ach, hätten nicht die Kommissare in allen Jurten die richtigen Porträts aufgehängt, wer weiß, was aus meinem Sieg am Chalchin-Gol geworden wäre! Ebenso wie aus dem Krieg gegen Deutschland. Ohne die Kommissare! Die Partei hat uns in die Schlacht geführt! Im Krieg wollte ich, der große Schukow, zu Kommissar Breschnew und mich mit ihm beraten! Aber der war auf Kap Malaja Semlja, dem Brückenkopf im Schwarzen Meer, und dort tobten heftige Kämpfe. Ach, hätte ich doch nur seinen Rat einholen können, wer weiß, am Ende wäre der Sieg schon früher unser gewesen.

Deshalb blieb Schukow gar nichts anderes übrig, als die Kommissare und ihren Anteil an der Erarbeitung des Gefechtsplans für den Angriff am Chalchin-Gol herauszustreichen. Wie hätte er sie vergessen können?! Genannt werden die Kommissare auch, damit hinter ihrem Rücken der Stabschef und der Leiter der Operativen Abteilung Platz finden. So nach der Art: Ja, die waren ebenfalls da und haben irgend etwas gemacht.

Das gesamte Buch erwähnt nur ein einziges Mal den Stabschef der 1. Armeegruppe – und zudem noch ohne Namen. Ebenso wie den Leiter der Operativen Abteilung, der gleichfalls namenlos bleibt.

6.

Schukows Gedächtnis ist mehr als phänomenal. Gigabytes sind nichts dagegen. Schukow erinnert sich nicht nur an die Namen sowjetischer Soldaten, sondern auch an ihre mongolischen Kampfgefährten. Und hat keine Dienststellung vergessen. Er nennt den Gefreiten der Reiterei Cherloo, den Panzerwagenfahrer Chajanchirw, zwei Richtkanoniere von Fliegerabwehrgeschützen, Tschultem und Gambossuren, und viele andere. 30 Jahre lange hat er diese Namen in seinem Gedächtnis bewahrt!

Ich lese Schukow, und die Tränen fließen mir in Sturzbächen über die Wangen. Ich weine vor Begeisterung und Neid: Was für ein Gedächtnis hat der Mann! Weiß noch die kompletten Namen aller Politleiter!

Vor dem Hintergrund dieser wahrhaft unglaublichen Fähigkeit, sich an alle zu erinnern, erscheint Schukows Unfähigkeit, den Namen desjenigen zu benennen, der der geistige Kopf der 1. Armeegruppe war oder zumindest gewesen sein müßte – der Stabschef –, um so unerklärlicher und verdächtiger.

Aber das bleibt nicht das einzige Rätsel um diese Schlacht. Schukows Debüt birgt noch mehr Unbegreifliches. Und am Unbegreiflichsten ist sicherlich, daß zu Beginn des neuen Jahrtausends sämtliche Dokumente über die Schlacht am Chalchin-Gol noch immer verschlossen liegen unter den Stempelaufdrucken „geheim" und „streng geheim". Wann diese Geheimhaltung aufgehoben wird, weiß keiner.

Aber wir wollen fragen: Warum?

Für einen Historiker liegt der Schlüssel zum Erfolg in seiner Fähigkeit, sich zu wundern. Sobald er sich wundert, gehen vor ihm Türen auf, die vorher niemand durchschreiten konnte. Also unterstützen wir die Wissenschaft, stoßen wir alle miteinander einen Stoßseufzer der Verwunderung aus: Warum bloß sind die Dokumente über die Kämpfe am Chalchin-Gol immer noch geheim?!

Und was kann da überhaupt verborgen liegen? Wo wir stets gedacht haben, über diese Schlacht sei alles bekannt: die Kräfte beider Seiten, die Truppenzusammensetzung, die Ausrüstung, die Absichten und Pläne, der Verlauf der Kampfhandlungen und selbst die Kommissare mit Vor- und Vatersnamen, ja sogar die mongolischen Richtschützen und Panzerwagenfahrer. Was also wird da „streng geheim" gehalten? Und wozu? Die 1. Armeegruppe existiert schon lange nicht mehr. Bereits am 21. Juli 1940 wurde sie zur 17. Armee entfaltet. Schon lange gibt es keine Panzerwagenbrigaden mehr. Bereits 1941 waren sie verschwunden. Nicht einmal die Rote Armee gibt es noch. Und ebensowenig die Sowjetische Armee. Die entscheidende Stoßkraft Schukows am Chalchin-Gol waren die kanonenbestückten Panzerwagen BA-3, BA-6, Ba-10. Diese Fahrzeuge finden Sie in keinem Museum. Es gibt sie nicht mehr. Längst ausgemustert und umgeschmolzen sind die Panzer BT-5 und BT-7. Aus dem gewonnenen Stahl wurden andere Panzer gebaut. Die man auch schon wieder ausgemustert und eingeschmolzen hat. Die Teilnehmer jener Bataillen sind lange tot. Es ist immerhin sieben Jahrzehnte her, seit der Schlachtenlärm am Chalchin-Gol verhallte. Aber die Dokumente sind immer noch geheime Verschlußsache.

Meine erste Vermutung lautete: Georgi Konstantinowitsch Schukow war so groß, daß er beschloß, die Beweise seiner Größe vor den Nachkommen zu verbergen.

Aber da ergeben sich Ungereimtheiten: Man kann Schukow alles mögliche nachsagen, nur keine falsche Bescheidenheit. In unserer Geschichte gab es 41 Marschälle der Sowjetunion. Doch nur ein einziger von ihnen wird in einem Befehl des Obersten Befehlshabers mit der Bezeichnung Aufschneider bedacht. Es ist Schukow. In diesem Befehl heißt es, Schukow habe sich fremde Verdienste angeeignet. Was für ein erstaunlicher Mensch: Fremde Verdienste eignet er sich an, aber die eigenen hält er vor der Öffentlichkeit verborgen!

Erinnern wir uns an das berühmte Schukow-Porträt des Malers P. D. Korin. Da sitzt er, der großmächtige Schukow, über und über mit Orden behängt. Gerade ist der Zweite Weltkrieg zu Ende gegangen, das Land liegt in Trümmern. Die Männer zwischen 19 und 35 Jahren sind fast alle entweder gefallen oder als Krüppel zurückgekommen, auf den Feldern, in den Wäldern und Sümpfen liegen Millionen Skelette, doch es ist niemand da, der sie begraben könnte. Im Verteidigungsministerium türmen sich tonnenweise Orden, die den überlebenden Frontkämpfern oder ihren Müttern und Witwen ausgehändigt werden müßten, doch es ist niemand da, der sich darum kümmert. Schukow begräbt die Opfer nicht und erteilt auch seinen Untergebenen keinen Befehl, sie zu begraben. Schukow händigt die Orden nicht aus und trägt auch seinen Untergebenen nicht auf, sich darum zu kümmern. Schukow hat keine Zeit dafür. Die Brust dekoriert mit klimperndem Ordensblech, führt er einem Maler vor, was Erhabenheit bedeutet. Schukow in großer Pose.

Auch Schukows Buch läßt einen unaufhaltsamen Strom der Prahlerei fließen: Ruhm der KPdSU und mir, dem Ruhmreichen!

Aber warum muß man sich selbst herausstreichen, warum eine ganze Horde von Memoirenschreibern unterhalten, wo man doch einfach die Dokumente über die Schlacht am Chalchin-Gol publizieren könnte? Kein Kommentar. Schukow jedenfalls hat alles getan, um die Beweise der eigenen Größe vor der Öffentlichkeit zu verbergen. So etwas ist beispiellos in der Geschichte der Menschheit.

Nach Stalins Tod arbeitete sich Schukow zielstrebig zum höchsten Gipfel der Macht vor. Dort standen zwei Personen: Chruschtschow und Schukow. Und über ihnen war niemand. Alle Archive befanden sich in Schukows Hand, also hätte er dem Volk die Beweise seiner Genialität präsentieren können. Hätte sagen können: Ihr Leute habt zwar keine richtige Bleibe, haust in Baracken, Kellern, Gemeinschaftschaftswohnungen, seid angezogen, daß man sich schämen muß für die Weltmacht Sowjetunion, steht kilometerlang Schlange nach lausiger Wurst, aber dafür habt ihr mich! Einen großen, mächtigen, unbesiegbaren, genialen Feldherrn! Hier, ihr braucht nur die Dokumente über die Schlacht am Chalchin-Gol zu lesen!

Aber das tat Schukow aus irgendeinem Grunde nicht.

Da verstehe einer unsere Führer. Unter Breschnew, Suslow, Jepischew wurde unglaublich viel getan für die Inszenierung des Personenkults um Schukow. Aber unerklärlicherweise ohne Stützung auf Dokumente. Auch nach Breschnew blieb der Schukow-Kult ein Kernstück der gesamten sowjetischen und russischen Propaganda. Warum, teure Genossen, baut ihr Schukow ein Denkmal, warum setzt ihr ihn auf das Bronzeroß mit dem erhobenen Schweif, warum türmt ihr ganze Abraumhalden auf aus lauter papierenem Schund über die Schukowschen Heldentaten, wo es doch einen wesentlich einfacheren, billigeren, einen weitaus überzeugenderen Weg gibt, euren Abgott zu verherrlichen: Ihr braucht nur die Archive zu öffnen!

Interessant ist auch Schukows eigenes Verhalten. Angenommen, auf dem Gipfel der Macht habe er vergessen und versäumt, die archivarischen Beweise seiner Größe zu präsentieren. Schließlich gab es Wichtigeres zu tun. Aber dann wird er vom Gipfel gestoßen, sitzt auf seiner Datscha, langweilt sich, nimmt das eine oder andere Gläschen zur Brust, während ein Kollektiv südlich-braunhäutiger Literatoren einträchtig seine Memoiren verfertigt. Warum hat er da nicht an die Archive gedacht? Der Öffentlichkeit die Dokumente unter die Nase gehalten? Und im Falle, es hätte jemand dem großen Marschall den Zugang zu den Archiven verwehrt, laut verkündet: Ich wollte euch die Wahrheit über Chalchin-Gol zeigen, aber leider sind die Archive verschlossen.

Ach, was wurde geklagt und geseufzt, man ließe Schukow nicht die Wahrheit sagen. Doch weder er selbst, noch seine Koautoren oder die Propagandisten des Schukow-Kults erhoben Protest dagegen, daß es keinen Zugang zu den Dokumenten über die Schlacht am Chalchin-Gol gab.

Seltsamerweise behinderte die Unzugänglichkeit der Archive die Entfachung des Schukow-Kults in keiner Weise. Im Gegenteil, sie erwies sich als förderlich und hilfreich für die Modellierung des Standbilds eines großen, weisen, unbesiegbaren, kurz: eines genialen Feldherrn.

7.

Lassen Sie mich jetzt meine Sicht der Dinge formulieren.

Die Rolle Schukows in der Schlacht am Chalchin-Gol ist in Wirklichkeit übertrieben. Hierin liegt der wichtigste, wenn nicht einzige Grund, warum die Machthaber die Einzelheiten vor der Öffentlichkeit geheimhalten.

Mit dieser Meinung stehe ich nicht allein. Lange vor mir hat dieselbe Ansicht zur Rolle Schukows der Flottenadmiral der Sowjetunion N. G. Kusnezow vertreten: „Später war er bestrebt, alle Erfolge in den Kämpfen mit den Japanern sich selbst zuzuschreiben.“[9]

Nicht alles, was in den mongolischen Steppen geschah, fand seinen Niederschlag in den Dokumenten. Nicht jedes Dokument wurde archiviert.

„Marschall G. K. Schukow, Träger des Siegesordens Nr. 1“ (Gemälde von P. D. Korin, 1945). Offenbar hatte Schukow nach Beendigung des Zweiten Weltkrieges genügend Muße, mit all seinen Orden behangen vor einem Porträtmaler zu posieren. Die Zeit, um den Befehl zu erteilen, die Millionen von bereits verliehenen Orden und Medaillen an die ehemaligen Frontsoldaten endlich auch auszugeben, nahm er sich hingegen nicht.

Schukow war ein großer Kenner, was Archive angeht. Als er auf dem Gipfel der Macht stand, vernichtete er vieles, was einen Schatten auf seine Größe werfen konnte. Nach Schukow setzen all diejenigen, die seinen Kult aufbauschen, diese Säuberungsarbeit fort. Aber selbst das, was übrigblieb in den Archiven, darf niemandem unter die Augen kommen. Zu groß ist der Unterschied zwischen dem, was man uns einhämmert, und dem, was man vor uns verbirgt.

Wenn ich Unrecht habe, mögen mich die Genossen korrigieren, aber ich nehme an, daß die Pläne zur Zerschlagung der japanischen 6. Armee am Fluß Chalchin-Gol ohne Schukow ausgearbeitet wurden. Seine Rolle bestand darin, mit gnadenlosen Erschießungen die Leute in den Kampf zu hetzen. So etwas gab es bereits in unserer Geschichte. In eben dieser Zeit, im gleichen Jahrzehnt vollbrachte die Sowjetunion zum Erstaunen der ganzen Welt eine grandiose Heldentat an der Arbeitsfront: In Rekordzeit wurde ein völlig überflüssiger Kanal vom Weißen Meer zur Ostsee gegraben. Niemand sonst hat jemals Kanäle von derartiger Länge, noch dazu in subpolaren Breiten, gelegt. Für diesen Kanal erhielt der Chef der GPU[10], Genrich Jagoda, die höchste staatliche Auszeichnung – den Lenin-Orden. Er hätte auch den Goldenen Stern bekommen, aber der war damals noch nicht erfunden.

Worin bestanden Jagodas Verdienste vor dem Vaterland? Hatte er die Kanaltrasse projektiert? Die Bodenerkundung vor Ort ausgeführt? Keines von beiden. Den Arbeitsumfang kalkuliert? Nein, auch das nicht. Die Karren, voll beladen mit Lehm, gezogen? Aber nein. Die Granitfindlinge zerkleinert? Ebensowenig. Beton gegossen? Wo denken Sie hin.

Wofür wurde er dann ausgezeichnet?

Für die Erschießungen.

Er erschien auf der Baustelle. Man erstattete ihm Bericht: Die Ingenieure haben sich geirrt in den Berechnungen. Oder die Trasse verläuft nicht so, wie sie soll. Oder die Tagesnormen sind nicht erfüllt worden. Worauf Genrich Genrichowitsch Jagoda nur eine Antwort kannte: Erschießen! Erschießen! Erschießen!

Allerdings hat ihn dieses Schicksal dann später auch …

Oje, ich höre schon den vehementen Widerspruch! Höre, wie man mir unter die Nase reiben wird: Schukow ist schließlich nicht Jagoda!

Worin besteht da eigentlich der Unterschied? Und kann es einen solchen überhaupt geben? Wir befinden uns in den dreißiger Jahren des 20. Jahrhunderts. In Stalins Imperium. Sowohl Genrich Jagoda als auch Georgi Schukow wurden von Stalin auf ihre Posten befördert. Ein und derselbe Mensch hat sie ausgesucht – Stalin. Und der ließ sich bei der Wahl von denselben Prinzipien leiten – eben den Stalinschen. Bei GPU und Armee handelte es sich um militärische Strukturen, die einander sehr ähnlich waren und wechselseitig beeinflußten. Die Propaganda nannte die Erbauer von Stalins Kanälen nicht bei ihrem richtigen Namen – Gefangene der GPU –, sondern bezeichnete sie als Kanalarmisten. Und für den Bau des Kanals stand ein militärischer Terminus: Erstürmung. Die Armee wiederum war durchdrungen vom Geist der Tscheka und durchsetzt mit Spitzeln dieser Behörde.

Bei Armee wie Lubjanka[11] handelte es sich um Strukturen, die gegen die eigene Bevölkerung eingesetzt wurden. Militärs und Tschekisten tragen gleichermaßen Schuld an der Vernichtung des Volkes. Armee und Lubjanka waren Gewaltinstrumente und hielten sich selbst nur durch bewaffnete Gewalt. Warum also hätte Stalin die Führungskader für die GPU nach den einen, die Führungskader für die Armee aber nach ganz anderen Standards wählen sollen?

Und warum meinen wir, der Weißmeerkanal sei auf den Knochen des Volkes erbaut, der Sieg am Chalchin-Gol aber stünde auf einem ganz anderen Sockel? In Friedenszeiten hängten die Agitatoren auf der Kanalbaustelle unzählige Plakate und Porträts auf, doch der wichtigste Motor für den Fortgang der Arbeiten war die Erschießung. Warum glauben wir dann Schukow, der uns weismacht, in der Kriegssituation am Chalchin-Gol hätten Leninbilder genügt? Da waren also die Kommissare ausgeschwärmt mit ihren Bildern, die hatten die Soldaten in flammende Begeisterung versetzt und auf der Stelle zum Sieg getrieben. An die Erschießungen am Chalchin-Gol erinnert sich Schukow nicht, aber wir wissen ja bereits, daß sein Gedächtnis lückenhaft ist.

Widersprecht mir lieber nicht. Und spart euch eure Beschimpfungen. Macht lieber die Archive auf und beweist der ganzen Welt, daß meine vorsichtige Annahme nichts weiter ist als die bösartige Erfindung eines Feinds. Wenn aber die Archive der Schlacht am Chalchin-Gol verschlossen bleiben müssen, dann erklärt, warum.

* * *

Als ich dieses Kapitel zu Ende geschrieben hatte, überkam mich Beschämung. Die Völker Rußlands lieben Schukow bis zur Selbstaufgabe, und ich stürze mich auf den Liebling aller. Das geht doch nicht an. Man muß schließlich die Dinge positiv sehen.

Gut, betrachten wir die Situation wohlwollend. Glauben wir einmal, in den Archiven werden geheime und streng geheime Dokumente über die Schlacht am Chalchin-Gol verwahrt, aber sie enthalten nichts Schlechtes über Schukow. Nur Beweise für die Schukowsche Genialität.

Das bringt uns aber in Teufels Küche. Dann sieht es nämlich so aus, daß wir den größten Feldherrn aller Zeiten und Völker besitzen, aber unsere Leute wissen nichts über ihn, die Zeugnisse seiner ruhmreichen Heldentaten werden unter Verschluß gehalten. Unsere Präsidenten und Premiers, Marschälle, Generäle und Minister inszenieren als Ablenkungsmanöver einen Personenkult um Schukow. Sie schreiben einfallslose Lobeshymnen und errichten häßliche Denkmäler. Aber Beweise der Schukowschen Genialität hat niemand je vorgelegt. Diese Zeugnisse seiner Größe verstauben unterdessen in den Archiven. Unsere Führung hält sie unter Verschluß. Warum?

Kapitel 3

Wozu brauchte Stalin die Alandinseln?

„Den finnischen Meerbusen zu beherrschen ist eilig. Denn nur dann, wenn die russische Flotte beseitigt ist, ist freier Ostseeverkehr möglich (Erzzufuhr schwedischer Hafen Lulea). Von der Beherrschung der russischen Seehäfen vom Lande heran muß man drei bis vier Wochen rechnen, bis die feindlichen U-Boote endgültig tot sind. Vier Wochen bedeuten zwei Millionen Tonnen Erz."[1]

F. Halder

1.

Der Krieg ist gefräßig, deshalb erstellt jeder Stratege eine Karte, die ausweist, auf welchen Wegen die Rohstoffe in das eigene und das gegnerische Land gelangen.

Die eigenen Transportwege müssen geschützt, die des Gegners abgeschnitten werden.

Hätten wir eine solche Karte mit den Ursprüngen der strategisch wichtigen Rohstoffe und den Routen ihres Transports vor uns liegen, würde sofort erkennbar sein: Deutschland befand sich 1939 in einer außerordentlich schwierigen Lage. Im großen und ganzen besaß das Land keine Rohstoffe. Deutschland war durch Hunderte sensibler Fäden mit der ganzen Welt verbunden. Die Eroberung Polens, Dänemarks, Norwegens, Belgiens, Hollands, Luxemburgs, Frankreichs, Jugoslawiens und Griechenlands sowie der Anschluß Österreichs und der Tschechoslowakei hatten das Problem nicht gelöst. Die Herrschaft über vielmillionenfache Menschenmassen und ein riesiges Territorium, auf dem sich fast keine Rohstoffe für die Industrie fanden, verzettelte die Kräfte, ohne Vorteile zu bringen.

Nehmen wir nur einen Einzelaspekt der Problematik: Deutschland, Frankreich und Belgien verfügten über eine leistungsfähige Hüttenindustrie, nicht jedoch über Eisenerz. Nun weiß aber jeder, der Sieg wird geschmiedet, auf dem Schienenwege transportiert und mit dem Bajonettstoß an der Front errungen. Doch die Vorschlaghämmer in den Werkstätten, die Schienen der Eisenbahnen und das Bajonett – das alles bedeutet Stahl. Zu vieles an der Front und im Hinterland, vom Schlachtschiff bis zur Sohle unter dem Soldatenstiefel, ist aus Stahl gefertigt. Weil Deutschland nicht genug davon hatte, wurde im Verlauf des Krieges auf Göring-Ebene der Einsatz von Beton statt Stahl beim Bau von Lokomotiven erwogen. Wegen des Stahlmangels mußten beschädigte Brücken mit Holzbalken statt mit Stahlkonstruktionen ausgebessert werden, was wiederum zur Folge hatte, daß die Ladefähigkeit der Güterzüge erheblich sank. Wegen desselben Stahlmangels verwendete man die Schienen der zweiten Gleise, um beschädigte Abschnitte der ersten wiederherzustellen. Die Folge war: Eisenbahnstrecken mit Gegenverkehr wurden eingleisig. Das verlangsamte den gesamten Rhythmus des Wirtschaftslebens in Deutschland und den von ihm besetzten Ländern.

Auf einen schnellen Sieg konnte Hitler in keinem Falle hoffen, dazu hatte er zu viele Feinde. Ein lange währender Krieg jedoch bedeutete für ihn Selbstmord – im ureigensten Sinne des Wortes. Um sich einige Jahre halten zu können, mußte die Zufuhr von Eisenerz gesichert sein. Das aber wurde hoch im Norden von Schweden abgebaut und über die Ostsee in deutsche Häfen transportiert.

2.

Jeder Stratege erkannte auf einen Blick den Schwachpunkt der gesamten deutschen Wirtschaft: die Verschiffung des Eisenerzes im schwedischen Hafen Lulea, der lange Weg über den Bottnischen Meerbusen entlang der finnischen Küste, vorbei an den Alandinseln, an Gotland, Öland und Bornholm, den Umschlag in den deutschen Häfen.

Verladen wurde das Eisenerz fast am Polarkreis, dann durch die gesamte Ostsee transportiert, aus dem nördlichsten Hafen in die südlichsten.

Gefährlich werden konnten den Erztransporten auf der Ostsee weder die britische, noch die französische, noch irgend eine andere Flotte. Ihr Durchbruch zur Ostsee hätte sie in einer Mausefalle landen lassen.

Die sowjetische Flotte aber brauchte nirgendwohin durchzubrechen. Sie war bereits da. Und wartete friedlich in ihren Basen.

Zur Verteidigung benötigte die Sowjetunion nicht unbedingt eine Ostseeflotte, denn bis 1940 besaß das Land nur einen ganz kleinen Küstenabschnitt.

Doch mehr als 200 Jahre lang war Petersburg die Hauptstadt des Imperiums, deshalb ließen alle russischen Zaren – angefangen bei Peter I. – an diesem Küstenstreifen Befestigungen errichten. Das gesamte Ufer war eine einzige Kette von Meeresfestungen, Forts, befestigten Räumen und Küstenbatterien.

Eine Küstenbatterie, das ist etwas Beeindruckenderes als eine Batterie der Feldartillerie. Eine Küstenbatterie konnte Geschütztürme von Schlachtschiffen oder Kreuzern besitzen. Mit einem Labyrinth von Betonkasematten darunter. Ein solider Bordturm eines Kreuzers oder Schlachtschiffes wiegt einige 100 Tonnen. Manchmal auch 1.000 oder 2.000. Wurde der gleiche Geschützturm am Ufer aufgestellt, ließ er sich mit Panzerplatten beliebigen Gewichts schützen. Und darunter konnte man Kasematten aus Befestigungsstahlbeton mit Überdeckungen unterschiedlichster Stärke errichten. Im Petersburger Raum hatten die russischen Zaren bereits Unmengen Beton und Stahl in den Boden gebracht. Die Bolschewiki taten noch einiges dazu.

Die Küstenwacht der Baltischen Flotte verfügte am 21. Juni 1941 über 124 Küstenbatterien, ausgestattet mit 253 Geschützen vom Kaliber 100 bis 406 Millimeter und 60 Geschützen vom Kaliber 45 und 76 Millimeter.[2]

Die Parameter dieser Geschütze sind mehr als beeindruckend: So konnten die 306-mm-Dreifachgeschütztürme Granaten von 470 Kilogramm Gewicht auf eine Distanz von 43,9 Kilometer schießen. Die Feuerleistung eines Geschützturms betrug sechs Schuß pro Minute. Das sind fast drei Tonnen Stahl. Und ein 406-mm-Geschütz feuerte mit einem einzigen Schuß eine Granate von 1.108 Kilogramm Gewicht 45,5 Kilometer weit. Der nächste Schuß konnte bereits 24 Sekunden später erfolgen.[3]

Außer den Küstenbatterien und Forts des Gebietes Leningrad war hier noch eine höchst beeindruckende Anzahl Marinegeschütz auf Schienentransportfahrzeugen konzentriert. Diese Geschütze befanden sich in Betondeckungen. Im Raum Leningrad gab es ein verzweigtes Schienennetz. Die schienenbasierten Geschütze konnten von vorher vorbereiteten, gedeckten Feuerpositionen aus manövrieren und diese dann sofort wieder verlassen. Die wichtigste Waffe der Eisenbahnartillerie war die 180-mm-Kanone: Eine Granate wog 97,5 Kilogramm, die Feuerleistung betrug fünf Schuß pro Minute, die Reichweite 37,8 Kilometer. Aber es gab auch wesentlich leistungsfähigere Geschütze: die 203-mm-, 254-mm- und 356-mm-Kanonen. Die 356-mm-Eisenbahngeschütze etwa schossen Granaten von 747,8 Kilogramm Gewicht 44,6 Kilometer weit.

Die unmittelbaren wasserseitigen Zugänge der Stadt Leningrad deckten drei befestigte Seeräume: der Kronstädter, der Ischorsker und der Luschsker. Die landseitigen Zufahrten lagen im Kreuzfeuerbereich leistungsfähiger Geschütze aus unterschiedlichen Richtungen. Jede Batterie, jedes Fort, jeder befestigte Seeraum und jede Meeresfestung verfügte über Munitions- und Proviantvorräte, die für einen ganzen Krieg reichten. Es wäre niemandem eingefallen, hier Truppen absetzen und anlanden oder die Stadt stürmen zu wollen.

Außerdem besaß die Baltische Flotte 91 Flakbatterien, die Gesamtzahl der Flakgeschütze belief sich auf 352.

Warum brauchte man darüber hinaus noch eine Flotte im Baltikum?

3.

Für Verteidigungszwecke wurden keine Schlachtschiffe in der Ostsee gebraucht. Erforderlichenfalls konnte man – auch ohne Kampfschiffe – Minen auf Prahme verladen und binnen kürzester Zeit die Mündung des Finnischen Meerbusens absperren.

In einem Verteidigungskrieg hatte die Baltische Flotte der Sowjetunion nichts zu tun. Und so kam es dann auch: Den ganzen Krieg über blieb sie untätig. Im Falle eines gegnerischen Angriffs war die sowjetische Baltikflotte äußerst verwundbar. Der Gegner konnte sie einfach lahmlegen, indem er das flache Wasser vor den Basen mit einigen hundert Minen unpassierbar machte. Und genau das geschah im Juni 1941. In einem Verteidigungskrieg mußten sich die Schiffe, besonders die großen, Bord an Bord halten in der flachen, engen Bucht – wie in einem Blinddarm, einem Appendix.

1939 begann Hitler den Krieg gegen die ganze Welt mit nicht mehr als 57 Unterseebooten. Ihnen standen die Superflotten Großbritanniens und Frankreichs – sowie potentiell auch der USA – gegenüber. Hitler mußte einen ungleichen Seekampf führen im Atlantik und im Mittelmeer. In der Ostsee war von Hitlers Flotte fast nichts mehr übrig. Im Sommer 1941 hatte sie dort fünf Ausbildungsunterseeboote und 28 Torpedoschnellboote, die ebenfalls zum Teil Ausbildungszwecken dienten. Alles andere war Hilfsgerät: Minenleger, Minensuchboote, Mehrzweckboote.[4]

Unterdessen sah der friedliebende Genosse Stalin dem Kampf der Deutschen, Engländer und Franzosen zu und rüstete seine Baltische Flotte auf. Wozu?

4.

Bereits 1933 hatte Stalin geäußert: „Die Ostsee ist wie eine Flasche, und den Korken haben nicht wir."[5]

Doch behielt er aus irgendeinem Grunde zwei seiner drei Schlachtschiffe gerade dort. In der zugekorkten Flasche. 1941 hatte Stalin allein in der Ostsee 65 Unterseeboote inklusive Kreuzern. Niemand sonst in der Welt besaß eine solche Armada von Unterseebooten, konzentriert an einer Stelle.

Betrachten wir nun die Karte mit den Augen eines deutschen Strategen. Welche Aufgabe kann Stalin seinen Schlachtschiffen und Unterseebooten im geschlossenen Aquatorium der Ostsee stellen? Nur eine einzige: die deutschen Erzfrachter zu versenken. Etwas anderes gab es hier nicht zu tun.

Außer den Unterseebooten und Schlachtschiffen verfügte Stalin in der Ostsee über zwei Kreuzer, 21 Großzerstörer und Torpedobootzerstörer, 48 Torpedoschnellboote und andere Kräfte.

Die deutsche Flotte hatte in der Ostsee keine eigene Fliegerei.[6] Zur Baltischen Flotte der Sowjetunion zählten 656 Kampfflugzeuge, hauptsächlich Bombenflieger und Torpedoträger.[7]

Stellen wir wieder die Frage: Wozu? Wozu eine solche Anzahl von Torpedoträgern und Bombenfliegern, wenn Hitler in der Ostsee faktisch keine großen Kampfschiffe besaß? Die Antwort ist die gleiche: Es ging nicht gegen Kriegsschiffe, es ging gegen die Erztransporte.

Die sowjetische Flotte konnte jederzeit auslaufen, Kurs nehmen auf die deutschen und schwedischen Häfen, sie mit Tausenden Minen blockieren und die schutzlosen Transporter versenken. Das hätte für Deutschland das Ende des Krieges bedeutet. Was man natürlich auch in Berlin erkannte. Hitler kämpfte gegen England und Frankreich, und hinter seinem Rücken, in der Ostsee, blitzte das erhobene Schwert Stalins.

Schukow erzählt, Stalin habe Hitler keinen Anlaß zum Krieg geben wollen. Hier haben wir es allerdings nicht mit einem Anlaß, sondern mit einer Ursache zu tun. Die deutschen Strategen sahen die Bedrohung, die von der sowjetischen Flotte in der Ostsee ausging, und suchten nach Wegen, um sie zu neutralisieren.

5.

Ende November 1939 machte Stalin einen Kardinalfehler, als er den Krieg gegen Finnland begann. Der Krieg endete mit einem glänzenden Sieg der Roten Armee: Niemand anderes hätte in solchen Schneemassen, bei solchen Minusgraden, in einem praktisch unwegsamen Gelände derart ausgebaute Befestigungen gestürmt. So etwas vermochte nur die Rote Armee.

Aber der Sieg in Finnland war für Hitler das zweite Klingelzeichen: Stalin näherte sich langsam aber sicher dem schwedischen Eisenerz. Die Rote Armee durchbrach auf Stalins Befehl die finnischen Befestigungen und machte halt. Ohne Befestigungen war Finnland wehrlos. Stalin konnte jeden Augenblick befehlen, den Vormarsch fortzusetzen. Von Finnland aus hätte er die schwedischen Bergwerke und Eisenbahnen ungehindert bombardieren können. Niemand wäre imstande gewesen, ihn daran zu hindern. Allein schon die Eroberung der Alandinseln, die zu Finnland gehörten, ermöglichte die Absperrung des Bottnischen Meerbusens – und das war für die Sowjetunion gleichzusetzen mit dem siegreichen Ende des Zweiten Weltkrieges.

Aber das ist noch nicht alles. Im von Hitler besetzten Europa gab es kein Holz. Holz gab es in Finnland und Schweden. Eine mögliche Unterbindung der Holzlieferungen über die Ostsee würde eine Vielzahl von Konsequenzen für den Gegner nach sich ziehen. Ausnahmslos negative.

Holz – das waren Schwellen. Gab es kein Holz, konnten keine Gleise gebaut und erneuert werden. Holz brauchte man in gewaltigen Mengen in den Kohlegruben. Gab es kein Holz, gab es auch keine Kohle. Bereits zu Friedenszeiten fehlten Deutschland jährlich sechs Millionen Tonnen Nutzholz. Statt dessen mußte Kartoffelkraut verwendet werden. Was der Führer höchstpersönlich bezeugt hat.[8]

Kartoffelkraut in Friedenszeiten, wo niemand die Holztransporte über die Ostsee behinderte. Stalin brauchte nur mit seinen Unterseebooten die deutschen Holztransporter anzugreifen – und ganz Deutschland stünde ohne Holz da. Ich glaube nicht, daß das Kartoffelkraut gereicht hätte, um diese Lücke zu füllen. Zudem ist es nicht in jedem Falle ein vollwertiger Ersatz. Aus Kartoffelkraut läßt sich minderwertiges Papier herstellen, aber zur Abstützung der Stollen in den Kohleschächten taugt es nicht.

Neben vielem anderen mangelte es Deutschland an Nickel. Ohne Nickel kann man keinen Krieg führen. Nickel gab es in Finnland. Anfang 1940 hatte die Sowjetunion während des Finnlandfeldzuges die Nickelbergwerke von Petsamo erobert, sie dann jedoch im Frühjahr 1940 – gemäß den Vereinbarungen des Friedensvertrages – zurückgegeben. Allerdings erfolgte der Nickelerzabbau nun durch eine sowjetisch-finnische Aktiengesellschaft unter Einsatz von sowjetischen Ingenieuren und Arbeitern. Stalin bestand darauf, daß die Sowjetunion den Direktor stellte. Nickel aus Petsamo gelangte sowohl nach Deutschland als auch in die Sowjetunion. Doch die Lieferungen hätten jederzeit unterbrochen werden können. Die 104. Schützendivision des Generalmajors S. I. Morosow (42. Schützenkorps der 14. Armee) stand direkt an den Nickelgruben …

Ich kann mir das Zähneknirschen in den unterirdischen Bunkern der deutschen Stäbe vorstellen.

6.

Die deutschen Strategen befürchteten nicht ohne Grund eine neuerliche sowjetische Invasion in Finnland. Am 25. November übermittelten der Volkskommissar für Verteidigung der UdSSR, Marschall der Sowjetunion S. K. Timoschenko, und der Generalstabschef der Roten Armee, Armeegeneral K. A. Merezkow, dem Stab des Militärbezirks Leningrad eine Direktive. Das Dokument war in einem einzigen Exemplar ausgefertigt. Der Geheimhaltungsgrad lautete „OW“ („sowerschenno sekretno ossoboi washnosti“), also „streng geheim von besonderer Wichtigkeit“.

Das Dokument beginnt mit folgenden Worten: „Unter den Bedingungen eines Krieges der UdSSR nur gegen Finnland werden zur leichteren Führung und materiellen Versorgung der Truppen zwei Fronten gebildet:

die Nordfront für Operationen an der Barentsseeküste und in den Richtungen Rovaniemi, Kemi, Uleaborg;

die Nordwestfront für Operationen in den Richtungen Kuopio, Mikkeli, Helsingfors. Das Kommando über die Nordwestfront wird der Führung und dem Stab des Leningrader Militärbezirks übertragen.

Ich befehle Ihnen, mit der Ausarbeitung des Planes für die operative Entfaltung der Truppen der Nordwestfront zu beginnen …

Als Hauptaufgabe für die Nordwestfront stelle ich: die Zerschlagung der Streitkräfte Finnlands, die Eroberung seines Territoriums in den genannten Abgrenzungen und das Vordringen zum Bottnischen Meerbusen am 45. Tag der Operation …

Von rechts geht die Nordfront (Stab Kandalaksa) am 40. Tag der Mobilisierung zum Angriff über und erobert am 30. Tag der Operation die Gebiete Kemi, Uleaborg …

Der Baltischen Rotbannerflotte, die in operativer Hinsicht dem Militärrat der Nordwestfront untersteht, sind folgende Aufgaben zu stellen:

1. Im Zusammenwirken mit den Luftstreitkräften die Kampfflotte Finnlands und Schwedens (im Falle eines schwedischen Aktivwerdens) zu vernichten.

2. Die Landstreitkräfte zu unterstützen, die an der Küste des Finnischen Meerbusens und von der Halbinsel Hanko aus agieren, durch Sicherung ihrer Flanken und Vernichtung des finnischen Küstenschutzes.

3. Die Verlegung zweier Schützendivisionen von der Westküste der Estnischen SSR auf die Halbinsel Hanko in den ersten Kriegstagen zu gewährleisten sowie die Anlandung eines starken Truppenverbandes auf den Alandinseln zu realisieren.

4. Durch Kreuzeroperationen von U-Booten und Fliegerkräften die Meeresverbindungen Finnlands und Schwedens (im Falle seines Agierens gegen die UdSSR) im Bottnischen Meerbusen und in der Ostsee abzuschneiden …

Dem vorliegenden Plan der Entfaltung ist die Tarnbezeichnung S.3-20 zu verleihen.

Der Plan wird wirksam bei Erhalt eines von mir und dem Generalstabschef unterzeichneten chiffrierten Telegramms folgenden Inhalts: ‚Mit Erfüllung von S.3-20 beginnen‘.“[9]

Interessanterweise besagt der Plan nicht, daß „für die Gewährleistung der Sicherheit der Stadt Lenins" gekämpft werden solle. Und es findet sich auch kein Hinweis darauf, daß die Kampfhandlungen als Erwiderung eines feindlichen Überfalls zu beginnen seien. Nichts von dem üblichen „Wenn uns die Feinde einen Krieg aufzwingen ..." Hier ist alles viel einfacher: Jeden Augenblick kann beim Stab des Leningrader Militärbezirks ein chiffriertes Telegramm aus Moskau eingehen, und dann marschieren die sowjetischen Truppen vorwärts zum Bottnischen Meerbusen, zur schwedischen Grenze, zu den Alandinseln! Den Propagandarahmen dafür zu schaffen, gehört nicht zu den Aufgaben der Führung des Leningrader Militärbezirks und der Baltischen Flotte. Das besorgen andere. Die zuständigen Genossen werden im rechten Moment eine neue „Provokation der finnischen Soldateska an unseren Grenzen" zusammenzimmern, und wieder anderen Genossen obliegt es dann, den Werktätigen der ganzen Welt den Sinn der friedliebenden Außenpolitik der UdSSR und die Notwendigkeit sowjetischer Gegenschläge zum Zwecke der Abwehr der auf unser Territorium vorgedrungenen finnischen Aggressoren zu erläutern.

Der Sammelband *Das Jahr 1941*, in dem der vollständige Plan nachzulesen ist, wurde zusammengestellt, um die Friedensliebe der Sowjetunion und ihr „Nichtvorbereitetsein" auf einen Angriff gegen Deutschland zu demonstrieren. Die Kompilatoren des Werks räumten kleine Sünden ein, um die großen nicht zugeben zu müssen. Seht her, wollen sie uns sagen, wir haben zwar den Plan eines Überfalls auf Finnland gefunden, aber keinen Plan für einen Angriff gegen Deutschland.

Dabei konnte der Plan S.3-20 sowohl eigenständig als auch als Teil einer umfassenderen Intention funktionieren. Er ermöglichte nämlich den Truppen der Militärbezirke Leningrad und Archangelsk sowie den Kräften der Baltischen Flotte, gegen Finnland Schläge auszuführen, bevor die Rote Armee gegen Deutschland schlug – zeitgleich oder wenig später. Auf jeden Fall bedeutete ein solcher Schlag gegen Finnland zugleich einen Schlag gegen Deutschland. Wäre der Plan S.3-20 Wirklichkeit geworden, hätten die sowjetischen Truppen die Nickelgruben von Petsamo und die Alandinseln besetzt, wären zu der Stadt Kemi (nicht zu verwechseln mit dem russischen Kem) vorgestoßen.

Und jetzt suchen Sie einmal auf der Landkarte das finnische Kemi und den schwedischen Hafen Lulea ...

Keineswegs zufällig wurde 1940 im Baltikum die 1. Marineinfanteriebrigade unter Führung des eingefleischten sowjetischen Diversanten Terenti Parafilo aufgestellt. Stalin hatte Arbeit für die Marineinfanterie, und seine Generäle lieferten den Plan dazu. Blieb nur noch, das chiffrierte Telegramm „Mit Erfüllung von S.3-20 beginnen" an den Leningrader Militärbezirk abzuschicken ...

Man braucht gar nicht nach dem Plan eines Krieges gegen Deutschland zu suchen. Wäre S.3-20 Wirklichkeit geworden, hätte der tödliche Schlag nicht nur Finnland, sondern auch Deutschland getroffen.

7.

Im Sommer 1940 begeht Stalin noch einen Fehler: Er gliedert Estland, Lettland und Litauen in die Sowjetunion ein, bildet dort den Baltischen Sondermilitärbezirk und konzentriert dessen gesamte Kräfte an der ostpreußischen Grenze.

Für einen Verteidigungskrieg war das keineswegs notwendig, ja sogar schädlich. Es heißt, Stalin habe seine Grenze nach Westen ausdehnen und damit die Sicherheit der UdSSR stärken wollen. Dabei verhält es sich gerade umgekehrt. Vor der Okkupierung des Baltikums besaß die Rote Armee in dieser Richtung eine Trennscheide. Im Falle einer Aggression mußten Hitlers Truppen sukzessive die Streitkäfte dreier Staaten niederringen, ehe sie auf die Rote Armee trafen. Selbst wenn die Unterwerfung Litauens, Lettlands und Estlands nur wenige Tage gedauert hätte, wäre bei einer derartigen Konstellation ein Überraschungsangriff auf die sowjetischen Flugplätze ausgeschlossen gewesen. Die Rote Armee besaß die Möglichkeit, ihre Truppen in Alarmbereitschaft zu versetzen und in den Befestigungsräumen zu positionieren. Nach der Vernichtung der Armeen der drei baltischen Staaten würden Hitlers Truppen den Peipussee erreichen. Ihn zu überwinden ist unmöglich. Bei einer Umgehung aber wären die gegnerischen Verbände auf die sowjetischen Befestigungsräume gestoßen.

Doch alles lief nach einem anderen Szenario ab. Die Rote Armee verließ ihre Befestigungen und stand nun in Litauen an vorderster Linie, unmittelbar an der Grenze zu Deutschland. Dorthin wurden auch Flugplätze, Stäbe, Nachrichtenzentralen und strategische Reserven verlegt. Für die Völker der drei baltischen Staaten verwandelte sich die Stalin-Armee in einen Aggressor und Okkupanten, während Deutschland im Falle eines Überfalls auf die UdSSR als Befreier erscheinen mußte.

Am 22. Juni 1941 traf die Truppen der Roten Armee im gesamten Verlauf der Grenze, also auch im Baltikum, der Überraschungsschlag des deutschen Heeres, die Truppenführung war gestört, auf den grenznahen Flugplätzen erlitten die sowjetischen Luftstreitkräfte erhebliche Verluste. Ein Volksaufstand gegen die Rote Armee flammte auf in den baltischen Staaten. Unsere „Befreier" wurden von jedem Dach aus beschossen. Die Rote Armee hatte im Baltikum keine Befestigungsräume, während hinter ihrem Rücken, auf russischem Territorium, diese Befestigungsräume zwar vorhanden waren, aber leer standen. Manstein eroberte sie im Vorbeimarsch.

Skeptiker halten dagegen: Hätte Stalin nicht das Baltikum okkupiert, wäre es Hitler ohne Krieg zugefallen, er hätte einfach seine Truppen dort einmarschieren lassen können wie seinerzeit in der Tschechoslowakei.

Für diese Variante gab es eine Lösung.

Stalin hätte Hitler klipp und klar erklären müssen, daß im Falle von Einmarschversuchen deutscher Truppen im Baltikum die Sowjetunion ohne Vorwarnung mit der Versenkung der Erz- und Holztransporter beginnen, die deutschen Häfen verminen und Berlin bombardieren würde, daß auf dem Territorium der baltischen Staaten internationale Brigaden und Millionen sowjetischer Freiwilliger zum Einsatz kämen. Und wenn Hitler im Krieg gegen die Sowjetunion seine Kräfte verschlissen hätte, würden sich England und Frankreich die Situation zunutze machen: In ihrem Interesse lag es, Deutschland als gefährlichen Konkurrenten in die Knie zu zwingen und erneut mit Kontributionen zu belegen.

Eine solche Erklärung wäre in der ganzen Welt richtig verstanden worden. In diesem Falle hätten wir die Völker der baltischen Staaten nicht als Feinde gegen, sondern als Verbündete für uns gehabt. In diesem Falle hätten die „Waldbrüder“ nicht den sowjetischen, sondern den deutschen Soldaten in den Rücken geschossen. In diesem Falle wären internationale Brigaden den baltischen Patrioten zu Hilfe geeilt. Dafür hätten sich genug Freiwillige in der ganzen Welt gefunden.

Bei einer solchen Perspektive hätte Hitler wohl kaum gewagt, seine Truppen in Estland, Lettland und Litauen einmarschieren zu lassen. Und wenn doch, dann wäre der Krieg in diesem Falle von unserer Seite aus gerecht gewesen, ein Verteidigungskrieg, ein Großer, Vaterländischer. Und wir müßten uns heute nicht schämen für „Befreiungsfeldzüge“, Massenerschießungen und Okkupation. Wir müßten die Kriegsarchive nicht unter Verschluß halten und heroische Ruhmestaten erfinden.

Im August 1939 hatte die Sowjetunion ihre Position klar und unmißverständlich erklärt: Das Territorium der Mongolei werden wir gegen die japanische Aggression verteidigen wie unser eigenes. Und es wurde verteidigt! Diese Haltung verstand die ganze Welt, Japan eingeschlossen. Dank dieser Entschlossenheit und Standfestigkeit konnte ein Angriff Japans auf die Sowjetunion abgewendet werden.

Warum nahm die Sowjetunion im August 1940 nicht die gleiche Position gegenüber den baltischen Staaten ein?

Die Besetzung des Baltikums hatte nur Sinn, wenn man einen Angriffskrieg gegen Deutschland im Schilde führte. Die Rote Armee rückte unmittelbar an die deutsche Grenze heran und verlagerte ihre Flugplätze an die vorderste Linie. Von diesen litauischen Flugplätzen aus konnte man einen Vormarsch der sowjetischen Truppen bis hin nach Berlin unterstützen.

Außerdem verfügte die sowjetische Flotte jetzt über Marinebasen in Tallin, Riga und Liepaja, verlagerte sofort die Hauptkräfte der Flotte und strategische Reserven dorthin. Von Liepaja war es nur ein Katzensprung bis zu den Routen, auf denen sich die Karawanen mit Eisenerz, Nickel und Holz bewegten. Von hier aus konnte man einen überraschenden, einen tödlichen Schlag führen.

Das war das dritte Klingelzeichen für Hitler.

Aber was hat das alles mit Schukow zu tun?

Sehr viel. Schukow wird uns vorgeführt, als habe ihm nur ein Quentchen zum Strategen gefehlt: Ein Blick auf die Karte, und schon hatte er die gesamte Situation erfaßt. Wäre er wirklich ein Stratege gewesen, hätte er diese Fäden sehen müssen: Aus Schweden nach Deutschland fließen Holz und Eisenerz, aus Finnland Holz und Nickel. Bei seinen Treffen mit Stalin hätte Schukow auf das Abnorme der Situation hinweisen müssen: Wenn wir vorhaben, die Holz-, Nickel- und Eisenerzlieferungen nach Deutschland zu unterbinden, dann muß das gleich geschehen. Haben wir es nicht vor, sollten wir besser unsere Bedrohung von den Erzgruben und Häfen des wahrscheinlichen Gegners nehmen. 1939/40 fiel es nicht in Schukows Dienstbereich, sich mit Finnland, Schweden und der Ostsee zu beschäftigen. Aber es gab einen Weltkrieg, und Schukow war ein Befehlshaber höchsten Ranges. Er hätte die internationale Lage verfolgen müssen. Und genug Möglichkeiten gefunden, um die Führung des Landes auf die unheilvolle Situation hinzuweisen.

Schukow hätte die Militärgeschichte kennen müssen. Zu Beginn des 20. Jahrhunderts hatte sich Rußland im Fernen Osten kurzentschlossen die Rohstoffreserven der Mandschurei und Chinas angeeignet und damit vitale japanische Interessen verletzt. Japan reagierte mit einem vernichtenden Überraschungsangriff auf die russische Flotte. Der dadurch entfachte russisch-japanische Krieg endete mit der Niederlage Rußlands und der Revolution von 1905. Um ein Haar hätte Zar Nikolaus bereits in jenem Jahr seinen Thron verloren.

35 Jahre nach dem russisch-japanischen Krieg, also noch innerhalb der Lebenszeit einer Generation, entstand die gleiche Situation, nun jedoch nicht am Gelben Meer, sondern an der Ostsee. Ob vorsätzlich oder unbedacht, mit ihren Handlungen im Ostseeraum bedrohten die sowjetischen Strategen die Existenz Deutschlands schlechthin. Wenn das so war, stand ein Überraschungsangriff von deutscher Seite zu erwarten – und zwar jederzeit.

Im Januar 1941 wurde Schukow Generalstabschef. Vorher ein zwar professioneller, aber nicht direkt involvierter Beobachter des Ostseeraums, war er nun der Kopf aller Strategen. Das Wichtigste im Kriegshandwerk ist die Fähigkeit, die Situation mit den Augen des Gegners zu sehen. Schukow hätte überlegen müssen: Wie fühlt man sich in Berlin bei dem Gedanken, daß der einzige dünne Faden, der die fernen schwedischen Häfen mit der Hüttenbasis in Deutschland verbindet, jeden Augenblick von der sowjetischen Flotte durchtrennt werden kann?

* * *

Schukow, wäre er denn ein Stratege gewesen, hätte die eingetretene Situation klar erkennen müssen. Aber entweder hatte er die Lage an den sowjetischen Grenzen nicht im Blick, nicht begriffen, oder er hatte Angst davor, seine Meinung zu sagen.

Kapitel 4

Schukow und das Erdöl

„... wenn es seinerzeit nicht gelungen wäre, die Russen bei ihrem Einmarsch nach Rumänien zu einer Beschränkung auf Bessarabien zu zwingen und sie sich damals Rumäniens Ölfelder geholt hätten, hätten sie uns in puncto Brennstoff spätestens in diesem Frühjahr abgedrosselt."[1]

A. Hitler

1.

Stellen Sie sich einmal vor, wir wären Geschäftemacher, handelten mit Erdöl, Holz, Gold oder Diamanten, hätten manchmal auch mit Raub, Erpressung und Auftragsmorden zu tun. Und es gäbe da einen Konkurrenten. Mit dem tauschen wir Liebenswürdigkeiten aus, schicken ihm herzliche Glückwünsche zum Geburtstag, trinken Sekt mit seinen Vertretern. Und machen uns unterdessen hartnäckig Schritt für Schritt an seine Lebensressourcen heran, legen die Hände an seinen Hals ... Wenn wir so handeln, müssen wir gewärtig sein, daß eines schönen Tages in die Sauna, in der wir uns gerade aalen, ein paar kräftige Kerle mit MPis gestürzt kommen, denen es um eine Handvoll Kugeln nicht schade ist ...

So müssen wir uns die Freundschaft zwischen Stalin und Hitler vorstellen. Es gab den Austausch von Liebenswürdigkeiten. Gegenseitige Geburtstagsgratulationen. Treueschwüre. Genosse Stalin trank Champagner mit Herrn Ribbentrop – wie Molotow mit Hitler – und machte sich doch ganz unverfroren an die lebenswichtigen Ressourcen Deutschlands heran.

Schukow, wäre er ein Stratege gewesen, hätte Stalin vor den Gefahren ebenso überraschender wie vernichtender deutscher Gegenreaktionen warnen müssen.

Doch Schukow schwieg, als Stalin die Baltische Flotte aufrüstete, als er Finnland, Estland, Lettland und Litauen „befreite". Aber das genügte Stalin keineswegs, und er beschloß, sich noch näher heranzupirschen nicht nur an Holz, Nickel und Eisenerz, sondern auch an das Erdöl. Und betraute Schukow damit …

Im April 1940 traf Schukow, aus der Mongolei kommend, in Moskau ein und stand zwei Monate lang dem Volkskommissar für Verteidigung zur Verfügung. In dieser Zeit hatte er keinerlei Dienststellung, woraus allerdings nicht gefolgert werden darf, er sei untätig gewesen. Im Gegenteil. Es waren Monate angespannter Arbeit. In denen Schukow mindestens vier längere Unterredungen mit Stalin hatte. Und dabei ist zu bedenken, daß Stalin niemanden einfach so mit langen Audienzen beglückte.

2.

Jeder grandiosen Operation geht auf der höchsten Führungsebene eine unter der Oberfläche gehaltene, von außen nicht sichtbare Arbeit voraus. Schukows zweimonatige Tätigkeit in Moskau war die Nullrunde für die Vorbereitung des Bessarabienkrieges. Bessarabien mußte Rumänien abgetrotzt werden, genau so, wie Hitler der Tschechoslowakei die Sudeten abgetrotzt hatte. Würde Rumänien die Rückgabe verweigern, stünde seine Unterwerfung an.

Im April und Mai 1940 war die Vorbereitung des Bessarabienkrieges nur in Stalins Arbeitszimmer und im Generalstab bekannt. Die Stäbe des Kiewer Sondermilitärbezirks sowie des Odessaer Militärbezirks erhielten vom Generalstab kurze Anweisungen, was zu tun war, ohne jede Erläuterung, warum.

Am 4. Juni 1940 wird Schukow der Dienstgrad eines Armeegenerals verliehen. Was damals fünf Sterne bedeutete.

Am 7. Juni 1940 ernennt ihn Befehl Nr. 2469 des Volkskommissariats für Verteidigung zum Kommandeur der Truppenverbände des Kiewer Sondermilitärbezirks.

Am 8. Juni steigt Armeegeneral Schukow auf dem Kiewer Bahnhof in Moskau in einen Zug … und bricht in Tränen aus.

Die Verabschiedung des Generals ging „mit großem Bahnhof" vonstatten. Viele sahen Schukow weinen und versuchten später, dem Gefühlsausbruch auf den Grund zu kommen. Wobei einzuflechten ist, daß ein Charakterzug des mächtigen Feldherrn – seine frappierende Weinerlichkeit nämlich – immer noch ungenügende Berücksichtigung findet. Wenn es hart auf hart kam, erleichterte sich Schukow durch Tränen. Ein schönes Rätsel für

Psychologen: Auf der einen Seite der blutigste Feldherr der Weltgeschichte, auf der anderen Seite ein Schukow, verheult wie eine Jungfer. Wie lassen sich diese bitteren Tränen vereinbaren mit Schukows ungeheuerlicher, gewalttätiger Rücksichtslosigkeit und unmenschlichen Grausamkeit? In seinem Sadismus, seiner vertierten Brutalität übertraf Schukow sogar Tuchatschewski. Wie vereinbarte sich das Bild eines Rotz und Wasser heulenden Weichlings mit den Legenden über die angeblich unbeugsame Natur des großen Feldherrn?

Schukows Tränen auf dem Kiewer Bahnhof in Moskau am 8. Juni 1940 waren auch viele Jahre später nicht vergessen, deshalb sah sich Schukow nach dem Krieg genötigt, ihren Grund zu erklären. „Man hatte mich auf einen verantwortlichen Posten berufen – ich sollte einen der wichtigsten grenznahen Militärbezirke befehligen. Die Gespräche mit Stalin, Kalinin und anderen bestärkten mich endgültig in dem Gedanken, daß ein Krieg nahte, daß er unausweichlich war ... Aber wie würde dieser Krieg sein? Waren wir darauf vorbereitet? Würden wir alles schaffen? Und mit einem Gefühl der heraufziehenden Katastrophe schaute ich auf meine Familienangehörigen, auf meine Genossen, die mich sorglos verabschiedeten, schaute auf Moskau, auf die fröhlichen Gesichter der Moskauer und dachte: Was wird aus uns werden? Viele verstanden das nicht. Mir wurde auf einmal ganz eigenartig zumute, und ich konnte nicht an mich halten. Ich glaubte, daß der Krieg für mich schon begonnen hatte. Doch als ich den Eisenbahnwagen betrat, warf ich die sentimentalen Gefühle sofort ab. Von da an stand mein persönliches Leben im Dienste des bevorstehenden Krieges, obwohl auf unserem Boden noch Frieden herrschte ..."

Auf dem Bahnsteig gab es viele Zeugen, deshalb räumt Schukow ein, er habe nicht an sich halten können. Im Zugabteil konnte ihn niemand mehr sehen, deshalb läßt sich forsch behaupten: Als ich den Eisenbahnwagen betrat, war es vorbei mit den Tränen.

3.

Schukows Weitsicht erschüttert. Im Juni 1940 begriffen viele noch nicht, wie Schukow sagt, daß ein Jahr später Krieg sein würde. Aber er, Schukow, hatte es bereits verstanden. Die deduktiven Fähigkeiten des ruhmreichen Feldherrn sind einfach erstaunlich. Um nicht mehr zu sagen. Mehr als ein Jahr vor dem deutschen Angriff fühlte Schukow das Unheil voraus! Am 8. Juni 1940 vergießt der große Stratege bereits Tränen der Trauer über die künftigen Opfer. Im Juni 1940 hatten weder Hitler noch seine Generäle Absichten oder Pläne, die Sowjetunion zu überfallen. Weder das Oberkommando der Wehrmacht noch das Heeresoberkommando verfügten über Entwürfe oder Skizzen für einen Kriegsplan gegen die UdSSR, wie ihnen auch keinerlei diesbezügliche Weisungen des Führers vorlagen. Nicht einmal gesprochen wurde über einen solchen Krieg. Juni 1940, das war die Zeit, als die deutschen Panzerkeile vorwärts strebten zum Atlantik und dabei einen gewaltigen Bogen um Paris machten. Nach der Niederlage Frankreichs befahl Hitler, die deutschen Streitkräfte stark zu reduzieren. Und diese Reduzierung wurde in vollem Umfang und mit aller Intensität durchgesetzt, denn ein Krieg gegen die Sowjetunion war weder vorgesehen noch geplant. Aber Schukow läßt bereits die Tränen fließen …

Am 21. Juli 1940 sprach Hitler erstmals im engsten Kreis „das russische Problem" an. Am 29. Juli 1940 beauftragt Generaloberst Franz Halder den Stabschef der 18. Armee Erich Marcks, den Plan für einen Krieg gegen die UdSSR zu entwerfen. Das sind die allerersten Skizzen. Ursprünglich trug dieser Plan sogar einen anderen Kodenamen: nicht „Barbarossa", sondern „Fritz". Das ergibt ein beredtes Bild: Der geniale Schukow beweint die zukünftigen Opfer, weil er bereits im Juni 1940 weiß, welche Idee Hitler anderthalb Monate später in den Kopf kommt.

Erstaunlich ist auch etwas anderes. Die Gespräche mit Stalin, Kalinin und anderen Mitgliedern des Politbüros „bestärkten" Schukow „endgültig in dem Gedanken, daß ein Krieg nahte, daß er unausweichlich war…" Folglich muß Schukow bereits vor seinen Treffen mit Genossen Stalin und anderen, also vor seiner Rückkehr nach Moskau im April 1940, gewußt haben, daß es einen Krieg gegen Deutschland geben würde. Stalin und die anderen Genossen des Politbüros widersprachen ihm nicht. Im Gegenteil, in diesen Unterredungen gewann Schukow die „endgültige" Überzeugung. Ergo müssen auch Stalin und die anderen Genossen bereits ein Jahr vor der deutschen Invasion den gleichen Standpunkt vertreten haben. Daß der Krieg gegen Deutschland unausweichlich war, wußten sie lange bevor man dort auf den Gedanken kam.

Wie läßt sich in einem solchen Falle Stalins Verhalten deuten? Im Frühjahr 1940 ist er überzeugt, daß der Krieg gegen Deutschland unausweichlich ist, ein Jahr später aber, am 22. Juni 1941, kann der gleiche Stalin nicht glauben, daß dieser Krieg begonnen hat. Und wie interpretieren wir Schukows Verhalten? Ein Jahr vor dem Krieg hat er alles bereits durchschaut und verstanden, ja sogar schon ein paar Tränen vergossen über die künftigen Opfer, doch zwölf Monate später, an jenem verhängnisvollen Morgen des 22. Juni 1941, gibt er den sowjetischen Truppen Direktive, das Feuer nicht zu eröffnen, keine Flugzeuge abzuschießen und nicht auf Provokationen einzugehen.

1940 weinte er über die künftigen Opfer, um 1941 die Erwiderung des Feuers zu verbieten und seine Soldaten, Offiziere und Generäle damit dem tödlichen gegnerischen Beschuß auszuliefern.

Wir sind keine Strategen, für uns ist das zu hoch.

4.

Am Morgen des 9. Juni 1940 traf der verweinte Armeegeneral Schukow in Kiew ein, und am gleichen Tag erteilte der Volkskommissar für Verteidigung, Marschall der Sowjetunion S. K. Timoschenko, den Kommandeuren des Kiewer Sondermilitärbezirks sowie des Militärbezirks Odessa Direktiven zur Schaffung einer Südfront. Zu ihrem Befehlshaber wurde Armeegeneral Georgi Konstantinowitsch Schukow ernannt. In diese Südfront gingen die 5. und die 12. Armee aus dem Bestand des Kiewer Sondermilitärbezirks und die 9. Armee des Militärbezirks Odessa ein.

Insgesamt unterstanden der Südfront unter Schukows Kommando 13 Korps: zehn Schützenkorps und drei Kavalleriekorps.

Die Gesamtzahl der Divisionen betrug 40: 32 Schützendivisionen, zwei Motschützendivisionen, sechs Kavalleriedivisionen.

Die Zahl der Brigaden belief sich auf 14: elf Panzerbrigaden und drei Luftlandebrigaden.

Die Verstärkung bildeten 16 Regimenter schwere Artillerie der RGK-Reserve (Reserve des Oberkommandos) und vier Artilleriedivisionen der RGK-BM-Reserve (Reserve des Oberkommandos mit besonderer Leistungsfähigkeit).

Die Luftflotte der Südfront bestand aus 45 Regimentern der Luftstreitkräfte, darunter 21 Jagdfliegerregimenter und 24 Bombenfliegerregimenter.

Die Mannschaftsstärke der Truppen belief sich auf insgesamt 460.000 Soldaten und Offiziere, ausgerüstet mit 12.000 Geschützen, 3.000 Panzern und 2.000 Flugzeugen.

Als Stalin dieses militärische Potential an der rumänischen Grenze konzentriert hatte, forderte er die Rückgabe Bessarabiens und der nördlichen Bukowina.

Schukows Südfront war bereit zur Vernichtung Rumäniens, doch im Sommer 1940 blieb ihr der Kampf erspart. Die rumänische Regierung hatte noch die glänzenden Siege der Roten Armee in Finnland vor Augen und machte sich nichts vor: Es war besser, Stalin kampflos nachzugeben. Beide Seiten einigten sich auf eine friedliche Lösung des Konflikts. Die rumänischen Truppen traten den Rückzug an, Schukows Verbände marschierten in Bessarabien und der Nordbukowina ein.

Für die Sowjetunion sollten sich die Folgen dieses Krieges ohne Blutvergießen als katastrophal erweisen. Vor allem, weil das neutrale Rumänien die Wahl hatte, auf wessen Seite es stehen wollte. Europa wurde von zwei Menschenfressern in Stücke gerissen: von Hitler und Stalin. Letzterer hatte kurzerhand Bessarabien und die nördliche Bukowina verlangt – und man hatte sie ihm geben müssen. Was würde er morgen fordern? Hitler hingegen forderte nichts. Da fiel die Wahl leicht: Rumänien stellte sich unter Hitlers Schutz.

Das Ergebnis:

a) die Sowjetunion hatte einen weiteren feindlichen Staat an ihrer Grenze;

b) die Front, die es im Kriegsfall zu verteidigen galt, verlängerte sich um fast 800 Kilometer;

c) Hitler erhielt einen zusätzlichen Brückenkopf für den Überfall auf die Sowjetunion;

d) Hitler gewann einen Verbündeten, der Erdöl besaß.

Ohne Erdöl konnte Deutschland nicht kämpfen. Anders ausgedrückt: Nachdem Hitler Rumänien in seine Arme geschlossen hatte, konnte er die Sowjetunion überfallen. Ohne Rumänien wäre ein solcher Angriff unmöglich gewesen.

Aber die Crux liegt in folgendem: Stalin hatte Hitler aufgeschreckt. Gerade durch den „Befreiungsfeldzug" Schukows in Bessarabien und der Nordbukowina wurde der Führer ein letztes Mal gewarnt. Der sowjetische Einmarsch bedeutete eine unmittelbare Bedrohung für die rumänischen Erdöllagerstätten, und diese Bedrohung war es, die Hitler den Befehl zum Präventivschlag gegen die Sowjetunion geben ließ.

Das alles ist bekannt. Und wird von niemandem bestritten. Stalin hatte sich selbstmörderisch verspekuliert. Und es gibt keine Vergebung für den Stalinschen Leichtsinn. Aber wir sind ja bei Schukow. Und wollen seine Rolle in diesem Händel betrachten.

5.

Stalin befahl Schukow, Rumänien gewaltsam oder durch Bedrohung Bessarabien und die Nordbukowina zu entreißen und auf Armeslänge – nämlich 180 Kilometer – an die ungeschützten rumänischen Erdölfelder heranzurücken.

Das war zuviel.

Das hielten die deutschen Strategen nicht aus. In Berlin begriff man endlich: Die sowjetische Bedrohung war tödlich für Deutschland. Von diesem Augenblick an begann die Vorbereitung zur Vernichtung der Sowjetunion.

Unsere offizielle Geschichtsschreibung muß einräumen, daß die sowjetische Führung im Sommer 1940 einen verhängnisvollen Fehler beging.

„Als Hauptgegner betrachtete die deutsche Führung damals, nach der Zerschlagung Frankreichs im Juni 1940, nach wie vor England. Am 16. Juli unterzeichnete Hitler die Direktive Nr. 16 über Planungsvorbereitungen für die Landung deutscher Truppen in England unter dem Kodenamen „Seelöwe". Der Operationsplan sollte bis zum 15. August fertiggestellt sein, die Operation selbst im Verlauf des Folgemonats stattfinden. Doch im Juni/Juli 1940 ergriff die Sowjetunion an ihren Westgrenzen eine Reihe von Maßnahmen: Sie erlangte Bessarabien sowie die Nordbukowina zurück (26. bis 29. Juni 1940), die politische Herrschaft in den baltischen Ländern wechselte, was die sowjetischen Grenzen noch weiter nach Westen ausdehnte. Und es ist bei weitem kein Zufall, so will es scheinen, daß Hitler gerade am 21. Juni 1940 bei einer Beratung in Berlin das „russische Problem" anschnitt.[2]

Der Beitrag der militärgeschichtlichen Zeitschrift *Wojenno-istoritscheski schurnal*, auf die wir uns hier stützen, gesteht noch einen anderen prinzipiellen Aspekt ein: „Stalin wollte sich Hitlers ebenfalls zunutze machen für die Zerschlagung des Britischen Imperiums und des Systems des Weltkapitalismus."[3]

Veranschaulicht man sich diesen Gedanken, sieht man eben jenen Eisbrecher[4], der für Stalin und die Weltrevolution den Weg freimachen soll.

Bis hierher lief alles bestens. Hitler hatte bereits die Weisung zur Vorbereitung der Truppenlandung in England unterzeichnet. Doch der Anschluß Bessarabiens, der Nordbukowina, Estlands, Lettlands und Litauens an die Sowjetunion zwang ihn, abrupt kehrtzumachen und nachzusehen, was hinter seinem Rücken geschah.

Im Sommer 1940 lagen vor der von Schukow befehligten sowjetischen Südfront drei Wege: zwei richtige und ein verhängnisvoller.

Der erste richtige Weg wäre gewesen, den Bessarabien-Schlag auszuführen und weiter vorzudringen bis zu den Erdölquellen von Ploesti. Hitler hatte Frankreich und die britischen Truppen auf dem Kontinent siegreich geschlagen. Gegen Frankreich und England warf er die gesamte Flotte, die ganze Luftwaffe, alle Panzer, sämtliche schwere Artillerie. Dort kämpften die besten Generäle Deutschlands. Im Hinterland jedoch, an den Grenzen zur Sowjetunion, beließ Hitler lediglich zehn schwache Infanteriedivisionen, nicht einen Panzer, kein einziges Flugzeug und keinerlei schweres Geschütz. Und das Wichtigste: Alle zehn Divisionen standen in Polen und der Slowakei. In Rumänien gab es überhaupt keine deutschen Truppen. Sie dorthin zu verlegen, war völlig unmöglich. Die 3.000 sowjetischen Panzer und 2.000 Flugzeuge hätten vollkommen ausgereicht, um bis zu den Erdölfeldern vorzudringen und sie in Brand zu setzen. Das würde das Ende für Deutschland bedeutet haben. Hätte Schukows Südfront im Juni 1940 in Rumänien einen Schlag geführt, wäre der Zweite Weltkrieg im gleichen Jahr mit einem Sieg der Sowjetunion und der Errichtung der kommunistischen Herrschaft auf dem gesamten europäischen Kontinent zu Ende gegangen. Bei einer solchen Kräftekonstellation wäre Stalin die Kontrolle über die gigantischen Kolonialreiche Frankreich, Belgien und Holland zugefallen.

Der zweite Weg war riskanter, versprach jedoch einen noch größeren Gewinn. Man brauchte im Juni 1940 einfach gar nichts zu tun. Nur abzuwarten. Dieses Warten hätte gar nicht mehr lange gedauert. Nach der Zerschlagung Frankreichs mußte Hitler seine Schlagkraft gegen England richten. Stalins Risiko bestand darin, daß nach dem Sieg über Frankreich Großbritannien und Deutschland Frieden schließen konnten. In diesem Falle hätte Stalin Deutschland allein gegenübergestanden. Würden Hitlers Truppen jedoch wie geplant in England landen, vereinfachte sich die Aufgabe der „Befreiung Europas" kolossal: Nach Schukows Schlag gegen die rumänischen Erdölfelder würde die Rote Armee ihre „Befreiungsfeldzüge" nach Europa beginnen, während die besten deutschen Truppen nicht auf dem Kontinent waren, sondern in England, und nicht von dort zurückbeordert werden konnten.

Der dritte Weg aber führte ins Verderben. Im Juni 1940 besetzte Schukows Südfront Bessarabien sowie die Nordbukowina und machte auf halbem Wege zu den Erdölfeldern von Ploesti halt.

Hitler äußerte 1942, er habe Stalin zwingen können, sich 1940 auf Bessarabien zu beschränken. Das stimmt nicht. Erstens, weil Stalin Schukow nicht befohlen hatte, Rumänien im Sommer 1940 zu zerschlagen. Zweitens, weil Hitler 1940, auf dem Höhepunkt der Schlacht um Frankreich, über keinerlei Mittel verfügte, um Stalin zu beeinflussen. Hätte Stalin im Sommer 1940 die Vernichtung Rumäniens befohlen, wäre niemand imstande gewesen, Schukows Südfront aufzuhalten. Genau das hätte Schukow, wäre er denn ein Stratege gewesen, Stalin begreiflich machen müssen.

6.

Ich werde häufig gefragt, ob ich den Faktor des rumänischen Erdöls nicht überbetone. Immerhin beherrschten die Deutschen ja bereits die Technik der Herstellung von synthetischem Benzin.

Tatsächlich gab es Produktionskapazitäten dafür. Aber das Treibstoffproblem war nach wie vor ungelöst. Vor allem, weil synthetischer Kraftstoff qualitativ nicht mit Kraftstoff aus Erdöl vergleichbar ist. Der Einsatz von synthetischem Treibstoff verschlechtert die taktisch-technischen Parameter von Kampfmitteln, insbesondere Flugzeugen, Panzern und Schiffen, ganz erheblich. Ihre Konstrukteure können ein exzellentes Flugzeug entwickeln, die technologische Kultur Ihrer Werke kann sich auf Welthöchststand befinden, Ihre Ingenieure und Arbeiter können alles Talent, allen Fleiß in den Bau dieses Flugzeugs stecken – schlechter Treibstoff macht es trotzdem langsam, schwächlich und schwerfällig.

Und zu guter Letzt ist synthetischer Kraftstoff auch noch teurer. Dem Holzmangel ließ sich auf andere Weise abhelfen. Wo Holz nicht reichte, nahm man in Hitler-Deutschland Kartoffelkraut. Das war zwar qualitativ schlechter als Holz, dafür aber billiger. Während die Herstellung von synthetischem Kraftstoff sieben- bis zwölfmal teurer kam als die Produktion von petrolchemischem. Die Entscheidung, ihn dennoch einzusetzen, wurde Hitler von der Not diktiert. Und sein Experiment fand schwerlich Nachahmer. Um eine Vorstellung über Qualität und Kosten des synthetischen Treibstoffs zu gewinnen, braucht man sich nur folgenden Fakt zu vergegenwärtigen: In der zweiten Hälfte des 20. Jahrhunderts wurde die Welt wiederholt durch Erdölkrisen erschüttert. Die chemische Industrie ist heute, zu Beginn des 3. Jahrtausends, international unvergleichlich leistungsfähiger, als sie es 1941 in Deutschland war. Und doch reißt sich niemand darum, künstlichen Treibstoff herzustellen.

Und noch ein Wort zur Quantität.

Der deutsche Mindestbedarf an Erdöl für das Jahr 1941 wird mit 20 Millionen Tonnen angegeben.[5]

Und vergessen wir nicht, daß Hitler Verbündete hatte, die Armeen, Flotten und Luftstreitkräfte unterhielten. Und auch kein Erdöl besaßen. Sie mußten gleichfalls mit deutschem Treibstoff versorgt werden.

Die Produktion von synthetischem Treibstoff in Deutschland belief sich 1941 auf 4,1 Millionen Tonnen, was lediglich ein Fünftel des absoluten Minimalbedarfs ausmachte. Berücksichtigt man noch die Verbündeten, mit denen es zu teilen galt, dann ist der Anteil des synthetischen Treibstoffs in der Gesamtbilanz des Jahres 1941 verschwindend gering.

Außer dem eigenen synthetischen Kraftstoff konnte Deutschland noch echtes Erdöl aus Österreich, der Tschechoslowakei, Frankreich, Ungarn und Polen einsetzen. Im Jahre 1941 insgesamt 1,3 Millionen Tonnen. Was eine Gesamtmenge – an selbst hergestelltem synthetischen Treibstoff und natürlichem Erdöl aus den besetzten Ländern – von 5,4 Millionen Tonnen ergibt.

Wäre da nicht das rumänische Erdöl gewesen, hätten Heer, Luftwaffe, Flotte, Verkehrswesen und Industrie Deutschlands ganze drei Monate kämpfen und arbeiten können, um die restlichen zehn Monate in völliger Erstarrung auf das nächste Jahr zu warten.

Hitler ging davon aus, daß sich Deutschland im Falle eines Schlages der Roten Armee gegen Rumänien 1940 oder 1941 ohne das rumänische Erdöl bis zum Frühjahr 1942 gehalten hätte. Diesen Optimismus widerlegt eine mathematische Prüfung. Ohne rumänisches Erdöl ließ sich der Bedarf von Wirtschaft und Streitkräften in Deutschland nur zu einem Viertel mit sehr schlechtem und ebenso teurem Treibstoff decken. Eine Besetzung Rumäniens durch die Rote Armee 1940 oder 1941 hätte sich innerhalb von zwei, drei Monaten zu einer Katastrophe für Deutschland entwickelt.

Und wieviel Erdöl kam aus Rumänien? 1941 ganze fünf Millionen Tonnen. Das war vollkommen unzureichend. Doch ohne diese Menge hätte man schlechthin nicht leben und kämpfen können. Das rumänischen Erdöl ließ Deutschland einen Drahtseilakt vollbringen: Das Land schaffte es, wie auch immer, mit einer Liefermenge auszukommen, die halb so groß war wie der Minimalbedarf.

Während des gesamten Krieges blieb das Erdölproblem in Deutschland denn auch ungelöst. Am 6. Juni 1942 schätzte das OKW die Situation folgendermaßen ein: „Die Mineralölversorgung wird im laufenden Jahr eine der schwächsten Stellen der Wirtschaft sein. Der Mangel an Mineralöl aller Art ist so groß, daß die Operationsfreiheit aller drei WT (Wehrmachtsteile) beeinträchtigt und die Rüstungswirtschaft in Mitleidenschaft gezogen wird ... Eine leichte Besserung kann gegen Ende des Jahres mit Anlauf neuer Hydrierwerke erwartet werden, die jedoch keine entscheidende Änderung der Lage bedeuten wird.“[6]

Je länger der Krieg dauerte, um so schlechter wurde die Versorgungslage. Gegen Kriegsende nahm Deutschland als erstes Land der Welt die Serienproduktion von strahlgetriebenen Flugzeugen auf. Das Jagdflugzeug Me-262 übertraf sämtliche bislang bekannten Typen in Geschwindigkeit und Ausrüstung. Es wurden 1.433 Stück gebaut. Doch es gab nicht genug Kerosin, und ohne Kerosin konnte auch das beste Jagdflugzeug der Welt nicht fliegen. Von den fast 1.500 Exemplaren dieses Typs kamen etwas mehr als 200 in den Gefechten zum Einsatz. Die übrigen blieben auf dem Boden.

Bis zu Schukows „Befreiungsfeldzug“ in Bessarabien war Rumänien ein neutrales Land gewesen. Für die rumänischen Erdöllieferungen nach Deutschland gab es keinerlei Garantien.

Und da kam Schukow Hitler zu Hilfe. Mit seinem Einmarsch stieß er Rumänien in Hitlers Arme. Im Oktober 1940 hatte Deutschland faktisch die Macht über das rumänische Erdöl an sich gerissen. Bis dahin war dieses Erdöl weder sowjetisch noch deutsch gewesen. Nun fand es seinen Herrn in Berlin.

7.

Sehen wir der Wahrheit in die dreisten Augen: Schukow war kein militärischer Denker. Er verstand es nicht – und unternahm auch gar keine Versuche dazu –, die Karte mit dem Blick des Gegners zu betrachten. Schukow führte aus. Stalin machte einen verheerenden Fehler – und Schukow war außerstande, ihn zu erkennen und Stalin darauf hinzuweisen. Der gesunde Menschenverstand besagt: Man kann einen Wolf in die Enge treiben, aber nur, um ihn dort sofort zu erschießen. Tut man es nicht, wird er wieder ausbrechen. Urplötzlich und mit einem furchtbaren Satz springt er einem mitten ins Gesicht.

Genau das geschah 1941. Bereits 1939 war Hitler in einer strategischen Sackgasse gelandet, aus der es keinen Ausweg gab. 1940 hatte Stalin von zwei Seiten die Axt über Hitler erhoben: im Norden – über dem Eisenerz, dem Holz und dem Nickel, und im Süden – über dem Erdöl. Stalin zögerte, wartete ab, wann sich Hitler auf England stürzen würde. Aber 1941 stellte Großbritannien keine Gefahr für Hitler dar. Die Gefahr ging von Stalin aus. Hitler blieb keine Wahl. Und so stürzte er sich auf Stalin. Am 21. Juni 1941 schrieb Hitler in einem Brief an Mussolini, Rußland versuche, die rumänischen Erdölquellen zu zerstören, und die gemeinsame Aufgabe des deutschen und des italienischen Heeres bestehe darin, diese Bedrohung so schnell wie möglich zu beseitigen.

Das war der Grund für den Überfall. Und keinesfalls der Kampf um Lebensraum.

Schukow verstand die strategische Situation des Jahres 1940 nicht und konnte Stalin deshalb keinerlei Warnungen vor der Gefahr liefern. Ja, ich sage noch mehr: Auch später, bis zum Ende seiner Tage, blieb ihm verborgen, welchen Fehler er beging, als er seine Südfront an der Grenze zu Rumänien zusammenzog. Sie werden lachen, aber in Schukows Memoiren findet sich kein einziges Wort darüber, wie die Südfront zustande kam, welche Kräfte und Aufgaben ihr zugeordnet waren, wie es gelang, den Krieg mit Rumänien zu vermeiden, und zu welchen Konsequenzen das führte. Schukow schreibt[7] über die heroischen Arbeitsleistungen der sowjetischen Werktätigen in Stadt und Land. Er erzählt, wie der erste und der zweite Fünfjahrplan erfüllt wurden, welche grandiosen Vorhaben man mit dem dritten verband. Auf der nächsten Seite berichtet er von den industriellen Investitionen. Noch eine Seite weiter – über die Kosten der staatlichen Materialreserven, über die Leitungsorganisation in der Industrie, die Festigung der Disziplin in den Betrieben, den sozialistischen Wettbewerb, die weise Politik der Kommunistischen Partei. Und das alles brav abgeschrieben aus der Zeitschrift *Das Notizheft des Agitators*. In Schukows Buch finden Sie alles mögliche, bis hin zur

Beschreibung der Verhandlungen zwischen den Militärmissionen der UdSSR, Großbritanniens und Frankreichs, mit denen Schukow nun überhaupt nichts zu tun hatte. Aber wir finden kein Wort über die Südfront, die Schukow befehligte.

Ich möchte eines betonen: Ich stütze mich nur auf die erste Ausgabe der Schukow-Memoiren, die 1969 bei APN in Moskau erschienen. Diese Ausgabe kam noch zu Lebzeiten Schukows heraus, für sie ist er verantwortlich. Alle weiteren Auflagen erschienen nach Schukows Tode, sie wurden – und werden – radikalen Veränderungen unterzogen. So haben die erste und die zehnte Ausgabe nur noch wenig gemein. Offenbar schickt Georgi Konstantinowitsch aus dem Jenseits, aus der in die Kremlmauer eingelassenen Urne mit seiner Asche fortwährend Signale, so daß sich die Lebenserinnerungen auf wundersame Weise vervollkommnen in Übereinstimmung mit den jeweils aktuellen Erfordernissen.

Die Schlußfolgerung lautet: Hatte Stalin eine glänzende Operation erdacht, konnte Schukow sie ausführen. Hatte sich Stalin jedoch geirrt – wie 1940 in Rumänien –, erfüllte Schukow bedingungslos die gestellte Aufgabe, ohne über die Konsequenzen nachzudenken.

Sie können mir entgegenhalten: Im Sommer 1940 mag Schukow die strategische Lage nicht durchschaut, sie überhaupt nicht verstanden haben, aber in anderen Situationen war er vielleicht weiser und konnte Stalin die richtigen Lösungen soufflieren. Durchaus möglich. Doch der strategische Fehler von 1940 war so grob, so schwerwiegend und verheerend, daß seine katastrophalen Folgen für das Schicksal der Sowjetunion später durch keine noch so genialen Lösungen und glänzenden Siege wettgemacht werden konnten. Wegen dieses Fehlers, den Stalin und Schukow begingen, überfiel Hitler die Sowjetunion, zerschlug die sowjetische Kaderarmee und zerstörte einen Großteil der Industrie des Landes. Die Sowjetunion war nicht mehr imstande, sich Europa untertan zu machen. Stalin verlor den Krieg um Europa und die Weltherrschaft. Die freie Welt überlebte, und neben ihr konnte die UdSSR nicht existieren. Das machte den Zusammenbruch der Sowjetunion unvermeidlich. Seine Wurzeln reichen zurück zu Schukows siegreichem Feldzug in Bessarabien und der Nordbukowina.

Die Sowjetunion siegte im Zweiten Weltkrieg und ist doch nach diesem herausragenden Sieg vom Globus verschwunden. Und wenn die Kommunisten den sogenannten „Tag des Sieges" feiern, frage ich: Wo ist denn euer großer, siegreicher Staat? In welchen Abgründen ist er verschwunden? Deutschland hat den Krieg verloren, aber wir sehen es vor uns: Da, eine der stärksten Kräfte im modernen Europa, ein leistungsfähiger Staat, an dessen Pforte wir betteln. Und wo ist die große, mächtige, unbesiegbare Sowjetunion?

Deutschland hat den Krieg verloren, aber es ist noch da. Die Sowjetunion hat gesiegt, doch es gibt sie nicht mehr. Wer braucht einen solchen Sieg?

* * *

Die rote Propaganda behauptet, die Sowjetunion sei siegreich gewesen, weil sich der große Schukow auf das Strategische verstanden habe.

Ich halte dagegen: Wir haben den Krieg verloren, weil Schukow nicht einmal das kleine Einmaleins der Strategie begriff. Das lautet nämlich schlicht und ergreifend: Hast du die Faust erhoben, dann schlag zu!

Oder laß sie in der Tasche.

Kapitel 5

Das Rezept des Scheiterns

„War Schukow ein großer Stratege?
Konnte ein ungebildeter Söldling überhaupt ein großer Stratege sein?"[1]

A. Tonow

1.

Im Sommer 1940 veränderten Stalin und Hitler das Gesicht Europas. Deutschland hatte Frankreich, Belgien, Holland und Luxemburg besiegt und besetzt, die Sowjetunion Estland, Lettland, Litauen, Bessarabien, die Nordbukowina und ein Stück Finnland vereinnahmt. Auf dem europäischen Kontinent waren nur zwei starke Staatsmächte, zwei große Armeen übriggeblieben: die deutsche und die sowjetische.

Die eingetretene Lage mußte aufgearbeitet und ausgewertet werden. Und so erhalten im September 1940 alle Befehlshaber der sowjetischen Militärbezirke und Armeen, die Chefs ihrer Stäbe sowie einige Korps- und Divisionskommandeure Mitteilung darüber, daß im Dezember in Moskau eine Beratung der obersten Kommandoführung einberufen würde. Sie verhieß Ungewöhnliches. Man wußte, daß die Tagung auf Befehl Stalins stattfand. Erwartet wurde nicht nur seine Teilnahme, sondern die Anwesenheit des gesamten Politbüros. Es sollten mehrere Vorträge gehalten und erörtert werden. Der zentrale Vortrag – „Der Charakter der modernen Angriffsoperation" – war dem Kommandeur des Kiewer Sondermilitärbezirks Armeegeneral G. K. Schukow übertragen worden.

In meinem Buch *Der Eisbrecher: Hitler in Stalins Kalkül* schrieb ich, daß sich Schukow im Zusammenhang mit dieser Aufgabe ein einziges Mal in seinem Leben einer theoretischen Studie widmete. Ich muß mich bei meinen

Lesern entschuldigen, ich habe mich geirrt: Schukow hat keine einzige theoretische Untersuchung angestellt. Verfasser des Vortrags war Oberst I. Ch. Bagramjan.

Der geniale Stratege Schukow verblüffte seine Zuhörer gern mit tiefsinnigen Gedanken. Aber sie stammten nicht von ihm. Großzügig warf er mit Perlen der Militärweisheit um sich, die namenlose subalterne Chargen für ihn in Hülle und Fülle bereitstellen mußten.

Doch in diesem Falle gab es einen Einbruch. Der namenlose Oberst Bagramjan holte nämlich während des Krieges und danach Schukow auf der Dienstgradleiter ein: Er wurde selbst Marschall der Sowjetunion. Und machte publik, daß er es war, der im Jahre 1940 Schukows Weisheit geschöpft hatte. Er berichtete mehrfach und sehr detailliert, wie Schukows Vortrag zustande gekommen war. Dem blieb nichts anderes übrig, er mußte Bagramjans Enthüllungen bestätigen: Ja, er sei furchtbar beschäftigt gewesen, deshalb habe Oberst Bagramjan seine, Schukows, Aufgabe erfüllt.

Genieren wir uns nicht, stoßen wir einen Ausruf der Verblüffung aus. Oder gleich eine ganze Serie, denn Anlässe zur Verwunderung gibt es viele.

2.

Die Verteidiger der Schukowschen Genialität können zahllose unaufschiebbare, dringliche Aufgaben nennen, die den Befehlshaber des Kiewer Sondermilitärbezirks aufs Äußerste belasteten. Aber was immer die Apologeten auch erfinden, wir bleiben bei unserer Meinung: Nichts konnte wichtiger sein als Schukows Vortrag auf dieser Tagung.

Zugegeben, der Kiewer Sondermilitärbezirk war riesengroß und bedeutend. Keine Frage, daß es für den Kommandeur viel zu tun gab. Aber es ging um eine Tagung auf allerhöchster Ebene, bei der eine entscheidende Frage zur Debatte stand: Wie das Land vor Vernichtung und Untergang bewahrt werden sollte. Was konnte es da Wichtigeres geben? Vor dem Hintergrund der Bedeutsamkeit des kommenden Ereignisses verblassen die Probleme des Kiewer Sondermilitärbezirks. Schukow war die Möglichkeit gegeben, sich über die Routine seines Herrschaftsbereiches zu erheben und einen Blick in strategische Weiten zu tun. Mit den Angelegenheiten des Militärbezirks konnten sich für eine gewisse Zeit Schukows Stellvertreter befassen. Und es gab den Militärrat, der den Kommandierenden bei der Entscheidungsfindung unterstützt. Dieser Militärrat war imstande, den Militärbezirk in Abwesenheit des Befehlshabers zu führen. Schukow hatte einen Stabschef, einen 1. Stellvertreter und weitere Stellvertreter, einen Chef der Artillerie, einen Kommandeur der Luftstreitkräfte, einen Leiter der

Aufklärung und dazu noch eine ganze Horde Generäle. Mochten sie den Militärbezirk führen, während der große Stratege wenigstens für kurze Zeit seine Gedanken dem heraufziehenden Krieg und der Sicherheit des Landes widmete. Die Sowjetunion mußte Schukow über alles gehen. Oder etwa nicht?

Wären Stalin und die Mitglieder des Politbüros der Auffassung gewesen, irgendein Oberst könne diesen Vortrag erarbeiten, hätten sie ihm befohlen, das Traktat zusammenzuschreiben und zu verlesen. Doch in Moskau meinte man, daß sich mit dieser Angelegenheit von außerordentlicher Brisanz ein Stratege ersten Ranges befassen müsse, deshalb erhielt Schukow persönlich den Befehl zur Ausarbeitung. Dieser Befehl ließ die Geschäfte des Kiewer Militärbezirks gleichsam in den Hintergrund rücken, befreite Schukow zeitweilig von der Verantwortung dafür, damit er sich einer Angelegenheit von gesamtstaatlicher Bedeutung widmen konnte. Und letzten Endes war Schukow ja nicht an die Spitze des Militärbezirks gestellt worden, um alle Probleme allein zu lösen, sondern um verläßliche Gehilfen und Stellvertreter um sich zu scharen und zu selbständigem Handeln zu befähigen. Bei einem guten Kommandeur läuft alles reibungslos wie eine gut geölte Maschine – und er selbst kann nachdenken. Wäre Schukow ein guter Kommandeur gewesen, hätte seine zeitweilige Abwesenheit – bis zur Fertigstellung des Vortrags – überhaupt nicht auffallen dürfen. Der Befehlshaber muß die Arbeit so organisieren, daß alle seine Untergebenen koordiniert und exakt arbeiten, ganz gleich, ob sich der Chef im Kommandopunkt aufhält, ob er in seinem Arbeitszimmer sitzt oder nicht. Hätte Schukow Führung und Verwaltung seines Militärbezirks richtig aufgebaut, wäre ihm genug Zeit geblieben, sich mit der Sicherheit des Landes zu befassen.

Doch bei Schukow ist alles umgekehrt. Er kümmert sich höchstpersönlich um die Angelegenheiten des Kiewer Militärbezirks, und Dutzende Generäle in seiner Umgebung tun das gleiche. Über den drohenden Krieg und die Sicherheit des Landes aber denkt ein Oberst nach.

Ja, Oberst Bagramjan, der statt Schukow den Vortrag erarbeitete, stieg später in höchste Ränge auf. Aber das ist es ja gerade: Schukow konnte seinerzeit nicht mit diesem Höhenflug rechnen, ihn nicht absehen. Schukow ließ für sich einen Mann denken, der weitgehend unbekannt war, sich damals nirgendwo und durch nichts hervorgetan hatte. So sehr lag Schukow die Sicherheit des Landes am Herzen.

Schukows Fürsprecher behaupten, der große Feldherr sei so beschäftigt gewesen, daß er einfach keine Zeit fand, über den kommenden Krieg nachzudenken. Das mag ja sein. Aber wenn der große Stratege über einen heraufziehenden Krieg nicht nachdenkt, ist sein gesamter übriger Feuereifer nur nutzloser Aktionismus.

3.

Rufen wir uns ins Gedächtnis, wie Schukow seine Tränen bei der Abreise nach Kiew erklärte. Wie lauteten doch gleich seine Worte? „Und mit einem Gefühl der heraufnahenden Katastrophe schaute ich auf meine Familienangehörigen, auf meine Genossen, die mich sorglos verabschiedeten, schaute auf Moskau, auf die fröhlichen Gesichter der Moskauer und dachte: Was wird aus uns werden? Viele verstanden das nicht."

So ist das also: Da hatten diese Naivlinge ein Jahr vorher keine Ahnung, daß ein Krieg heraufzieht, verstanden nichts, während der geniale Schukow alles voraussah und begriff. Und nun wird ihm, dem Weitsichtigen, die Möglichkeit gegeben, ein halbes Jahr vor dem Krieg alles zu sagen, was ihm auf der Seele brennt, Stalin direkt ins Gesicht, in Anwesenheit des gesamten Politbüros und des höchsten Kommandeurskaders der Roten Armee. Hätte er Stalin, Molotow, Kaganowitsch, Malenkow und den anderen doch gesagt, daß sich eine Tragödie anbahnt! Doch von seiner genialen Vision des heraufziehenden Unheils erzählt Schukow den gutgläubigen Zuhörern erst nach dem Krieg, damals aber, vor der Katastrophe, mochte er seine beunruhigenden Vorahnungen nicht mit Stalin, den Mitgliedern des Politbüros und der Obersten Kommandoführung der Roten Armee teilen.

Dabei konnte die Erarbeitung des Vortrags doch nicht schwer sein. Es brauchte keine tiefsinnigen Weisheiten. Es brauchte keine Theorie, keine spitzfindigen Konklusionen. Wenn du weißt, daß unausweichlich ein Krieg heraufzieht, wenn du weißt, daß die Vorbereitung auf diesen Krieg nicht den heutigen Anforderungen genügt, dann sprich es aus. Was dich umtreibt, dir die Tränen in die Augen schießen läßt, das sage einfach. Und heule ruhig wieder los vor Stalin, wie du am 8. Juni 1940 auf dem Kiewer Bahnhof geheult hast!

Und zeitaufwendig konnte die Erarbeitung des Vortrags auch nicht sein.

Im August 1939 hatte Schukow in einer glänzenden Operation die 6. japanische Armee in der mongolischen Steppe eingekesselt und geschlagen. Das war das erste leuchtende Beispiel eines echten Blitzkriegs im 20. Jahrhundert. Die deutsche Invasion in Polen kam später, im September. Natürlich besaß sie ein ganz anderes, größeres Format. Dafür war der Blitzkrieg in der Mongolei schwieriger zu organisieren. In Europa herrschte Frieden, wenn auch ein angespannter. In Friedenszeiten läßt sich ein Überraschungsschlag leichter vorbereiten. In der Mongolei aber tobten die Kämpfe bereits. Im Krieg läßt sich der Gegner schwerer überrumpeln – er ist auf der Hut. Außerdem nutzte das deutsche Heer im Krieg gegen Polen seine festen Flughäfen, Versorgungsbasen, Kommandopunkte, Nachrichtenzentralen, Hospitäler, Reparaturwerke und Stützpunkte, während es in der Mongolei weder Eisenbahnen noch wie auch immer geartete andere Verbindungswege gab, keine Wälder, Flughäfen, Telefon- oder Telegrafenlinien. Jeder Balken für den Bau eines Unterstandes, jeder Telegrafenmast, jedes Holzscheit für die Feldküche mußte über Hunderte Kilometer herantransportiert werden. Waffen, Munition, Kraft- und Schmierstoffe mitunter sogar über Tausende Kilometer. Die japanische Armee war eine der stärksten in der Welt. In Standhaftigkeit, Disziplin, Tapferkeit im Kampf und Opfermut suchte sie ihresgleichen. Und gegen diese Armee wurde blitzartig ein verheerender Schlag geführt und eine Niederlage eingeleitet, wie sie in der gesamten Geschichte des Landes der aufgehenden Sonne noch nicht dagewesen war.

In der zweiten Hälfte des Jahres 1940 besaß unter den ranghöchsten Kommandeuren einzig und allein Schukow Erfahrungen in der Durchführung einer blitzartigen Angriffsoperation unter Einbeziehung Zehntausender Soldaten, Hunderter Panzer, Flugzeuge und Geschütze. Seine Erkenntnisse hätte er den anderen Befehlshabern vermitteln müssen, denen entsprechende Erfahrung fehlte. Dazu bedurfte es doch nicht der Hilfe eines Oberst Bagramjan. Schukow brauchte nur geradeheraus zu sagen: So und so habe ich die Operation vorbereitet, dies und das bei ihrer Durchführung getan.

Ganz klar, daß sich die zukünftigen Operationen der Roten Armee bei der Eroberung Europas von den Kampfhandlungen in der öden mongolischen Steppe unterscheiden würden. Also mußte Schukow die Unterschiede zwischen seinem Operieren in Zentralasien und den Operationen von morgen aufzeigen. Das war alles.

Nehmen wir an, Schukow hätte die Operation der Zerschlagung der 6. japanischen Armee am Chalchin-Gol selbst vorbereitet. In diesem Falle bedurfte die Erarbeitung des Vortrages keinerlei geistiger Anstrengungen. Er hatte doch bereits alles durchdacht, damals, in den Steppen der Mongolei. Er brauchte nur daran zurückzudenken und der Schreibkraft seine Erinnerungen zu diktieren.

Aber Schukow hatte die Operation am Chalchin-Gol eben nicht selbst vorbereitet, deshalb brauchte er fremde Hilfe, um plausibel zu erklären, wie sie zustande gekommen und ausgeführt worden war. Statt seiner setzt Schukow Oberst Bagramjan an die Erarbeitung des Traktats über Angriffsoperationen, obwohl dieser seinerzeit noch keinen modernen Krieg erlebt hatte, ja mehr noch, überhaupt keine Gefechtserfahrung besaß. Im Ersten Weltkrieg diente Bagramjan in der Reserve. Im Bürgerkrieg war er Kommandeur einer Kavallerieschwadron. Aber nicht in der Roten Armee. Er hatte gegen sie gekämpft. Und das nicht einmal besonders erfolgreich. Aus Armenien, wo Bagramjan diente, sind keine glänzenden Gefechte, Operationen und Schlachten unter seinem Kommando überliefert. Nach dem Krieg, im Dezember 1920, schlug er sich auf die Seite der Sieger. Und diesen Bagramjan nun betraute Schukow damit, statt seiner über den zukünftigen Krieg nachzudenken und die Rezepte grandioser Siege zu entwickeln.

Nicht nur auf Karten liebte Schukow das strategische Kriegsspiel, sondern auch bei Manövern, in denen er freilich – wie im wirklichen Krieg – auf sicherem Posten den Beobachterstandpunkt einnahm. Rechts: General Schukow mit Marschall Timoschenko, Volkskommissar für Verteidigung, bei einem Manöver in der Nähe von Kiew. Unten: Schukow nach der Vernichtung der japanischen Kwangtung-Armee bei ihrem Vorstoß in die mongolische Volksrepublik neben einem erbeuteten japanischen Geschütz am Chalchin-Gol im August 1939.

4.

Verwunderlich ist das Thema des Vortrags.

Uns hat man immer gelehrt, die Sowjetunion habe sich auf die Abwehr eines feindlichen Überfalls vorbereitet. Dann hätte die Beratung der obersten Kommandoführung nur ein einziges Problem zu erörtern gehabt: wie der gegnerische Angriff abzuwehren war. Warum stand diese Frage nicht auf der Tagesordnung? Warum bildete das wichtigste und einzige Thema der Beratung die Vorbereitung auf eine Invasion in Mitteleuropa?

Wir haben den untröstlichen Schukow gesehen, der bereits im Juni 1940 wie die weinende Jaroslawna der Legenden die zukünftigen Opfer betrauert. Wenn sie dir so nahe gehen, dann lehne den Vortrag ab! Wenn du auch nur 100 Gramm Gewissen hast, wenn dir das Schicksal deines Landes und deines Volkes teuer ist, dann steh auf und sage: Nicht über einen Angriff sollten wir nachdenken, verehrte Genossen, sondern über die Abwehr der Aggression! Ehe man sich über eine fremde Frau hermacht, sollte man überlegen, wie man die eigene davor bewahrt. Bevor man einen Überfall auf Deutschland plant, sollten wir uns Gedanken machen über die Verteidigung unserer Heimat.

Wie weihevoll klingt doch Schukows Erklärung für seine Tränen bei der Abreise aus Kiew im Juni 1940: „... bestärkten mich endgültig in dem Gedanken, daß ein Krieg nahte, daß er unausweichlich war ..."

Das erzählt er uns nach dem großen Hauen und Stechen. Warum hat er diese hehren Worte nicht dort gesagt, auf der Beratung der Obersten Kommandoführung? Warum hat er diese Fragen nicht Stalin und den anderen Genossen des Politbüros gestellt? Nein, statt dessen verkündete er von der hohen Tribüne etwas ganz anderes: „Es ist unerläßlich, unsere Armee im Geiste höchster Aktivität zu erziehen, sie vorzubereiten auf die Vollendung der Aufgaben der Revolution vermittels energischer, entschlossen und mutig durchgeführter Angriffsoperationen."[2]

Das ist sein Ziel: die Vollendung der Weltrevolution. Und die Methode: überraschende vernichtende Angriffsoperationen.

5.

Die kommunistischen Historiker haben eine Erklärung dafür gefunden, warum Schukow auf der Beratung nicht von Abwehr einer Aggression, sondern von der Vollendung der Aufgaben der Weltrevolution vermittels eines Aggressionskriegs spricht. Und das liest sich so: Schukow wollte nur schnell die Aggression abwehren und gleich darauf zum Angriff übergehen.

Gut ausgedacht. Aber erst im nachhinein, wo man immer klüger ist. Und wenn Schukow vorgehabt hätte, nur hopplahopp die Aggression abzuwehren und die Rote Armee sofort in die entscheidende Offensive auf das gegnerische Territorium zu werfen, so hätte er genau das tun sollen. Die Aggression im Handumdrehen abwehren. Warum hat er sie dann nicht abgewehrt?

Eins von beiden muß es sein: Entweder war von vornherein überhaupt keine Aggressionsabwehr geplant oder die Pläne, diese Aggression quasi im Handstreich zurückzuschlagen, waren irreal und unausführbar, also schlichtweg Blödsinn.

Ich neige der ersten Erklärung zu: An die Abwehr einer Aggression dachte keiner, ein Angriff Deutschlands auf die UdSSR galt als unmöglich, deshalb war für die Rote Armee keine strategische Verteidigung vorgesehen und geplant. Das belegen das Stenogramm der Beratung und eine Vielzahl anderer Dokumente: Die Abwehr einer Aggression fand weder bei Schukow noch in den anderen Vorträgen und Diskussionsbeiträgen auch nur Erwähnung. Schukow sprach von einem Überraschungsangriff auf den Gegner: „Den Sieg kann sich die Seite sichern, die geschickter ist bei der Steuerung und Schaffung von Bedingungen eines Überraschungseffekts im Einsatz von Kräften und Mitteln. Der Überraschungseffekt der modernen Operation ist einer der entscheidenden Faktoren für den Sieg. In Anbetracht der außerordentlichen Bedeutung des Überraschungseffekts müssen sämtliche Methoden der Tarnung und der Irreführung des Gegners breite Anwendung finden in der Roten Armee. Tarnung und Irreführung müssen sich als roter Faden durch die Ausbildung und die Erziehung der Truppe, der Kommandeure und Stäbe ziehen."[3]

6.

In seinen Memoiren nennt Schukow zwar das Thema des Vortrags, führt aber unerklärlicherweise den Text nicht an und läßt sich auch auf keine Einzelheiten ein. Das wollen wir nachholen: „Auf einer Fläche von 30 mal 30 Kilometern sind 200.000 Mann, 1.500 bis 2.000 Geschütze, Massen von Panzern, enorme Mengen an Kraftfahrzeugen und anderem Gerät konzentriert."

Das sagt Schukow über die Kräftekonstellation einer sowjetischen Invasionsarmee vor dem Angriff und fügt hinzu, daß es zahlreiche derartige Armeen geben würde.

Alles, was Oberst Bagramjan aufgeschrieben hatte, unterbreitete Schukow Stalin, den Mitgliedern des Politbüros und dem obersten Kommandeurskader der Roten Armee. Die Vorschläge wurden angenommen und in die Tat umgesetzt. Sehen Sie sich deutsche Wochenschauen an, blättern Sie in deutschen Zeitschriften des Jahres 1941, und Sie finden genau das, wovon Schukow sprach: „Massen von Panzern, enorme Mengen an Kraftfahrzeugen und anderem Gerät." Das alles war an den Grenzen konzentriert. Und ging in Flammen auf. Die deutschen Flieger mußten ihre Ziele gar nicht suchen. So ein Ziel konnte man nicht übersehen. Sie brauchten nicht einmal zu zielen. Bei so einem Ziel schoß man nicht vorbei.

Setzt man 200.000 Soldaten, 1.500 bis 2.000 Geschütze, „Massen von Panzern, enorme Mengen an Kraftfahrzeugen und anderem Gerät" zur Verteidigung ein, kann man an der Front eine unüberwindliche Barriere von einigen 100 Kilometern Länge aufbauen. Bringt man dann noch zur Verteidigung nicht eine, sondern alle 26 sowjetischen Armeen zum Einsatz, wird diese Front unbezwingbar vom Nördlichen Eismeer bis zum Schwarzen Meer. Doch keine einzige der 26 sowjetischen Armeen in Europa stand in Verteidigungsposition, nicht ein einziges Korps, keine Division, kein Regiment. Alle waren konzentriert in Stoßgruppierungen auf denkbar kleinsten Abschnitten. Genau so, wie es der große Stratege empfohlen hatte.

In seinem Vortrag gab Schukow zahlreiche Empfehlungen: Verwundete sollten nicht weit in das Hinterland abtransportiert, die strategischen Reserven dicht an den Grenzen konzentriert werden, es müßten „Stützpunkte im Gelände entstehen 15 bis 20 Kilometer von der vordersten Linie". Alles wurde in die Tat umgesetzt. In unmittelbarer Grenznähe erbeuteten deutsche Truppen Hunderttausende Tonnen Munition, Kraft- und Schmierstoffe, Proviant und anderes, während die Rote Armee ohne Granaten und Patronen, ohne Benzin und Brot dastand.

Aber lesen wir weiter in Schukows Vortrag: „Die Herrschaft in der Luft ist die Grundlage für den Erfolg der Operation. Diese Herrschaft wird erzielt durch einen kühnen, unerwarteten, wuchtigen Schlag aller Luftstreitkräfte auf die Fliegerei des Gegners in ihrem Basierungsgebiet." Dazu „befinden sich die Luftstreitkräfte auf Flugplätzen folgender Entfernung: Jagdfliegerkräfte 30 bis 50 Kilometer, Bombenfliegerkräfte 75 bis 100 Kilometer von der vordersten Linie".

Doch in diesem Falle können unsere Fliegerkräfte von einem Überraschungsschlag getroffen werden. Wie sollten die Flugzeuge vor einem solchen plötzlichen gegnerischen Angriff geschützt werden? Schukow hat eine einfache Antwort: „Kommandeur und Kommandierender der Luftstreitkräfte müssen besonders dafür Sorge tragen, es nicht zu einer Zerstörung ihrer Flugzeuge am Boden kommen zu lassen. Das beste Mittel dafür ist ein unvermittelter Schlag unserer Fliegerkräfte gegen die Flugplätze des Gegners ... Der Überraschungseffekt ist die Hauptbedingung des Erfolgs."

Da sehen Sie, Schukow macht sich auch über die Unversehrtheit seiner Luftstreitkräfte Gedanken. Will heißen, Bagramow tut es für ihn. Aber das Rezept ist wieder das gleiche: Wir führen einen Überraschungsschlag gegen die deutschen Flugplätze und schützen so uns selbst vor einem unvermittelten Angriff. Andere Varianten zum Schutz unserer Flugbasen waren nicht vorgesehen.

7.

Diese Empfehlungen wurden ebenfalls angenommen. Später jedoch, im Frühjahr 1941, bestand Schukow darauf, daß die Flugplätze noch näher an die Grenze heranrückten, die der Jagdfliegerkräfte auf 20 bis 30 Kilometer, die der Bombenfliegerkräfte auf 50 bis 70 Kilometer.

Man braucht weder ein großer Stratege noch Hellseher zu sein, um die Gefahr zu erkennen, die mit einer solchen Aufstellung der Luftstreitkräfte verbunden ist. Stellen wir uns einen Posten des Luftmeldedienstes vor und einen kleinen Soldaten, der an einem frühen Sonntagmorgen im Juni dort Dienst tut. Plötzlich donnert über seinen Kopf eine Armada deutscher Bomber hinweg. Unser kleiner Soldat nimmt den Hörer ab und meldet weiter: „Ich höre den Lärm von vielen Motoren, sie fliegen ... Höhe ... Kurs ..." Überschlagen wir nun, wieviel Zeit an der entsprechenden Stelle, wo die Informationen vieler Beobachter zusammenfließen, gebraucht wird, um diese Meldung auszuwerten, eine Entscheidung zu treffen und die notwendigen Befehle zu erteilen. Eine Minute, einmal angenommen. Und nun versetzen wir uns in die Rolle des Diensthabenden in einem Fliegerregiment oder einer Fliegerdivision. Das Telefon schrillt: Gefechtsalarm! Der Diensthabende muß die Kommandeure wecken, die Piloten, die Ingenieure, die Techniker, die Mechaniker, alle müssen in ihren Unterkünften zusammengetrommelt und auf den Flugplatz gebracht werden. Sie schlafen ja nicht unter den Tragflächen. Danach müssen Tarnung und Schutzbezüge der Flugzeuge entfernt, die Motoren angelassen werden und warmlaufen, die Flugzeuge fahren aus den Deckungen heraus und rollen zum Start, lösen sich vom Boden, gewinnen Höhe ...

Und dazu nun eine Aufgabe aus der elementaren Mathematik für Schüler der dritten Klasse: Wenn die Geschwindigkeit des langsamsten deutschen Bombers, Ju-87, 350 Kilometer pro Stunde beträgt, wieviel Minuten braucht er dann, um 20 bis 30 Kilometer über die Landesgrenze hinaus zu fliegen und seine Bomben über dem Rollfeld des sowjetischen grenznahen Flugplatzes abzuwerfen?

Und noch eine Grundschulaufgabe. Wir wollen glauben, sämtliche sowjetischen Kommandeure, Piloten und Techniker schlafen nie. Alle Flugzeuge sind stets bereit aufzusteigen, ihre Motoren laufen ununterbrochen. Alle Entscheidungen werden augenblicklich gefällt und ebenso augenblicklich weitergeleitet an die Ausführenden. Wenn also ein sowjetischer Kommandeur der Luftstreitkräfte auf das Alarmsignal hin sofort die Flugzeuge mit einem Abstand von 30 Sekunden in die Luft schickt, wieviel Zeit wird dann gebraucht, um von einem Rollfeld aus 120 Bomber starten zu lassen und aus dem gegnerischen Angriffsbereich zu führen?

Und wenn auf dem Flugplatz nicht 120, sondern 150 bis 170 Kampfflugzeuge basiert sind, um wieviel verlängert sich dann die Zeit?

Man muß kein genialer Stratege sein, braucht kein Team hochstirniger Experten zu bemühen, keine moderne Elektronik zur Verfügung zu haben, um zu begreifen: Bei einer solchen Aufstellung konnten die Luftstreitkräfte nicht zur Landesverteidigung eingesetzt werden. Und lassen wir lieber das Gerede von den „veralteten" sowjetischen Flugzeugen. Selbst wenn sie sämtlich hypermodern wären, könnten sie bei dieser Aufstellung nicht auf einen Überraschungsschlag des Gegners reagieren. Und die Ammenmärchen, die uns weismachen wollen, es habe zu wenig Flugzeuge gegeben, lassen wir lieber auch beiseite. Es gab viele. Ungeheuer viele. Und was hätte es gebracht, wenn es zwei-, drei- oder zehnmal mehr gewesen wären? Versetzen Sie sich doch nur in die Haut des Kommandeurs: Wenn Sie auf jedem grenznahen Flugplatz nicht 120 bis 150, sondern 300 Flugzeuge stehen hätten, wäre es dann für sie leichter? Die Geschwader des Gegners überfliegen die Grenze, decken in fünf bis zehn Minuten Ihre Flugplätze – und Sie brauchen allein zweieinhalb Stunden, um 300 Flugzeuge in die Luft zu bringen. Wenn die denn alle 30 Sekunden aufsteigen. Und wenn es zu Startverzögerungen kommt? Und der Abstand 40 Sekunden beträgt?

Übrigens, 300 Flugzeuge auf einem Flughafen, das habe ich mir nicht ausgedacht. So etwas gab es. Sogar noch Schlimmeres. L. Batechin, Generaloberst der Luftstreitkräfte, führt an: Die 60. Jagdfliegerdivision war auf einem Flugplatz stationiert, der 800 mal 900 Meter maß.[4]

Eine Division, das waren 5 Regimenter der Luftstreitkräfte. Im Normalfall. Manchmal auch mehr. Aber vielleicht waren die Divisionen ja nicht komplett mit Flugzeugen bestückt? Auf diese Frage kommen wir noch zurück und werden sehen, daß die Regimenter und Divisionen der sowjetischen Luftstreitkräfte vollständig ausgerüstet waren, häufig hatten sie sogar nicht nur einen Besatz, sondern zwei oder mehr. Und wenn sämtliche Kommandeure der Luftstreitkräfte, sämtliche Piloten, Techniker, Mechaniker und alles übrige Flugplatzpersonal jede Nacht unter den Tragflächen ihrer Flugzeuge geschlafen hätten, wäre es unmöglich gewesen, bei einem Überraschungsschlag die Maschinen in die Luft und aus dem Zielbereich des Gegners zu bringen. Und selbst wenn die Piloten überhaupt nie ein Auge zugetan und rund um die Uhr in ihren Kanzeln gesessen hätten bei laufenden Motoren, selbst dann wäre im Falle eines gegnerischen Überraschungsschlages unsere Luftflotte zwangsläufig außer Gefecht gesetzt worden. Wonach sich die gigantischen Ansammlungen von sowjetischen Panzern, Infanterie und Artillerie in einen Zyklopen mit ausgeschlagenem Auge verwandelt hätte.

Dabei war es noch gut, wenn Ihr Flugplatz „weit" – 12 bis 15 Kilometer – von der Grenze entfernt lag, denn dann blieben Ihnen zwei bis drei Minuten Zeit nach dem gegnerischen Überqueren der Luftgrenze, bis die ersten Bomben auf Ihr Rollfeld fielen. In zwei bis drei Minuten läßt sich einiges unternehmen. Aber nicht alle Flugplätze befanden sich in dieser Entfernung. Generaloberst L. M. Sandalow führt aus: „Das Sturmregiment wurde auf einen Feldflugplatz acht Kilometer vor der Grenze verlegt."[5] Es handelte sich dabei um das 74. Sturmregiment der 10. Division der Luftstreitkräfte der 4. Armee der Westfront. Seine Verlegung erfolgte am 20. Juni 1941 auf Befehl des Generalstabschefs des Oberkommandos der Roten Armee G. K. Schukow.

Der Kommandeur dieses Regiments ist nicht zu beneiden. Hätte der Ärmste jede Nacht mit dem Telefonhörer am Ohr zugebracht, hätte er im selben Augenblick, wo die Luftgrenze verletzt wurde, das Alarmsignal weitergegeben, wäre ihm auf dem Flugplatz etwas mehr als eine Minute geblieben in dem Falle, daß sich bedächtige deutsche Ju-87 näherten. Würden jedoch viel schnellere Ju-88 den Schlag ausführen, dann nicht einmal eine Minute. Und wenn von jenseits der Grenze deutsche Artillerie losschlug, blieb ihm überhaupt keine Zeit: Binnen Sekunden würden die gegnerischen Granaten das Rollfeld umgraben und die Flugzeuge in Stücke reißen, würden noch lange die Bomben in den Lagern explodieren und giftige Schwaden brennenden Benzins den Himmel verdunkeln. Genau das geschah am Morgen des 21. Juni.

Es gab noch Schlimmeres: Auf den sowjetischen Flugplatz in Orani (Litauen) drangen am 22. Juni 1941 Panzer vor. Was sich dort abspielte, ist nichts für Zartbesaitete: Auf dem Flugplatz – die Piloten, bewaffnet mit TT-Pistolen. Nicht die beste Waffe gegen Panzer. Die Wachposten besaßen Gewehre. Die Techniker – Schraubenschlüssel. Gut hatten es da noch die Eisenbahnkräfte. Auf Schukows Befehl waren zehn Eisenbahnbrigaden mit einer Gesamtstärke von 70.000 Mann an der Grenze zusammengezogen worden, um die deutschen Gleise auf die breiteren sowjetischen Spurweite umzurüsten. Die Soldaten dieser Brigaden versuchten sich den deutschen Maschinengewehrschützen mit Spitzhacken, Spaten, Hacken und

Schränkeisen zur Wehr zu setzen. Aber in der Fliegerei hat nicht jeder eine Spitzhacke. Und was kann man ohne Spitzhacke gegen Panzer ausrichten?

Das war nicht der einzige Flugplatz, der am ersten Tag des Krieges unter die Panzerketten geriet, es gab viele davon ...

* * *

Es heißt immer, Stalin sei an allem schuld. In unserem Falle bestätigt sich diese Meinung nicht. Kurz vor dem Krieg beschloß Stalin, seine Strategen anzuhören. Das Stenogramm der Beratung des höchsten Kommandeurskaders des Oberkommandos der Roten Armee beweist: Stalin mischte sich nicht ein in die Beratung, zwang niemandem seine Meinung auf, ja äußerte sie nicht einmal. Jeder Marschall, jeder General sagte, was er für notwendig hielt, was er dachte.

Stalin wollte die Meinung seiner Strategen hören. Aber der Oberstratege Schukow hatte keine Zeit gefunden, sich auf die Beratung vorzubereiten. Schukow konnte nicht sagen, was er dachte, und das keineswegs, weil er daran gehindert worden wäre, sondern weil er nichts dachte.

Aber trotzdem behaupte ich: Die verheerende Niederlage von 1941 darf man nicht Schukow anlasten. Wieso denn ihm? Für ihn hat schließlich ein anderer gedacht. Der ist eben an allem schuld.

Kapitel 6

Die Beratung im Dezember

„Gewaltige Bedeutung für den Erfolg besitzt die Anwendung von neuen Kampfmitteln und Methoden des Angriffs. Ehe der Gegner eine Möglichkeit der Gegenwehr findet, muß der Angreifende alle Vorzüge nutzen, die ihm in derartigen Fällen das Element des Überraschenden bietet."[1]
G. K. Schukow

1.

Am 23. Dezember 1940 wurde in Moskau eine Beratung der Obersten Kommandoführung der Roten Armee eröffnet. Sie dauerte neun Tage ohne Unterbrechung und endete am Abend des 31. Dezember.

Zugegen waren die Chefs des Volkskommissariats für Verteidigung und des Generalstabs, die Leiter der Zentral- und Hauptverwaltungen, die Kommandierenden und Stabschefs der Militärbezirke und Armeen, die Inspekteure der Teilstreitkräfte, die Leiter aller Militärakademien, einige Korps- und Divisionskommandeure – insgesamt 276 Marschälle, Generäle und Admiräle.

Wie vorgesehen, nahmen auch Stalin und das gesamte Politbüro teil.

Die Beratung stand im Zeichen strenger Geheimhaltung. Die Generäle trafen in geschlossenen Eisenbahnwagen oder per Flugzeug in Moskau ein. Sie wurden an unauffälligen Orten in Empfang genommen und in verdunkelten Autos in den Innenhof des Hotels „Moskwa" gebracht. Die Generäle, die aus anderen Landesteilen nach Moskau gekommen waren, erhielten Befehl, sich nicht auf den Straßen der Hauptstadt zu zeigen. Die Zeitungen der Fernöstlichen Front und der Militärbezirke druckten weiterhin Bilder ihrer Befehlshaber mit Reportagen über deren alltägliche Arbeit, so daß der Eindruck entstehen mußte, sie befänden sich auf ihren Kampfposten. Vor Beginn der Beratungen stiegen die Generäle im Innenhof des Hotels in Autobusse mit verhängten Scheiben und wurden in den Generalstab gebracht. Auf die gleiche Weise gelangten sie nach Abschluß des Beratungstages wieder in das Hotel. Natürlich war auch das Hotel „von fremden Elementen gesäubert" und stand unter besonderer Bewachung und Beobachtung.

Solange die Sowjetunion existierte, trugen die Materialien der Beratung den Geheimhaltungsgrad „streng geheim". Wäre die Sowjetunion nicht verfault und in sich zusammengebrochen, wüßten wir noch heute über dieses Ereignis nur, was Schukow in seinen Memoiren schreibt.

Aus unerfindlichen Gründen ruft diese Geheimnistuerei weder bei den offiziellen Historikern der Sowjetunion noch bei unseren zahlreichen handzahmen Freunden im Ausland Verwunderung hervor. Dabei mutet die Situation doch unglaublich an! Sechs Monate vor der deutschen Invasion fand eine Beratung statt, auf der neun ganze Tage lang Stalin, das gesamte Politbüro und sämtliche Befehlshaber der Roten Armee saßen. Sie redeten, berieten, debattierten. Sie bereiteten sich auf einen heiligen Verteidigungskrieg vor, auf die Abwehr einer feindlichen Invasion. Dann kam der Krieg, nahm seinen Lauf und ging zu Ende. Zehn, 20, 30 und 50 Jahre verflossen seit Kriegsbeginn, und noch immer konnte man nicht offenlegen, wie die Führung der Sowjetunion und ihrer Roten Armee die Abwehr der Aggression plante! Warum nur?

Und noch ein interessantes Detail: Keiner der Teilnehmer durfte über die Beratung reden, denn es handelte sich um ein Militärgeheimnis, aber Schukow durfte.

Nun verhält es sich mit den Militärgeheimnissen wie mit der Luft in einem Luftballon. Kaum pikst man ihn an, platzt er, und der gesamte Inhalt strömt nach außen. Da brauchte doch nur irgendein Schukow ein Wort zuviel zu sagen, und schon wäre das Geheimnis keines mehr gewesen. Aber in unserem wunderbaren Staat geschah das seltsamerweise nicht. Schukow erzählte ganz offen von der Beratung der Obersten Kommandoführung im Dezember des Jahres 1940, aber sein Geschwätz machte sie nicht öffentlicher. Die Materialien blieben unter strengem Verschluß, obwohl Schukow doch schon alle Geheimnisse in die Welt hinausposaunt hatte.

Was war das für ein Geheimnis, daß man es so einfach ausplaudern konnte?

2.

Am 3. Januar 1939 hatte der Oberste Sowjet der UdSSR einen neuen Text für den militärischen Treueeid beraten und verabschiedet sowie eine Verordnung zur Durchführung der Vereidigung erlassen. Am 23. Februar 1939 wurde die gesamte Rote Armee vereidigt. Jeder, vom Soldaten bis zum Marschall, leistete den Eid individuell, indem er seine Unterschrift unter den Eidestext setzte. An diesem Tag wurde auch Stalin vereidigt.

Und dann erscheinen 30 Jahre später, im Jahre 1969, Schukows Memoiren. In denen er berichtet, auf der Beratung der Obersten Kommandoführung der Roten Armee im Dezember 1940 seien Fragen eines potentiellen deutschen Angriff auf die Sowjetunion und der Abwehr der Hitlerschen Aggression erörtert worden. Das ist zwar höchst interessant, doch letztendlich macht sich Schukow damit des Geheimnisverrats schuldig, denn als seine Memoiren erschienen, waren die Materialien noch ein großes Staatsgeheimnis und sollten es auf immer bleiben.

Bei der Vereidigung hatte Schukow geschworen, „das Militärgeheimnis und das Staatsgeheimnis zu wahren". Und der Schluß des Eidestextes lautete immerhin: „Sollte ich vorsätzlich meinen feierlichen Schwur brechen, so mögen mich die strenge Strafe des sowjetischen Gesetzes, der allumfassende Haß und die Verachtung der Werktätigen treffen."

Niemand hatte Schukow von seinem Fahneneid befreit. Und er hatte nicht gelobt, den Schwur zu wahren bis zum Rentenalter, sondern „bis zum letzten Atemzug". Ich, als einfacher kleiner Offizier, dachte, als ich 1969 Schukows Enthüllungen über die Beratung der Obersten Kommandoführung las: Ein klarer Fall von Vorsatz, gleich wird Georgi Konstantinowitsch Schukow die strenge Strafe des sowjetischen Gesetzes treffen, der allumfassende Haß und die Verachtung der Werktätigen ereilen.

Ich sollte mich geirrt haben. Für den Bruch des Fahneneids traf Schukow auf der Stelle allumfassende blinde Liebe, Verehrung und Vergötterung. Da ist mir schon damals ein Seifensieder aufgegangen: Ach, so verhält sich das mit dem Erfolg und der allgemeinen Verehrung!

3.

Wie konnte so etwas einreißen? Schukow bricht demonstrativ, in aller Öffentlichkeit, den Fahneneid, aber niemand beschuldigt ihn des Verrats? Schukow plaudert vorsätzlich militärische Geheimnisse höchster Wichtigkeit aus, wird aber nicht per Steckbrief gesucht im ganzen Land? Wo haben unsere verantwortlichen Organe bloß ihre Augen?!

Wie läßt sich Schukows Verhalten erklären und das der Führung des Landes, die dem Verräter durch die Finger sah?

Alles wurde klar, als die Sowjetunion zusammenbrach.

Da stellte sich heraus, daß uns Schukow betrogen hatte. Er war gar kein waschechter Verräter, und richtige Militärgeheimnisse hatte er auch nicht ausgeplaudert. Und in diesem Falle nicht einmal den Eid gebrochen: Sein Bericht über die Beratung der Obersten Kommandoführung ist nämlich schlichtweg erlogen. Er erzählt in seinem Buch: „Alle, die in der Diskussion gesprochen hatten, und der Volkskommissar für Verteidigung, der das Schlußwort hielt, waren sich darin einige, daß, wenn das faschistische Deutschland einen Krieg gegen die Sowjetunion entfacht ..."[2]

Das stimmt nicht. Es war von keinerlei deutschem Angriff auf die Sowjetunion die Rede. Sondern von einem sowjetischen Angriff auf Deutschland. Deshalb sind die Materialien der Beratung streng geheim geblieben, bis die Sowjetunion zusammenbrach.

Schukow höchstpersönlich hat auf eben jener Beratung referiert über neue Methoden des Angriffs. Eines Überraschungsangriffs. Und alle, die in der Diskussion das Wort ergriffen, hauten in dieselbe Kerbe. So sprach der Stabschef des Baltischen Sondermilitärbezirks, Generalleutnant P. S. Klenow, als erster Redner nach Schukow, nicht von einfachen Angriffsoperationen, sondern von Operationen besonderer Art: „Das werden Operationen der Anfangsphase sein, wenn die Armeen des Gegners ihre Konzentration noch nicht abgeschlossen haben und nicht fähig sind zur Entfaltung. Es sind Operationen der Invasion zur Lösung einer ganzen Reihe besonderer Aufgaben ... Es handelt sich um die Einwirkung mit starken Luftstreitkräften und gegebenenfalls auch mechanisierten Kräften, während der Gegner noch nicht auf entschlossene Handlungen vorbereitet ist ... Die mechanisierten Verbände sind selbständig einzusetzen, selbst bei Vorhandensein großer Pionieranlagen, und diese Verbände haben die Aufgabe des Vordringens auf das gegnerische Territorium zu lösen."[3]

Nach dem Zerfall der Sowjetunion erschien das Stenogramm der Beratung in einem Sonderband. Doch zu lange wurden uns die phantastischen Erzählungen Schukows eingehämmert, wie die sowjetischen Generäle am Vorabend des Krieges Fragen der Abwehr einer deutschen Aggression diskutierten. Deshalb suchen wir nicht mehr nach neuen Materialien über den Kriegsbeginn: Es ist doch sowieso alles klar. Und deshalb nahm auch kaum jemand das Buch über die Beratung der Obersten Kommandoführung zur Kenntnis.

Sehr schade. Ich kann hier nämlich nicht alles nacherzählen. Es hat immerhin 407 Seiten. Man muß es sich besorgen und dreimal lesen. Oder viermal.

4.

Der Charakter der Beratung läßt sich anhand einer ganz kurzen Passage beurteilen. Der Kommandeur des Militärbezirks Orjol, Generalleutnant F. N. Remisow, wendet sich zu Beginn seines Diskussionsbeitrags an den Volkskommissar für Verteidigung, Marschall S. K. Timoschenko: „Genosse Volkskommissar für Verteidigung, moderne Verteidigung verstehen wir vor allem ..." Worauf ihn Timoschenko unterbricht: „Wir sprechen nicht von Verteidigung."[4]

Nach dem Krieg hat man eine Rechtfertigungstheorie erfunden: Wir wollten den Gegner nicht durch Verteidigung stoppen, sondern durch Gegenschläge. Aber von derartigen Gegenschlägen war auf der Beratung keine Rede. Im Gegenteil, die Zweckmäßigkeit der Ausführung von Gegenschlägen wurde nachdrücklich verneint. Der Kommandeur des Militärbezirks Ural, Generalleutnant F. A. Jerschakow, führte aus: „Ich bin nicht einverstanden mit einem Gegenangriff und einem Gegenschlag."[5] Gegenschläge kamen nur vor, wenn es um den Gegner ging: Wir greifen an, der Gegner verteidigt sich blind, führt Gegenschläge aus. Es wurde nicht erörtert, wie wir Gegenschläge ausführen wollten, sondern wie die des Gegners abgewehrt werden konnten.

5.

Das erste und wichtigste Referat – von Schukow gehalten – galt den Methoden eines Überraschungsangriffs auf den Gegner. Das Thema des zweiten Vortrags lautete: „Die Luftstreitkräfte in der Angriffsoperation und im Kampf um die Herrschaft im Luftraum". Redner war der Leiter der Hauptverwaltung der Luftstreitkräfte der Roten Armee, Generalleutnant der Luftstreitkräfte P. W. Rytschagow. Schukow schreibt in seinen Memoiren: „Es handelte sich um einen sehr gehaltvollen Beitrag."[6]

Mehr sagt er nicht dazu. Wer mehr wissen wollte, mußte sich noch ein Vierteljahrhundert lang in Geduld üben: bis die Sowjetunion zerfiel und das Stenogramm der Beratung erschien. Der „sehr gehaltvolle Beitrag" Rytschagows lief darauf hinaus, daß „die beste Art und Weise der Vernichtung der Luftstreitkräfte auf dem Boden der gleichzeitige Schlag gegen eine große Anzahl von Flughäfen ist, die für eine Basierung der Luftstreitkräfte des Gegners in Frage kommen".[7]

Ein weiteres Referat, gehalten vom Kommandeur des Sondermilitärbezirks West, Generaloberst der Panzerstreitkräfte D. G. Pawlow, trug den Titel: „Die Nutzung mechanisierter Verbände in der modernen Angriffsoperation und die Einführung eines mechanisierten Korps in den Vorstoß". Es soll nur eine Passage daraus zitiert werden: „Polen hat nach 17 Tagen aufgehört zu existieren. Die Operationen in Belgien und Holland waren nach 15 Tagen zu Ende. Die Operation in Frankreich, bis zur französischen Kapitulation, dauerte 17 Tage. Drei sehr charakteristische Zahlen, die ich zwangsläufig als gewisse mögliche Kalkulationsgröße bei der Berechnung unserer Angriffsoperation berücksichtigen muß."[8]

6.

Damals betrug nach den sowjetischen Vorgaben die Ausdehnung des Verteidigungsabschnitts einer Division acht bis zwölf Kilometer. Die Diskussionsredner sprachen sich einhellig für eine Erweiterung aus. Wozu auch eine so hohe Truppendichte in der Verteidigung? Wozu so viele Verbände in der Verteidigung einsetzen und damit zur Untätigkeit verurteilen? Her mit 30 Kilometern Verteidigungslinie für jede Division! Oder besser noch 40! Und ab mit den freigesetzten Truppen zum Angriff!

Es wurden auch andere Möglichkeiten ins Kalkül gezogen: alle Kräfte in den Richtungen zu konzentrieren, wo wir Deutschland Überraschungsschläge versetzen würden, in den zweitrangigen Richtungen hingegen gar keine Verteidigung vorzusehen und die Grenzen hier einfach zu entblößen. Der Stabschef des Leningrader Militärbezirks, Generalmajor P. G. Ponedelin, ergreift das Wort, erinnert an die Erfahrungen des Bürgerkriegs und appelliert, dort furchtlos Truppen abzuziehen, wo wir keinen Angriff planen, um dafür gewaltige Verbände in den Abschnitten zu konzentrieren, wo angegriffen werden soll: „Sie erinnern sich gewiß, daß unsere Führer keine Angst hatten vor einer Entblößung ganzer Großräume zum Zwecke der Zusammenführung der notwendigen Kräfte in der notwendigen Richtung der Front."[9]

Generalmajor Ponedelin erwähnt nicht umsonst keine Namen. Tuchatschewski war es, der im Bürgerkrieg zur Schaffung von Stoßgruppierungen rigoros zweitrangige Frontabschnitte schutzlos machte. Für diesen „Mut" bezahlte er mit einer verheerenden Niederlage, als Pilsudski bei Warschau unerwartet einen Schlag gegen die Flanke führte, die Tuchatschewski so tollkühn entblößt hatte. Aber einige unserer Feldherrn blieben unbelehrbar. Und so fordert denn Ponedelin – ohne Tuchatschewskis Namen zu erwähnen –, das Tuchatschewskische Experiment zu wiederholen.

Wenige Monate vor der Beratung war der Krieg gegen Finnland zu Ende gegangen. Die Hauptkräfte der Roten Armee stürmten die Mannerheim-Linie auf der Karelischen Landenge, Ponedelin war Kommandeur der 139. Schützendivision und sicherte die zweitrangigen Abschnitte. Und ließ nun die Teilnehmer der Beratung an seinen Erfahrungen teilhaben: „Die 139. Schützendivision schuf eine zuverlässige Verteidigung auf einem Frontabschnitt von 30 Kilometern, während rechts ein offener Raum von 50 Kilometern und links von 40 Kilometern lag."[10]

Nicht alle Befehlshaber der Roten Armee glaubten freilich blind an den Wert der Erfahrungen aus dem Bürgerkrieg, wo einige halbgebildete Strategen vom Schlage Tuchatschewskis um den Preis der Entblößung zweitrangiger Frontabschnitte ihre Angriffsgruppierungen formiert hatten. Entschieden gegen das Aufgreifen der alten Muster wandte sich Marschall S. M. Budjonny.

Als Ponedelin berichtete, wie seine Division zwischen zwei entblößten Grenzabschnitten von insgesamt 90 Kilometern Länge 30 Kilometer mit Bravour verteidigte, fuhr ihm Budjonny aus dem Präsidium in die Parade: „Hattet ihr denn überhaupt einen Gegner vor euch?"

Worauf der ganze Saal in schallendes Gelächter ausbrach.

Aber nicht alle lachten. Armeegeneral Schukow waren die Erfahrungen des Bürgerkriegs heilig. Daran klammerte er sich, wie sich ein Blinder an der Wand festhält. Und protegierte diejenigen, die es ihm gleichtaten. Einen Monat nach der Beratung wurde Schukow Chef des Generalstabs. Ponedelin mit seinem Appell, bestimmte Frontabschnitte rigoros zu entblößen, vergaß er nicht. Schukow hatte im Hauptreferat gefordert, für den Angriff gigantische Kapazitäten auf engstem Raum zu konzentrieren. Erinnern Sie sich? „Insgesamt werden auf einer Fläche von 30 mal 30 Kilometern 200.000 Mann, 1.500 bis 2.000 Geschütze, Massen von Panzern, gewaltige Mengen an Kraftfahrzeugen und anderem Gerät konzentriert." Um das zu bewerkstelligen, mußten irgendwo Frontabschnitte entblößt werden. Ein Prachtkerl, dieser Ponedelin!

Ponedelins Dienststellung – Stabschef des Leningrader Militärbezirks – ist sehr hoch für einen Generalmajor. Aber in der bevorstehenden Unterwerfung Deutschlands wird der Leningrader Militärbezirk nur eine untergeordnete Rolle spielen. Deshalb bietet Schukow Ponedelin eine Stellung an, die zwar etwas niedriger ist, dafür aber in einer Hauptrichtung des Krieges liegt, dort, wo man sich hervortun kann: Ponedelin wird Kommandeur der 12. Armee im Lwow-Tschernowitz-Vorsprung.

Und tut genau das, was die Angriffsinteressen erfordern: bündelt alle Kräfte zu einer schlagkräftigen Faust und entblößt die Grenze.

Heraus kam, daß im Juni 1941 die 12. Armee zerschlagen wird wie alle sowjetischen Truppen der Ersten strategischen Staffel. Ponedelin selbst geriet in Gefangenschaft. Nach dem Krieg wurde er nach Moskau eskortiert, von einem Militärgericht verurteilt und erschossen.

Schukow jedoch, der Ponedelin an die Grenze gestellt und dessen Idee einer rigorosen Entblößung der Front vehement unterstützt hatte, blieb unbehelligt. Schukow – der große Held, das überragende Genie.

7.

Das Referat „Der Charakter der modernen Verteidigungsoperation" hielt der Befehlshaber des Moskauer Militärbezirks, Armeegeneral I. W. Tjulenew.

Aha, werden Sie sagen, es ging also doch um Verteidigungsfragen!

Ja, ging es. Und nun lesen Sie, was Tjulenew in seinem Vortrag ausführte: „Wir verfügen über keine moderne fundierte Theorie der Verteidigung."

Was die blanke Wahrheit war. Die sowjetische Militärdoktrin hat sich vor dem Dezember 1940 nicht mit Verteidigungsaspekten beschäftigt. Und tat es auch nach dem Dezember nicht. Weil Tjulenew sogleich erklärte, eine solche Theorie würde nicht gebraucht. Wir werden uns verteidigen, aber nur in seltenen Fällen, nur an zweitrangigen Abschnitten. Das Ziel der Verteidigung besteht nicht im Schutz des Landes vor einem Aggressor. Nein, wir werden grandiose Überraschungsoperationen auf dem Territorium des Gegners durchführen, wozu gewaltige Kräfte auf engsten Räumen zu konzentrieren sind. Und dafür werden wir fast alles aus den zweitrangigen Richtungen abziehen, und dort, in den entblößten Abschnitten, gibt es dann hin und wieder auch einmal Verteidigung. Tjulenew formulierte einen Gedanken, dem niemand widersprach: „Die Verteidigung wird Bestandteil des allgemeinen Angriffs sein. Verteidigung ist eine unerläßliche Form von Kampfhandlungen in einzelnen zweitrangigen Richtungen zum Zwecke der Einsparung der allgemeinen Kräfte für Angriffsoperationen und der Vorbereitung des Angriffs.“[11]

Die sowjetische Offensive auf Europa wurde nicht in Größenordnungen von Korps oder Armeen geplant, ja nicht einmal eine Front genügte. Der Volkskommissar für Verteidigung, Marschall S. K. Timoschenko, appellierte in seinem Schlußwort an die Teilnehmer, sich einzustellen „auf die Möglichkeit der gleichzeitigen Durchführung von zwei, gegebenenfalls auch drei Angriffsoperationen verschiedener Fronten auf dem Kriegsschauplatz in der Absicht, die gesamte Verteidigungsfähigkeit des Gegners strategisch, also möglichst breitangelegt, zu erschüttern.“[12]

Eine Verteidigung in den Hauptrichtungen wurde nicht einmal theoretisch erwogen. Nur für zweitrangige Abschnitte.

Auf der Beratung fand eine Position Bestätigung, die in der Roten Armee seit ihrer Gründung dominierte: Das Entscheidende ist, mit ganzen Armeen, Fronten und Frontgruppen anzugreifen, an einzelnen Abschnitten kann hin und wieder ein Regiment oder eine Division zur Verteidigung übergehen. Vielleicht auch ein Korps. Und wenn man mit sich reden ließ: eine ganze Feldarmee …

Im Juni 1941 befanden sich im Bestand von fünf Fronten sowie der Gruppe der Reservearmeen 26 Feldarmeen. Eine Situation, bei der zwei Armeen nebeneinander in einem Abschnitt zur Verteidigung übergehen, galt als vollkommen unwahrscheinlich und wurde nicht einmal theoretisch erwogen.

Das bestätigt auch Schukow in seinen Memoiren: „Armeegeneral I. W. Tjulenew hatte das Hauptreferat ‚Der Charakter der modernen Verteidigungsoperation‘ erarbeitet. Entsprechend der Vorgabe ging er nicht über den Rahmen der Armeeverteidigung hinaus und unterbreitete kein Konzept zur Spezifik der modernen strategischen Verteidigung.“[13]

Und unserem großen Strategen Schukow entlockt diese Sachlage keinerlei Reaktionen. Weder 1940 noch ein Vierteljahrhundert später. „Entsprechend der Vorgabe" wurden keine Vorbereitungen für eine strategische Verteidigung getroffen, ja nicht einmal theoretisch ins Kalkül gezogen. Und wenn niemand etwas vorgab, würde Schukow auch nichts in dieser Richtung unternehmen. Das Handlungsmuster eines Söldlings: Wir tun, was man uns befiehlt. Und was uns nicht befohlen wird, das tun wir auch nicht. Initiative zu zeigen, das lag nicht in der Natur unseres Helden. Es hätte ja nicht unbedingt öffentlich sein müssen, vielleicht eine kleine Andeutung zur strategischen Verteidigung gegenüber Stalin. Oder schlimmstenfalls, wenn er Angst hatte, die Frage selbst anzusprechen, ein entsprechender Befehl an einen Untergebenen, bei passender Gelegenheit unvermutet das Wörtchen Landesverteidigung fallen zu lassen ...

Doch nichts da.

Meine Schlußfolgerung lautet: Im Juni 1940, bei seiner Abreise nach Kiew, weinte Schukow nicht, weil er großes Unheil heraufziehen sah. Der Grund war ein anderer. Nach der Zerschlagung der 6. japanischen Armee am Chalchin-Gol hatte er auf einen hohen Posten in Moskau gehofft, und nun schickte man ihn weit fort. War das nicht zum Heulen? Kein Grund zur Untröstlichkeit?

Glaubt man Schukows eigener Erklärung, ergibt das ein noch viel mieseres Bild. Trotzdem wollen wir es für einen Augenblick tun. Im Juni 1940 war Schukow „endgültig bestärkt in dem Gedanken, daß ein Krieg naht, daß er unvermeidlich ist". Er fuhr nach Kiew „mit dem Gefühl einer heraufziehenden Katastrophe". Er weinte, weil er begriff, daß der Krieg unausweichlich und das Land nicht auf eine Verteidigung vorbereitet war. Aber dann, im Dezember 1940, als Stalin ihm die Möglichkeit gibt, sich zu äußern, verliert er kein Wort über die Notwendigkeit der strategischen Verteidigung.

Mir fallen dafür allerlei schlimme Worte ein, doch ich will mich zurückhalten. Bilden Sie sich ihr eigenes Urteil anhand der Fakten:

Schukow erklärt, er habe die Tragödie herannahen sehen, doch er warnte niemanden. Schukow wußte, daß ein Angriff Deutschlands den Tod bedeutete für Millionen und Abermillionen Bürger des Landes, das ihm seine Sicherheit anvertraut hatte. Er begriff es, weinte bitterlich ... und beruhigte sich wieder. Schukow wußte, daß ein Angriff Deutschlands die Sowjetunion ruinieren und in die Dritte Welt zurückwerfen würde, doch aus Feigheit, aus Karrierismus oder anderen Beweggründen fiel ihm die strategische Verteidigung nicht ein, als sich die Möglichkeit bot, über sie zu sprechen. Nach dem Krieg prahlte Schukow, er habe bereits im Juni 1940 alles verstanden: „... und von da an stand mein persönliches Leben im Dienste des bevorstehenden Krieges, obwohl auf unserem Boden noch Frieden herrschte ..." Aber eine strategische Verteidigung bereitete er nicht vor, selbst bei dem großen Kommandostabsspiel im Januar 1941 hatte er Angst, auch nur daran zu denken. Und begründet seine Feigheit damit, daß weder ihm noch den anderen Generälen eine entsprechende Vorgabe erteilt worden sei.

Die Tapferkeit des Soldaten besteht darin, sich den Bajonetten des Feinds entgegenzuwerfen. Die Tapferkeit eines Generals besteht darin, eine eigene Meinung zu haben und sie gegenüber jedem zu vertreten. Der Soldat geht in den Tod. Aber auch der General muß soldatischen Mut zeigen: Bringt mich um, aber ich bleibe bei meiner Ansicht – wir müssen uns auf die Verteidigung des Landes vorbereiten!

* * *

Entscheiden Sie sich für eines von beiden: Entweder ist Schukow kein Stratege, sondern ein Aufschneider. Er hat nichts gewußt und nichts vorausgesehen – und sich seine Vorahnungen nach dem Krieg ausgedacht. Oder Schukow ist ein Feigling. Er wußte alles, sah alles kommen, hatte aber Angst zu reden.

Ich glaube eher, daß er ein Aufschneider war. Denn wenn wir annehmen, er sei ein Feigling gewesen, gelangen wir zu einem schlimmen Schluß. Dann heißt das nämlich, Schukows Feigheit hat unser Volk Abermillionen Opfer gekostet und unser Land die Existenz.

Kapitel 7

Wie Schukow Generaloberst Pawlow schlug

„Der ‚heilige' Krieg der UdSSR gegen Hitler war nicht mehr als ein herzzerreißender Kampf um das Recht, nicht in einem fremden, sondern in seinem eigenen Konzentrationslager zu sitzen und Hoffnungen zu nähren, dies ließe sich auf die ganze Welt ausdehnen."[1]

A. Kusnezow

1.

Die Beratung der Obersten Kommandoführung der Roten Armee endete am 31. Dezember um 18 Uhr. Die meisten der Generäle, die daran teilgenommen hatten, wurden unauffällig und schnell an ihre Dienstorte zurückexpediert. In Moskau blieben nur die Hauptakteure.

Noch vor Abschluß der Beratungen am 31. Dezember um 11 Uhr erhielt eine Gruppe von 49 ranghohen Befehlshabern Aufgabenstellungen für ein strategisches Spiel. In diesem Kommandostabsspiel sollten sich „Ostkräfte" und „Westkräfte" eine Schlacht liefern. Nach Ausmaß und Bedeutung war es das größte derartige Spiel, das jemals in den Vorkriegsjahren stattfand.[2]

Die Truppen der „Ostkräfte", also die sowjetischen, befehligte der Kommandeur des Sondermilitärbezirks West, Held der Sowjetunion Generaloberst der Panzerstreitkräfte D. G. Pawlow.

An der Spitze der „Westkräfte", nämlich der deutschen, stand der Kommandeur des Kiewer Sondermilitärbezirks, Held der Sowjetunion Armeegenereal G. K. Schukow.

Zu Pawlows Gruppe zählten 28 Generäle: der Stabschef der Front der „Ostkräfte", der Leiter der Operativen Abteilung, der Stellvertretende Stabschef und Leiter Rückwärtige Dienste, der Kommandeur der Luftstreitkräfte mit seinem Stabschef, der Leiter Militärtransportwesen, die Kommandeure der Armeen mit ihren Stabschefs, die Kommandeure der Baltischen Flotte, die Kommandeure der mechanisierten Korps.

Zu Schukows Gruppe gehörten 21 Generäle mit in etwa gleichen Funktionen. Sie spielten die Deutschen.

Für das Studium der Lage wurden zwei Stunden Zeit gegeben. Danach fand die Abschlußsitzung der bereits neun Tage dauernden Dezemberberatung statt. Im Anschluß daran, also nunmehr am Silvesterabend, bekamen die Teilnehmer des strategischen Spiels weitere drei Stunden zur Erarbeitung der Direktiven gemäß ihrer jeweiligen Spielposition. Dann mußten sie sämtliche – natürlich streng geheimen – Dokumente abgeben. Für das Aufarbeiten und Durchdenken der Aufgabenstellung waren zwei Nächte, vom 31. Dezember zum 1. Januar und vom 1. zum 2. Januar, und ein Tag, der 1. Januar 1941, vorgesehen. Jedoch hatte dies ohne jegliche Dokumente und Unterlagen zu geschehen.

Das Spiel begann am Morgen des 2. Januar 1941 im Generalstab der Roten Arbeiter- und Bauern-Armee. Durchgespielt wurde das Szenarium des zukünftigen Kriegs.

Spielleiter war der Volkskommissar für Verteidigung, Held der Sowjetunion Marschall S. K. Timoschenko. Seine Führung bestand aus zwölf ranghohen Befehlshabern der Roten Armee, darunter vier Marschällen der Sowjetunion.

In Beobachterfunktion: Stalin und das gesamte Politbüro.

2.

Auf riesigen Karten wurden kolossale Schlachten entfaltet. Noch stießen sie nur dort aufeinander, die beiden gewaltigsten Armeen unseres Planeten. Einige schlaf- und ruhelose Tage und Nächte lang werteten die Stäbe der Kontrahenten die Lage aus, faßten Beschlüsse, erteilten Befehle, gaben Anweisungen. Noch führten sie nur auf dem Papier Tausende Panzer und Flugzeuge, Zehntausende Geschütze, Minenwerfer und millionenstarke Truppenverbände in die Schlacht, transportierten aus den rückwärtigen Räumen Hunderttausende Tonnen Munition, Treibstoff, Pioniergerät und materiell-medizinische Mittel heran, stießen vor mit Divisionen, Korps und ganzen Armeen.

Schukow beschreibt das Geschehen in seinen Memoiren: „Das Spiel strotzte nur so vor dramatischen Momenten für die Ostseite. Sie glichen in vielem jenen, die nach dem 22. Juni 1941 entstanden, als das faschistische Deutschland die Sowjetunion überfiel ...“[3] Schukow sprach mehrfach über dieses Spiel. Schauen wir uns noch eine Version an, aufgezeichnet und veröffentlicht von dem Schriftsteller Konstantin Simonow. Schukow erzählte: „Ich kommandierte die ‚Blauen', spielte also die Deutschen. Und Pawlow, der Kommandeur des Militärbezirks West, spielte uns, kommandierte die ‚Roten', unsere Westfront. An der Südwestfront hat ihm Schtern zugespielt.

Ich legte die realen Ausgangsdaten und Kräfte des Gegners – der Deutschen – zugrunde und entwickelte als Kommandeur der ‚Blauen' die Operation genau in den Richtungen, wo sie dann auch die Deutschen entwickelten. Führte meine Hauptstöße dort, wo auch sie sie später führten. Die Gruppierungen wurden so formiert, wie es dann auch während des Krieges geschah. Die Konfiguration unserer Grenzen, das Gelände, die Lage – all das gab mir genau die Entscheidungen ein, die die Deutschen dann auf der gleichen Grundlage trafen. Das Spiel dauerte ungefähr acht Tage. Die Spielleitung verzögerte das Vormarschtempo der ‚Blauen' künstlich, ließ sie nicht so schnell vorankommen. Aber die ‚Blauen' waren am achten Tag bis in den Raum Baranowitschi vorgerückt, und das, ich sage es noch einmal, obwohl ihr Tempo künstlich verlangsamt wurde."

Was hatte sich da zugetragen?

In einem unterirdischen Betonbunker in Zossen bei Berlin planten einige ausgewählte, erprobte deutsche Generäle und Feldmarschälle das Unternehmen Barbarossa. Am 18. Dezember 1940 wurde der Operationsplan Hitler vorgelegt und von ihm bestätigt. Und zwei Wochen später, am 2. Januar 1941, schaut in Moskau der Befehlshaber des Kiewer Sondermilitärbezirks Armeegeneral Schukow auf die Karte, versetzt sich an die Stelle der deutschen Strategen und rekapituliert die gesamte Unternehmung. Zu der Zeit konnte Schukow Hitlers Pläne nicht kennen. Selbst wenn der sowjetischen Aufklärung etwas Derartiges in die Hände gefallen wäre, hätte der Kommandeur eines Militärbezirks unter gar keinen Umständen Zugang zu Dienstgeheimnisse dieser Brisanz gehabt. Und doch nahm Schukow das gesamte Unternehmen Barbarossa vorweg!

Daran ist nichts Verwunderliches. Die deutschen Generäle und Feldmarschälle suchten die beste, die optimale Variante für die Zerschlagung der Roten Armee. Schukow versetzte sich in ihre Lage, betrachtete die Karte mit den Augen des Gegners und gelangte zu dem gleichen Ergebnis.

Der Schriftsteller Iwan Stadnjuk schreibt über Schukow: „Sein Talent war so herausragend, daß ihm ein Blick auf die Karte genügte, um die Situation einzuschätzen. Er versetzte sich an die Stelle der deutschen Militärführung und konnte so fast unfehlbar die Entscheidungen vorhersehen, die die Deutschen trafen."[4] Haargenau das geschah im Januar 1941. Hitler und seine Generäle trafen Entscheidungen und Schukow nahm sie praktisch im gleichen

Moment vorweg. Da kann Stadnjuk nur einen unanfechtbaren Schluß ziehen: ein genialer Feldherr.

In diesem strategischen Spiel schlägt Schukow die Verbände von Generaloberst Pawlow kurz und klein. Im Januar 1941 hetzt Schukow ihn auf den Kartentischen bis Baranowitschi, genau so, wie Hoth und Guderian ein halbes Jahr später, im Juni 1941, Pawlows Truppen hetzen würden. Da war es allerdings kein Spiel mehr, sondern blutiger Ernst. Zuerst schlug Schukow Pawlows Kräfte auf den Karten, dann wurden sie von den Panzertruppen Hoths und Guderians auf dem Schlachtfeld geschlagen.

Am 4. Juli 1941 wurde Armeegeneral D. G. Pawlow auf Befehl Stalins verhaftet, abgeurteilt und am 22. Juli erschossen.

In der Breschnew-Ära, als der ideologische Apparat mit aller Kraft den Personenkult um Schukow entfachte, brachte Juri Oserow ein mehrteiliges Filmepos über den Krieg auf die Leinwand. Eine Szene zeigt die Verhaftung Pawlows. Man hält ihm vor: Wie konntest du so eine schmachvolle Niederlage zulassen? Worauf Pawlow antwortet: „Wer hätte denn gedacht, daß die Deutschen genauso handeln würden, wie es Schukow vorausgesagt hat?"

Die Schöpfer der Filmepopöe legen dem verhafteten Pawlow ein wütendes Eingeständnis der Schukowschen Genialität in den Mund.

3.

Als Schukows Memoiren erschienen, war ich ein ganz junger Leutnant. Ich las das Buch und kam aus dem Staunen nicht mehr heraus. Man braucht kein Generalleutnant, Generaloberst oder Marschall zu sein, auch kein Professor oder Akademiemitglied, um die Verlogenheit in Schukows Darstellung herauszuhören. Eine Verlogenheit, die vernehmlich knirscht und kracht.

Da ist erstens zu fragen, warum „unsere" Truppen in diesem strategischen Spiel vom Kommandeur eines Militärbezirks, eben Generaloberst der Panzertruppen D. G. Pawlow, befehligt wurden. Seinerzeit gab es in der Sowjetunion 16 Militärbezirke und eine Front. Heute wissen alle – wie sie auch damals wußten –, daß das Kommandostabsspiel in unmittelbarem Zusammenhang stand mit dem heraufziehenden Krieg. Derartige Spiele in Anwesenheit Stalins und der Mitglieder des Politbüros hatte es nie zuvor gegeben, und da auf einmal, im Januar 1941, werden Varianten für die Verteidigung des Landes gegen einen mächtigen Feind erarbeitet. Der Kommandeur eines Militärbezirks war nicht die richtige Charge, um eine Staatsaufgabe dieser Tragweite zu lösen.

Wäre es darum gegangen, Varianten der Aggressionsabwehr durchzuspielen, hätte der Chef des Generalstabs, Armeegeneral K. A. Merezkow, unsere Truppen leiten müssen. Seine Pflicht wäre gewesen, sich selbst davon zu überzeugen und Stalin zu demonstrieren, daß die vom Generalstab ausgearbeiteten Verteidigungspläne realistisch waren, im Kriegsfall umgesetzt werden konnten. Und die anwesenden Generäle, Admiräle und Marschälle hätten die Unzulänglichkeiten in Merezkows Plänen aufspüren und herauspicken müssen, um in der Auswertung auf diese Fehler und Irrtümer hinzuweisen.

Ein Kommandostabsspiel ist eben jener Platz, wo man Fehler machen kann. Es liegt im Interesse des Generalstabschefs, daß die Teilnehmer jedwede Schwachstelle in seinen Plänen und Konzepten zur Abwehr der drohenden Aggression aufdecken. Besser, diese Planungsfehler werden jetzt erkannt, hier, in der Ruhe der Dienstzimmer, als später im Getöse der Schlachten.

Zweitens ist zu fragen, warum Stalin Pawlow nicht absetzte. Mit Strafen war er doch schnell bei der Hand. Wer sein Handwerk nicht verstand, verlor sofort seinen Posten. Und manchmal auch mehr. Da mutet es schon seltsam an: Schukow führt Stalin anschaulich vor, daß Pawlow ein unfähiger Kommandeur ist, daß seine Truppen im Kriegsfall binnen kurzem geschlagen werden, aber Stalin setzt Pawlow nicht ab, stellt keinen anderen General an seinen Platz. Vielleicht, weil Genosse Stalin gutmütig und weichherzig war?

Warum, ist drittens zu fragen, erhielt der Generaloberst der Panzerstreitkräfte D. G. Pawlow im Februar 1941 den nächsthöheren Dienstgrad? Unmittelbar nach dem Kommandostabsspiel wurde er Armeegeneral. Damals bedeutete das fünf Sterne auf dem Kragenspiegel. Generals- und Admiralsdienstränge gab es in der Roten Armee seit 1940. Am 4. Juni 1940 wurde der neue Dienstgrad per Erlaß des Rates der Volkskommissare der UdSSR 966 Generälen und 74 Admirälen verliehen. Von ihnen erhielten den höchsten Generalsrang – den eines Armeegenerals – nur drei Militärs: Schukow, Merezkow und Tjulenew. Am 23. Februar 1941 gesellten sich noch zwei Armeegeneräle hinzu: J. R. Apanassenko und D. G. Pawlow. Das verstehe, wer will: Im Januar 1940 schlägt vor vielen kundigen Augen, im Beisein Stalins, des gesamten Politbüros und des Führungskaders der Roten Armee der große Schukow den hilflosen, einfältigen Pawlow und jagt ihn im Eilzugtempo weit in das Landesinnere. Und im Februar erhebt Stalin diesen unfähigen Pawlow unter die fünf ranghöchsten von 1.000 Generälen, stellt ihn auf eine Stufe mit Schukow.

Und warum, lautet die vierte Frage, übernimmt die Rolle der Deutschen in dem Kommandostabsspiel der Kommandeur des Kiewer Sondermilitärbezirks Armeegeneral Schukow? Was weiß der von den Deutschen? Für den Gegner hätte kein anderer agieren müssen als der Leiter der GRU, der Hauptverwaltung Aufklärung des Generalstabs der Roten Arbeiter- und Bauern-Armee, Generalleutnant F. I. Golikow. Ihn verpflichteten seine Dienstaufgaben, mehr zu wissen über den Gegner als jeder andere, alles zu wissen, was es über Hitler, Göring, Keitel, Jodl oder Kleist zu wissen gab. Der Leiter der GRU mußte ihre Pläne kennen, mußte eine klare Vorstellung haben, wozu sie fähig waren und wozu nicht, über welche Kräfte der Gegner verfügte und wie er sie einsetzen konnte. Die frevlerischen Pläne des tückischen Feindes vorwegzunehmen brauchte nicht der – noch so omnigeniale – Kommandeur eines Militärbezirks, das war Sache des GRU-Chefs. Und ihm wäre es auch zugekommen, bei dem strategischen Spiel zu demonstrieren: Hitler kann so und so agieren, also laßt hören, was ihr dem entgegenzusetzen habt. Und wenn Hitler das und das tut, was fällt euch dazu ein?

Das Ziel des Chefs der Hauptverwaltung Aufklärung bei diesem Spiel mußte sein, die sowjetischen Truppen in die schwerste aller denkbaren Situationen zu stellen. Würde später im Krieg eine Krise eintreten, konnte er sagen: Ich habe euch alle gewarnt, damals im Januar …

Doch aus unerfindlichen Gründen waren Generalstabschef K. A. Merezkow und GRU-Chef F. I. Golikow bei dem Kommandostabsspiel nicht in dieser Rolle der zentralen Mitspieler zu finden. Sie saßen vielmehr in der Führung und verfolgten die Schlacht zwischen Schukow und Pawlow als Schiedsrichter.

Das ist sehr eigentümlich.

4.

Schukows fabelhafte Schilderungen, wie er Hitlers Pläne vorausahnte, gingen nicht nur in die sowjetischen Schulbücher ein. Zahlreiche Historiker in Großbritannien und den USA, in Frankreich und Israel, in Italien und Deutschland erzählen ihren Lesern die gleiche Geschichte nach: wie der große Stratege Schukow alles voraussagte, was Hitler und seine Generäle planten. Schukows Worte sind in viele Sprachen übersetzt: Ich entwickelte die Operation genau in den Richtungen … ich führte die Hauptschläge … das alles gab mir ein … Und klingen nicht nur russisch, sondern auch in jedem anderen sprachlichen Gewand heroisch und ergreifend.

Aber Schukow erahnte Hitlers Pläne, schlug Armeegeneral Pawlow in diesem Strategiespiel nicht allein. Außer ihm gehörten der Gruppe, die die Rolle der deutschen Führung innehatte, noch 20 sowjetische Generäle, Admiräle und Offiziere an. Wir wollen zumindest einige von ihnen erwähnen:

Generaloberst G. M. Schtern, dem die damals einzige – Fernöstliche – Front unterstand;

Generalleutnant J. T. Tscherewitschenko und Generalleutnant M. P. Kirponos, die beide bald darauf zum Generaloberst aufsteigen und Fronten kommandieren würden;

Generalmajor F. I. Tolbuchin, der im Krieg alle Dienstränge durchlief, Marschall der Sowjetunion und einer der herausragendsten Stalinschen Feldherrn wurde;

Generalleutnant der Luftstreitkräfte P. F. Schigarew und Generalmajor der Luftstreitkräfte A. A. Nowikow – zwei zukünftige Hauptmarschälle der Luftstreitkräfte, beide – nacheinander – Oberkommandierende der Luftstreitkräfte der Roten Armee;

Generalleutnant M. A. Purkajew und Generalleutnant P. A. Kurotschkin, Armeegeneräle von morgen, die im Krieg mit Erfolg Armeen und Fronten befehligten;

Generalleutnant W. F. Gerassimenko, der legendäre Armeegeneral und zukünftige Held von Stalingrad, nach dem Krieg Verteidigungsminister der Ukraine;

Konteradmiral – später vollrangiger Admiral – A. G. Golowko, der ohne Unterbrechung, vom ersten bis zum letzten Kriegstag die Nordfront kommandierte und nach dem Krieg zum 1. Stellvertreter des Oberbefehlshabers der Seekriegsflotte aufstieg.

Solche Kapazitäten bildeten in dem Kommandostabsspiel vom Januar 1941 Schukows Gruppe. Doch dieser erwähnt keinen von ihnen auch nur mit einem einzigen Wort. Prahlt statt dessen lautstark „... ich führte Schläge“, „... ich entwickelte die Operation ...“

Ich selbst habe zwei Varianten zur Auswahl parat: Die erste geht davon aus, daß Schukow alles allein tat und Schigarew, Schtern, Kirponos, Purkajew, Kurotschkin, Nowikow, Golowko, Gerassimenko, Tolbuchin und die anderen nicht den geringsten Anteil an der Arbeit des Genies hatten. In diesem Falle war Schukow kein Stratege. Auch auf die Gefahr hin, mich zum hundertsten Mal zu wiederholen, betone ich: Die Rolle des Mannes an der Spitze besteht nicht darin, selbst zu schuften, sondern den Untergebenen Aufgaben zuzuweisen und sicherzustellen, daß sie sie erfüllen. Und Schukow hatte eine Mannschaft an der Hand, die jeden Kommandeur nur begeistern konnte. Die zweite Variante besagt, daß die gesamte Gruppe in gemeinschaftlichem Handeln den glücklosen Pawlow schlug. Nur vergaß das der große Genius hinterher, ihm blieb nur sein eigener Beitrag in Erinnerung, von dem er den dankbaren Nachgeborenen gern und oft berichtete. Hier sehen wir uns eher mit einem ethischen Problem konfrontiert. Schließlich ist es nicht das erste Mal, daß das strategische Genie die Miturheber seiner glänzenden Siege aus dem Gedächtnis verliert.

5.

Auch Pawlow agierte nicht allein, war nur der Kapitän einer leistungsstarken Mannschaft. Mit seinem Sieg über Pawlow beschämte Schukow vor Stalins Augen zugleich auch alle anderen, die zu dieser Gruppe gehörten. Doch erstaunlicherweise ging kurz nach dem Kommandostabsspiel nicht nur auf Pawlow, sondern auf seine gesamte Mannschaft ein Goldregen von Generalssternen und Beförderungen nieder.

Zu Pawlows Gruppe zählte der Kommandeur des Mittelasiatischen Militärbezirks, Generaloberst J. R. Apanassenko. Nach dem strategischen Spiel wurde er ebenso wie Pawlow zum Armeegeneral befördert. Um es nicht zu vergessen: Bis dato gab es ganze drei Armeegeneräle, nun waren es fünf. Stalin stellte damit nicht nur Pawlow, sondern auch Apanassenko im militärischen Dienstgrad mit Schukow gleich. Außerdem erhielt Apanassenko eine besonders exponierte Dienststellung. Von der Spitze des Militärbezirks Mittelasien, dem offenkundig kein Krieg drohte und keine Feldarmeen unterstanden, wurde Apanassenko abkommandiert auf den Posten des Befehlshabers der Fernöstlichen Front, die über drei Armeen verfügte. Ein Zweifrontenkrieg – parallel gegen Deutschland und Japan – war nicht ausgeschlossen. In diesem Falle wäre Armeegeneral Apanassenko eine besonders verantwortungsvolle Aufgabe zugefallen, nämlich die Abwehr der japanischen Aggression im Fernen Osten. Hätte Apanassenko in dem strategischen Spiel jegliches Verteidigungsgeschick vermissen lassen, wäre er mit Sicherheit in seinem ungefährdeten Mittelasien versauert.

Zu Pawlows Gruppe gehörte auch der Kommandeur des Nordkaukasischen Militärbezirks, Generalleutnant F. I. Kusnezow. Unmittelbar nach dem Spiel wurde er Generaloberst und mit einem neuen Dienstbereich betraut: aus einem inneren Militärbezirk, der keine Feldarmeen umfaßte, an die Spitze des Baltischen Sondermilitärbezirks mit seinen drei Armeen. Gerade hat Schukow auf dem Papier Pawlow und Kusnezow in Belorußland und dem Baltikum geschlagen, da läßt Stalin den besiegten Pawlow in eben jenem Belorußland Truppen befehligen, und zu Pawlows Nachbarn zur Rechten, im Baltikum, macht er den gleichfalls gescheiterten Kusnezow. Wie soll man das verstehen?

In Pawlows Gruppe arbeitete der Kommandeur des Transbaikal-Militärbezirks Generalleutnant I. S. Konew. Im Transbaikalgebiet war seinerzeit kein Krieg geplant. Der sollte in Europa stattfinden. Und so wird Konew sofort nach dem Kommandostabsspiel Nachfolger von F. I. Kusnezow auf dem Posten des Befehlshabers des Nordkaukasischen Militärbezirks und erhält Befehl, insgeheim die 19. Armee zu formieren und ihre – wiederum geheime – Verlegung in das Gebiet Tscherkassy vorzubereiten. Konew war ebenso ein

Verlierer wie Pawlow, hätte da nicht zu erwarten gestanden, daß man ihn in sein Transbaikalien zurückexpedierte und dort hocken ließ wie ein Heimchen hinter dem Herd, während an der Westgrenze klügere Leute kommandierten?

Zu Pawlows Mannschaft zählte weiterhin der Generalleutnant der Luftstreitkräfte P. W. Rytschagow. Unmittelbar nach dem Kommandostabsspiel wurde er zum Stellvertreter des Volkskommissars für Verteidigung befördert. Stieg höher auf als Pawlow selbst. Wenn Schukow Rytschagow in dem strategischen Spiel schmachvoll besiegte und demütigte, womit hätte er sich dann diesen Karrieresprung verdient?

Die Antwort auf alle Fragen liegt in folgendem: Niemand hat Pawlow und seine Gruppe geschlagen. Schukows Schilderungen sind offenbar ungenau.

6.

Jetzt soll sich unsere gesteigerte proletarische Wachsamkeit auf eine eklatante Gesetzesverletzung richten.

Solange die Sowjetunion existierte, galt für die Materialien des Kommandostabsspiels der Geheimhaltungsgrad „streng geheim". Folglich nahmen alle, die an der strategischen Übung beteiligt waren, ihr Geheimnis mit ins Grab. In den Memoiren anderer Teilnehmer heißt es nur lapidar: Ja, es gab so ein Spiel, bei dem die Abwehr der Aggression vorbereitet wurde. Aber Einzelheiten darüber, wie das geschah, suchen Sie vergeblich.

Schukow hingegen plauderte die Intention des Kommandostabsspiels und den genauen Ablauf aus. Was ein Verbrechen ist. Und Konstantin Simonow hat sich Schukows Schilderungen angehört, sie aufgeschrieben und veröffentlicht. Und sich folglich ebenso des Geheimnisverrats schuldig gemacht wie Schukow selbst.

Zu der Zeit, als Schukow und Simonow die schändliche Tat vollbrachten, galt das Strafgesetzbuch des Jahres 1961. Derartige Missetaten behandelte der Abschnitt „Besonders gefährliche Staatsverbrechen", der mit Paragraph 64 begann: Landesverrat. Unter den als Landesverrat zu qualifizierenden Verbrechen figurierte auch die Offenbarung eines Staatsgeheimnisses.

Wären die Materialien des Kommandostabsspiels einfach nur geheim gewesen, hätten Schukow und Simonow je 15 Jahre Gefängnis nebst Aberkennung aller Dienstgrade und Auszeichnungen sowie der Konfiszierung der Arbeitseinkünfte und Ersparnisse, ihrer Goldenen Sterne und Orden, der Lenin- und Stalin-Staatspreise, sämtlicher Paläste, Datschen, Wohnungen, Motorboote und Jachten, Swimmingpools, Wintergärten, Reitställe und Hundezwinger, Garagen mitsamt den darin vertretenen Automarken, Gemäldesammlungen, Brillantkollektionen usw. usw. aufgebrummt bekommen müssen. Aber es handelte sich ja nicht um eine geheime Verschlußsache, sondern um eine streng geheime. Deshalb hätte das Gericht über beide Verräter, Schukow so gut wie Simonow, die Höchststrafe verhängen müssen.

Eines von beiden mußte die Staatsführung tun: entweder die Geheimhaltung der Materialien des Strategiespiels aufheben – dann konnten Schukow und Simonow schwätzen, was und wieviel sie wollten – oder diese Dokumente weiter als streng geheim führen, dann aber hätten sie den Verrätern Schukow und Simonow die Plappermäuler mit einer Kugel stopfen müssen.

Was haben wir doch für eine phänomenale Rechtsprechung. Vor den Augen des gesamten Öffentlichkeit, vor den Augen von Regierung und Generalstaatsanwalt begehen Schukow und Simonow Landesverrat, doch niemand gebietet ihnen Einhalt. Kein Wunder, daß so ein Land nicht überleben konnte. Bei solchen Zuständen mußte es ja zusammenbrechen.

Wer hatte nichts dagegen, daß Schukow und Simonow Staatsgeheimnisse der Sowjetunion preisgaben? Und weshalb?

7.

Um diese Fragen zu beantworten, müssen wir uns in die lichtdurchfluteten Säle der Tretjakow-Galerie versetzen und unseren Blick auf Wassili Perows Gemälde „Jäger bei der Rast" ruhen lassen. Mit euphorisch aufgerissenen Augen spinnt da der alte Jäger sein Jägerlatein. Und der junge lauscht ihm hingerissen, mit offenem Munde. Ein alter Waldhüter aber grinst boshaft und kratzt sich das Genick.

Und nun verteilen wir die Rollen. Der – um es milde auszudrücken – „euphorische" Jäger, das ist Georgi Konstantinowitsch Schukow. Und sein Zuhörer mit dem offenen Mund – der Held der Sozialistischen Arbeit, Ritter dreier Lenin-Orden und anderer höchster staatlicher Auszeichnungen, Träger eines Lenin-Preises sowie sechsfacher Stalin-Preis-Laureat Konstantin Michailowitsch Simonow. Und uns teilen wir die bescheidene Rolle des alten Waldhüters in Bastschuhen zu: Wir hören uns die spannende Geschichte an, kratzen uns am Hinterkopf, grienen boshaft und denken: „Schwätz du nur! Schwätz ruhig!"

Der alte Jäger hätte sich die Geschichte von den eigenhändig erwürgten und in der Jagdtasche verstauten Wölfen und Bären sparen können. Er brauchte einfach nur wortlos deren Fell vorzuzeigen.

Schukow brauchte nicht mit euphorisch aufgerissenen Augen zu erzählen, wie er in genialer Erleuchtung den Barbarossa-Plan der Deutschen vorwegnahm. Es hätte genügt, die Dokumente jenes Kommandostabsspiels zu veröffentlichen. Die Möglichkeit dazu besaß er, und außerdem bestand für die

Veröffentlichung ein akuter Anlaß von gesamtstaatlicher Relevanz. 1956 fand der XX. Parteitag der KPdSU statt. Er wird uns später noch beschäftigen. Ohne Chruschtschow und Schukow als treibende Kräfte hätte es ihn nie gegeben. Was auf diesem historischen Parteitag ablief, läßt sich auf folgenden Nenner bringen: Eine Bande von Menschenfressern kommt zusammen und schiebt die Schuld für alle Sünden dem toten Oberkannibalen zu. Um sich nach der rituellen Reinigung mit neuer Kraft ihrer Lieblingsbeschäftigung zu widmen, der Menschenfresserei.

Auf diesem Diebestreffen namens XX. Parteitag der KPdSU versicherten Stalins Henker, bis zum Hals im Blute des Volkes, einander eifrig, nichts gewußt zu haben. Auf einmal waren sie mutig geworden, diese Stalinschen Speichellecker, entwickelten Selbstwertgefühl – und lasteten ihre eigenen Verbrechen ihm an, luden einträchtig sämtliche Sünden auf dem toten Führer ab. Das wäre der richtige Zeitpunkt gewesen für Schukow, um die Dokumente des Kommandostabsspiels unter das Volk zu bringen und die eigene Größe herauszukehren: Seht her, ich, der geniale Schukow, habe bereits im Januar 1941 den deutschen Barbarossa-Plan vorausgeahnt, aber der dumme Stalin hat nicht auf meine weisen Warnungen gehört.

Aber unser bescheidener Jägersmann ließ den Augenblick ungenutzt verstreichen und zeigte niemandem die Materialien.

Selbst unter der Voraussetzung, daß Genosse Schukow in dem strategischen Spiel vom Januar 1941 den Plänen Hitlers wirklich vorgriff und genau so agierte wie fünf Monate später die deutschen Truppen, bleiben Fragen: Warum sind die entsprechenden Materialien nicht veröffentlicht worden? Wo lag der tiefere Grund? Was hatte Schukow zu verbergen? Jetzt, wo der Krieg lange vorbei war. Daraus hätte unsere Propaganda doch etwas machen können: Ja, wir haben uns benommen wie Idioten, uns in keiner Weise auf diesen Krieg eingestellt, und überhaupt lag bei uns vieles im Argen, doch seht her, wir hatten ein großes Genie, das alles voraussah, alles verstand, es gab also nicht nur Idioten. Aber Pustekuchen. Die Dokumente des Kommandostabsspiels blieben unter strengstem Verschluß. Und die Neugierigen standen da mit langen Nasen.

Dies ist nicht das erste Mal, daß unser ach so bescheidener Georgi Konstantinowitsch Schukow die Beweise seiner eigenen Genialität verbirgt.

* * *

Am 13. August 1961 begriffen alle: Die Sowjetunion hat keine Chance. Überall auf der Welt wurde unübersehbar: Zwar steht sie noch, die Sowjetunion, doch sie ist bereits tot. Sie kann noch lange dastehen wie ein abgestorbener Mammutbaum, das ist nichts als der äußere Anschein unüberwindlicher Stärke.

Am 13. August 1961 schnitt eine Betonmauer Berlin in zwei Teile. Ihre Aufgabe bestand darin, die Bewohner Mitteldeutschlands an der Flucht in eine normale Welt zu hindern.

Diese Mauer wurde beständig perfektioniert und verfestigt, verwandelte sich in ein System unüberwindlicher Pioniersperren mit Fallen, hochkomplizierten Meldeanlagen, Feuerpunkten, Beobachtungstürmen, Panzertetraedern, Drahtigeln, scharfsinnig konstruierten Selbstschußautomaten, die Flüchtlinge auch ohne Zutun der Grenzsoldaten töteten.

Doch je mehr Arbeit, Erfindungsreichtum, Geld, Beton und Stahl die Kommunisten in den Ausbau der Mauer investierten, um so deutlicher wurde, daß sich die Menschen nur mit hohen Sperren, mit Stacheldraht, Hunden und Schüssen in den Rücken in der kommunistischen Gesellschaft festhalten ließen. Die Mauer war Inbegriff dafür, daß das von den Kommunisten errichtete System niemanden anzieht. Daß es abstößt. Und dies würde für die Sowjetunion in absehbarer Zukunft das Ende bedeuten.

Wenn jedoch die Sowjetunion zusammenbrach, würden einige Archive geöffnet, zumindest einen Spalt breit. Schukow hätte begreifen müssen: Die Archive gehen auf, seine Darstellungen werden verglichen mit den Dokumenten und er, Schukow, macht sich mit den Lügenmärchen zum Gespött der Leute.

Hat er das begriffen?

Wenn Schukow klar war, daß sein Jägerlatein bald aufflog, und er trotzdem begeistert weiterschwindelte, dann konnte er nur willensschwach und verantwortungslos sein.

Wenn er jedoch log, weil er glaubte, die Sowjetunion würde ewig existieren und das Archivmaterial für immer tabu bleiben, dann war er schwachsinnig.

Kapitel 8

Über den ersten Sturm auf Königsberg

„Weder im ersten noch im zweiten Kommandostabsspiel wurde den ‚Ostkräften' als Hauptaufgabe die Verteidigung der Westgrenzen des Landes gestellt. Das Wichtigste in diesen Spielen war der Angriff."[1]

P. Bobylew

1.

Im Januar 1941 probte man im Generalstab der Roten Arbeiter- und Bauern-Armee in Anwesenheit Stalins und des gesamten Politbüros am Kartentisch den Krieg zwischen der UdSSR und Deutschland. Während dieses Generalstabsspiels schlug Schukow, der für die deutsche Heerführung agierte, Generaloberst Pawlow, der die Rolle des sowjetischen Feldherrn übernommen hatte. 51 Jahre sind seit diesem Strategiespiel vergangen, 23 Jahre nach der ersten Ausgabe der Memoiren G. K. Schukows. Die Epoche ist eine andere geworden. Die Kommunisten haben, wenn auch zunächst nur in bescheidenen Ansätzen, ihre Allmacht verloren. Und die Geheimhaltung der Materialien des Kommandostabsspiels wird aufgehoben. Am 11. Juni 1993 erscheint in der Tageszeitung *Iswestija* (Nachrichten) eine Doppelseite, bei der allein schon die Überschrift neugierig macht: „Im Januar '41 griff die Rote Armee Königsberg an." Ihr folgt die militärhistorische Zeitschrift *Wojenno-istoritscheski schurnal* (Nr. 2/1993) mit einer umfangreichen Abhandlung.

In den Artikeln ging es um das bereits erwähnte Kommandostabsspiel. So war das also: Unsere Strategen hatten keinerlei Verteidigungspläne erarbeitet oder über die Abwehr einer potentiellen deutschen Aggression nachgedacht. Sie waren mit ganz anderen Problemen befaßt gewesen. Sie hatten überlegt, wie man Königsberg, Warschau, Prag, Bukarest, Krakau, Budapest und noch einiges mehr erobern konnte.

Hier ist es an der Zeit, die Worte des Armeegenerals A. M. Majorow aufzugreifen: „Doch auch damals begriffen alle, daß das bevorstehende Spiel weniger theoretische als vielmehr rein praktische Bedeutung haben würde."[2]

Nicht aus akademischem Interesse planten unsere Generäle auf der Karte die Erstürmung europäischer Städte, sondern weil sich die Vorbereitung auf die Invasion in Europa in ihrer abschließenden Phase befand.

Uns wollte man glauben machen, Schukow habe den deutschen Barbarossa-Plan geistig vorweggenommen und in dem strategischen Spiel genau so agiert, wie es ein halbes Jahr später die Deutschen tatsächlich taten. Diese intellektuelle Ruhmestat ist die höchste Leistung Schukows als Stratege, ist der funkelnde Gipfel seiner Weisheit. Und plötzlich stellt sich heraus, daß da weit und breit überhaupt kein Gipfel war. Schukow konnte uns diesen funkelnden Gipfel vorgaukeln, weil er im Nebel des Staatsgeheimnisses lag. Aber das Dunkel lichtete sich, die Geheimhaltung der Dokumente wurde aufgehoben – und übrig blieb ein nackter Prahlhans von König ohne neue Kleider.

Schukows Schilderungen, wie er den deutschen Plänen geistig vorgriff, in seinem Agieren das Handeln der deutschen Truppen vorwegnahm, waren nur Geschwätz. Er hat keine Staatsgeheimnisse verraten im Zusammenhang mit dem strategischen Spiel. Er hat einfach gelogen. Und Windbeutel vom Schlage eines Konstantin Simonow, eines Armeegeneral Majorow, eines Marschall Kulikow, eines Schriftstellers Wladimir Karpow, um nur einige zu nennen, hingen an seinen Lippen und wiederholten das verantwortungslose Geschwätz.

Marschall G. K. Schukow ist die sowjetische Ausgabe des Baron von Münchhausen. Wollte man Georgi Konstantinowitsch ein wirklich realistisches Denkmal setzen, müßte es so aussehen: Auf einer Kugel reitend, fliegt Schukow über der Stadt Baranowitschi und erzählt, wie er Generaloberst Pawlow besiegte und ihn auf den Generalstabskarten bis eben zu dieser Stadt Baranowitschi hetzte. Und im Inneren des Kupferstandbilds fände ein Tonband Platz, das, einem Perpetuum mobile gleich, Schukows Schilderungen seiner eigenen Größe Jahrhunderte und Jahrtausende über den Planeten dröhnen ließe. Und auf dem Sockel des Denkmals stünde eine ganze Kohorte sowjetischer Marschälle, Generäle, Akademiemitglieder und Hofschriftsteller. Alle mit langen, aufgestellten Ohren, die am Ende spitz zulaufen. Damit ihnen die Erzählungen des strategischen Genies besser eingehen.

2.

Schukow beschreibt die Vorbereitungen auf das Kommandostabsspiel und zitiert dabei Stalin in wörtlicher Rede:

„Am Tag nach der Beratung sollte ein großes Kriegsspiel stattfinden.

– Wann beginnen Sie das Kriegsspiel? fragte I. W. Stalin.

– Morgen früh, antwortete Timoschenko.

– Gut, führen Sie es durch, aber behalten Sie die Kommandeure da. Wer spielt die ‚Blauen' und wer die ‚Roten'?

– Die ‚Blauen' (Westkräfte) spielt General Schukow, die ‚Roten' (Ostkräfte) Generaloberst Pawlow."[3]

An diesem kurzen Dialog ist alles erfunden. Die Beratung der Obersten Kommandoführung endete am 31. Dezember. Marschall Timoschenko konnte Stalin gar nicht antworten, das Spiel begänne am nächsten Morgen, weil es in Wirklichkeit erst am 2. Januar begann. Bei aller Brutalität und allem Wahn begriff Stalin, daß es wenig Sinn hatte, ein derart ernstes Unterfangen am Morgen des 1. Januar zu beginnen. Einige Generalsköpfe konnten möglicherweise nach dem Silvestergelage noch nicht wieder klar sein.

Aber macht es denn einen Unterschied, ob das Spiel nun am 1. oder am 2. Januar begann? Keinen großen. Aber es deutet darauf hin, daß die farbenprächtigen Dialoge mit Stalin von Schukow oder seinen Koautoren erfunden wurden. Insofern ist das Beispiel bezeichnend. Und wir haben es noch nicht ausgeschöpft. Marschall S. K. Timoschenko konnte nämlich Stalin auch nicht antworten, für die „blaue" Seite spiele Schukow und für die „rote" Pawlow, weil es nicht ein Spiel, sondern zwei Spiele gab. Zuerst agierten Schukow und Pawlow in der jeweils entgegengesetzten Rolle, dann tauschten sie die Plätze. Das ist nun schon ein prinzipielles Moment. Wenn sich Schukow außerordentlich detailliert an das erste Spiel erinnert, das zweite aber komplett vergessen hat, ist das für uns ein ernstzunehmender Grund, ihm überhaupt nichts mehr abzunehmen.

Und noch ein Aspekt. Offiziell lautete das Thema des Kommandostabsspiels „Die Angriffsoperation einer Front mit Durchbrechen des BR". Diese Benennung erwähnt Schukow nicht. Dabei ging es doch nicht einfach nur um eine Angriffsoperation. „BR" steht für „Befestigungsraum", also für eine Linie gegnerischer Stellungen und Befestigungsanlagen aus Stahlbeton oder gepanzerten Platten, gedeckt durch Panzergräben, Minenfelder und andere Hindernisse. Der Bau eines Befestigungsraumes verschlingt gewaltige Mittel und erfordert viele Jahre. Auf sowjetischem Territorium gab es keine gegnerischen BR, es konnte sie gar nicht geben. Wenn also das Thema vorgab, einen BR zu durchbrechen, mußten unsere Truppen folglich auf feindlichem Gebiet agieren. Bereits hier wird klar, daß es um einen Angriff auf Deutschland ging. Genauer gesagt, auf Ostpreußen, das durch einen Gürtel befestigter Räume geschützt war.

3.

Schukows Schilderungen, wie er seinen Angriff bis Baranowitschi vorantrieb, sind nichts als scham- und zügellose Aufschneiderei. In diesem strategischen Spiel griff die von Schukow befehligte „deutsche Armee" überhaupt nicht an. Angreifer war die sowjetische Westfront unter dem Kommando Pawlows. Pawlow führte den Schlag in Ostpreußen, gegen Königsberg, während sich Schukow verteidigte.

Um es nicht zu vergessen: Nach dem Krieg wurde Königsberg zur sowjetischen Stadt Kaliningrad gemacht. Mit welcher Begründung? Weil uns die Deutschen überfallen haben, nehmen wir uns zur Strafe Königsberg. Aber selbst wenn uns Hitler nicht überfallen hätte: Bereits im Januar 1941 erarbeitete die oberste Militärführung der UdSSR unter der persönlichen Kontrolle Stalins Methoden zur Einnahme der Stadt. Und die Ideologen der kommunistischen Partei hatten schon lange vor 1940 die simple Idee ausgewalzt: Bald wird Königsberg unser sein. Schukows Hofschreiber Konstantin Simonow verfaßte bereits 1938 ein Gedicht mit dem Titel „Regimentskameraden". Sein Inhalt läßt sich leicht beschreiben: Da geht einer durch Moskau, unbekannte Menschen strömen ihm entgegen. Er weiß, bald werden sie alle Soldaten sein, wird sie dasselbe Regiment vereinen, der Krieg zu Brüdern machen. Und dann:

> „Bei Königsberg in des Morgenrots Schein
> werden wir beide verwundet sein.
> Haben Wochen im Lazarett zugebracht,
> und überlebt – auf geht's wieder zur Schlacht.
> Heiliger Zorn des Angriffs,
> der Gefechte grausame Zeit …"

und so weiter und so weiter in diesem Geist.

Das Motiv des „hehren Zorns" klang in unseren Gedichten und Liedern bereits lange bevor Molotow und Ribbentropp den Moskauer Pakt über die Teilung Europas und den Beginn des Zweiten Weltkrieges unterzeichneten.

Und Simonow war nicht irgendein Dichter, sondern der Liebling Stalins, weil er nur von sich gab, was der große Führer brauchte, und zwar genau in dem entsprechenden Augenblick. Die Folgen waren augenscheinlich: Im 5. Luftlandekorps unter Generalmajor I. S. Besuglowoj in Daugavpils und der 1. Marineinfanteriebrigade Oberst Terenti Parafilos in Liepaja fanden sich im Mai 1941 plötzlich besonders viele Verehrer der Dichtkunst Konstantin Simonows. In den Baracken der Landungsbataillone waren alle Wände mit seinem Gedicht „Regimentskameraden" beklebt.

4.

Aber kehren wir zu dem strategischen Spiel zurück.

Da gab es ein feines Detail ...

Bei uns war das Usus: Kam ein Beschluß des ZK der KPdSU heraus, sagen wir zum Stand der Tierzucht im Gebiet Rjasan, dann begann er stets mit rituellen Lobhudeleien. Was für große Erfolge hier, da und dort erreicht wurden, worauf das furchtbare Wort „aber" folgte, und dann – vernichtende Kritik. Alle wußten, daß es sich bei dem Einleitungsteil um eine Präambel handelte, die zum eigentlichen Inhalt des Beschlusses in keinerlei Beziehung stand. Im Gegenteil, je mehr Lob im Vorspann, um so gravierender die Vorwürfe und Anschuldigungen im Hauptteil, um so rigoroser das Strafgericht, das die Schuldigen traf.

Solche Präambeln – im Russischen „satschin" genannt – verpflichteten zu nichts. Bevor sie dem Schwein das Messer in den Hals stießen, kraulten ihm die Metzger aus dem ZK einfach noch ein wenig die Ohren.

Diese Tradition wurde auch in die sowjetische Militärwissenschaft hineingetragen. Unsere Führungsspitze machte kein Hehl daraus, daß der Krieg ausschließlich auf gegnerischem Territorium stattfinden würde: „Und auf Feindeserde werden wir den Feind zerschlagen mit wenig Blut und einem mächtigen Schlag." Man hatte eine „Tiefenoperation" im Auge, will heißen: einen Blitzkrieg. Aber dieser Offenbarung ging stets eine Einleitung voraus: „Wenn uns der Feind einen Krieg aufzwingt ..." Die Felddienstordnung ließ keinen Zweifel: Wenn der Feind angriff, würde die Rote Armee zur offensivsten aller Armeen, die jemals einen Angriff führten. Die schöne Einleitungsphrase konnte niemanden täuschen. Es kam immer so, daß der Feind uns genau in dem Augenblick angreifen wollte, wo bei uns alles für die Eroberung seines Landes gerichtet war. Im Januar 1939 konzentrierten wir fünf Armeen an der Grenze zu Finnland, bereiteten uns vor, und just in dem Moment feuerten die Finnen wie auf Befehl – angeblich – eine Granate ab ... Sofort entbrannten unsere Zeitungen in hehrem Zorn: „Wir werden den Angriff Finnlands abwehren!" „Wir müssen den eingedrungenen Räubern eine Abfuhr erteilen!" „Den Schlag der Aggressoren beantworten wir mit drei Gegenschlägen!" „Vernichten wir die schäbige Bande!" Auf der Beratung des Führungskaders der Roten Armee im Dezember 1940 dann klang es wieder und wieder: Finnland hat die Sowjetunion überfallen und wir Ärmsten mußten uns verteidigen. Diese Interpretation wurde hineingepeitscht in unsere gesamte Geschichtsschreibung, Ideologie und Literatur. Hier nur ein Beispiel: eine Anthologie über den Vater der sowjetischen Panzer mit dem Titel *Der Konstrukteur der Kampfmaschinen*, erschienen im Leningrader Verlag Lenisdat im Jahre 1988. Man hätte sich darin begnügen können – um so mehr, als ein halbes Jahrhundert vergangen war seit dem Krieg – mit der Schilderung der herausragenden Geistes- und Arbeitsleistung, der bahnbrechenden technischen Lösungen. Der Rest war entbehrlich. Aber nein, wir lesen auf Seite 91: „Am 30. November 1939 leitete die Rote Armee Gegenaktionen ein, der sowjetisch-finnische Krieg begann."

Bei der Vorbereitung des Angriffs auf Deutschland hielt man sich an dieselben Regeln. Geheimnisvoll lächelnd verkündeten unsere Strategen: Wenn uns der Feind einen Krieg aufzwingt, werden wir uns auf seinem Territorium zur Wehr setzen müssen.

Entsprechend waren auch die Aufgabenstellungen für das strategische Spiel: Am 15. Juli 1941 überfällt Deutschland die Sowjetunion, die deutschen Truppen dringen 70 bis 120 Kilometer auf sowjetisches Territorium vor, werden jedoch bis zum 1. August 1941 in die Ausgangspositionen zurückgeworfen.[4]

Das ist allerdings nur der „satschin", die schöne Einleitungsfloskel, die mit dem eigentlichen Spiel nichts gemein hat. Wie nämlich die „Westkräfte" angriffen, wie sie in ihrem Vormarsch gestoppt und von unserem Territorium zurückgedrängt werden konnten, darüber ist in der Vorgabe kein einziges Wort zu lesen. Das spielt auch keine Rolle. Wichtig ist, daß sie es waren, die angriffen, und wir sie in die Ausgangspositionen an der Staatsgrenze zurückgeworfen haben. Genau hier, an der Staatsgrenze, beginnt das strategische Spiel. Genau von diesem Moment an wurden die „Gegenhandlungen" der Roten Armee in Ostpreußen entfaltet.

Der Einfall des deutschen Heeres auf unser Territorium und die Abwehr der Aggression interessierten Stalin, Schukow und die anderen Teilnehmer absolut nicht. Ihr Interesse galt etwas anderem: Wie die Kampfhandlungen von der Grenze aus weiterzuführen waren. Genau darin bestand das Thema des ersten Spiels.

Und wenn es in der Präambel zu den Spielbedingungen heißt, daß die deutschen Truppen angegriffen hätten und vormarschiert wären, so ist das nicht Schukows Verdienst. Denn nicht Schukow war der Verfasser. Um anzugreifen und vorzurücken auf sowjetisches Territorium, brauchte Schukow, der die Rolle des deutschen Strategen spielte, weder nachzudenken noch Entscheidungen zu treffen. Hätte man ein anderes Genie auf seinen Platz gesetzt, würde dieselbe Präambel gegolten haben: Der Feind ist eingefallen und einige Dutzend Kilometer weit in unser Land vorgedrungen. Genausowenig mußte sich Pawlow in der Rolle des sowjetischen Feldherrn Gedanken machen, wie er die Invasion zurückschlagen wollte. Das alles war nur en passant in der Einleitung erwähnt und stand in keiner Beziehung zum wirklichen Anliegen.

Doch selbst wenn wir annehmen wollten, der geniale Schukow habe sich während des strategischen Spiels tatsächlich auf das Territorium der Sowjetunion vorarbeiten können, dürfen wir nicht vergessen, daß er ja schnell und mühelos in die Ausgangspositionen zurückbefördert wurde.

5.

In Schukows Schilderung des Kommandostabsspiels haben sich einige Ungenauigkeiten eingeschlichen.

Schukow berichtete: „Pawlow, der Kommandeur des Militärbezirks West, spielte für uns, befehligte die ‚Roten', unsere Westfront. An der Südwestfront spielte ihm Schtern zu." Hier finden wir gleich zwei Verzerrungen. Zum einen hatte Pawlow wie auch Schukow zuerst die eine und danach die andere Seite kommandiert. Und zweitens spielte Schtern Pawlow weder zu, noch gehörte er überhaupt zu dessen Mannschaft. Im ersten Spiel war Schtern in Schukows Gruppe gewesen und hatte die 8. deutsche Armee befehligt, im zweiten Spiel zählte er nicht zu den Beteiligten.

Schukow läßt uns wissen: „Ich legte die realen Ausgangsdaten und Kräfte des Gegners – der Deutschen – zugrunde ..." Schukow irrte. Nach den Spielregeln sollten die von Schukow befehligten deutschen Truppen in Ostpreußen über 3.512 Panzer und 3.336 Kampfflugzeuge verfügen. Tatsächlich besaß die Hitler-Armee weder in Ostpreußen noch an der gesamten sowjetisch-deutschen Front vom Eismeer bis zum Schwarzen Meer eine solche Menge Panzer und Flugzeuge. In dem Strategiespiel war die Zahl der deutschen Divisionen, die Schukow in Ostpreußen und den besetzten polnischen Gebieten einsetzen konnte, doppelt so hoch wie in der Realität.

„Als Kommandeur der ‚Blauen' entwickelte ich die Operation genau in den Richtungen, wo sie dann auch die Deutschen entwickelten. Führte meine Hauptschläge dort, wo auch sie sie später führten." Hier hat sich unser Geschichtenerzähler wieder einmal hinreißen lassen. 1993 stellte eine Gruppe russischer Militärhistoriker ein offizielles Informationsmaterial über die beiden strategischen Spiele zusammen. Das Team wurde geleitet vom Chefmilitärhistoriker der Streitkräfte der Russischen Föderation, Generalmajor Prof. Dr. sc. W. A. Solotarew. Die 23 führenden Experten gelangen zu folgendem Schluß: „Im Januar 1941 spielte die operativ-strategische Führungsebene der Kommandoführung der Roten Arbeiter- und Bauern-Armee in einem Kommandostabsspiel eine Variante militärischer Handlungen durch, die die realen ‚Westkräfte', d.h. Deutschland, nicht planten."[5]

Aber Schukow ist nicht zu bremsen: „Die Gruppierungen wurden so formiert, wie es dann auch während des Krieges geschah. Die Konfiguration unserer Grenzen, das Gelände, die Lage – all das gab mir genau die Entscheidungen ein, die die Deutschen dann auf der gleichen Grundlage trafen." Ich will nicht dagegen polemisieren. Die Experten haben das Wort: „In beiden Spielen wurden die Handlungen der Seiten in den Abschnitten Brest, Baranowitschi (Ostfront der ‚Westkräfte') und Brest, Warschau (Westfront der ‚Ostkräfte') nicht durchgespielt."[6]

6.

Schukow erzählt hitzig, wie die Spielführung seinen siegreichen Marsch auf Baranowitschi künstlich verlangsamte, während er in Wirklichkeit gar nicht dorthin drängen, ihm niemand bei seinem tollkühnen Schlag in den Arm fallen konnte, da diese Operationen der deutschen Truppen auf sowjetischem Territorium überhaupt nicht durchgespielt wurden.

Das Ergebnis des ersten Spiels: Die Auseinandersetzung erfolgte nur auf dem Territorium Ostpreußens und des von Deutschland besetzten Polens. Pawlow griff an, Schukow setzte sich zur Wehr. „In einer Reihe von Büchern und Artikeln wird folgendes behauptet: In diesem Spiel habe G. K. Schukow angeblich alles so geplant und verwirklicht, wie es ein halbes Jahr später die Deutschen taten, und am achten Tag sei die Nordostfront der ‚Westkräfte' bereits nach Baranowitschi vorgestoßen. Aber das war bei weitem nicht so: Die Nordwestfront der ‚Ostkräfte' (D. Pawlow) ging bei der Erfüllung der Aufgabe, bis zum 3. September 1941 zum Unterlauf der Weichsel vorzustoßen, am 1. August zum Angriff über, in den ersten Tagen überquerten Pawlows Truppen den Fluß Neman, nachdem sie den Suwalki-Vorsprung eingenommen (und eine große Gruppierung der ‚Westkräfte' darin eingeschlossen) hatten, durchbrachen am linken Flügel die von G. Schukow befehligte Front. In den Einbruch wurde eine mechanisierte Kavalleriearmee geführt, die am 13. August ein Gebiet erreichte, das 110 bis 120 Kilometer westlich der Staatsgrenze der UdSSR lag."[7]

Demnach war es nicht Schukow, der Pawlow jagte, sondern umgekehrt. Allerdings zog Schukow in der Folgezeit unter Aufbietung der Reservekräfte eine starke Gruppierung zusammen und führte einen Gegenschlag.

Damit war das erste Spiel zu Ende. Die Spielführung neigte einem „unentschieden" zu, mit der Einschränkung, daß Schukows Lage vorteilhafter war.

So wurde die Rote Armee von der Bevölkerung des okkupierten polnischen Territoriums im September 1939 empfangen? Seltsamerweise sind keine Freudenfotos erhalten geblieben. Wohl deshalb mußten Szenen wie diese zeichnerisch festgehalten werden …

Diese Entscheidung fiel nicht etwa, weil Schukow geniale Lösungen gefunden hatte, sondern aus Gründen, die in keiner Beziehung standen zu seinen Talenten: Vor allem war Schukow der Verteidiger, und das ist immer leichter als anzugreifen. Zum anderen mußte Pawlow bei seinem Vorstoß nach Ostpreußen eine Reihe großer, wasserreicher Flüsse überqueren, zudem noch an deren Unterlauf. Für Pawlow bildeten diese Flüsse Hindernisse, für Schukow hingegen günstige Verteidigungslinien. Außerdem wurde Ostpreußen von zahlreichen Kanälen und tiefen Gräben durchzogen, die das Operieren der angreifenden Panzer erschwerten.

Und dann war Ostpreußen noch über Jahrhunderte hinweg befestigt worden. Jedes Vorwerk bestand aus solide gefügten Steingebäuden mit Kellern, gemauerten Pferdeställen und Scheunen, um jeden Hof zog sich eine hohe, starke Mauer. Das war günstig für den Verteidiger, nicht jedoch für den, der angriff. In Ostpreußen gab es eine Vielzahl von Festungen und Schlössern. Die ganze Stadt Königsberg bildete eine der gewaltigsten Festungen der Welt, unter der, tief in der Erde, quasi noch eine zweite Stadt lag. Ostpreußen schützte eine Kette fast uneinnehmbarer Befestigungsräume, die kurz vor dem Zweiten Weltkrieg errichtet worden waren.

Unter Berücksichtigung dieser Fakten gelangte die Spielleitung zu folgendem Schluß: „Die Entfaltung der Hauptkräfte der Roten Armee im Westen mit einer Gruppierung von Hauptkräften gegen Ostpreußen und in der Richtung Warschau ruft ernsthafte Befürchtungen hervor, daß die Auseinandersetzung an dieser Front zu anhaltenden Kämpfen führen kann."[8]

Darüberhinaus verfügte Schukow in dem Strategiespiel über eine ungerechtfertigt hohe Zahl deutscher Truppen, die in der Realität an dieser Stelle nicht vorhanden waren. Und führte am Ende des Spiels für den Gegenschlag Kräfte zusammen, die es tatsächlich gar nicht gab. Nur das rettete ihn vor einer totalen, schmachvollen Niederlage. Im wirklichen Leben hätte Pawlow Schukow in die Ostsee geworfen.

7.

Das Erstaunliche liegt meist ganz nahe.

Die phantastischen Schilderungen Schukows, wie er den deutschen Kriegsplan vorweggenommen und Pawlow geschlagen habe, wurden von unserer Propaganda tausendfach wiederholt, und zwar auf höchster Ebene. Über die Beratung der Obersten Kommandoführung und die strategischen Spiele schrieben viele sowjetische Marschälle und Generäle bei zahlreichen Gelegenheiten. Stellvertretend seien hier nur die Äußerungen Armeegeneral A. M. Majorows angeführt: „Das Ziel des geplanten operativ-strategischen

Spiels bestand darin, die Möglichkeit einer Abwehr der drohenden faschistischen Aggression durch die Rote Armee zu prüfen … In dem von Armeegeneral G. K. Schukow erarbeiteten Plan eines ‚Angriffs' fanden alle Komponenten des Militärpotentials, über das das faschistische Deutschland verfügte, und die Erfahrungen, die die Wehrmacht bei der Führung eines ‚Blitzkriegs' im Westen sammeln konnte, Berücksichtigung. Und es ist zu sagen, daß die ‚Roten' als verteidigender Seite, die im Spiel unsere Streitkräfte vertraten, keine geringen Anstrengungen unternehmen mußten, um den Ansturm der ‚Blauen' aufzuhalten."[9]

Nein, Genosse Majorow, Schukow hat keine Pläne eines deutschen Angriffs erarbeitet, keinerlei Komponenten des deutschen Militärpotentials berücksichtigt. Und die ‚rote' Seite mußte überhaupt keine Anstrengungen unternehmen, um Schukows Ansturm aufzuhalten, ihn zunächst in die Ausgangslage und anschließend noch viel weiter nach Westen zurückzuwerfen.

Schukow hat seine Siege erlogen, und sowjetische Marschälle und Generäle wie Armeegeneral Majorow legten eine unglaubliche Blauäugigkeit an den Tag. Nicht nur, daß sie dem Aufschneider Schukow Gehör schenkten, sie wiederholten seine Wundergeschichten auch noch und trugen sie unter die Leute.

Mich bewegt eine Frage: Hat Armeegeneral Majorow die Materialien dieses strategischen Spiels gelesen oder nicht? Und wie steht es bei den anderen Marschällen und Generälen mit der Lektüre?

Stellen wir uns einen modernen sowjetischen Militär vor, mit vier Sternen auf den Schulterstücken oder gar Sternen erster Größe. Der schreibt nun darüber, wie Schukow die deutschen Pläne vorweggenommen hat. Wäre es da nicht interessant, sich in die Details zu vertiefen? Würde es ihn nicht reizen, im Archiv die entsprechenden Dokumente anzufordern und selbst zu lesen? Und wenn diese Dokumente der Geheimhaltung unterlagen, von der Führung des Landes Aufschluß zu verlangen: Das große Genie Schukow hat alles vorausgesagt und vorausgesehen, warum verbergen wir seine visionären Entscheidungen?

Wenn unsere Marschälle und Generäle die Materialien des Kommandostabsspiels nicht gelesen haben, erscheinen der Stratege Majorow und noch eine ganze Horde von Feldherrn ähnlichen Kalibers in einem sehr eigentümlichen Licht: Die ranghöchsten Militärs des Landes glauben daran, daß der große Schukow den deutschen Kriegsplan vorwegnahm, glauben es alle zu wissen und verbreiten die Geschichte, aber die Dokumente hat keiner in der Hand gehabt, keiner hat Details nachgespürt oder sich die Frage gestellt, wie Schukow das wohl zustande bringen konnte.

Gehen wir jedoch davon aus, daß Armeegeneral Majorow und seinesgleichen den Inhalt der Dokumente über das strategische Spiel kennen und trotzdem das Gegenteil von dem erzählen, was dort geschrieben steht, dann sind sie sämtlich keine Generäle und Marschälle, sondern prinzipienlose Schreihälse von Agitatoren, die gegen entsprechende Vergütung von sich geben, was immer man bei ihnen bestellt.

Aber das Lächerlichste kommt noch. Armeegeneral Majorow hat seinen Artikel verfaßt (oder verfassen lassen) zu einer Zeit, als die Materialien der Dezember-Beratung der Obersten Kommandoführung der Roten Armee und der strategischen Spiele vom Januar 1941 noch geheime Verschlußsache waren. Doch dann kam das Jahr 1992, die Geheimhaltung der Dokumente wurde aufgehoben und ein Team offizieller Militärhistoriker, das sich damit befaßte, gelangt zu einem eindeutigen Schluß: „Weder auf der Beratung noch in den Strategiespielen unternahmen die Teilnehmer auch nur den Versuch, die Situation zu analysieren, die im Falle eines gegnerischen Angriffs bei den ersten Operationen eintreten konnte. Deshalb entbehren Behauptungen, die Spiele seien abgehalten worden zur ‚Behandlung einiger Fragen im Zusammenhang mit Handlungen der Truppen in der Anfangsphase des Krieges', jeder Grundlage. Diese Fragen waren nicht vorgegeben in den Erkenntniszielen der Spiele und wurden deshalb auch nicht behandelt."[10]

Doch die Legende, Schukow habe den Barbarossa-Plan vorweggenommen, lebt noch immer.

1996 läßt uns Generalmajor A. Borschtschow, promovierter Historiker, stellvertretender Leiter des Lehrstuhls für Kriegsgeschichte und Kriegskunst der Generalstabsakademie der Russischen Armee, in einem Artikel der zentralen Armeezeitung *Krasnaja swesda* Erstaunliches wissen: „Zu einem weiteren Ereignis der Vorkriegszeit, das das hohe intellektuelle Potential Schukows bestätigt, wurden die im Januar 1941 abgehaltenen Kriegsspiele. Im ersten Spiel, dessen Ziel in der Prüfung der Durchführbarkeit eines Plans zur Deckung der Staatsgrenze sowie der geplanten Truppenhandlungen in der Anfangsperiode des Krieges bestand, agierte er auf der Seite der ‚Westkräfte'. Mit der Entscheidung, die Schukow dabei traf, nahm er im Grunde die aggressiven Pläne der faschistischen deutschen Militärführung in der Nordwestrichtung vorweg und errang durch den überlegten Einsatz der vorhandenen Kräfte und Mittel einen überzeugenden Sieg über die ‚Roten'."[11]

Ich höre immer die Forderung, ich solle mich in meinen Büchern nicht auf offene Quellen, sondern auf die Archive stützen. Danke für den Hinweis, ich werde mich befleißigen. Aber hier haben wir es mit einem Generalmajor, einem Fachhistoriker, dem stellvertretenden Leiter des Lehrstuhls für Kriegsgeschichte und Kriegskunst der Militärakademie des Generalstabs zu tun. Der aufgrund seiner Dienststellung Zugang zu sämtlichen Archiven hat. Und doch keinen Bezug darauf nimmt. Ja sich aus unerfindlichen Gründen nicht einmal auf die allgemein zugänglichen Quellen stützt. Seine Dienststellung verpflichtet General Borschtschow, Zeitungen und Zeitschriften zu lesen, insbesondere das militärhistorische *Wojenno-istoritischeski schurnal*. Es wird vom Generalstab der Russischen Armee herausgegeben – und in der Militärakademie dieses Generalstabs nicht gelesen. Dabei hat die Zeitschrift bereits 1992 Schukows Prahlereien als Erfindung entlarvt.

General Borschtschow ist aufgrund seiner Dienststellung verpflichtet, die Bücher über den Krieg, die unter der Gesamtredaktion des Chefmilitärhistorikers General W. A. Solotarew erscheinen, fleißig zu lesen. In einem der Bücher wird Schukow als das gezeigt, was er ist: ein roter Lügenbaron.

Doch am Lehrstuhl für Kriegsgeschichte und Kriegskunst nimmt man nicht einmal die Werke der offiziell bestellten Militärhistoriker der Russischen Föderation zur Kenntnis. Dort studiert man die Kriegsgeschichte auf der Basis der Phantastereien eines strategischen Aufschneiders.

* * *

Und nun meldet sich Generaloberst W. Barynkin zu Wort und läßt uns teilhaben an der Schukowschen Tragödie: „Als unmittelbarer Teilnehmer der Ereignisse reagierte G. K. Schukow außerordentlich allergisch auf die Tatsache, daß unsere Militärwissenschaft in den zehn Jahren nach dem Krieg keine originellen Werke hervorbringen konnte, die die Geschehnisse des Großen Vaterländischen Krieges wahrheitsgetreu darstellen."[12]

Aus diesem Leidensdruck heraus mußte der Ärmste eben selbst die Wahrheit erzählen, wie er am Vorabend des Krieges den deutschen Barbarossa-Plan geistig vorwegnahm.

Kapitel 9

Auf Budapest!

„Dem Sinn der beiden Spiele nach vervollkommnete die Oberste Kommandoführung der Roten Armee dabei ihre Fähigkeit anzugreifen, nicht ihre Verteidigungsfähigkeit."[1]
P. Bobylew

1.

Die Handlungen der deutschen und der sowjetischen Generäle standen in einem beinahe spiegelbildlichen Verhältnis zueinander. In Deutschland hatte man die gleichen Spiele gespielt. Allerdings einen Monat früher. Jedoch verkürzte sich der zeitliche Abstand zwischen dem Tun der deutschen und der sowjetischen Seite langsam, aber sicher.

Am 29. November 1940 begann in Berlin ein großes Kommandostabsspiel. Spielführer war der Oberquartiermeister I des Generalstabs des Heeres Generalmajor Friedrich Paulus. Der Unterschied bestand darin, daß in Moskau im Januar 1941 zwei Spiele stattfanden, während es in Berlin nur eines gab, das sich aber in drei Etappen unterteilte.

Erste Etappe: Vordringen deutscher Truppen auf das Territorium der UdSSR und Grenzgefechte.

Zweite Etappe: Offensive deutscher Truppen bis zur Linie Minsk – Kiew.

Dritte Etappe: siegreicher Abschluß des Krieges und Zerschlagung der letzten Reserven der Roten Armee, falls solche östlich der Linie Minsk – Kiew vorhanden sein sollten.

Nach jeder Etappe erfolgte eine Zwischenauswertung, am 13. Dezember 1940 wurde die Gesamtauswertung aller Etappen abgeschlossen. 19 Tage später begannen in Moskau die strategischen Spiele, wobei das zweite und letzte, wie wir jetzt wissen, am 11. Januar 1941 sein erfolgreiches Ende fand.

Die Geschichte wird von den Siegern geschrieben. Die Rote Armee erbeutete die Wehrmachtsarchive und unsere Historiker führten der ganzen Welt das aggressive Wesen des deutschen Imperialismus vor Augen: Seht her, was sie vorhatten! Unsere Archive hingegen waren fest verschlossen. Dadurch konnten Propagandisten und Agitatoren behaupten, die sowjetischen Generäle, Admiräle und Marschälle wie auch der Genosse Stalin höchstpersönlich hätten an chronischer Friedensliebe gelitten. Diesen Zustand beschreibt die militärhistorische Zeitschrift *Wojenno-istoritscheski schurnal* in ihrer Ausgabe Nr. 1/1990, S. 56, folgendermaßen: „Die Sowjetunion war friedlich, noch nicht erwacht aus ihrem Pazifismus, ungeachtet des gerade zu Ende gegangenen Krieges gegen Finnland."

Nun mochten die Friedensliebe und der Pazifismus des Genossen Stalin nebst seiner Genossen zwar Mitgefühl und Sympathie wecken, doch bei aufmerksamem Hinsehen konnte jeder Leser in den Darstellungen der Genossen Wissenschaftler und Kriegshelden kaum merkliche Ungereimtheiten und Widersprüche entdecken. Sie deuteten darauf hin, daß wohl nicht alles so war, wie man es uns heute weismacht. Nur ein Beispiel. Da erscheint 1980 im Verlag Nauka das offizielle Werk *Istorija sowjetskoi wojennoi mysli* (Die Geschichte des sowjetischen militärischen Denkens), herausgegeben von der Akademie der Wissenschaften der UdSSR und dem Institut für Militärgeschichte des Verteidigungsministeriums. Auf Seite 142 wird berichtet: „Zu Beginn des Jahres 1941 fanden zwei operativ-strategische Kommandostabsspiele statt (vom 2. bis zum 6. Januar und vom 8. bis zum 11. Januar). Durchgespielt wurde die Anfangsphase des Krieges: eine Variante des Angriffs der ‚Westkräfte' und die Verteidigung der ‚Ostkräfte'."

Seit Mitte der fünfziger Jahre wiederholten sich Erklärungen, im Januar 1941 hätten die „Ostkräfte" Aspekte der Abwehr einer Aggression seitens der „Westkräfte" geprobt.

Und wir gewöhnten uns daran, diese Geschichten über unsere zutiefst verinnerlichte Friedensliebe aufs Wort zu glauben. Dabei hätte eine unauffällige Kleinigkeit unsere Aufmerksamkeit wecken müssen: Alle offiziellen Studien erwähnen zwei Spiele, Schukow in seinen Memoiren hingegen lediglich eines. Unsere offiziellen Historiker wären verpflichtet gewesen, entweder Schukow auf diese Ungenauigkeit hinzuweisen oder den Fehler in ihren eigenen Untersuchungen zu suchen. Aber nichts dergleichen geschah. Akademiemitglied Anfilow berichtet, er habe mehrmals lange Gespräche mit Schukow geführt und dabei eine Unmenge interessanter Tatsachen über die Vorkriegszeit und den Beginn des Krieges erfahren. Das mag schon sein. Aber Anfilow schreibt selbst auch von zwei operativ-strategischen Spielen.[2] Schukows Memoiren waren nur zwei Jahre vor Anfilows Buch erschienen. Was heißt, der Marschall und das Akademiemitglied liefern der Welt fast zeitgleich unterschiedliche Versionen derselben Ereignisse. Waren es nun zwei Spiele, wie Anfilow schrieb, oder – nach Schukow – nur eines? Da treffen sich die beiden Herren, trinken Tee miteinander und führen hohe Materien im Munde. Es wäre wohl ein Leichtes gewesen für Anfilow, in einem passenden Moment zu fragen: Georgi Konstantinowitsch, nach meinen Erkenntnissen gab es zwei Spiele, aber Sie schreiben von einem. Wer von uns irrt sich nun? Das muß doch zu klären sein!

Und auch Schukow wäre kein Stein aus der Krone gefallen, wenn er den ersten Schritt getan hätte. Schließlich verpflichtete ihn seine Stellung. Er war einer der größten Feldherren des 20. Jahrhunderts, vor ihm saß Akademiemitglied Anfilow, eine Koryphäe in allen Fragen der Anfangsetappe des Krieges. Schon allein aus Interesse hätte Schukow Anfilows Studien lesen sollen, um nach der Lektüre verwundert zu fragen: Ich kann mich nur an ein Spiel erinnern, aber Sie, Verehrtester, schreiben von zwei. Einer von uns muß sich irren. Kommen Sie, suchen wir gemeinsam die Wahrheit.

Aber sie suchten nicht. Weder einzeln, noch zusammen. Sie übersahen die Widersprüche in ihren unsterblichen Werken und hatten keine Eile, sie zu beheben.

Warum? Weil es sich nur um Unterschiede im Detail handelte, während im Großen beide unisono ihre Geschichte von der defensiven Ausrichtung des Spiels respektive der Spiele rezitierten. Und es weder für den einen, noch für den anderen, und erst recht nicht für die ganze Horde der Nomenklaturalügner, opportun war, sich in Einzelheiten zu vertiefen und Details zu hinterfragen.

Jahre gingen ins Land, die Wahrheit über die strategischen Spiele kam ans Licht, und auf einmal fanden sich der große Feldherr und der große Erforscher der Anfangsphase des Krieges gleichermaßen unter den – vorsichtig ausgedrückt – Verbreitern von Desinformationen wieder.

Archivdokumente können vieles geraderücken, doch gegenüber eingefahrenen, verfestigten Urteilen und Meinungen müssen auch sie häufig kapitulieren. Sieben Jahre, nachdem die Geheimhaltung der Materialien über die strategischen Spiele aufgehoben wurde, ergreift mein langjähriger Opponent, der Stellvertretende Chefredakteur der Armeezeitung *Krasnaja swesda*, Oberst Witali Iwanowitsch Moros, in der Ausgabe vom 13. Januar 2000 das Wort. Er läßt wie gewohnt kein gutes Haar an mir und erzählt den erstaunten Lesern, jawohl, der Generalstab der Roten Arbeiter- und Bauern-Armee hätte auf alle Fälle strategische Spiele mit offensiver Ausrichtung durchführen sollen, es aber nicht getan und statt dessen bei den Kommandostabsspielen lediglich Varianten der Abwehr einer Aggression geprobt. So etwas wäre verzeihlich gewesen, als die Archive noch geschlossen waren, doch die Materialien über die strategischen Spiele sind schon lange nicht mehr geheim, und wir wissen heute, daß dabei Verteidigung nicht einmal im Traum vorkam. Durchgespielt wurden einzig und allein Aspekte der Zerschlagung Europas und der Errichtung einer blutigen kommunistischen Diktatur auf dem gesamten Kontinent. Aber bei der *Krasnaja swesda* hat man das noch nicht zur Kenntnis genommen. Und keiner der Leser mokiert sich über die gravierenden Wissenslücken des Zentralorgans des Verteidigungsministeriums der Russischen Föderation.

Als ich den Artikel gelesen hatte, war mein erster Impuls, Oberst Moros einen Brief zu schreiben. Ich wollte dem Stellvertretenden Chefredakteur erklären, er betreibe bei seinen Lesern Gehirnwäsche und sei selber deren Opfer. Doch dann ging mir ein, daß es sich hier nicht um langjährige Gehirnwäsche handelte, sondern um das genaue Gegenteil.

Witali Iwanowitsch, für Sie persönlich will ich nun auf das zweite Kommandostabsspiel eingehen, und danach urteilen Sie selber, was für Spiele unsere Feldherrn im Januar 1941 spielten.

2.

Von den beiden Spielen war das erste entscheidend. Generalmajor W. Solotarew: „Die Auswertung des ersten Spiels erfolgte auf der Ebene der höchsten politischen Führung des Landes."[3]

„Höchste politische Führung" bedeutete im Klartext – Stalin. Er hatte den Verlauf des ersten Spiels aufmerksam verfolgt und die Überzeugung gewonnen, daß er in Ostpreußen steckenbleiben konnte. Deshalb traf er unmittelbar nach dem ersten Spiel seine Entscheidung: Der Schlag gegen Europa durfte nicht nördlich des Polessje[4] erfolgen, sondern südlich, also nicht aus Belorußland und dem Baltikum, sondern von der Ukraine und Moldawien aus.

Interessant ist, wie Schukow die Auswertung des ersten Spiels beschreibt: „Den Verlauf des Spiels referierte Generalstabschef Armeegeneral K. A. Merezkow. Als er Angaben zum Kräfteverhältnis der beiden Seiten und zur Überlegenheit der ‚Blauen' zu Spielanfang – besonders bei Panzern und Flugzeugen – machte, war J. W. Stalin sehr verärgert über den Mißerfolg der ‚Roten' und unterbrach Merezkow mit den Worten: ‚Vergessen Sie nicht, daß im Krieg nicht nur die mathematische Mehrheit zählt, sondern auch die Kunst der Kommandeure und Mannschaften'."[5]

Das läßt sich nur so interpretieren, daß Merezkow Stalin rapportiert haben soll, die Deutschen verfügten – im Spiel wie in der Realität – über mehr Panzer und Flugzeuge. Worauf Stalin angeblich konterte, das wisse er selber, aber nicht das, also die zahlenmäßige Überlegenheit, sei die Hauptsache, sondern das Vermögen der Kommandeure und Mannschaften.

Nur, das kann Merezkow nicht geäußert haben, ebensowenig wie Stalin eine solche Antwort geben konnte, weil beide wußten, daß die Rote Armee nach der Anzahl der Panzer, Flugzeuge und Artillerie Hitlers Truppen um ein Mehrfaches überlegen war. In der Realität wie im strategischen Spiel lag das Übergewicht auf seiten der Roten Armee. Den Spielbedingungen gemäß besaßen die „Blauen" („Westkräfte") 3.512 Panzer und 3.336 Flugzeuge, die „Roten" („Ostkräfte") hingegen 8.811 Panzer und 5.652 Flugzeuge. Was ausschließt, daß Merezkow Stalin eine Dominanz der „Blauen" am Spielanfang melden konnte. Und für Stalin wiederum gab es keinen Grund, maßlos verärgert zu sein über den Mißerfolg der „Roten", denn die hatten unter Pawlows Führung die Front des „Blauen" Schukow an zwei Stellen durchbrochen, eine große Schukowsche Truppengruppierung im Gebiet Suwalki eingeschlossen und am zwölften Tag der Operation bereits in Ostpreußen, 110 bis 120 Kilometer westlich der Staatsgrenze der UdSSR, Kampfhandlungen ausgeführt.

Aber lesen wir weiter bei Schukow:

„Worin liegt der Grund für die mißglückten Operationen der Truppen der ‚roten' Seite? fragte Stalin.

D. G. Pawlow wollte sich mit einer scherzhaften Bemerkung aus der Affäre ziehen und sagte, das käme nun einmal vor bei Kriegsspielen. Dieser Scherz mißfiel I. W. Stalin offensichtlich."[6]

Mag sich Schukow selbst für diese Dialoge schämen. Ich habe vielmehr einen Vorschlag zur Geschäftsordnung: Man sollte einige 100.000 Stempel mit dem knappen Wort „Lüge" herstellen und sämtliche bereits erschienenen Schukowschen Werke damit verzieren. Am besten knallrot quer über jede Seite.

Und bei Neuausgaben seines Buches versieht man am besten gleich jede Seite mit dem Aufdruck, daß der Leser Wahrheit hier vergeblich sucht.

3.

Das zweite strategische Spiel, an das sich Schukow nicht mehr erinnern konnte, fand vom 8. bis 11. Januar 1941 statt. Die Präambel war in etwa gleich: Das Land lebt sein friedliches Leben und denkt an keinen Krieg, da überfallen tückische Feinde die friedliebende Sowjetunion, nun allerdings nicht von Ostpreußen her, sondern von Ungarn und Rumänien aus. Entsprechend der Vorgabe des ersten Spiels waren die Truppen Deutschlands und seiner Verbündeten auf sowjetisches Territorium vorgedrungen, jedoch schnell wieder in ihre Ausgangspositionen zurückgeworfen worden. Ja mehr noch, am 8. August sollten die „Ostkräfte" die „Westkräfte" nicht nur aus der Sowjetunion herausgedrängt, sondern die Kampfhandlungen 90 bis 180 Kilometer in das gegnerische Territorium hinein verlagert und mit ihren

Armeen des rechten Flügels die Flußabschnitte Weichsel und Dunajec erreicht haben.

Der Zeitplan sah folgendermaßen aus: Entmenschte Feinde haben unvermittelt unser Land überfallen und zwei Tage lang erfolgreich angegriffen. Am dritten Tag konnten unsere Truppen unter Führung von Schukow den Vormarsch stoppen, weitere zwei Tage waren erforderlich, um die Feinde von unserem Territorium zu verjagen. Danach haben sich unsere Truppen innerhalb von zwei Tagen, bis zum Abend des 7. August, auf feindlichem Gebiet 90 bis 180 Kilometer voranbewegt und dabei ein Angriffstempo von 45 bis 90 Kilometer pro 24 Stunden erreicht. All das gehörte zum Vorwort. Das eigentliche Spiel begann auf dem Territorium des Gegners 90 bis 180 Kilometer westlich der Staatsgrenze der Sowjetunion. Den Inhalt bildeten „Gegenhandlungen" der Roten Armee in Deutschland, der Tschechoslowakei, Ungarn und Rumänien.

In der personellen Konstellation der beiden Spielergruppen gab es kleinere Veränderungen. Einige Generäle wurden aus der Gruppe Pawlows in die Schukows versetzt und umgekehrt. Eine Reihe von Generälen schied ganz aus, an ihrer Stelle agierten andere im zweiten Spiel. Aber die Hauptkontrahenten blieben die gleichen. Nur war es jetzt Schukow, der als Kommandeur der sowjetischen Streitkräfte die „Gegenhandlungen" auf dem Territorium des Feindes ausführte, während Pawlow an der Spitze der deutschen und ungarischen Truppen die sowjetische Offensive abzuwehren versuchte.

In diesem Spiel gab es eine Neuerung. Die „Gegenhandlungen" der Roten Armee sollten nicht von einer gegnerischen Front, sondern von zweien zurückgeschlagen werden. Die Truppen Deutschlands und Ungarns befehligte Generaloberst der Panzerstreitkräfte D. G. Pawlow, die Rumäniens Generalleutnant F. I. Kusnezow.

F. I. Kusnezow war als Kommandeur des Nordkaukasischen Militärbezirks zu der Dezember-Beratung nach Moskau gekommen. Im Anschluß an das erste Spiel wurde er sofort zum Kommandierenden des Baltischen Sondermilitärbezirks ernannt. Er hatte seinen neuen Posten noch gar nicht übernommen, sich noch nicht an den neuen Dienstort begeben, da erhielt er bereits Befehl, im zweiten strategischen Spiel die Truppen Rumäniens zu befehligen …

Wie ist das zu interpretieren? Wenn Kusnezow im wirklichen Leben gerade zum Kommandeur der sowjetischen Truppen im Baltikum ernannt wurde, wozu übertrug man ihm als Spielaufgabe dann den Befehl über die Truppen Rumäniens? Das war ein völlig anderer geographischer Raum, eine andere strategische Richtung. Kusnezow hatte dort nie Dienst getan und würde es in absehbarer Zeit auch nicht tun, da das Baltikum auf ihn wartete. Warum wurde nicht einem unserer Generäle, die an der Grenze zu Rumänien dienten, das Land und seine Armee kannten, das Kommando über die rumänische Front übertragen? Das alles scheint seltsam. Doch nur auf den ersten Blick. Es ist gerade die Ernennung Kusnezows, die uns unverhofft die Augen öffnet und die strahlende Schönheit der Stalinschen Intention erkennen läßt.

4.

Es haben sich nun bereits mehrere Fragen angesammelt: Warum konnte man es nicht bei einem Spiel bewenden lassen, sondern hielt ein zweites ab? Warum wurden die sowjetischen Truppen nicht vom Generalstabschef befehligt? Warum standen die gegnerischen Streitkräfte nicht unter dem Kommando des Leiters der GRU? Warum übernahmen Befehlshaber von Militärbezirken diese Rollen? Warum tauschten Schukow und Pawlow die Plätze?

Den Schlüssel zum Verständnis des gesamten Geschehens liefert die Rolle, die der Kommandeur des Baltischen Sondermilitärbezirks im zweiten Strategiespiel übernahm. Damit erscheint alles ganz einfach und mehr als logisch.

In dem Raum zwischen Baltikum und Schwarzem Meer liegt die Polessje-Region. Nichts als undurchdringliche Sümpfe. Das Polessje ist das größte zusammenhängende Sumpfgebiet in Europa, vielleicht sogar in der Welt. Es eignete sich nicht für massenhafte Truppenbewegungen und Kampfhandlungen. Das Polessje teilt den westlichen Kriegsschauplatz in zwei strategische Richtungen. Ein Grundprinzip der Strategie ist nun aber die Konzentration. Das Bestreben, überall mit starken Truppen präsent zu sein, führt zur Zersplitterung der Kräfte und einer generellen Schwächung. Wenn wir nördlich und südlich des Polessje gleich stark sein wollten, würde das unsere Potenzen schlichtweg halbieren. Was keinesfalls geschehen durfte. Deshalb mußte in einer strategischen Richtung die Konzentration der Hauptkräfte und die Ausführung des entscheidenden Schlages erfolgen, während die andere strategische Richtung einem unterstützenden Schlag vorbehalten war.

Es galt allerdings zu klären, welche Richtung die hauptsächliche und welche die zweitrangige sein sollte. Der Streit darüber nahm kein Ende. Beide Varianten hatten sowohl ihre Vor- als auch ihre Nachteile.

Eine Invasion nördlich des Polessje bedeutete einen direkten Schlag gegen Berlin, allerdings lagen davor Ostpreußen, Befestigungen von immenser Ausdehnung und Leistungsstärke, Königsberg. Und die gesamte deutsche Armee.

Ein Schlag südlich des Polessje wäre ein Ausweichen, ein Umweg ... Würde jedoch einen Stoß in das Erdölherz Deutschlands bedeuten, ein Herz, das praktisch völlig ungeschützt war. Mit synthetischem Kraftstoff allein kam Deutschland nicht weit.

Deshalb der Entschluß, zwei Spiele durchzuführen, die Ergebnisse zu vergleichen und die Wahl zu treffen. Im ersten Spiel sollte der Hauptschlag nördlich des Polessje von Belorußland und dem Baltikum aus erfolgen. Im zweiten Spiel wurde die Invasion in Europa vom Territorium der Ukraine und Moldawiens aus geführt.

Die sowjetischen Strategen bereiteten einen vernichtenden Schlag gegen Europa vor. Für Deutschland konnte er tödlich sein. Das begriffen sowohl Hitler als auch seine Militärführung. Ich habe nicht wenige diesbezügliche Äußerungen – von Hitler selbst wie von seinen Generälen – zitiert. Wer will, kann noch viel mehr verbale und faktische Beweise dafür finden, daß die deutsche Seite die Situation genauso sah. War Deutschland vernichtend geschlagen, würde das übrige Kontinentaleuropa Stalins Panzern Blumen streuen. Bei einer Zerschlagung Deutschlands war für Stalins Panzer der Weg frei bis zum Atlantik.

Wenn der Hauptschlag nördlich des Polessje von Belorußland und dem Baltikum aus erfolgte, würde der Befehlshaber des Westlichen Sondermilitärbezirks (SapOWO), Generaloberst der Panzertruppen G. D. Pawlow, alle Lorbeeren ernten und seinen Namen in der Kriegsgeschichte verewigen. Ähnlicher Ruhm erwartete auch den Kommandeur des Baltischen Militärbezirks (PribOWO), Generalleutnant F. I. Kusnezow. Doch in diesem Falle blieb dem Kommandierenden des Kiewer Sondermilitärbezirks (KOWO), Armeegeneral G. K. Schukow, nur eine zweitrangige Rolle. Und noch bescheidener würde die des Kommandeurs des Odessaer Militärbezirks (OdOWO), Generaloberst J. T. Tscherewitschenko, sein.

Erfolgte der Schlag südlich des Polessje-Gebiets, vom Territorium der Ukraine und Moldawiens aus, fielen sämtliche Lorbeeren dem KOWO-Befehlshaber Schukow und anteilig auch dem Kommandeur des OdOWO Tscherewitschenko zu. Dafür würden die Kommandierenden in Belorußland und dem Baltikum im Schatten stehen.

Und Stalin beschließt, diejenigen, denen an einer Ausführung des Hauptschlages nördlich des Polessje gelegen ist, und diejenigen, für die ein Kardinalschlag südlich des Polessje größtmöglichen Ruhm bedeutet, direkt gegeneinander auszuspielen.

5.

Ein vitales Interesse an der Ausführung des Hauptschlags in Belorußland und dem Baltikum mußte der Kommandeur des Westlichen Sondermilitärbezirks, Generaloberst D. G. Pawlow, haben. Deshalb erhielt er auch die Hauptrolle im ersten Spiel. Seine Aufgabe lautete, nördlich des Polessje nach Ostpreußen durchzubrechen.

Pawlows Mannschaft setzte sich im wesentlichen aus Generälen des PribOWO und des SapOWO zusammen. Dazu gehörten die Stabschefs beider Militärbezirke, deren Stellvertreter, die Befehlshaber der vier Armeen, die im Baltikum und Belorußland standen, die Kommandierenden der Luftstreitkräfte der beiden Militärbezirke. Alle waren gleichermaßen daran interessiert, daß Stalin die Region nördlich des Polessje als Hauptrichtung des Krieges wählte.

Und wem paßte die Nordvariante am wenigsten in den Kram? Denjenigen, die ihre Truppen südlich des Polessje hatten – den Kommandeuren des KOWO und des OdWO. Ihnen übertrug Stalin die Abwehr der Pawlowschen Invasion in Ostpreußen. An der Spitze dieser Gruppe stand der Befehlshaber des Kiewer Sondermilitärbezirks Armeegeneral Schukow. Zu seiner Mannschaft gehörten der Kommandeur des Odessaer Sondermilitärbezirks, der Stabschef des KOWO und weitere Generäle.

Beiden Gruppen wurden noch mit Generälen aus anderen Militärbezirken und dem zentralen Apparat des Volkskommissariats für Verteidigung „verdünnt", doch den Kernbestand bildeten jeweils Generäle, deren ganzes Interesse der Nord- respektive der Südvariante galt.

Im zweiten strategischen Spiel war alles umgekehrt. Jetzt läßt Stalin Schukow und seine Mannschaft beweisen, daß die Angriffsrichtung südlich des Polessje aussichtsreicher ist. Deshalb finden wir in Schukows Gruppe erneut den Kommandeur des Odessaer Militärbezirks, den Stabschef des Kiewer Sondermilitärbezirks, die Befehlshaber der beiden Armeen, die sich in der Ukraine befanden, den Stabschef des Charkower Militärbezirks und andere.

Natürlich mußte den Generälen, die in Belorußland und dem Baltikum Dienst taten, die Variante eines Angriffs auf Europa mit Hauptstoßrichtung Ukraine und Moldawien außerordentlich mißfallen. Das war der Grund dafür, daß sie Order erhielten, Schukows Einfall in Ungarn, Rumänien, der Tschechoslowakei und Süddeutschland aufzuhalten. Deshalb übertrug Stalin das Kommando über die ungarischen und rumänischen Truppen den Befehlshabern des SapOWO und des PribOWO, ordnete ihrer Mannschaft die Stabschefs beider Militärbezirke sowie die Kommandeure der Armeen in Belorußland und dem Baltikum stationierten Armeen zu.

6.

Im zweiten Spiel führte Schukow als Kommandierender der sowjetischen Truppen seinen Schlag in Rumänien und Ungarn. Der Angriff gestaltete sich für ihn nicht leicht.

Vor allem, weil es dort keine modernen Befestigungsräume wie in Ostpreußen gab. Schukow besaß allerdings eine erdrückende Übermacht an Luft- und Panzerstreitkräften sowie Landetruppen. Im ersten Spiel hatten ihm bei der Verteidigung in Ostpreußen deutsche Truppen zur Verfügung gestanden. Während sich im zweiten Spiel Pawlow und Kusnezow mit Kräften verteidigten, die zur Hälfte aus rumänischen und ungarischen Truppen bestanden. Die in Kampfkraft, Ausbildung und Bewaffnung nicht mit den deutschen mithalten konnten.

Außerdem hatte die Spielführung eine gänzlich unerklärliche Entscheidung getroffen: Schukow verfügte über zahlreiche Truppen und war deren alleiniger Befehlshaber. Pawlow standen weniger Truppen zu Gebote, von denen noch die Hälfte abgezogen und unter das Kommando Kusnezows gestellt wurde, der den Spielregeln gemäß nicht der Befehlsgewalt Pawlows unterstand. Einer starken Gruppierung sowjetischer Truppen unter Führung Schukows standen zwei schwache Gruppierungen gegenüber, die jeweils getrennt von Pawlow und Kusnezow kommandiert wurden. Laut Spielregeln gab es auf dieser Seite keine gemeinsame Führung. Die Spielführung in Gestalt der Marschälle Timoschenko, Budjonny, Kulik und Schaposchnikow hatte Pawlow und Kusnezow bewußt unvorteilhafte Konstellationen zugewiesen. Alle vier Marschälle, die das Spiel leiteten, favorisierten die Südvariante einer Invasion in Europa. Zu dieser Position war nach dem ersten Spiel auch Stalin selbst gelangt. Deshalb schuf die Spielführung, um Stalin endgültig zu überzeugen, im zweiten Spiel für Schukow absichtlich eine Situation, in der er nicht verlieren konnte.

In der Realität gab es keine derartige Zersplitterung der Befehlsgewalt bei den Truppen der Hitlerkoalition. Die Entscheidungen für die Streitkräfte Deutschlands und seiner Verbündeten wurden von einem Zentrum aus getroffen – in Berlin. Während für das strategische Spiel künstlich ein System der Doppelherrschaft eingeführt wurde. Pawlow und Kusnezow standen vor der Wahl: Entweder trafen sie jede Entscheidung gemeinsam und verloren im Vorfeld viel Zeit, die sie nicht hatten, oder jeder faßte seine Entschlüsse allein, was zu einem Durcheinander führen mußte, wo die rechte Hand nicht wußte, was die linke tat.

7.

Bei dem zweiten Spiel war Stalin nicht zugegen, ebensowenig leitete er die Auswertung. Denn er hatte seine Wahl bereits nach dem ersten Spiel getroffen: Die Invasion in Europa mußte südlich des Polessje-Gebiets erfolgen.

Die Spielführer, die nun unkontrolliert waren, bevorteilten Schukow ganz ungeniert. Schukow hielt beim ersten wie beim zweiten Spiel alle Zügel in der Hand, während Pawlow im zweiten Spiel diese Möglichkeit nicht gegeben war.

Das ist nicht die einzige schreiende Ungerechtigkeit von seiten der Spielführung. Im ersten Spiel konnte sich Schukow bei seiner Defensive in Ostpreußen auf moderne, hochwirksame Grenzbefestigungen und Verteidigungsanlagen stützen. Das Spiel begann von der Staatsgrenze aus. Im zweiten Spiel verfügte Pawlow nicht nur über keinerlei Schutzbefestigungen, sondern war auch noch in die Tiefe des zu verteidigenden Territoriums zurückgeworfen. Das zweite Spiel begann nicht an der Grenze, sondern 90 bis 180 Kilometer westlich davon. Schukow befand sich bereits in einer Ausgangssituation, wo man ihm nur noch den Todesstoß zu versetzen brauchte. Selbst heute noch zeigen sich unsere offiziellen Militärhistoriker verwundert über eine derartige Spielkonstellation. „Wie es den ‚Ostkräften' (also Schukow – V. S.) gelingen konnte, den Gegner nicht nur an die Staatsgrenze zurückzuwerfen, sondern die Kampfhandlungen stellenweise auf das gegnerische Territorium zu verlagern, diese Frage wurde übergangen."[7] Mit anderen Worten: Innerhalb von zwei Tagen schlug Schukow die feindliche Invasion zurück, drang in weiteren zwei Tagen 90 bis 180 Kilometer tief auf das Territorium des Gegners vor, erreichte die Flüsse Weichsel und Dunajec, doch niemand, nicht einmal die Spielführung und das große strategische Genie selbst, hatte eine Ahnung, wie dieses Wunder vollbracht worden war.

Pawlow hätte beim Aufbau seiner Verteidigung Gebirgszüge nutzen können. Berge sind ein natürlicher Schutz für den Verteidiger und ein Hindernis für den Angreifenden. Doch das Spiel war so konzipiert, daß sich Pawlow nicht auf Gebirge stützen konnte, er war in die Ebenen dahinter zurückgeworfen. Nicht Schukow, sondern die Spielführung hatte Pawlow aus den günstigen Verteidigungslinien verdrängt. Während Schukows Truppen von den Leitern des Spiels auf wundersame Weise über die Bergrücken gehoben wurden: Damit er nicht dort zu kämpfen brauchte, wo es schwierig war, sondern da, wo der Sieg leichtfiel.

Mit diesen „Marscherleichterungen" für Schukow machten sich die Marschälle Timoschenko, Budjonny, Kulik und Schaposchnikow eines Verbrechens schuldig. Ihr Handeln sieht in etwa so aus, als hätte die Manöverleitung bei einer Übung den amerikanischen Generälen weismachen wollen: Stellt euch vor, in Vietnam gibt es keine Dschungel und Sümpfe, also plant den Krieg bitte entsprechend. Oder als hätte man den sowjetischen Generälen gesagt: Glaubt nur, in Afghanistan gibt es keine Berge …

Doch selbst diese offenkundigen (und kriminellen) Behinderungen konnten die Möglichkeit der Gegenwehr für Pawlow und Kusnezow nicht erschöpfen. Deshalb schrieb man Schukow keinen Sieg zu, sondern nur einen gewissen Vorteil gegenüber dem Kontrahenten.

Die offizielle Kreml-Propaganda hat alles getan, um Pawlow und Kusnezow zu diffamieren und vor diesem Hintergrund die Größe Schukows ins Unermeßliche wachsen zu lassen. Diesen Propagandatricks sind selbst redliche Wissenschaftler erlegen. So schreibt Boris Sokolow: „Die Spiele stellten unter Beweis, daß Schukow als Feldherr den anderen deutlich überlegen war. Seine zwei Kontrahenten, D. G. Pawlow und F. I. Kusnezow, kommandierten ihre Truppen in den ersten Tagen des Großen Vaterländischen Krieges recht stümperhaft."[8]

Boris, du irrst! Tatsächlich kommandierten Pawlow und Kusnezow ihre Truppen in den ersten Kriegstagen überhaupt nicht stümperhaft. Der geniale Schukow war es, der zu Kriegsbeginn seine Truppen sogar mehr als stümperhaft befehligte.

* * *

„Das zweite Spiel ... resultierte in der Entscheidung für die ‚östlichen' Variante mit einem Vorstoß auf Budapest", schreibt die Zeitung *Iswestija* am 22. Juni 1993. Die „Ostkräfte" standen, wie wir uns erinnern, unter Schukows Kommando, er traf die Entscheidung, zum Balatonsee durchzubrechen und die Donau im Gebiet Budapest zu überwinden. Bislang nur auf dem Papier, in einem strategischen Spiel, doch Schukow selbst läßt uns wissen, daß diese „Spielchen" nicht im mindesten akademischer Natur waren, sondern in direkter Beziehung zum kommenden Krieg standen.

Kennen Sie es noch, Michail Issakowskis Gedicht „Der Feind hat verbrannt die heimatliche Hütte, erschlagen alle, die mir nahe sind"? Es entstand gleich nach dem Krieg. Eine ergreifendere und leidvollere Schilderung des Krieges gibt es nicht. Da kehrt ein Soldat aus dem Krieg zurück. Sieger über drei Weltmächte! Doch niemand läuft ihm entgegen. Er setzt sich auf den von Wermut überwucherten Grabhügel und trinkt, ganz allein.

> „Trunken wurde der Soldat, eine Träne floß schnell,
> unerfüllter Hoffnungen trauriger Rest.
> Auf seiner Soldatenbrust glänzte so hell
> die Medaille für die Stadt Budapest."

Die Medaille „Für die Einnahme Budapests" wurde auf Erlaß des Präsidiums des Obersten Sowjets der UdSSR vom 9. Juni 1945 gestiftet. Doch Georgi Konstantinowitsch Schukow sorgte bereits am 11. Januar 1941 dafür, daß sich ein Anlaß fand, sie unseren Befreiern, den Siegern über drei Weltmächte, auch zu verleihen.

Hier nahm Schukow die Ereignisse tatsächlich vorweg.

Kapitel 10

Von einem, dem die Lage schleierhaft blieb

„An die strategische Verteidigung, die uns vom Gegner im Sommer 1941 aufgezwungen wurde, hatte unsere Führung nicht einmal gedacht."[1]

N. G. Pawlenko

1.

Nach den beiden strategischen Spielen stand die Entscheidung fest, die Invasion in Europa im Raum südlich des Polessje zu führen, der Hauptstoß sollte also von der Ukraine her erfolgen. Die entscheidende Rolle fiel damit dem Kiewer Sondermilitärbezirk zu, der im Kriegsfalle die Südwestfront bildete. Folglich mußten die Operationen der übrigen Truppen auf die Kampfhandlungen der südwestlichen Front zugeschnitten werden. Dieser Logik entsprechend wurde zwei Tage nach Abschluß des zweiten strategischen Spiels der Kommandeur des Kiewer Sondermilitärbezirks, Armeegeneral G. K. Schukow, zum Chef des Generalstabs der Roten Arbeiter- und Bauern-Armee ernannt. Wäre als Hauptrichtung für den Einmarsch in Europa der Raum nördlich des Polessje gewählt worden, hätte Schukows Spiel-Kontrahent Pawlow die Stellung bekommen.

Schukows Aufgabe bestand darin, den Hauptschlag von der Ukraine aus sowie Nebenschläge von den Territorien der übrigen grenznahen Militärbezirke – des Odessaer, des Westlichen, des Leningrader sowie des Baltischen Militärbezirks – aus vorzubereiten.

Schukows Handeln unmittelbar vor und zu Beginn des Krieges soll einer gesonderten Behandlung vorbehalten bleiben. Seine rastlose Tätigkeit in den ersten Kriegstagen ist ein ganzes Buch wert. Diesem noch ungeschriebenen Buch gebe ich den Arbeitstitel „Die Bronzestirn", um damit die phänomenale Beharrlichkeit, die unglaubliche Willensstärke und Entscheidungsfreude sowie die kolossalen intellektuellen Fähigkeiten des großen Strategen zu unterstreichen.

An dieser Stelle mag eine Bemerkung genügen. Wenn es heißt, Schukow habe keine einzige Niederlage gekannt, sollten wir widersprechen. In Wahrheit hat kein einziger Feldherr der Welt derart verheerende und schmachvolle Niederlagen hinnehmen müssen wie Schukow. Die Zerschlagung der Roten Armee im Sommer 1941 ist eine unauslöschliche Schande in der Weltgeschichte. Niemals hat eine Armee eine solche Katastrophe durchlebt. Die großartig vorbereitete und ausgebildete Rote Armee wurde in den ersten Monaten des Kriegs vernichtet oder gefangengenommen. 1941 verlor die Rote Armee 5,3 Millionen Soldaten und Offiziere – gefallen, in Gefangenschaft geraten oder vermißt.[2] Dabei sind die Schwer- und Schwerstverwundeten noch nicht einmal eingerechnet. Die gesamte Vorkriegs-Kaderarmee der Sowjetunion war zerschlagen. Vier Kriegsjahre lang kämpfte gegen die deutschen Truppen keine Kaderarmee, sondern das Aufgebot der Reservisten. Was aber können Reservisten ausrichten? Und nicht alle kämpften ja auch. Wegen des eiligen Rückzugs verblieb 1941 in den vom Gegner okkupierten Gebieten eine ganze Armee von 5.360.000 Wehrpflichtigen, die nicht mehr einberufen werden konnten.[3]

Im selben Jahr 1941 verlor die Rote Armee 6.290.000 Stück Schützenwaffen.[4] Damit hätte man die gesamte Wehrmacht ausrüsten können.

In der gleichen Zeit büßte die Rote Armee 20.500 Panzer ein. Genug, um fünf Armeen von der Größe der Wehrmacht auszustatten. Diese Menge Panzer hätte nicht nur für Hitlers Armee des Jahres 1941, sondern auch für alle übrigen Armeen der Welt – die der USA, Großbritanniens, Japans, Italiens und Spaniens – gereicht. Und zwar nicht doppelt, sondern dreifach. Für eine Versorgung mit Panzern einer Qualität, die kein einziges dieser Länder vorweisen konnte.

1941 verlor die Rote Armee 10.300 Flugzeuge. Damit hätte man die gesamte Luftwaffe komplett neu ausrüsten können, und auch das wieder mehrfach. Mit Fluggerät höchster Güte. Unseren Il-2, Pe-2, Jak-2, Jak-4, Er-2, DB-3F, Pe-8 hatte Hitler 1941 nichts Gleichwertiges entgegenzusetzen.

Die Verluste der Artillerie in den ersten sechs Kriegsmonaten beliefen sich auf 101.100 Geschütze und Minenwerfer. Auch das genug, um alle Armeen der Welt zusammengenommen damit zu bewaffnen, und wiederum nicht nur einmal, sondern mehrfach. Und aufs neue mit den weltbesten Prototypen an Kanonen, Haubitzen, Mörsern und Minenwerfern.

An den Grenzen wurden mehr als eine Million Tonnen Munition zurückgelassen.

Und für diese Schande soll der Generalstabschef der Roten Arbeiter- und Bauern-Armee, der größte Stratege des 20. Jahrhunderts Georgi Konstantinowitsch Schukow keine Verantwortung tragen?

2.

Ich höre schon den Einwand: Schukow konnte nichts dafür, Stalin hat sich in alles eingemischt. Stalin hat verhindert, daß das große strategische Genie Schukow kurz vor dem Krieg die richtigen weisen Entscheidungen treffen konnte. Dies Argument fegen wir beiseite. Und lassen dazu unseren Helden selbst zu Wort kommen. Schukow berichtet, er habe am 29. Juli 1941 mit Stalin eine Kontroverse gehabt. Stalin warf ihm an den Kopf, er – Schukow – würde Unsinn reden, worauf Schukow versetzt haben will: „Wenn Sie meinen, daß der Chef des Generalstabes nur Unsinn reden kann, dann hat er hier nichts verloren. Ich bitte Sie, mich von den Pflichten des Generalstabschefs zu entbinden und an die Front zu schicken. Dort bringe ich offenbar der Heimat mehr Nutzen."[5]

Wir wollen wenigstens einen Augenblick lang glauben, daß es ein solches Gespräch gab, daß sich Schukow so und nicht anders verhalten hat nach der deutschen Invasion. Dann bleibt immer noch die Frage: Warum hat er sich nicht vor der deutschen Invasion so verhalten? Wäre Stalin am Vorabend des Krieges tatsächlich nicht einverstanden gewesen mit der Auffassung des großen Strategen, hätte dieser sich schnell und eindeutig positionieren müssen: Aha, Stalin hört nicht auf meinen Rat, was habe ich dann hier verloren? Wenn er meine Meinung in den Wind schlägt, soll er mich doch lieber zu den Truppen schicken!

Es hätte keiner Skandale, keiner hohlen Phrasen bedurft, sondern eines knappen klärenden Gesprächs mit dem Oberbefehlshaber: Genosse Stalin, unsere Auffassungen divergieren, ich kann nichts für Sie tun, wir reden aneinander vorbei, wozu brauchen Sie einen Ratgeber, dessen Meinung für Sie belanglos ist? Warum suchen Sie, Genosse Stalin, sich nicht einen anderen Generalstabschef, dessen Auffassung mit der Ihrigen übereinstimmt?

Das Gleiche hätte sich auch in einem Ultimatum ausdrücken lassen: Bringen Sie mich um, erschießen Sie mich, aber ich weigere mich, vor dem Volk und der Geschichte die Verantwortung für Ihre Dummheit, Genosse Stalin, zu übernehmen.

Jedem hochrangigen Führungskader ist ein Mittel gegeben, sich selbst treu zu bleiben: Dieses Mittel heißt – Demission. Zu allen Zeiten haben Minister, Generäle und Marschälle davon Gebrauch gemacht: Ich will nicht für die Unzulänglichkeiten anderer den Kopf hinhalten, entlassen Sie mich! Hat ein Mensch Prinzipien, muß er sie verteidigen. Das tat im Oktober 1941 der Kommandeur der Fernöstlichen Front Armeegeneral Jossif Rodionowitsch Apanassenko. Er war der Ansicht, daß die letzten Panzerabwehrkanonen nicht aus dem Fernen Osten abgezogen werden durften, nicht einmal für die Rettung Moskaus. Apanassenko beschimpfte Stalin mit den übelsten Worten und erklärte: Reiß mir die Generalsbiesen herunter, erschieß mich, aber die Kanonen gebe ich nicht her!

So handelt ein aufrichtiger, prinzipienfester Mann.

In der ersten Hälfte des Jahres 1941 stand das Schicksal der Sowjetunion auf der Tagesordnung der Geschichte: Sein oder nicht sein. Da war der Chef des Generalstabs Armeegeneral Schukow einfach verpflichtet zur Unbeugsamkeit: Entweder, Genosse Stalin, entbinden Sie mich von meiner Funktion oder Sie lassen mich ordentlich arbeiten.

Hat Schukow so gehandelt?

Ich biete Ihnen wieder zwei Varianten zur Auswahl:

Die erste: Stalin hat Schukows Arbeit nicht behindert, und es gab keine Einmischung. Dann fällt die gesamte Verantwortung für die verheerende Niederlage 1941 auf Schukow, denn er war Chef des Generalstabs, und der Generalstab ist das Hirn der Armee.

Die zweite: Stalin hat sich in Schukows Arbeit eingemischt, ihm keine Möglichkeit zur Entfaltung gegeben, aber Schukow war willensschwach und fand nicht den Mut, die Entlassung von seinem hohen Posten zu fordern. Auch in diesem Falle trägt Schukow die volle Verantwortung für die vernichtende Niederlage. Dadurch, daß er nicht genug Entschlossenheit und Mut aufbrachte, die Ausführung der verbrecherischen Befehle zu verweigern, machte er sich mitschuldig, wurde zum Komplizen des Verbrechers.

Es gab einen Ausweg. Im äußersten Falle hätte sich Schukow den verbrecherischen Entscheidungen durch den Tod entziehen können. Um mit seinem Opfer Stalin und den anderen Mitgliedern der Führung die Augen zu öffnen für ihr falsches Handeln. Und Millionen seiner Landsleute zu retten. Hätte sich Schukow am Vorabend des Krieges aus Protest gegen Stalins falsches Handeln erschossen, müßte man ihm wirklich ein Denkmal setzen. Dann wäre er nicht schuld an der Niederlage.

Die Verantwortung des Generalstabschefs wiegt unvergleichlich schwerer als die jedes anderen Generals. Von den persönlichen Qualitäten des Chefs des Generalstabes hängt das Schicksal des Landes und des Volkes ab, im jeweiligen Augenblick und für Jahrzehnte, wenn nicht gar für Jahrhunderte im voraus. Der Generalstabschef muß einen starken Charakter besitzen. In dieser Stellung ist eine ganz besondere Festigkeit vonnöten. Und Mut. Der Generalstabschef darf sich keiner fremden Meinung unterordnen. Er muß seine eigene haben. Doch das genügt noch nicht. Der Generalstabschef muß diese seine Meinung nicht nur haben, sondern auch vertreten – ganz gleich, auf welcher Ebene. Und im Extremfall auf seinen hohen Posten verzichten, wenn man ihn zwingen will, Kompromisse gegen seine ureigensten Überzeugungen und sein Gewissen einzugehen.

Doch Schukow blieb auf dem Posten des Generalstabschefs. Und bisher haben sich keinerlei Spuren von Protesten gegen das Handeln Stalins finden lassen, trotz der langjährigen Bemühungen des gesamten ideologischen Apparats unseres Riesenlandes. Am Vorabend des Krieges tat Schukow nichts gegen Stalins Willen. Deshalb trägt er die volle Verantwortung für die katastrophale Niederlage. Deshalb ist er nicht nur der grausamste und blutigste Feldherr aller Zeiten, sondern auch der willensschwächste, feigeste und unfähigste.

3.

Ein weiterer Einwand lautet: Man darf Schukow nicht die Schmach des Jahres 1941 anlasten, denn er hatte den Posten des Generalstabschefs gerade einmal fünf Monate vor Kriegsausbruch übernommen. Und sich noch nicht einarbeiten können.

Dies Argument ist unendlich oft wiederholt worden. Es stammt ursprünglich von unserem großen Strategen selbst. Akademiemitglied Anfilow beschreibt in seinen Erinnerungen, wie er 20 Jahre nach dem Kriege mit Schukow zusammentraf, und beide ungefähr folgende Unterhaltung führten:

Anfilow: Georgi Konstantinowitsch, wie konnte es denn am Anfang des Krieges zu einer solchen Schlappe kommen?

Schukow: Angenommen, Sie sind auf einen neuen Posten versetzt worden, wieviel Zeit brauchen Sie dann, um sich einzuarbeiten?

Anfilow: Ein Jahr vielleicht …

Schukow: Da sehen Sie, ich hatte bloß fünf Monate, und was für eine Riesenwirtschaft mußte ich verwalten.

Dem hatte Anfilow freilich nichts entgegenzusetzen. Und auch wir wollen erst einmal nicken. Doch dann fällt uns eine Ungereimtheit auf. Schukow und seine Verteidiger ahnen ja gar nicht, in was für eine Schlangengrube sie mit ihrer Argumentation geraten sind. Im Januar 1941 will der große Stratege Schukow einen Blick auf die Karte geworfen und sofort den gesamten deutschen Barbarossa-Plan geistig parat gehabt haben. Angeblich hatte er alles begriffen und Pawlow in dem strategischen Spiel genau so geschlagen, wie die deutschen Generäle ein halbes Jahre später denselben Pawlow auf dem Schlachtfeld schlagen würden. Unmittelbar danach, im gleichen Januar 1941, wird Schukow Chef des Generalstabes, und da auf einmal kann er sich nicht einarbeiten, die Situation nicht durchschauen, nichts begreifen und analysieren.

Anfang Januar 1941 war Schukow lediglich Kommandeur eines Militärbezirks, hatte keinen Zugang zu den wirklich wichtigen Informationen.

Zum Durchdenken der Lage für das bevorstehende strategische Spiel stand nur ein einziger Tag zur Verfügung: der 1. Januar 1941. Und wenn man Schukow selbst Glauben schenkt, nicht einmal das. In seinen Memoiren schreibt er nämlich, das strategische Spiel habe gleich am nächsten Tag nach Abschluß der Beratung der obersten Kommandoführung begonnen. Aber das schien ihm keinerlei Probleme zu bereiten: Ohne langes Nachdenken hatte der große Stratege sofort die komplette Lösung parat, konnte augenblicklich sagen, wo und wie die Deutschen angreifen würden. Und nun stand er an der Spitze des Generalstabs. Kam an ausnahmslos jede Information heran. Durfte jedem befehlen. Konnte den Kommandierenden jedes Militärbezirks und jeder Armee, den Kommandeur jedes Korps, jeder Division, jeder Brigade und jedes Regiments, jeden Stabschef oder Leiter einer Verwaltung, eines Abschnitts oder einer Abteilung zu sich zitieren und in fünf Minuten einen Lagebericht erstatten lassen. Mitten im Zentrum von Moskau, auf dem Chodynskoje pole, wartete rund um die Uhr ein Flugzeug auf die Anweisungen des Generalstabschefs. Schukow konnte jederzeit zu jedem Stab, in jede Garnison, in jeden Grenzabschnitt fliegen und fragen: Wie steht's bei euch? Er konnte sich von jedem Kundschafter, angefangen vom illegal in der Schweiz agierenden Residenten bis hin zum Chef der Hauptverwaltung Aufklärung Bericht erstatten lassen: Laß hören, wie sieht die Situation aus?

Am 2. Januar 1941 erkennt und bewertet der Kommandierende des Kiewer Sondermilitärbezirks Armeegeneral G. K. Schukow die gesamte Situation im Handumdrehen und behält sie bis zum 11. Januar, dem Abschluß des Strategiespiels, untrüglich im Blick. Doch am 13. Januar 1941, als frischgebackener Generalstabschef, schaut er auf dieselbe Karte und versteht nun rein gar nichts. Er schaut den ganzen Tag, die ganze Nacht lang – nicht das kleinste Fünkchen. Schaut eine Woche, einen Monat, zwei – immer noch keine Spur von Begreifen. Ruft den kompletten Generalstab, die Stäbe aller Militärbezirke, Flotten, Armeen, Flottillen zu Hilfe, Hunderte Generäle und Tausende Oberste, und kann sich doch nicht in die Situation hineinfinden. Der dritte Monat vergeht, der vierte, fünfte. Schukow versucht, in die Materie einzudringen, doch das will und will nicht klappen, es ist wie verhext. Auf den ersten Blick scheint alles leicht, doch wenn er genauer hinsieht ... hol's doch der Teufel! Er kriegt die Dinge einfach nicht zusammen.

Zwischen dem 13. Januar und dem 22. Juni liegen fünf Monate, eine Woche und ein Tag. So schnell konnte sich der arme Schukow nun wirklich nicht in die Situation eindenken. Die Zeit war zu kurz. Er begriff nichts. Und als der Feind angriff, hatte er nicht einmal den Befehl zur Abwehr der Aggression fertig.

4.

Wir glauben nicht, daß es Schukow an Zeit mangelte, um die Situation zu durchdringen. Und zwar aus folgendem Grund:

In den Westgebieten der UdSSR gab es fünf Militärbezirke: den Leningrader, den Baltischen, den Westlichen (auch Belorussischer genannt), den Kiewer und den Odessaer. Im Krieg wurden diese Militärbezirke zu Fronten, die dann entsprechend Nordfront, Nordwestfront, Westfront, Südwestfront und Südfront hießen.

Die Situation im Militärbezirk Leningrad konnte Schukow vernachlässigen. Die natürlichen Gegebenheiten verboten in Karelien Kampfhandlungen von grandiosem Ausmaß. Dort lagen undurchdringliche Waldmassive, Taiga, Tundra, Seen, trügerische Sümpfe, es gab kleine Flüsse mit starker Strömung, steinigen Sandbänken und Steilufern, riesige Findlinge, Felsen, Fliegen und Stechmücken, die einen auffressen konnten, keinerlei Straßen und befestigte Wege, dafür ein rauhes, unwirtliches Klima. Und wenn man weiter nach Norden kam, noch die Polarnacht. Kampfhandlungen würden hier unvermeidlich in kleine Scharmützel von lokaler Bedeutung auseinanderfallen. Klar, daß der Gegner den Hauptstoß an anderer Stelle führen mußte. Deshalb brauchte Schukow die Lage im Leningrader Militärbezirk nicht zu studieren. Blieben noch vier. Doch auch sie waren nicht alle gleich wichtig.

Eine deutsche Invasion konnte hauptsächlich durch Belorußland und die Ukraine erfolgen. Gegenüber der Ukraine und Belorußland erschienen alle anderen Richtungen zweitrangig. Deshalb hätte Schukow in erster Linie die Situation in diesen beiden Militärbezirken analysieren müssen. Aber die kannte er ja!

Nach dem Bürgerkrieg und vor Ausbruch des Zweiten Weltkrieges war Schukow kontinuierlich in Belorußland im Truppendienst gewesen. Mit kurzen Unterbrechungen, als er einen Kavallerielehrgang in Leningrad besuchte und in der Kavallerieinspektion in Moskau arbeitete. Doch seine Truppendienststellen hatte er sämtlich in Belorußland inne. So legte er von 1922 bis 1939 den Weg vom Kommandeur einer Schwadron bis zum Stellvertretenden Befehlshaber des Militärbezirks zurück. Dort, in Belorußland, durchlief er alle Stufen der militärischen Karriereleiter, ohne eine einzige auszulassen. Er kommandierte ein Regiment, eine Brigade, eine Division, ein Korps – und stieg noch höher auf. Aus diesem Dienst heraus mußte Schukow die Lage in Belorußland so gut kennen wie die Paragraphen der Gefechtsvorschrift. Mußte ihm jeder Erdhügel, jeder Busch vertraut sein.

Den Posten des Stellvertretenden Befehlshabers des Belorussischen Militärbezirks gab Schukow Ende Mai 1939 ab, zum Chef des Generalstabs wurde er im Januar 1941 ernannt. In der Zwischenzeit hatte sich die Lage in Belorußland verändert, doch vor dem Hintergrund dessen, was vorher war, ließen sich die Veränderungen ja besonders deutlich erkennen: Diese Division stand früher da, heute ist sie näher an die Grenze gerückt; hier lag früher eine Division, jetzt ist sie zu einem Korps entfaltet; statt des seinerzeitigen Korps gibt es nun eine ganze Armee. Und das sollte sich nicht in ein paar Stunden aufarbeiten lassen? Wo Generalstabschef Schukow ja nicht einmal selber die entsprechenden Unterlagen zusammensuchen und lesen mußte. Er brauchte nur den Telefonhörer zu heben, und schon kam wie der Teufel aus der Tabaksdose ein munterer Richtungsoffizier aus der Operativen Verwaltung angesprungen und rapportierte in fünf Minuten: Dies war so, das ist jetzt so und so. Und entfaltete eine Karte, und legte eine Übersicht vor, wenn nötig.

Außerdem hatte Schukow – seinen eigenen Schilderungen nach – bei dem Kommandostabsspiel im Januar 1941 gerade auf belorussischem Territorium gekämpft. Und die dabei verwendeten Karten verzeichneten Schukows Worten zufolge die reale Situation. So daß sie für Schukow kristallklar sein mußte. Wie konnte sein schlauer Kopf danach derart aussetzen?

Den stärksten aller Militärbezirke bildete der Kiewer. Die Lage dort brauchte Schukow auch nicht speziell zu analysieren. Vor seiner Ernennung zum Generalstabschef war er ja Befehlshaber des Kiewer Sondermilitärbezirks gewesen und verpflichtet, die Situation besser als jeder andere zu kennen.

Außerdem mußte ihn seinerzeit als Kommandeur einer Brigade, einer Division, eines Korps , als Stellvertreter des Befehlshabers des Belorussischen Militärbezirks auch die Situation in den anderen Militärbezirken, vor allem dem benachbarten Kiewer, interessiert haben, ebenso wie es für ihn als Kommandeur des Kiewer Militärbezirks zu den Dienstpflichten gehört hatte, über die Lage in allen anderen Militärbezirken und speziell dem benachbarten Belorussischen und Odessaer informiert zu sein.

Sind Sie Kommandeur einer Schützenabteilung, müssen Sie das Zusammenwirken mit Ihren Nachbarn regeln, müssen wissen, welche Einheit rechts und welche links von Ihnen agiert, über welche Kräfte sie verfügen, wie ihre Bewaffnung aussieht, wie Mannschaftsstärken und Munitionsvoräte aussehen, wie leistungsfähig sie sind und welche Aufgaben sie zu erfüllen haben. Kommandieren Sie einen Zug, ist es Ihre direkte Pflicht, alles über die benachbarten Züge zu wissen. Und das gilt analog für die Kommandeure aller Ebenen. Bis zur obersten Führung. Sind Sie also an die Spitze des Kiewer Militärbezirks gestellt, so haben Sie bitte die Güte, sich mit der Lage bei Ihren Nachbarn vertraut zu machen. Dienststellung verpflichtet.

Es bleiben also nur zwei Richtungen: das Baltikum und Moldawien. Unter dem Blickwinkel der Landesverteidigung sicher keine exponierten Räume. Die Lage in Moldawien, d.h. im Odessaer Militärbezirk, durfte Schukow aus zweierlei Gründen nicht unbekannt sein. Zum einen grenzte der Odessaer Militärbezirk an den Kiewer Sondermilitärbezirk. Zum anderen hatte Schukow gerade vor einem halben Jahr, im Juni 1940, beim Feldzug nach Bessarabien, d.h. Moldawien, die Truppen der Südfront befehligt. Diese Südfront wurde auf dem Territorium des Kiewer und des Odessaer Militärbezirks entfaltet und umfaßte Truppen beider Militärbezirke. Bevor Schukow den Befehl über die Südfront übernahm, arbeitete er zwei Monate in Moskau. War absichtlich von allen Dienststellungen befreit, damit er die Situation in den Militärbezirken Odessa und Kiew und den angrenzenden Territorien eingehend analysieren konnte. Damals, im Juni 1940, schien ihm alles glasklar, was den Kiewer und den Odessaer Militärbezirk anbelangte.

Was sollte ihm nun unklar sein?

Durchschaute er die Situation im Baltikum nicht, hätte er wiederum einen Richtungsoffizier aus der Operativen Verwaltung des Generalstabs rufen müssen und binnen kürzester Zeit einen Überblick erhalten. Wäre das noch nicht genug, konnte er den Befehlshaber des Baltischen Sondermilitärbezirks, dessen Stabschef und die Kommandierenden der dort stationierten Armeen kommen lassen zur Berichterstattung.

Doch selbst wenn Schukow in fünf Monaten angestrengter Arbeit schleierhaft geblieben wäre, wo sich die 8. und wo die 11. Baltische Armee befanden, welche Verbände zu ihnen gehörten und welche Aufgaben sie erfüllten, wäre das kein Beinbruch gewesen. Er konnte ja die gegnerische Invasion in der Ukraine und Belorußland abwehren, im Baltikum würden sie schon ohne ihn zurechtkommen!

5.

Fragen wir noch: Was tat Schukow, um die Lage zu begreifen?

Wofür es ja einen einfachen Weg gab: Angenommen, der dumme Stalin, der überhaupt nichts verstand, hätte zwei strategische Spiele anberaumt, und zwar beide mit Angriffsthematik. Dem konnte ja so allerhand einfallen ... Doch wer hinderte Schukow daran, ein drittes Spiel abzuhalten – diesmal unter dem Aspekt der Verteidigung? Man brauchte gar kein neues Treffen auf höchster Ebene, keine Beratung der Obersten Kommandoführung, Schukow mußte nur im Rahmen des Generalstabs die fähigsten Offiziere und Generäle – vor allem aus der Operativen Verwaltung – zusammennehmen, sie würden den Kriegsplan ausarbeiten, denn sie kannten die Lage besser als jeder andere. Ihnen hätte er die Aufgabe gestellt: Die Deutschen können so und so angreifen, am achten Tag Baranowitschi erreichen, Brüder, was machen wir da? Schukow hätte einfach seine untergebenen Offiziere und Generäle fragen sollen: Was würdet ihr tun als Chef des Generalstabs kurz vor einer unausweichlichen gegnerischen Invasion?

Und warum nicht auch Stalin zu diesem Verteidigungsspiel einladen? Nach Stalins Tod erzählte Schukow gern, Stalin habe Angst gehabt vor dem Krieg. Wenn dem so war, konnte Schukow ja seinen schreckhaften Oberbefehlshaber in ein Eckchen setzen und ihm die Verteidigungsschlacht vorspielen: Hab keine Angst, Genosse Stalin, wenn die Deutschen am achten Tag auf Baranowitschi vorstoßen, werfen wir den Panzerkolonnen hunderttausend Panzerminen in den Weg! Und hinter den Minenfeldern heben wir schon zu Friedenszeiten Panzergräben aus! Und stecken Partisanen in die Wälder! Und hier haben wir eine Panzerjägerbrigade der Artillerie im Hinterhalt!

Aber Schukow hielt kein solches Verteidigungsspiel ab. Was unverständlich bleibt.

6.

Das Kurioseste an dieser Geschichte ist folgendes: Schukow wurde nicht müde zu erzählen, wie er die Pläne Hitlers geistig vorwegnahm, doch darüber, was zur Abwendung der verheerenden Niederlage hätte unternommen werden müssen, verlor das strategische Genie kein einziges Wort. Schukows Weisheit war offenbar recht einseitig.

Aber glauben wir für kurze Zeit, was der große Feldherr erzählt, und versetzen wir uns in das Finale des ersten strategischen Spiels im Januar 1941. Der Kommandierende des Kiewer Sondermilitärbezirks, Armeegeneral Schukow, demonstriert Stalin: So und so, Genosse Stalin, schlagen Hoth und Guderian Pawlow kurz und klein. Stalin sieht die Niederlage, hebt hilflos die Hände und läßt es dabei bewenden. Da müssen wir uns doch fragen, ob Stalin wirklich so gar kein Interesse dafür zeigte, wie das Problem der Verteidigung Belorußlands zu lösen war, ob er tatsächlich nicht fragte, was Schukow für diesen Fall vorschlug.

Schukows Darstellung zufolge suchte Stalin nicht nach einer Lösung. Schukow führte ihm vor, wie die Deutschen aus Pawlows Truppen Kleinholz machten, und damit waren's alle zufrieden. Zwar verpaßte Stalin Pawlow noch einen Rüffel, weil der das Kommandostabsspiel verloren hatte, verlieh ihm dann aber gleich den nächsten Dienstgrad, machte ihn zu einem der fünf ranghöchsten Generäle und dachte nie mehr an die Verteidigung Belorußlands.

Da können wir Stalin nur auslachen. Dumm bleibt eben dumm … und ein mieser kleiner Feigling obendrein. Aber Schukow, das war doch ein Genie!

Hat es dieses strategische Genie nicht gereizt, eine Lösung für das Problem zu finden?

Hätte Schukow wirklich die Handlungen des Gegners vorausgesehen, wäre es opportun gewesen, zu Pawlow zu sagen: Komm, Pawlow, setzen wir beide uns zusammen, reden Klartext. Und lösen das Problem. Nicht, daß du eine große Leuchte wärst, bist schließlich im Spiel auf keine Lösung gekommen. Aber jetzt ist das Spiel vorbei. Und eine Lösung muß her! Deine Truppen sind die rechten Nachbarn meines Kiewer Militärbezirks. Selber schuld, wenn du dich schlagen läßt. Aber wenn die Deutschen angreifen und am achten Tag bis Baranowitschi vorstoßen, dann bedroht das meine Truppen in der Ukraine. Die Deutschen machen zuerst Kleinholz aus dir und kommen anschließend an die Flanke meines Kiewer Militärbezirks, können aus Belorußland gegen mein Hinterland schlagen.

Es gab viele Gründe, die Schukow veranlassen mußten, die Panzerkeile Hoths und Guderians in Belorußland aufzuhalten.

Zum einen war da der Selbsterhaltungstrieb: Pawlow war Schukows rechter Nachbar.

Zum anderen hatte es mit dem Umstand zu tun, daß Schukow russischer General war. Die Zerschlagung einer außerordentlich starken Gruppierung der Roten Armee in Belorußland drohte. Allein schon die Liebe zu seinem Volk, zu seinem Land und seiner Armee verpflichteten den Patrioten Schukow, einen Weg zu finden, um die Invasion aufzuhalten, und diesen Weg sowohl Pawlow als auch Stalin zur Kenntnis zu geben.

Drittens hing es mit einem rein sportlichen Interesse zusammen. Schließlich mußte es reizvoll sein, diese harte Nuß zu knacken. Das war wie Hirngymnastik: Bekannt ist, was die angreifende Seite tun wird, aber unbekannt, wie die verteidigende Seite darauf reagieren soll. Pawlow hatte im Strategiespiel keine Lösung gefunden. Deshalb mußte es – und sei es nur interessehalber – Schukow tun. Er mußte sich an Pawlows Stelle versetzen und überlegen, was der Befehlshaber der Westfront tun konnte, damit das Ende des Spiels nicht grausige Wirklichkeit wurde.

Viertens war Schukow Karrierist. Und hier gab es die Möglichkeit, sich auszuzeichnen. Schukow hatte Stalin die Handlungen der Deutschen in den ersten Kriegstagen vorgeführt. Darauf hätte das umgekehrte Zauberkunststück folgen müssen: Kein Grund zur Panik, Genosse Stalin, ich an Pawlows Stelle würde das und das tun. Hier, Genosse Stalin, ist die Lösung: Wenn die Deutschen so und so agieren, unternehmen wir folgendes Gegenmanöver.

Und fünftens schließlich wurde Schukow einige Tage nach dem Spiel zum Chef des Generalstabs ernannt. Nun war er nicht mehr Pawlows Nachbar, sondern dessen unmittelbarer Vorgesetzter. Schukow weiß, die Deutschen greifen an und werden am achten Tag bis Baranowitschi vorstoßen. Und er weiß, daß Pawlow außerstande ist, die Invasion aufzuhalten, und keinen Handlungsplan hat. Deshalb besteht Schukows direkte Pflicht darin, für ihn die Lösung zu finden und ihm dann zu befehlen: Tu dies, tu das, hebe dort Panzergräben aus und hierhin stelle die 4. Armee für eine Verteidigung auf Leben und Tod, von dieser Linie aus bereite den Gegenschlag des 6. mechanisierten Korps vor, da drüben lege Minenfelder an, zieh die Luftstreitkräfte von den grenznahen Flugplätzen ab, verlagere die strategischen Reserven so weit wie möglich von der Grenze weg, laß die Familien der Militärangehörigen in die zentralen Landesteile evakuieren. Und wäre Pawlow als Kommandeur untragbar gewesen, hätte Schukow bei Stalin seine Absetzung ansprechen müssen. Doch das tat Schukow nicht. Wäre Pawlow ein unfähiger Kommandeur, seine Absetzung jedoch nicht möglich gewesen, hätte Schukow direkt mit den Befehlshabern der Armeen und den Kommandeuren der Korps und Divisionen in Verbindung treten müssen: Was beabsichtigt ihr im Falle eines Angriffs zu tun? Wie wollt ihr euch verteidigen? Schukow mußte von allen Untergebenen Pawlows Lösungen fordern. Was würde der Kommandierende der 3. Armee bei einem Angriff tun? Und welche Lösung hatte der Befehlshaber der 10. Armee vorzuschlagen?

Doch auch das tat Schukow nicht.

Und letzten Endes hätte Schukow an sich selbst denken müssen. Wenn Pawlow geschlagen war, wenn die deutschen Panzer am achten Tag Baranowitschi erreichten, was würde er, der Chef des Generalstabs, dann tun?

Aber Schukow suchte nicht nach einer Lösung für Pawlow und erteilte ihm keinerlei Befehle. Das heißt, Befehle erteilte er schon, doch ganz anderen Charakters: Sich nicht provozieren lassen! Keine Schützengräben ausheben! Die Truppen nicht in Verteidigungsstellung gehen lassen! Die Grenze entblößen! Die Kräfte in riesigen Massen konzentrieren! Die Flugplätze direkt an der Grenze bauen! Die Luftstreitkräfte dorthin verlegen! Und alle strategischen Reserven hinterdrein! Die Familien der Militärangehörigen in den grenznahen Gebieten belassen! Wozu das alles, wenn wir uns auf eine Verteidigung vorbereiteten?

Wir wollen gar nicht bestreiten, daß in Minsk ein dummer, unfähiger Pawlow saß. Der nicht wußte, wie er eine deutsche Invasion abwehren sollte. Doch in Moskau thronte dafür – meilenweit über Pawlow – einer der weisesten Feldherrn des 20. Jahrhunderts. Und man fragt sich noch: Schukow war imstande, sich an die Stelle Hitlers und seiner Strategen zu versetzen und ihre Intentionen vorauszusagen, doch seinen eigenen Platz als Generalstabschef auszufüllen und eine Verteidigungslösung für Belorußland und die ganze Sowjetunion zu finden, vermochte er nicht.

7.

Armeegeneral Pawlow wußte nicht, wie er den Vorstoß der deutschen Panzerkeile auf Baranowitschi, Bobruisk, Minsk und Witebsk aufhalten sollte. Aber wußte es Schukow? Und wenn er gewußt hat, wie die Niederlage zu vermeiden war, warum trug er sich dann Stalin nicht als Befehlshaber des Westlichen Sondermilitärbezirks an? Im Generalstab gab es für ihn ohnehin nichts zu tun, weil ja, wie man hört, Stalin seinen genialen Vorschlägen nicht folgte. Also hätte er sagen sollen: Genosse Stalin, ich wittere Unheil! Pawlow wird die Front in Belorußland nicht halten können, Sie haben es selbst gesehen im Spiel. Aber ich halte sie! Setzen Sie Pawlow ab und schicken Sie mich nach Belorußland, ich lasse weder Hoth noch Guderian durch!

Das ist das Dilemma: Wäre es prinzipiell möglich gewesen, die deutschen Panzer im Sommer 1941 in Belorußland aufzuhalten? Hätte es eine Lösung für das Problem gegeben? Wenn nein, dann durfte Schukow nach dem Krieg nicht seine Genialität herausstreichen, indem er sie in Kontrast zu Pawlows Unfähigkeit stellte.

Gab es diese Lösung jedoch, warum hat sie der Generalstabschef G. K. Schukow dann seinem Untergebenen Pawlow und seinem Vorgesetzten Stalin verschwiegen?

Schukow besaß nicht einmal genug Grips, um sich wenigstens nach dem Krieg eine solche Lösung auszudenken und seinen Verehrern post factum zu präsentieren. Seht her, die Schafsköpfe wußten nicht, wie sie Belorußland verteidigen sollten, aber ich, ich habe es gewußt: Wir hätten das und das tun müssen.

Die gesamte Geschichte der Kriege und der Kriegskunst besteht nur aus zweierlei Beispielen: Entweder durchschaute der Heerführer (König, Fürst, General, Admiral, Feldmarschall) die gegnerischen Pläne nicht und bezahlte dafür mit einer Niederlage. Oder er konnte diese Absichten vorwegnehmen, ihnen etwas entgegensetzen und dadurch einen glänzenden Sieg erringen. Der eine Feldherr begriff, daß das Zentrum seiner Gefechtsordnung möglicherweise durchbrochen würde, deshalb ließ er hinter seinen Heerscharen Wagen aneinanderketten. Zur Stärkung. Damit es kein Zurück gab. Ein anderer Feldherr erkannte, daß der Gegner vor seiner Gefechtsordnung Gruben ausgehoben, mit Reisig und Erde abgedeckt hatte. Damit sie nicht hineinfielen, hielt der weise Führer seine Truppen vor der selbstmörderischen Attacke zurück. Und ein dritter Heerführer erahnte die Absichten des Gegners, postierte im benachbarten Wald ein Regiment im Hinterhalt und ließ es im entscheidenden Moment gegen die Flanke und das Hinterland des Feindes schlagen.

In unserem Falle haben wir es mit einem beispiellosen Fall der Geschichte zu tun: Der geniale Feldherr Schukow durchschaut augenblicklich die gegnerische Intention, doch damit ist seine Genialität denn auch schon erschöpft. Für Schlußfolgerungen reicht es nicht mehr. Er kommt nicht einmal darauf zu schwindeln: Ich habe Stalin das und das vorgeschlagen zur Abwehr der Aggression. In seinen Memoiren beschränkt er sich darauf zu erzählen, wie ihm die Vorwegnahme der Pläne des Gegners gelang. Aber was nützt eine solche geistige Vorausschau, wenn sie niemanden, nicht einmal den hellsichtigen Feldherrn selbst, zu irgendeinem Schluß führt?

Stellen wir uns folgende Situation vor: Vor dem Auslaufen der „Titanic" hat der Steuermann eine Unmenge von Daten zusammengetragen über Meereströmungen, die Driftrichtungen der Eisberge, hat neueste Meldungen von Augenzeugen gesammelt über deren gegenwärtige Position, hat die Eisverhältnisse geprüft und komplizierte Berechnungen angestellt. Und herausgefunden, daß bei einem bestimmten Kurs und einer bestimmten Geschwindigkeit das Schiff in der Nacht zum 14. April an einer ganz bestimmten Stelle einen Eisberg rammen wird. Alle loben den Steuermann für seine weise Voraussicht und machen ihn postwendend zum Kapitän des Luxusliners. Damit er das Schiff in dunkler Nacht mit Höchstgeschwindigkeit gegen den Eisberg jagt – haargenau am vorausberechneten Punkt – und freudestrahlend verkündet: Alles ist genau so gekommen, wie ich gesagt habe! Und die begeisterte Menge applaudiert dem Mann mit der genialen Weitsicht.

In einer solchen Situation steckte auch Märchenfreund Schukow. Mit seiner Aufschneiderei manövrierte er sich selbst in die allerdümmste Situation hinein. Wäre er klug gewesen, hätte seine Schilderung folgendermaßen aussehen sollen: Ich berechnete, daß die Deutschen am achten Tag auf Baranowitschi vorstoßen würden. Was sie auch tatsächlich taten. Und dort gerieten sie in die Falle, die ich ihnen gestellt hatte!

Bei ihm klingt es aber so: Ich habe alles begriffen und die Katastrophe vorausgesagt, bin zum Generalstabschef ernannt worden und habe fünf Monate lang nichts getan zur Abwendung meiner eigenen Prophezeiungen. Und die Katastrophe kam! Genau, wie ich sie prophezeit habe!

Und die Welt applaudiert unserem strategischen Propheten. Und Tausende Schukow-Sympathisanten wischen sich Tränen der Rührung aus den Augen: Ein Genie, wirklich und wahrhaftig! Wie er es voraussah, so ist es gekommen!

* * *

Und wir stehen wieder vor der Wahl: Entweder ist Schukow ein Aufschneider, der uns vorschwindelt, er habe irgend etwas erahnt. Oder er ist ein Volksfeind, weil er wußte, wo die Deutschen angreifen würden, aber nichts tat, um sie daran zu hindern.

Kapitel 11

Gefechtsmäßig handeln!

„Der Stempel der Persönlichkeit Schukows, seines Feldherrntalents liegt auf Verlauf und Ausgang der wichtigsten strategischen Operationen der Streitkräfte der Sowjetunion."[1]

A. M. Majorow

1.

Ich wiederhole es gerne: Der Stab ist das Hirn der Streitkräfte. Ein Schlag gegen den Stab ist so, als würde ein Vorschlaghammer auf einen Schädel krachen. Um dem Gegner die angenehme Möglichkeit zu nehmen, Ihnen mit einer Brechstange oder einem Schränkeisen den Kopf einzuschlagen, müssen Sie Ihren Stab verstecken und schützen. Der Gegner darf nicht wissen, wer wo und wann die Entscheidungen trifft, was diese beinhalten, wann und wie sie an die Ausführenden weitergeleitet werden.

Die Arbeit des Stabschefs wird gemeinhin darin gesehen, daß er Daten über die aktuelle Lage einholt, sammelt, auswertet, aufarbeitet, reflektiert, analysiert und beurteilt, Entscheidungen und Befehle vorbereitet, Kampfhandlungen plant, das gemeinschaftliche Handeln organisiert und die Ausführung kontrolliert. Bestimmt ist das richtig. Aber es ist noch nicht alles. Es ist nicht einmal die Hauptsache. Sie können sich geniale Pläne ausdenken, doch die gelangen nicht zu den Truppen. Was nützt dann Ihre Genialität? Deshalb müssen Sie, bevor Sie etwas entscheiden, zunächst ein Führungs- und Verwaltungssystem aufbauen, d.h. einen Ort schaffen, wo Sie Ihre Entscheidungen treffen, müssen Nachrichtenkanäle einrichten, vermittels derer Ihre Direktiven an die Ausführungen weitergeleitet werden. Vereinfacht ausgedrückt: Ehe Sie nachdenken, ob Sie nach links oder rechts einschlagen wollen, müssen Sie zuerst den Steuerknüppel in der Hand haben. Die Tätigkeit eines jeden Stabschefs sollte also nicht mit weisen Entscheidungen und genialen Befehlen beginnen, sondern mit der Schaffung eines Systems der Truppenführung und -leitung, das stabil, unverwundbar und geheim sein muß. Der Chef eines jeden Stabes vom Bataillon aufwärts sieht sich mit dieser Aufgabe konfrontiert. Jeder Stabschef trägt die persönliche Verantwortung für Ausstattung, Tarnung, Bewachung und Schutz des Kommandopunktes und der Nachrichtenzentrale.

Mit diesen Tatsachen im Hintergrund, wollen wir uns nun wieder dem größten Feldherrn des 20. Jahrhunderts G. K. Schukow zuwenden, der am 13. Januar 1941 zum Chef des Generalstabes der Roten Arbeiter- und Bauern-Armee ernannt wurde.

Wenn Sie Kraftfahrer sind und Ihr Vorgänger übergibt Ihnen einen alten Kipper, inspizieren Sie zuerst das Fahrerhaus. Gibt es einen Sitz? Lenkrad, Schalthebel und Pedalen? Ich wage die Hypothese, daß der große Stratege Schukow nach seiner Ernennung als erstes fragte: Und wo arbeite ich im Falle eines Krieges? Wo ist der unterirdische Kommandopunkt, in dem ich die letzten Stunden des Friedens verbringe und die ersten und alle folgenden Augenblicke, Tage und Jahre des Krieges? Schließlich kann ich nicht aus meinem exponierten Arbeitszimmer die Kriegshandlungen steuern! Wo sind sie, die gut getarnten und sicher geschützten Bunker für meine Gehilfen, für die Techniker, Aufklärer, Chiffrierer, Nachrichtenoffiziere und all die anderen Kräfte, die so ein Stab braucht?

Der Kommandopunkt des Generalstabs muß getarnt, geschützt und vor den Augen des Feines verborgen sein. Wo sind sie also, die unterirdischen Betonkasematten für den Generalstab und seinen exorbitanten Chef?

Ich nahm an, der große Stratege habe solche und ähnliche Fragen gestellt. Weit gefehlt. Schukow erkundigte sich nicht, von wo aus und wie er die Abwehr des Hitlerschen Überfalls leiten würde. Er saß im Generalstab – einen Tag, zwei, eine Woche, einen Monat, fünf Monate. Und kam nicht auf die Idee, daß die Rote Armee im Kriegsfalle ja irgendwie geleitet werden mußte und dies wiederum den Aufbau eines Führungssystems erforderte. Daß, vom Generalstab nach unten, auch die Kommandierenden der Militärbezirke, Flotten, Armeen und Flottillen ihre Kommandopunkte aufbauten, ausrüsteten und tarnten. Und innerhalb dieses Systems von Kommandopunkten mußte es Nachrichtenzentralen und -leitungen geben, die gleichfalls gut zu decken, zu tarnen und vor jeder Gefahr zu schützen waren.

2.

Die Rote Armee verfügte über ein hervorragend ausgebautes System der Führung der Kampfhandlungen im Eroberungskrieg auf gegnerischem Territorium. Für einen Angriffskrieg hatte man Kommandopunkte in Zügen vorbereitet. Sie konnten sich schnell und gezielt hinter den vorrückenden Truppen her bewegen. Bereits in Friedenszeiten waren nahe der Staatsgrenzen für diese mobilen Kommandopunkte Deckungen eingerichtet worden mit unterirdischen Kabelanschlüssen für die Regierungsleitung. Ebenso entstanden Nachrichtenzüge, die im jeweiligen Einsatzgebiet der Kommandozüge Zentralen des strategischen Nachrichtensystems aufbauen würden. Zum Schutz der mobilen Kommandopunkte und -züge standen Einheiten bereit, sowohl Panzerzug-Divisionen mit normaler Panzerausrüstung als auch Fla-Panzerzug-Divisionen.

Für einen Verteidigungskrieg hingegen hatte man keinerlei Maßnahmen getroffen. Für diesen Fall fehlte einfach ein System der Führung der Kampfhandlungen der Roten Armee.

Schukow selbst beschreibt die Situation folgendermaßen: „Bei der Auswertung der Sachlage im Frühjahr 1941 stellte sich heraus, daß im Generalstab ebenso wie beim Verteidigungsminister und den Kommandierenden der Waffengattungen und -arten für den Kriegsfall keine Kommandopunkte vorbereitet waren, von wo aus die Streitkräfte geführt, die Direktiven des Oberkommandos schnell zu den Truppen geleitet, die Meldungen der Truppen entgegengenommen und bearbeitet werden konnten. In den Vorkriegsjahren hatte man die Zeit für den Bau von Kommandopunkten ungenutzt verstreichen lassen.“[2]

Geht es um Siege, klingt das bei unserem großen Feldherrn so: Ich schlug vor, ich sah voraus, ich wußte, ich beschloß, ich bestand darauf, ich hielt die Position. Ist jedoch von Fehlern und Versäumnissen die Rede, von verbrecherischer Nachlässigkeit, bedient sich das strategische Genie sehr verschwommener Formulierungen: Irgendeine unbeseelte, körperlose Wesenheit ließ die Zeit für den Bau von Kommandopunkten ungenutzt verstreichen. Die Rote Armee hatte für den Fall eines Verteidigungskrieges kein System der Truppenführung, und daran war natürlich jemand schuld, nur nicht der Chef des Generalstabs, Armeegeneral Schukow, in dessen persönliche Verantwortung das Führungssystem fiel.

Ist Schukows Vorgängern Schuld anzulasten? Gewiß. Aber die zählen wir ja weder zu den Genies noch zu den Heiligen. Hier geht es darum, daß der fast heilige geniale Stratege am 13. Januar 1941 Chef des Generalstabs geworden war, doch erst im Frühjahr begriff: Er hatte weder einen Fahrersitz, noch Lenkrad, Schaltknüppel oder Pedalen.

Wenn Schukow im Frühjahr 1941 klar war, daß dem Generalstab im Falle eines Verteidigungskriegs kein Kommandopunkt zur Verfügung stand, dürfen wir wohl annehmen, er habe nun sofort den Bau eines solchen befohlen. Irrtum. Weit gefehlt. Wir haben ja auch leicht reden: Es fehlt ein Kommandopunkt, also muß er her. Bei Genies ist alles anders. Die müssen, ehe sie etwas unternehmen, erst einmal denken, denken und denken. Wochen und Monate lang.

Schukows Untergebene mahnten: Wir müssen einen KP bauen! Schukow verbot es ihnen. Die Untergebenen forderten. Wieder ein Verbot. Diesmal kein einfaches, sondern ein kategorisches.

Marschall A. M. Wassilewski war 1941 Generalmajor in der Operativen Verwaltung des Generalstabs. Ohne einen konkreten Namen zu nennen (aber wir wissen ja, wer für den Kommandopunkt persönlich verantwortlich zeichnet), beschreibt er die Situation so: „Trotz unseres Drängens wurde uns vor dem Krieg nicht einmal erlaubt, einen unterirdischen Kommandopunkt, einen unterirdischen Arbeitsraum einzurichten. Erst am ersten Tag des Krieges, ungefähr um die Zeit, als die Mobilmachung begann, und die wurde – so seltsam das klingt – am 22. Juni um 14 Uhr ausgerufen, also zwölf Stunden nach Kriegsbeginn, um diese Zeit also begann man im Hof von Haus 1 des Verteidigungsministeriums den Boden aufzuwühlen und einen Schutzraum zu graben."[3]

Im Januar 1941 war der geniale Schukow in den Generalstab gekommen. Im Frühjahr hatte er begriffen, daß ein Kommandopunkt fehlte. Doch bevor der Krieg nicht losbrach, verschwendete er keinen Gedanken an die Schaffung, Entwicklung und Vervollkommnung eines Systems der Führung der Streitkräfte, kam also seinen elementarsten Dienstpflichten nicht nach.

3.

Parallel zum Aufbau eines Systems der Führung der Roten Armee hätte Schukow auch Pläne für einen Verteidigungskrieg vorbereiten müssen. Es brauchten ja gar nicht viele zu sein. Es wäre genug gewesen, auf einer Karte in groben Zügen zu skizzieren, was man im Falle eines gegnerischen Angriffs grundsätzlich tun wollte. Und danach die Kampfaufgaben zu verteilen: Wer tut was im Falle eines gegnerischen Angriffs und unmittelbar davor.

Hätte sich die Rote Armee auf einen Verteidigungskrieg vorbereitet, brauchte man jedem Kommandeur vom Militärbezirk abwärts nur eine Gefechtsaufgabe zuzuweisen, ihm zu sagen, was er tun sollte. Auf die Frage des Wie hätten die Befehlshaber und ihre Stäbe selbst eine Antwort gefunden und ihre eigenen Verteidigungspläne erarbeitet.

Doch die Rote Armee bereitete sich nicht auf einen Verteidigungskrieg vor, sondern auf einen anderen. Deshalb war allen Kommandeuren und Stäben verboten, überhaupt Pläne vorzubereiten. Generalstabschef Schukow nahm alles selbst in die Hand. Unter seiner Befehlsgewalt mußte der Generalstab nicht nur für die oberste Militärführung, sondern auch für alle darunterliegenden Ebenen der Kommandostruktur die Planung übernehmen.

Im Falle der Gefahr wurden die grenznahen Militärbezirke Fronten. Jede Front umfaßte eine Gruppe von Armeen. Für jede Front, jede Armee, jedes Korps, jede Division und jedes Regiment erarbeitete der Generalstab detaillierte Kampfpläne. Sie waren in sogenannte „Rote Pakete" verpackt. Jeder Kommandeur, vom Regiment aufwärts, hatte in seinem Safe ein solches „Rotes Paket" liegen, jedoch keine Vorstellung, was es enthielt.

Im Fall der Fälle sollte ein spezieller Befehl des Generalstabes eingehen, wonach die Kommandeure die Pakete zu öffnen und entsprechend den darin enthaltenen Weisungen zu handeln hatte.

Die Ausarbeitung dieser Pläne war ein titanisches Werk. Das Handeln der Roten Armee am 22. Juni 1941 jedoch nur heilloses Durcheinander und völlige Anarchie. So daß man den Eindruck gewinnen muß, daß keiner, vom einfachen Soldaten bis hinauf zu Schukow und Stalin, wußte, wem welche Aufgabe oblag.

Hatte die Rote Armee also Pläne für den Kriegsfall oder nicht? Sie hatte. Marschall A. M. Wassilewski erklärt dazu: „Natürlich gab es operative Pläne, sogar sehr detailliert ausgearbeitete, ebenso wie auch Mobilmachungspläne. Mit diesen Mobilmachungsplänen war buchstäblich jede Einheit ausgestattet, bis hin zu völlig unbedeutenden rückwärtigen Einheiten wie Vorratslagern oder Wirtschaftskommandos ... Das Übel lag nicht darin, daß uns operative Pläne gefehlt hätten, sondern in der Unmöglichkeit ihrer Ausführung in der eingetretenen Situation."[4]

Wenn wir Wassilewski bzw. anderen Befehlshabern oder Militärwissenschaftlern glauben, präsentiert sich uns folgendes Bild: Der große Stratege Schukow hatte Pläne zur Abwehr der Aggression ausgearbeitet. Diese Pläne waren wahrhaft phänomenal. Sie besaßen nur einen winzigen Nachteil: Im Falle des Falles ließen sie sich nicht ausführen.

Stellen Sie sich den weltbesten Feuerwehrmann vor. Er hat einen überwältigend schönen, eleganten Plan aufgestellt für das Löschen eines Brandes in Ihrem Haus. Alles an diesem Plan ist wunderbar, bis auf einen klitzekleinen Mangel: Im Brandfall ist er unausführbar. Ansonsten aber kann sich jeder daran nur ein Beispiel nehmen und vor Neid erblassen.

So sah auch der Plan aus, den Schukow für die Verteidigung der Heimat erstellte. Man möchte das Ganze als schlechten Witz abtun. Denn es braucht schon wahrhaft überirdischer Talente und titanischer Fähigkeiten, um einen Plan zur Verteidigung des Landes zu entwickeln, der sich im Falle der Verteidigung des Landes nicht ausführen läßt. Da zerreißt es einen doch glatt vor Neugier, den Plan will man sehen! Doch wir bekommen zu hören: Schukows Plan ist eines der größten Staatsgeheimnisse der Sowjetunion. Worauf wir freundlich zur Antwort geben: Aber die ist doch verrottet und zusammengebrochen, eure Sowjetunion. Macht nichts, erwidern die Hüter der Geheimnisse, den Plan darf trotzdem keiner sehen.

Und erst recht komisch wird die Angelegenheit, wenn wir uns erinnern, wie Schukow selbst seine geistige Vorwegnahme des Barbarossa-Plans im Januar 1941 schildert. Das muß man erst einmal nachmachen! Unser strategisches Genie durchschaut auf eine Entfernung von 1.500 Kilometern sämtliche deutschen Stäbe, alle Safes und jedes darin enthaltene Dokument, um die Ergebnisse seiner Hellsichtigkeit zu eigenen Plänen zu verarbeiten, die für eine Abwehr der deutschen Invasion komplett ungeeignet sind.

4.

Schukow wußte, daß sein Abwehrplan für jede Verwendung, für jede Entwicklung des Geschehens taugte, nur nicht für den eigentlichen Zweck. Deshalb versuchte er erst gar nicht, diesen Plan in Kraft zu setzen. Lesen Sie Schukows Memoiren. Darin steht, wie er das Nahen des Krieges spürte. Ja dann setz deinen genialen Plan doch in Kraft, befiehl allen Kommandeuren, die „Roten Pakete" zu öffnen! Aber damit hatte Schukow keine Eile.

Schukow schildert: „Verstehen Sie doch, in welchem Zustand Timoschenko und ich waren. Einerseits zerriß uns Sorge, weil wir anhand der Meldungen aus den Militärbezirken wußten, daß der Gegner Ausgangsposition bezog für eine Invasion, andererseits waren unsere Truppen wegen Stalins Starrsinn nicht in Bereitschaft versetzt, und dann hielt sich immer noch der wenn auch schwache Glaube, an die Fähigkeit Stalins, 1941 einen Krieg zu vermeiden. In diesem Zustand befanden wir uns bis zum Abend des 21. Juni, als die Informationen deutscher Überläufer unsere Illusion endgültig zerstreuten."[5]

Am Abend des 21. Juni also hat Schukow keine Illusionen mehr. Er begreift: Das ist der Krieg. Warum setzt er dann nicht seinen genialen Plan in Kraft?

Von der Grenze kommen die Meldungen wie ein Sturzbach: Der Feind bombardiert die Flughäfen, die Artillerie des Gegners eröffnet einen Feuersturm, Unterseeboote verminen die Zufahrten zu unseren Häfen und Marinebasen, feindliche Diversionsgruppen haben die grenznahen Brücken besetzt, eine ganze Lawine von Panzern rollt darüber hinweg auf unser Territorium! Was hätte Schukow tun müssen, als diese Meldungen bei ihm eingingen? Ganz klar: seinen Plan zur Abwehr der Aggression in Kraft setzen! Aber er tat und tat es nicht. Schukow führt uns einen hilflosen, verwirrten, völlig verunsicherten Stalin vor, sich hingegen als ruhigen, überlegenen, rational kalkulierenden Feldherrn. Wenn es denn wirklich so war, hätte Schukow in den allerersten Kriegsminuten als allererstes Genossen Stalin beruhigen müssen: Wir haben einen Plan für diesen Fall! Wir müssen ihn nur in Kraft setzen!

Interesse verdient, daß Schukow selbst ein Vierteljahrhundert später, bei der Abfassung seiner unsterblichen Memoiren, nicht versucht, sich herauszureden und Stalin die Schuld zuzuschieben. Nach dem Muster: Ich hatte ja einen Verteidigungsplan, wollte ihn in Kraft setzen, aber Stalin ließ mich nicht. Wir suchen vergebens nach derartigen Rechtfertigungen – finden aber auch kein Sterbenswort über die Existenz eines Kriegsplans. Entweder verfügte der Generalstabschef bei Kriegsausbruch über keinerlei Pläne oder er hatte schlichtweg vergessen, daß er sie besaß.

Und dieser Gedächtnisverlust währte auch noch Jahrzehnte nach dem Krieg, als sich Schukow an sein epochales Meisterwerk setzte.

Es gibt Tausende Bücher und Artikel, geschrieben von Menschen, die Beteiligte des Geschehens waren. Und kein einziger Marschall, General oder Admiral, kein Offizier oder Militärwissenschaftler erwähnt, Schukow oder irgend jemand anderes habe befohlen, die vorbereiteten Pläne in Kraft zu setzen und die in den „Roten Paketen" enthaltenen Instruktionen auszuführen. Kein Befehlshaber einer Front, einer Flotte, Armee oder Flottille, kein Kommandeur eines Korps, einer Division, Brigade oder eines Regiments erhielt zu irgendeiner Zeit den Befehl zur Öffnung seines „Roten Pakets".

5.

In meinem Buch *Der Eisbrecher: Hitler in Stalins Kalkül* steht, daß es keine Verteidigungspläne gab, wohl aber den Plan für einen Überfall auf Deutschland und die Eroberung Europas. Der Kodename der Operation lautete „Grosa" (Gewitter). Der Plan war detailliert ausgearbeitet und sollte sofort in Kraft treten, wenn den Befehlshabern der Fronten und Armeen das kurze Signal „Grosa" zuging.

Gab es diesen Plan tatsächlich? Wurde wirklich ein entsprechendes Signal vereinbart?

Oder sind das alles Früchte meiner Phantasie?

Die Existenz eines Signals „Grosa" kann das Verteidigungsministerium der Russischen Föderation nicht bestreiten. Jedoch hat man eine ganz neue Erklärung dafür parat. „Das Signal ‚Grosa' wurde tatsächlich vereinbart. Aber es bedeutete etwas ganz anderes. Auf dieses Signal hin sollten die Kommandeure der Divisionen der Deckungsarmeen die ‚Roten Pakete' öffnen. Letztere enthielten Befehle bezüglich der Maßnahmen zur Einnahme der Gefechtspositionen zwecks Abwehr gegnerischer Attacken im Falle einer Aggression."[6]

Diese Erklärung des Russischen Verteidigungsministeriums führt in eine Sackgasse. Nun wird es nämlich ganz und gar mysteriös. Jeder Kommandeur hatte ein „Rotes Paket", es gab das Signal „Grosa", das den Kommandeuren befahl, ihr „Rotes Paket" zu öffnen. Und wann, bleibt da nur zu fragen, erging dies Signal an die Truppen? Wann setzte der große Schukow damit seinen Verteidigungsplan in Gang? Niemals.

Der Schlüssel zu allen Plänen lag bei Schukow. Wenn er das Signal gab, würden alle Kommandeure ihr „Rotes Paket" öffnen und auf der Grundlage der vorbereiteten einheitlichen Planvorgabe koordiniert agieren. Doch das Signal kam nicht. Die „Roten Pakete" blieben in den Safes. Und jeder Kommandeur handelte nach eigenem Gutdünken. Kein Wunder, daß ein Durcheinander eintrat, das die größte Niederlage einer Armee in der Weltgeschichte nach sich zog. Die Zerschlagung der Roten Armee im Jahre 1941 hatte viele Folgen, unter anderem den Untergang der Sowjetunion.

Die offizielle Kreml-Propaganda schüttete ganze Wagenladungen von Schmutz über der Kommandoführung der Roten Armee aus. Der Welt wurde weisgemacht, die Kommandeure dieser Armee seien feige, dumm und faul gewesen. Auf Befehl des Verteidigungsministeriums der Russischen Föderation hat ein gewisser „Gelehrter" der Universität Tel Aviv sogar eine einschlägige Erhebung durchgeführt und mit wissenschaftlicher Exaktheit berechnet, wieviel Prozent Idioten darunter zu finden waren.

Doch versetzen wir uns einmal in die Lage der unglückseligen roten Kommandeure. Betrachten wir die Dinge unter ihrem Mützenschirm hervor. Dem Kommandeuren der sowjetischen Regimenter, Brigaden, Divisionen und Korps, den Befehlshabern der Armeen und Fronten war strengstens verboten, Pläne für den Kriegsfall auszuarbeiten. Schukow dachte für alle. Die Kriegspläne kamen aus dem Generalstab, wurden in versiegelten Paketen aufbewahrt und galten als absolutes Staatsgeheimnis. Was Schukow da ausgeheckt hatte, durften Sie nicht wissen, bevor der Krieg losging. Und dann kam er, dieser Krieg. Und Sie hatten keinen eigenen Plan. Was nicht Ihre Schuld war. Und um das „Rote Paket" zu öffnen, brauchten Sie Schukows Erlaubnis. Die nicht vorlag. Das Paket eigenmächtig zu öffnen, kostete Sie den Kopf. So sah es damals aus – in der gesamten Roten Armee. Hunderttausende Kommandeure haben keinerlei Vorgaben und kommen sinnlos um. Hunderttausenden Kommandeuren bleibt weder Zeit noch Möglichkeit, ihr Handeln abzustimmen, abgesehen davon, daß sie dazu auch gar kein Recht hatten. Um ein koordiniertes Handeln aller Streitkräfte zu sichern, gibt es den Generalstab. Aber der erfüllte seine Aufgabe nicht, deshalb verloren die besten Kommandeure, die besten Stäbe, die besten Kampfeinheiten der Roten Armee sinnlos an der Grenze ihr Leben. Und werden noch posthum mit Schmutz überschüttet, müssen sich als unfähig beschimpfen und vorrechnen lassen, wieviel Prozent Idioten es in ihren Reihen gab.

Vorsätzlich, aus Dummheit oder Angst vergaß Schukow, den Befehl zur Öffnung der „Roten Pakete" zu erteilen. Er lieferte damit die planlos agierende Rote Armee der völligen Vernichtung aus. Aber ihn nennt man ein Genie. Stiftet sogar einen Schukow-Orden für ebensolche Genies wie ihn, die in einer kritischen Situation nicht einmal elementarste dienstliche Obliegenheiten meistern.

6.

Ohne Disziplin gibt es keine Armee. Disziplin ist das Fundament, das stählerne Skelett der Streitkräfte. Armeedisziplin kann blind sein. Im Krieg hat sie sehr häufig ihre Berechtigung. Sie sind Feldherr, Sie dürfen Ihre Intention nicht preisgeben. Deshalb müssen Zehntausende, Hunderttausende, ja Millionen Menschen Ihre Befehle ausführen, ohne deren Sinn zu verstehen. Sie ordnen einfach an, was zu tun ist, ohne zu erklären, warum.

Disziplin wird jedoch selbstmörderisch, wenn die Truppen unsinnige Befehle erhalten.

Generalstabschef Armeegeneral Schukow erteilte vor dem Krieg genug derartige Befehle, um die gesamte Rote Armee zu paralysieren: Flugzeuge des Gegners sind nicht abzuschießen! Die Regimenter und Divisionen an der Vorderlinie haben Patronen und Granaten abzuliefern! Zur Vermeidung unbeabsichtigter Artilleriesalven sind die Geschützschlösser zu demontieren und in Aufbewahrung zu geben! Die Verminung der grenznahen Brücken ist zu beräumen! Nicht auf Provokationen eingehen! Für den Beschuß deutscher Flugzeuge, die die sowjetische Grenze überfliegen, sind alle Schuldigen vor das Kriegsgericht zu stellen!

Daß Schukows Befehle auch eingehalten wurden, darüber wachten die Genossen der Volkskommissariate für Innere Angelegenheiten (NKWD) und Staatssicherheit (NKGB) mit großem Eifer. Im März 1941 – als Schukow bereits Generalstabschef war – wäre um ein Haar eine gesamte Flottenführung erschossen worden, weil Marineflakschützen das Feuer auf deutsche Flugzeuge eröffneten, die sowjetischen Luftraum verletzten. Schukow stellte sich nicht vor die Flottenkommandeure, hob auch den Befehl, jeden Beschuß zu vermeiden, keineswegs auf. Im Gegenteil. Die Genossen des NKWD stellten die Flottenführung ja nicht auf eigene Initiative unter Anklage, sondern aufgrund einer Notiz von Schukow, der eine exemplarische Bestrafung für alle forderte, die ohne Befehl schossen. Nach dem Krieg fand Schukow eine ganz erstaunliche Erklärung für sein Verhalten: Wir hatten Angst, den Krieg zu provozieren, wollten Hitler keinen Vorwand liefern für einen Überfall. Na und, was hat es genützt? Ihr habt Hitler keinen Vorwand geliefert, aber konnte das Hitler abhalten? Hat es ihn abgehalten?

Die Rote Armee mußte sich Schukows Befehlen blind fügen. Aber wo liegt die Grenze zwischen Provokation und Krieg? Sie waren Kommandeur eines Fliegerregiments. Ihr Flugplatz wurde bombardiert. Hätten Sie gewußt, daß auf alle Flugplätze Bomben fallen, wäre Ihnen klar gewesen: Krieg. Aber Sie durften es nicht wissen. Sie sahen in dem Moment nur Ihren Flugplatz, Ihre brennenden Flugzeuge. Und jeder der Millionen Soldaten und Offiziere an der Grenze konnte nur seinen kleinen Ausschnitt des Geschehens sehen. Wie sollten Sie wissen, was das war? Eine Provokation? Oder bereits mehr als das? Sie hätten geschossen, und hinterher würde sich herausgestellt haben, daß es sich lediglich um eine punktuelle gegnerische Provokation handelte. Was hätten Genosse Schukow und die Henker des NKWD da mit Ihnen gemacht?

Die Befehle des großen Schukow und die militärische Disziplin verlangten von den Truppen, sich nicht provozieren zu lassen. Die gesamte Armee folgte diesem Befehl. Die gesamte Armee ließ sich nicht provozieren. Am 22. Juni räumten die Divisionen der Vorderlinie kampflos die grenznahen Brücken, um nur ja dem Befehl des strategischen Genies zu gehorchen und sich nicht provozieren zu lassen. Ach, ihr Schafsköpfe, zetern wir, habt ihr denn nicht kapiert, daß Krieg war?!

Wir empören uns über das Handeln von Soldaten, die Schukows Befehl ausführten. Warum empören wir uns nicht über das Handeln Schukows, der diesen Befehl erließ?

Aber haben die Soldaten an der Grenze wirklich nicht begriffen, daß der Krieg begonnen hatte? Nein, haben sie nicht. Sie hatten einen Befehl. Andere Informationen zum Durchdenken der Lage standen ihnen nicht zur Verfügung. Ja, halten wir diese Soldaten ruhig für Idioten. Im Generalstab aber saß ein großer Stratege, dem alle Informationen zu Gebote standen, der bereits am Abend des 21. Juni wußte, daß jetzt der Krieg begann. Denn nach seinen eigenen Worten hatte er da schon alle Illusionen verloren. Doch unerklärlicherweise setzte er seinen Operationsplan nicht in Kraft. Ihn halten wir für einen überragenden Denker.

7.

Hat Schukow überlegt, was er persönlich tun würde, wenn der Krieg begann? Möglicherweise. Aber er ist auf nichts gekommen. Alles, was Schukow dann wirklich tat in den ersten Minuten, Stunden und Tagen des Krieges war improvisiert. Handlungen, die nicht vorher geplant, ja nicht einmal überschlagen worden waren.

Vor dem deutschen Angriff überschüttete Schukow die Armee mit Verboten des Waffengebrauchs. Noch am 22. Juni 1941 um 0.25 Uhr erhielten die Truppen die Direktive Nr. 1: „Aufgabe unserer Truppen ist es, sich in keiner Weise provozieren zu lassen ..." Die Direktive war unterzeichnet von Marschall Timoschenko und Armeegeneral Schukow. Sie schloß mit der kategorischen Forderung. „Es sind keinerlei andere Maßnahmen ohne besondere Anordnung durchzuführen."

Jahrhundertealte Erfahrung bestätigt: Es ist besser, den Dummkopf zu spielen als den Schlaumeier. Marschall S. K. Timoschenko hat nie behauptet, am Abend des 21. Juni 1941 begriffen zu haben, daß der Krieg kam. Ihm können wir nichts vorwerfen.

Aber Schukow kehrte beständig den klugen Mann heraus und geriet deshalb mit erstaunlicher Konstanz in dümmste Lagen. Er hat selbst erklärt, sich am Abend des 21. Juni keine Illusionen mehr gemacht und begriffen zu haben: Der Krieg war da! Das ist nachzulesen in der militärhistorische Zeitschrift *Wojenno-istoritscheski schurnal*, einem offiziellen Presseorgan des Verteidigungsministeriums der Russischen Föderation. Und um 0.25 Uhr des 22. Juni befiehlt Schukow den Truppen, sich nicht provozieren zu lassen und keinerlei Maßnahmen zu ergreifen.

Würde ein kluger Mann in der Zeitung so etwas schwätzen? Denn vergleicht man beide Aussagen Schukows und nimmt sie ernst, hätte der große Stratege mit den Füßen nach oben auf einem öffentlichen Platz aufgehängt werden müssen wegen Sabotage, wegen Vernichtung der eigenen Armee, wegen Kollaboration und Landesverrat.

Würde ein kluger Mann den Truppen befehlen, sich nicht provozieren zu lassen, nachdem er selbst begriffen hat, daß es nicht mehr um Provokationen, sondern um einen gegnerischen Überfall geht?

Die Direktive Nr. 1 ging an die Stäbe der Militärbezirke, wurde dort dechiffriert und löste entsprechende Weisungen an die Stäbe der Armeen aus, die chiffriert und abgeschickt wurden. Dort gingen sie ein, wurden dechiffriert, gelesen und wiederum Weisungen an die Stäbe der Korps zugrunde gelegt ... Als Schukows geniale Direktive bei den Truppen landete, brannten die Flugplätze schon lange, waren die Munitionslager bereits detoniert und stieg beißender Rauch auf von den entflammten Erdöldepots. Deutsche Panzer zermalmten die sowjetischen Grenzdivisionen, und der größte Feldherr des 20. Jahrhunderts befahl kategorisch, sich auf keine Provokationen einzulassen! Ohne besondere Anordnung keinerlei Maßnahmen zu ergreifen!

Die Direktive Nr. 1 bedeutete im Grunde das Todesurteil für die Rote Armee: Wehre dich nicht, wenn auf dich geschossen wird!

Wäre der General, von dem dieser wahnwitzige Befehl stammte, ein kluger Mann, würde er sich dumm stellen: Ja, ich habe das unterschrieben, weil ich die Situation nicht durchschaute. Aber unser Stratege kehrt ja den Neunmalklugen heraus: Ich habe zuallererst begriffen, daß das der Krieg war. Mir ist das bereits am Abend des 21. Juni aufgegangen, während der dumme Stalin noch am 22. Juni die Situation nicht verstehen wollte ...

Man darf Schukow nicht glauben.

Wenn wir es trotzdem tun, sehen wir uns mit vielen Fragen konfrontiert: Schukow hatte begriffen, daß das keine Provokation, sondern Krieg war, und befahl noch danach den Truppen, sich nicht provozieren zu lassen. Weshalb? Weil er ein Volksfeind war? Ein Saboteur? Weil ihn die Hitlerfaschisten angeworben hatten und er auf ihren Befehl die Rote Armee zum Abschuß freigab? Oder handelte er auf eigene Initiative? Was kann ihn zu einer solchen Schandtat veranlaßt haben? Liebe zum Führer? Haß auf das eigene Volk?

Aber wenn wir Schukows Schilderungen glauben, muß sich auch unsere eigene Obrigkeit Fragen gefallen lassen: Sie wissen, Schukow hat einen verbrecherischen Befehl erlassen, der die Rote Armee ins Verderben stürzte. Und das nicht aus Dummheit, sondern mit Vorsatz. Warum heben Sie ihn dann in den Himmel? Sind Sie etwa auch Volksfeinde und Saboteure?

Uns führt man einen feigen Stalin vor, der nichts unternahm, als der Krieg begann, und einen weisen Schukow, der Direktiven erließ an die Truppen. Wenn Sie mich fragen, ist Nichtstun solchen Direktiven allemal vorzuziehen.

8.

Entweder hätte Schukow diese Befehle nicht erteilen dürfen oder aber ein Führungssystem aufbauen müssen, das bei Ausbruch eines Krieges – besser noch: davor – die Aufhebung aller bis dato geltenden Einschränkungen des

Waffengebrauchs ermöglichte. Er hätte ein Signal festlegen müssen, das schlagartig sämtliche Truppen erreichte.

Jede Armee tritt ohne jeden Befehl in einen Verteidigungskrieg ein, ebenso, wie sich die Wache auf ihrem Posten gegen einen Angriff zur Wehr setzt, ohne weitere Anordnungen, Direktiven oder Signale abzuwarten. Aber Schukow hatte jede Kampfhandlung, jeglichen Waffengebrauch strengstens untersagt. Dann wäre es jedoch seine verdammte Pflicht und Schuldigkeit gewesen, sich irgendein kurzes Wort auszudenken – „Saslon", „Sapfir", „Taiga" meinethalben – und allen klarzumachen, was es bedeuten sollte. Dann wußten die Untergebenen: Übermittelte der Generalstabschef dieses Signal, waren sämtliche Einschränkungen aufgehoben. Durfte gekämpft werden. Es bedeutete Krieg!

Ein Jahr zuvor hatte der Generalstabschef Armeegeneral Schukow bei seiner Abreise nach Kiew noch öffentlich Tränen vergossen über die Opfer der kommenden Katastrophe. Von dem Augenblick an stellte er sein gesamtes Leben in den Dienst des heraufziehenden Kriegs. Fünf Monate saß er nun bereits im Sessel des Generalstabschefs und dachte an den Krieg, und doch war ihm kein Wörtchen eingefallen, mit dem sich Land und Armee im Notfall warnen ließen: Der Krieg war da. Nicht nur, daß Schukow seine Armee planlos machte, er verbot obendrein noch jede Kampfhandlung. Aber dessen nicht genug. Im Augenblick des Kriegsausbruchs vergaß er auch noch, seine Verbote aufzuheben. Und erklärte die vernichtende Niederlage von 1941 damit, daß „der Feind sich als stärker erwies", die eigenen Truppen „instabil waren, in Panik gerieten und flohen".

Schukow führt beständig Stalins Beschränktheit und Feigheit im Mund. Noch am frühen Morgen des 22. Juni 1941 konnte Stalin nicht glauben, daß der Krieg begonnen hatte. Aber der weise Schukow wußte es bereits. Wenn du alles weißt, dann läute Sturm! Drücke auf sämtliche Knöpfe! Reiß die Plomben von den Hebeln! Laß die Sirenen heulen! Jage auf sämtlichen Kanälen chiffrierte Meldungen an die Fronten und Armeen, schrei im Klartext in alle Telefonhörer, daß sie die „Roten Pakete" aufreißen sollen. Laß deine Untergebenen wissen, was du begriffen hast! Sie sind nicht so schnell im Denken, verstehen noch nicht, daß Krieg ist, aber in dir haben sie ja ein Genie! Sag ihnen, daß der Frieden vorbei ist!

Schukow tat nichts dergleichen. Und nun erklären Sie mir, wer Schukows Weisheit brauchte, wenn diese nicht über die vier Wände des Kreml-Kabinetts hinausging? Wozu war sie schon gut? Was nützte Schukows ganzes Verstehen und Begreifen, wenn er den Truppen sein Wissen vorenthielt?

Die Pflicht der Befehlshaber der Fronten, Flotten, Armeen und Flottillen, der Kommandeure der Korps, Divisionen, Brigaden, Regimenter, Bataillone, Kompanien und Züge bestand darin, ihre Truppen zu führen und die gegnerischen Schläge abzuwehren. Sie konnten diese Pflicht nicht erfüllen, weil sie laut Befehl das Feuer nicht eröffnen durften. Schukows Pflicht war, die Streitkräfte über den Ausbruch des Krieges in Kenntnis zu setzen. Ihn hinderten keinerlei Beschränkungen. Warum erfüllte er seine Pflicht nicht?

Von Schukow selbst wissen wir, was in den ersten Minuten und Stunden des Kriegs geschah. Molotow betritt Stalins Arbeitszimmer und erklärt, er habe ein Gespräch mit dem deutschen Botschafter gehabt und dieser habe ihm die offizielle Kriegserklärung der deutschen Regierung an die Sowjetunion übergeben. Schukow beschreibt, wie Stalin auf diese Mitteilung reagierte, seine eigene Reaktion aber erwähnt er nicht. Er weiß ja ohnehin schon lange, daß der Krieg da ist, und nun bringt Molotow die offizielle Bestätigung. Da hätte es nur eine einzige blitzschnelle und unmißverständliche Reaktion geben dürfen. Jede Sekunde der Zögerlichkeit bedeutete weitere Brücken, die der Feind in seine Gewalt brachte, weitere Waffenlager und Munitionsdepots, jede Minute weitere Kilometer unter den Ketten der Panzer von Hoth, Guderian und Manstein, jede Stunde Hunderte weiterer Flugzeuge, die auf den Flugplätzen in Flammen aufgingen, Hunderte weiterer Tonnen sinnlos vergossenen Bluts. Deshalb hätte Schukow nach Molotows offizieller Bestätigung der Kriegserklärung den Hörer von der Gabel reißen und in alle Richtungen schreien müssen: Krieg! Krieg! Krieg!

Aber unser weiser Schukow schreitet in Stalins Arbeitszimmer auf und ab, verliert kluge Worte, doch den Truppen, die keinerlei Weisungen haben außer dem kategorischen Verbot jeglichen Handelns, diesen Truppen sagt er nichts.

Ohne Direktive aus Moskau, auf sein eigenes Risiko, erläßt der Kommandierende der Westfront, Armeegeneral Pawlow, um 5.25 Uhr schließlich den Befehl: „Angesichts der sich von deutscher Seite abzeichnenden massiven Kampfhandlungen befehle ich, die Truppen in Alarm zu versetzen und gefechtsmäßig zu handeln."

Was hieß gefechtsmäßig handeln? Anzugreifen? Sich zu verteidigen? Den Rückzug anzutreten? Nehmen wir eine konkrete Situation: eine Brücke an der Grenze. Der Befehl lautete: Gefechtsmäßig handeln. Sollte die Brücke also gehalten werden? Oder gesprengt? Sollten die Aufklärungsbataillone der Panzerdivisionen darüber hinwegrollen – auf gegnerisches Territorium?

Der Befehl zu gefechtsmäßigem Handeln bedeutete, jeder konnte so operieren, wie er es für notwendig erachtete. Das Ergebnis war ein komplettes Durcheinander. Jeder Kommandeur erteilte seine eigenen Befehle, ohne die geringste Ahnung, was die Nachbarn taten, ob sie angriffen, die Verteidigung hielten, flohen oder sich in den Wäldern versteckten. Für eine derartige Situation existiert ein furchtbarer Terminus: Führungsverlust.

Und diesen Führungsverlust gab es nicht nur im Westlichen Sondermilitärbezirk, sondern gleichermaßen in allen anderen.

Einige Truppenverbände traten mit oder ohne Befehl ihrer Kommandeure den Rückzug an.

Andere verschanzten sich zur Verteidigung. Darunter die 99. Schützendivision, die Generalmajor A. A. Wlassow vor dem Krieg zur besten Division der Roten Armee gemacht hatte. Die Wlassow-Soldaten kämpften auf Leben und Tod, gaben keine Handbreit Heimaterde preis. Es war diese Division, die als erste der Roten Armee mit einem Kampforden ausgezeichnet wurde: am 22. Juli 1941.

Wieder andere Einheiten gingen entschlossen zum Angriff über. So landeten die Kampfschiffe der Donau-Flottille einen starken Truppenverband an der rumänischen Küste an und hißten rote Fahnen der Befreiung auf allen Kirchtürmen.

Doch insgesamt heißt eine derartige Situation – Chaos. Und Chaos hat noch nie zu etwas Gutem geführt. Auch in diesem Falle nicht.

Uns hat man beigebracht, über Pawlows Befehl zum „gefechtsmäßigen Handeln" nur abfällig zu lachen: Gibt der Kretin doch einen Befehl, den jeder auslegen kann, wie er will. Aber wir lachen nicht. Pawlow hat Initiative gezeigt. Er befahl unter Verletzung der Schukowschen Weisungen und Direktiven, auf die Provokationen zu reagieren! Armeegeneral Dmitri Grigorjewitsch Pawlow erklärte, ohne dazu bevollmächtigt zu sein, ohne zu wissen, daß Deutschland der Sowjetunion offiziell den Krieg erklärt hatte, diesem Deutschland im Grunde selbst den Krieg. In seinem Befehl machte der Kommandierende der Westfront, Armeegeneral Pawlow, das Wichtigste klar: Es ist Krieg! Kämpft, so gut ihr könnt! Ich erlaube euch zu kämpfen!

Was hätte er noch befehlen können? Einen Angriff? Aber vielleicht wichen die anderen Fronten zurück. Den Rückzug? Aber vielleicht setzten sich die anderen Fronten zur Wehr. Ohne die Gesamtsituation zu kennen und ohne Weisungen aus Moskau, erteilte Pawlow seinen Truppen einfach die Erlaubnis zum Kampf, alles weitere mußten die Kommandeure selbst entscheiden.

Man kann über Pawlow lachen, soviel man will, sollte dann aber auch nicht unseren genialen Feldherrn Schukow vergessen, der in Moskau saß, wußte, daß der Krieg begonnen hatte, und doch überhaupt keine Befehle erließ. Das letzte, was die Rote Armee von ihm vernommen hatte, war: Sich nicht provozieren lassen!

Wenn Sie nun Kommandeur einer Division gewesen wären, unmittelbar an der Grenze, und zwei Weisungen gehabt hätten. Eine von Schukow, die ihnen verbot, auf die Handlungen der deutschen Truppen zu reagieren, wenn diese Ihre Soldaten unter die Panzerketten nahmen, Bomben und Granaten auf sie herabregnen ließen. Und eine von Pawlow: Gefechtsmäßig handeln! Welchen der beiden Befehle würden Sie als Divisionskommandeur für ein Verbrechen halten? Welchen der beiden Befehlsgeber würden Sie abknallen wie einen tollwütigen Hund?

9.

Womit war unser großer Stratege Schukow in diesen Minuten und Stunden beschäftigt? Er verfaßt eine Direktive mit Handlungsanweisungen für die Truppe. Welche Schande.

Instruktionen hätte Schukow den Kommandierenden der Militärbezirke und Armeen, den Kommandeuren der Korps, Divisionen, Brigaden und Regimenter vor dem Krieg erteilen müssen. Jetzt, wo der Krieg da war, mußte er den Ausführenden nur noch das Losungswort übermitteln. Jede Einheit, jeder Truppenteil und jeder Truppenverband übt vorher den Extremfall. Wenn dieser Ernstfall eintritt, gibt der Kommandeur nur noch den knappen Befehl: An die Waffen! Zum Kampf! So ist das überall, auf allen Ebenen, vom Zug aufwärts. Nur nicht bei Schukow.

Warum verfaßt Schukow jetzt eine Direktive? Jeder sowjetische Kommandeur hält doch schon das „Rotes Paket" in der Hand, wagt aber nicht, es zu öffnen. Wartet auf die Erlaubnis. Die Schukow nicht gibt. Aber dafür eine neue Direktive verfaßt. Am 1. Januar 1941 hatte Schukow einen Blick auf die Karte geworfen und den deutschen Kriegsplan erkannt. Anschließend vertat er fast ein halbes Jahr für die Aufstellung von Plänen, die im Falle eines gegnerischen Angriffs nicht genutzt werden konnten. Und als am 22. Juni der Überraschungsschlag kam, mußte der große Stratege eine Direktive an die Truppen verfassen. Worin er den Befehlshabern der Fronten und Armeen erläuterte, was sie tun sollten im Falle eines gegnerischen Angriffs, der längst erfolgt war.

In seinem Buch läßt uns Schukow wissen: „Im 7 Uhr 15 Minuten des 22. Juni wurde die Direktive Nr. 2 des Verteidigungsministers an die Militärbezirke geleitet. Doch im Hinblick auf das Kräfteverhältnis und die eingetretene Lage war sie offenkundig irreal und wurde deshalb nicht umgesetzt."[7]

Schukow hätte schreiben können: „Direktive Nr. 2". Doch nein, er präzisiert: „Direktive Nr. 2 des Verteidigungsministers". Mit dieser Geste nimmt er die Verantwortung von seinen Schultern und bürdet sie höflich dem damaligen Verteidigungsminister Marschall S. K. Timoschenko auf. Dabei ist kein Geheimnis, daß jede Direktive des Verteidigungsministers vom Generalstabschef vorbereitet wird. Schukow war also nicht nur der Mitunterzeichner des Befehls, sondern der eigentliche Urheber.

Seltsam mutet auch an, daß Schukow den Text dieses allerersten Dokumentes des Krieges, das er zudem noch eigenhändig verfaßt hatte, in seinen Memoiren nicht anführt. Wir erfahren lediglich: Es handelte sich um eine irreale und unausführbare, sprich: eine idiotische Weisung.

* * *

Uns wird beständig in die Ohren geblasen, „der Stempel der Persönlichkeit Schukows, seines Feldherrntalents" läge „auf Verlauf und Ausgang der wichtigsten strategischen Operationen der Streitkräfte der Sowjetunion". Das ist wohl wahr. Schukows Persönlichkeit und sein Feldherrntalent haben der vernichtenden Niederlage der Roten Armee im Juni 1941 ihren Stempel aufgedrückt. So sehr, daß sich dieses Schandmal nie mehr abwaschen läßt.

Kapitel 12

Den Spieß gegen sich selbst kehren

„Der Plan der Abwehr der faschistischen Aggression trug Gegenangriffscharakter. Der Vorbereitung der Anfangsoperationen lag die Idee eines mächtigen Gegenschlages mit anschließendem Übergang zum entschlossenen Angriff auf ganzer Frontbreite zugrunde. Diesem Konzept ordnete sich auch das gesamte System der strategischen Entfaltung der Streitkräfte unter. Die Ausführung einer strategischen Verteidigung oder andere Varianten des Handelns wurden praktisch nicht durchgespielt."[1]

D. T. Jasow

1.

Schukow schreibt in seinen Memoiren, daß die Direktive Nr. 2 am 22. Juni 1941 um 7.15 Uhr an die Militärbezirke übermittelt worden sei.

Hier irrt das große Genie.

Die militärhistorische Zeitschrift *Wojenno-istoritscheski schurnal* druckte in ihrer Ausgabe Nr. 4/1991 ein Faksimile dieser Direktive, die Schukow am frühen Morgen des 22. Juni geschrieben hatte. Es handelt sich dabei um ein schmuddeliges Stückchen Papier, unleserlich von Hand beschrieben, mit zahllosen Streichungen. Und vielfach korrigiert. Vor allem mußte das Dokument den Geheimhaltungsgrad ausweisen. Schukow bringt zu Papier: „Chiffriert". Streicht das durch. Schreibt: „Geheim". Dann folgt die Liste der Empfänger: „An die Militärräte LWO, Nord...". Das angefangene Wort „Nord..." streicht Schukow wieder. Und setzt statt dessen: „PribOWO, SapOWO, KOWO, OdWO".

Dahinter verbirgt sich folgendes: Für den Überfall auf Deutschland, Ungarn und Rumänien waren die Truppen des Baltischen, des Westlichen und des Kiewer Sondermilitärbezirks bereits zu Friedenszeiten insgeheim in entsprechende Fronten – also Nordwestfront, Westfront und Südwestfront – umgebildet worden. Aber das durfte erst publik werden, wenn die Invasion in Deutschland, Ungarn und Rumänien begann. Vorher hießen die entfalteten Fronten zum Schein weiter friedlich Militärbezirke. Schukow wollte die Direktive an die Militärräte der Fronten schicken, besann sich aber, daß der Angriff noch nicht begonnen hatte und deshalb Anhaltspunkte, die auf eine Existenz dieser Fronten hindeuteten, selbst in einem geheimen Dokument nicht auftauchen durften. Danach streicht Schukow die Adressierung an die Militärräte der Nordwestfront und der anderen Fronten und wendet sich nun an die Militärbezirke.

In das bereits fertige Dokument setzt er zwischen die Zeilen mit winzigen Buchstaben einen weiteren Empfänger: „In Kopie an den Volkskommissar für Innere Angelegenheiten". In fünf Monaten geistiger Schwerstarbeit hatte Schukow nicht einmal eine Liste derjenigen zustande gebracht, die im Kriegsfalle als erste unterrichtet werden mußten. Vor dem Krieg war er nicht auf den Gedanken gekommen, daß im Ernstfall die Grenztruppen, die Wach- und Begleittruppen, die Schutztruppen und die operativen Einheiten des Volkskommissariats für Innere Angelegenheiten NKWD zu informieren waren. Erst im allerletzten Moment fielen ihm die Tschekisten ein, und er trug Berijas Ministerium in der Empfängerliste nach.

Den Volkskommissar der Seekriegsflotte vergaß er jedoch. Der Volkskommissar für Innere Angelegenheiten, Lawrenti Pawlowitsch Berija, wurde am Lubjanka-Platz sofort per Kopie aus dem Generalstab unterrichtet, daß Krieg war, nicht jedoch der Volkskommissar der Seekriegsflotte, Flottenadmiral Kusnezow, dessen Volkskommissariat sich gleichfalls in Moskau befand.

Zwar steht unter dem Dokument ein Zusatz: „Kopie in einem Exempl. von Hand ausgefertigt und übergeben an Kapitän zur See Golubew – Volkskommissariat SKF. Erhalt umseitig quittiert". Doch in den wirklich kritischen Minuten und Stunden wurde die Direktive Nr. 2 der Flotte nicht übermittelt. Irgend jemand schrieb später Schukows Krakel ab und reichte das Dokument an das Volkskommissariat der Seekriegsflotte weiter.

Auch die Chefs der Hauptverwaltungen Luftabwehr und Luftstreitkräfte vergaß Schukow in der Adressatenliste, weshalb die Direktive beiden Gremien nicht zugestellt wurde. Was für eine schwache Gedächtnisleistung.

Nach dem Verteilerschlüssel folgen Datum und Uhrzeit: 22. Juni 1941, 7.15 Uhr. 7.15 Uhr ist also nicht der Zeitpunkt der Übermittlung der Direktive an die Militärbezirke. Um 7.15 Uhr hatte sich Schukow gerade an das Papier gesetzt und die Uhrzeit in der linken oberen Ecke vermerkt. Das Dokument mußte erst noch verfaßt werden – und wie zum Schur wollten die richtigen Worte nicht kommen. Dann waren noch die Chiffrierer an der Reihe, die auch ihre Zeit brauchten. Und danach gelangte die chiffrierte Direktive schließlich auch nicht von selbst in die Nachrichtenzentrale, die wiederum die Übermittlung zu besorgen hatten. Das Dokument mußte bei den Empfängern eingehen, wieder dechiffriert werden ...

Zu der Zeit brannten die Flugplätze bereits lichterloh. Und die wenigen Piloten, die ohne Befehl, auf ihr eigenes Risiko, gestartet waren, die Flugzeuge in die Luft gebracht und gekämpft hatten, griff sich, wenn sie denn lebend auf den Boden zurückkehrten, die Tscheka. Die Truppen hatten nur die Direktive Nr. 1: Nicht auf Provokationen eingehen!

Wer kämpfte, war ein Provokateur. Dem noch an Ort und Stelle, zwischen brennenden Flugzeugen und detonierenden Munitionsdepots, die Tschekisten alle Knochen aus dem Leibe prügelten, zur Abschreckung für die anderen, damit die sich nicht provozieren ließen.

Und während bei den Truppen jeder das Erstbeste tat, was ihm einfiel, quält sich Schukow mit der Abfassung des Dokuments ab. Er streicht durch, schreibt etwas anderes darüber, streicht erneut, macht am Rand noch einen ganz anderen Zusatz und zeigt mit einem Pfeil an, wohin die Ergänzung gehört.

Den Kommandierenden der Fronten und Armeen Kusnezow, Pawlow, Tscherewitschenko und Kirponos blieben weder Zeit noch Möglichkeit, auf die Weisungen des großen Strategen zu warten, in Überschreitung ihrer Vollmachten setzten sie sich über die verbrecherischen Befehle Schukows hinweg und erteilten eigene Befehle: „Gefechtsmäßig handeln!" Das bedeutete: Die zentralisierte Führung der Roten Armee war verlorengegangen. Etwas Derartiges hatten die sowjetischen Tribunale zu allen Zeiten als verbrecherische Nachlässigkeit qualifiziert und mit Erschießung geahndet.

Nach dem Krieg schob Schukow die Schuld auf Pawlow, Kusnezow, Kirponos und die anderen Befehlshaber der Militärbezirke. Aber was konnten sie dafür?

Der Dirigent hatte keine Proben abgehalten, keine Noten an die Spieler verteilt. Die Noten waren versiegelt, die Spieler durften sie nicht aufschlagen. Der Dirigent hatte sogar versäumt, den Ausführenden zu sagen, was gespielt werden sollte. Das Konzert begann – und vom Dirigenten keine Spur. Jeder Musiker handelte gefechtsmäßig, spielte, was ihm einkam: der eine den „Säbeltanz", der andere den „Sterbenden Schwan". Wofür es aus dem Publikum faule Eier hagelte. Und da erscheint unser genialer, fast heiliger Maestro. Ganz in Weiß. Und der große Verriß beginnt. Und er geniert sich nicht, ebenfalls mit faulen Eiern zu werfen. Redet von der mangelnden Bildung der Spieler und davon, wie schlecht die Instrumente seien.

Und wir glauben dem Dirigenten in Weiß. Errichten ihm ein Denkmal und haben nur Verachtung übrig für diejenigen, die wenigstens etwas unternahmen, während Schukow überhaupt nichts tat.

Die Führung der Roten Armee war nicht verlorengegangen auf der Ebene der Militärbezirkskommandeure, sondern auf der Ebene des Generalstabs. Die Führung der Roten Armee war nicht verlorengegangen in den ersten Kriegsminuten, sondern vor Kriegsbeginn. In den ersten Stunden des Krieges erteilte Schukow der Roten Armee keinerlei Weisungen, was im Falle eines Angriffs zu tun war. Aber auch vor dem Krieg hatte er die Militärbezirke nicht instruiert, was sie bei einem plötzlichen Angriff unternehmen sollten. Folglich war die Rote Armee führungslos nicht erst seit den ersten Augenblicken des Kriegs, sondern bereits davor.

2.

Schukow hätte noch eine weitere Möglichkeit besessen, den Ausbruch des Krieges anzuzeigen: Er konnte die Mobilmachung ausrufen. Marschall der Sowjetunion I. Ch. Bagramjan berichtet, daß vor dem Krieg der Befehl erging, nicht auf deutsche Flugzeuge zu schießen. Mit der Erläuterung, im Falle einer Mobilmachung könne das Feuer eröffnet werden.[2]

Wer verantwortet eine Mobilmachung? Der Generalstab und der Generalstabschef persönlich. Der Generalstab bereitet die Mobilmachung vor, in Kraft tritt sie auf Beschluß der höchsten Organe der Staatsmacht. Doch der Generalstabschef hat die Pflicht, dieser Staatsmacht in den Ohren zu liegen und zu drängen: Es ist Zeit!

Die gesamte Staatsmacht verkörperte Stalin. Glauben wir Schukow, war Stalin verängstigt und wußte nicht, was er tun sollte. Da mußte ihm Schukow doch auf die Sprünge helfen, Initiative zeigen, sich Stalins Schweigen als Zeichen des Einverständnisses zunutze machen. Und wenn Stalin nicht einverstanden war, eben seine Vollmachten überschreiten! Armeegeneral Pawlow tat das doch auch. Und der hatte keinerlei Weisungen aus Moskau und keinen Stalin neben sich. Schukow brauchte nicht in die tote Telefonleitung zu brüllen, brauchte keine Botschaften an Stalin zu schreiben und auch noch zu chiffrieren. Er befand sich ja in Stalins Arbeitszimmer und mit ihm das gesamte Politbüro. Und wenn alle diese Funktionäre miteinander nicht wußten, was zu tun war, dann hätte Schukow schreien müssen: Ich rufe die Mobilmachung aus! Wer ist dagegen? Mehr nicht. Wer wäre wohl dagegen gewesen? Und hätte sich einer gefunden, würde er die Verantwortung tragen für die verspätete Ausrufung der Mobilmachung. So liegt sie in alle Ewigkeit bei Schukow.

Stunde um Stunde verging, doch die Mobilmachung wurde nicht ausgerufen. Erst zwölf Stunden nach Kriegsbeginn, schreibt Marschall A. M. Wassilewski, kam es endlich dazu.

Man hört oft, die Befehlshaber der Fronten hätten zu langsam auf die Geschehnisse reagiert. Dem ist nichts entgegenzusetzen. Aber unser strategisches Genie war erst recht kein Ausbund an Entschlossenheit und Handlungsfreude.

Und es gab da noch eine Nuance. Als erster Mobilisierungstag wurde der 23. Juni 1941 ausgerufen. So daß man den Mobilmachungsbefehl, diese Perle strategischer Weisheit aus der Feder des großen Schukow höchstpersönlich, auch so verstehen konnte: Auf die deutschen Flugzeuge darf geschossen werden, aber er erst ab morgen.

Und schon verfaßt unser Genius ein neues Dokument: Direktive Nr. 3. Ihren Text führt er in seinen Memoiren nicht an, und das aus gutem Grund. Direktive Nr. 3 befahl der Roten Armee, sich nicht zu verteidigen, sondern anzugreifen: „... ist die Suwalki-Gruppierung des Gegners einzukesseln und zu vernichten und bis Ausgang 24. Juni das Gebiet Suwalki einzunehmen", „... ist die Gruppierung des Gegners, die in der Stoßrichtung Wladimir-Wolynski Brody angreift, einzuschließen und zu vernichten", „... ist bis Ausgang 24. Juni das Gebiet Lublin einzunehmen".

Diese Direktive hätte unser Stratege besser nicht unterzeichnet! Sie lief darauf hinaus, daß Schukow unseren Truppen auch jetzt nicht befahl, ihr Land zu verteidigen. Er schickt sie wieder in den Angriff, noch dazu auf das Territorium des Gegners. Der Sinn der Direktive ist, daß Schukow den Truppen verbietet, sich zu verteidigen. Er befiehlt anzugreifen, stellt die wirklichkeitsfremde, unerfüllbare Aufgabe, binnen kurzem die polnischen Städte Suwalki und Lublin zu erobern.

Nach dem Krieg berief sich Schukow darauf, der Feind sei „stärker gewesen". In diesem Falle hätte er erst recht den Befehl zur Verteidigung geben müssen. Wenn unsere Truppen schwächer waren, bedeutete der Angriff für sie Selbstmord. Um so mehr, als die Offensive spontan erfolgte, denn Zeit für eine Vorbereitung ließ Schukow nicht. Er befahl einfach, in ein, zwei Tagen die Einnahme der gegnerischen Städte zu melden.

In der gegebenen Situation war Armeegeneral Pawlows Befehl zum gefechtsmäßigen Handeln weitaus vernünftiger. Jeder Kommandeur sah, was sich um ihn herum abspielte, und reagierte entsprechend: ging zur Verteidigung über oder wich zurück. Während Schukows Direktive Nr. 3 alle zum Angreifen zwang. Schukow befahl einen Angriff, als die Flugplätze bereits in Schutt und Asche lagen. Als die sowjetischen Aufklärungsflugzeuge nicht mehr aufsteigen konnten und die Kommandeure folglich nicht wußten, wo der Feind stand. Schukow befahl einen Angriff unter den Bedingungen der totalen Luftherrschaft des Gegners. Er befahl anzugreifen in einer Situation, wo der Gegner von oben alles sah, wir aber geblendet waren.

Als kleiner Junge hörte ich einmal: „Paß auf, daß du den Spieß nicht gegen dich selbst kehrst!" Ich dachte, „Spieß" wäre ein Schimpfwort. Später lernte ich dann, daß ein Speer, der in einem breiten, massiven Blatt ausläuft, Jagdspieß heißt, und das Ende – Spitze. Mit solchen Jagdspießen wurden Bären erlegt. Was einfacher war, als man meinen könnte. Auf Bärenjagd ging man nicht in der Horde, sondern allein. Der Jäger mußte den Bären reizen, damit das Tier angriff. Dann stieß er ihm die Spitze des Jagdspießes in die Brust, den Schaft aber rammte er in den Boden. Hielten Speer und Nervenkostüm des Jägers aus, brachte sich das Raubtier selbst zu Tode. Kehrte die Spitze gegen sich selbst, preßte sie durch sein Gewicht immer tiefer in den eigenen Körper.

Direktive Nr. 3 stürzte die Rote Armee ins Verderben. Mit dieser Direktive stieß Schukow den russischen Bären auf die deutsche Speerspitze.

3.

In den vorausgegangenen Kapiteln hatten wir mit der Meinung zu tun, Schukow habe in den strategischen Spielen vom Januar 1941 weitaus mehr Klasse bewiesen als Kusnezow und Pawlow, die zu Beginn des Krieges stümperhaft agierten.

Was wahr ist, ist wahr. Doch Pawlow und Kusnezow blieb nicht deshalb der Erfolg versagt, weil sie schlechter gewesen wären als Schukow, sondern weil sie Schukows drakonische Befehle ausführten.

Die Truppen der grenznahen Militärbezirke unter dem Kommando von Pawlow, Kusnezow, Kirponos und Tscherewitschenko waren unmittelbar an die Grenzen verlegt worden, sie traf der Überraschungsschlag, ohne daß sie auch nur Zeit gehabt hätten, zu ihren Panzern und Kanonen zu laufen. Und nicht der Wille der einfältigen Frontbefehlshaber hatte Millionen Soldaten an die Grenze gejagt, sondern der Befehl des Generalstabschefs Armeegeneral Schukow.

Die Flugplätze der grenznahen Militärbezirke wurden dicht an die Grenzen verlegt und bis obenhin mit Flugzeugen vollgestopft. Die mehrheitlich am Boden verbrannten, weil sie bei dem Überraschungsschlag nicht mehr in die Luft kamen. Was nicht auf unglückselige Entscheidungen Pawlows, Kusnezows und der anderen Militärbezirkkommandeure zurückging, sondern auf den Befehl des Generalstabschefs Schukow.

Die strategischen Reserven waren an den Grenzen konzentriert worden und fielen dem Gegner nicht deshalb in die Hände, weil mit Pawlow und Kusnezow dumme, unfähige Kommandeure handelten, sondern weil es Generalstabschef Schukow so befahl.

Die Truppen der grenznahen Militärbezirke hatten keine Pläne für die Abwehr der Aggression, und auch dafür trägt der Generalstab und sein genialer Chef Armeegeneral Schukow die Schuld.

Die Truppen der Westfront und der Südwestfront, die an Hauptabschnitten des Krieges agierten, saßen schon zu Friedenszeiten wie in einer Mausefalle: in Vorsprüngen, die weit in das gegnerische Territorium hineinragten. Bereits, als der Krieg noch gar nicht begonnen hatte, waren die wichtigsten Gruppierungen der sowjetischen Streitkräfte von drei Seiten vom Gegner umzingelt. Er brauchte nur noch gegen ihr Hinterland zu schlagen und die Versorgungswege abzuschneiden. Was er denn auch tat. Das hat der Generalstab zu verantworten, und sein Chef G. K. Schukow persönlich. Schukow hatte die Truppengruppierungen festgesetzt. Ohne Erlaubnis des Generalstabes durfte der Befehlshaber eines Militärbezirks kein einziges Bataillon, kein Regiment und keine Division verlegen, geschweige denn eine Armee oder ein Korps.

Seinen Hauptschlag führte Hitler nördlich des Polessje-Gebiets gegen die Truppen Armeegeneral Pawlows. Während sich die Hauptkräfte der Roten Armee aus unerfindlichen Gründen südlich des Polessje befanden. Schukow will alles gewußt, alles durchschaut und vorausgesehen haben, also auch, daß der Schlag nördlich des Polessje erfolgen würde. Und konzentrierte doch seine Hauptkräfte an einer ganz anderen Stelle.

Und dann erzählt man uns, die Befehlshaber der Militärbezirke seien an allem schuld, in Moskau aber habe ein Genie gesessen. Wieder die alte Tradition. In dem Vorkriegsjahrzehnt bis zur vernichtenden Niederlage 1941 wurde auf Stalins Befehl die Kollektivierung durchgesetzt: nichts anderes als die Vernichtung von Millionen der tüchtigsten und fleißigsten Bauern, die das ganze Land und halb Europa ernährt hatten. Das Ergebnis war kläglich. Also veröffentlichte Genosse Stalin in der Parteizeitung *Prawda* einen Artikel, in dem er die lokalen Funktionäre zu Schuldigen erklärte: Habt nicht in der richtigen Richtung gearbeitet, das Maß verloren, leidet an Erfolgsrausch. Worauf man diejenigen, die am eifrigsten gewesen waren, die Stalins Befehle Punkt für Punkt erfüllt hatten, erschoß.

1941 hätte Stalin Schukow erschießen müssen. Doch dann wäre ein Schatten auf die Moskauer Führung – und damit auf Stalin selbst – gefallen. Es war günstiger, alles auf die Kommandeure vor Ort zu schieben. Deshalb mußten der Befehlshaber der Westfront Armeegeneral Pawlow und andere Generäle ihren Kopf hinhalten. Während Schukows Ruf unbefleckt blieb.

4.

Von den ersten Kriegstagen an koordinierte Schukow die Handlungen der Südwestfront und der Südfront.

Generaloberst Kusnezow hatte im Baltikum zwei mechanisierte Korps, denen eine deutsche Panzergruppe mit 631 Panzern gegenüberstand.

Armeegeneral Pawlow hatte in Belorußland sechs mechanisierte Korps, während die Gegenseite dort über zwei Panzergruppen mit 1.967 Panzern verfügte.

Armeegeneral Schukow hatte in Moldawien und der Ukraine zehn mechanisierte Korps, der deutsche Gegner eine Panzergruppe mit 799 Panzern.

Bei dieser Konstellation konnte Schukow nun gewiß sein Feldherrntalent unter Beweis stellen! Doch nein. Sechs Korps verschliß er in unnützen Märschen und verheizte sie dann sinnlos in der Schlacht, die übrigen vier ließ er weitgehend ausbluten.

Heute wird das Stereotyp gepflegt, die Panzerschlacht am Kursker Bogen bei der Ortschaft Prochorowka im Jahre 1943 sei die grandioseste nicht nur in der Geschichte des Zweiten Weltkrieges, sondern in der Kriegsgeschichte schlechthin gewesen. Das stimmt keineswegs. Die grandioseste Panzerschlacht der Weltgeschichte fand vom 23. bis 27. Juni 1941 im Gebiet Dubno, Luzk und Rowno statt. In dieser Konfrontation von sechs sowjetischen mechanisierten Korps mit der 1. deutschen Panzergruppe befehligte Schukow die sowjetischen Truppen, die quantitativ wie qualitativ absolut überlegen waren.

Die 1. deutsche Panzergruppe, bestehend aus 799 Panzern, verfügte über
0 schwere Panzer,
0 Schwimmpanzer,
0 Panzer mit Dieselmotor,
0 Panzer mit Granatschutz,
0 Panzer mit Langrohrkanonen vom 75-mm-Kaliber und darüber,
0 Breitkettenpanzer.

Um diese Anzahl deutscher Panzer an der Staatsgrenze aufzuhalten und nicht auf sowjetisches Territorium vordringen zu lassen, hätte Schukow in der Ukraine und Moldawien 266 Panzer von etwa gleicher Qualität gebraucht. Aber er hatte in den Militärbezirken Kiew und Odessa 8.069 Panzer, also das Dreißigfache dessen, was für die Verteidigung notwendig war.

Allein das 4. mechanisierte Korps, das Schukow gegen die 1. deutsche Panzergruppe warf, verfügte über 892 Panzer, darunter 414 der neuesten Typen T-34 und KW, die weder Hitler noch irgendeine andere Armee der Welt auch nur entwickelt hatte, geschweige denn in einer Schlacht aufbieten konnte.

Das 8. mechanisierte Korps umfaßte 858 Panzer, davon 171 T-34 und KW.

Zu sämtlichen Militärs, die Schukow um sich scharte, unterhielt er höchst seltsame Beziehungen. Mit Marschall Konew (oben) schlug er sich in Anwesenheit hochrangiger Militärs, Regisseure und Schauspieler. Korpskommissar Waschugin (oben rechts) erschoß sich nach der Niederlage bei Dubno, der Verantwortliche Schukow flog seelenruhig nach Moskau. Generalleutnant Krjukow (Mitte) wurde auf Befehl Schukows mehrfach gesetzeswidrig mit höchsten staatlichen Orden bedacht. Generalleutnant Telegin (unten rechts im Bildhintergrund) wurde 1947 wegen Diebstahls von Beutegut zu 25 Jahren Haft verurteilt. Nach Stalins Tod verhalf ihm Schukow zur Rehabilitation.

Das 15. mechanisierte Korps besaß 733 Panzer, einschließlich 131 vom Typ T-34 und KW.

Das 22. mechanisierte Korps zählte 647 Panzer, 31 von ihnen T-34 und KW. Wenn Sie fragen, ob 31 Panzer neuesten Typs nicht doch wenig sind, bedenken Sie bitte, daß Hitler an allen Fronten zusammengenommen kein einziges gleichwertiges oder auch nur vergleichbares Fahrzeug besaß.

Jedes dieser sowjetischen Korps läßt sich ohne Übertreibung als echte Panzerarmee betrachten. Im weiteren Kriegsverlauf war kaum jemals wieder eine sowjetische Armee mit einem derartigen Panzerpotential ausgestattet. Und die deutschen Panzerarmeen erreichten während der gesamten Dauer des Krieges niemals eine solche Panzerkonzentration. Die USA, Großbritannien, Frankreich, Japan und Italien lagen auf diesem Gebiet deutlich hinter der UdSSR und Deutschland zurück, sie verfügten zu keiner Zeit über Panzerarmeen innerhalb ihrer Streitkräfte.

Außer den neusten Typen T-34 und KW unterstanden Schukows Befehl im Juni 1941 in der Ukraine und Moldawien noch 215 Panzer T-28, 51 Panzer T-35, 370 Panzer BT-7M, 669 Panzer T-37, 123 Panzer T-38 und 84 Panzer T-40. Weder die 1. deutsche Panzergruppe noch das ganze Reich oder andere Mächte hatten etwas vorzuweisen, das diesen „veralteten" Typen auch nur annähernd entsprach. Und mit einer solchen Überlegenheit auf seiner Seite schaffte es Schukow, die grandioseste Panzerschlacht der Weltgeschichte schmählich zu verlieren. Das Mitglied des Militärrates der Südwestfront, Korpskommissar N. N. Waschugin, erschoß sich danach. Waschugin war Politleiter, nicht er hatte diese Schlacht vorbereitet, geplant und durchgeführt, sondern Schukow. Schukow verheizte in vier Tagen sechs mechanisierte Korps, auch die übrigen waren stark dezimiert. Nach einer solchen Niederlage hätte sich Schukow erschießen müssen, um damit wenigstens einen Teil der Schande abzuwaschen. Oder richtiger: Er hätte sich zuerst erschießen müssen und erst danach die anderen, deren Verantwortung für die Schmach weitaus geringer wog.

Aber Schukow setzte sich ins Flugzeug und flog nach Moskau.

Was hätte der große Feldherr Schukow getan, wenn ihm nicht zehn mechanisierte Korps zu Gebote gestanden hätten, sondern nur zwei – wie Kusnezow?

Was hätte der große Feldherr Schukow bloß getan, wenn nicht eine deutsche Panzergruppe auf ihn zu gerollt wäre, sondern zwei – wie auf Pawlow?

Die Befehlshaber der Fronten Armeegeneral Kusnezow und Armeegeneral Pawlow hatten nicht das Recht, ihre geschlagenen Truppen zurückzulassen und sich nach Moskau abzusetzen. Der Generalstabschef Armeegeneral Schukow hatte es. Er ließ die durch sein Verschulden aufgeriebenen

Truppen im Stich und machte sich aus dem Staube. All das bedarf noch einer eingehenderen Untersuchung. Sie bleibt einer anderen Gelegenheit vorbehalten.

5.

Nach dem Krieg erklärte Schukow dann: Wir hatten zu wenig Granaten, unsere Panzer waren veraltet, die Flugzeuge fliegende Särge und die Truppen instabil!

Lassen wir doch einfach wie bei einem strategischen Spiel die Gegner die Plätze tauschen. Und stellen wir uns vor, an der Stelle der Roten Armee stünde die deutsche. Nicht die Rote Armee müsse die Sowjetunion verteidigen, sondern die Wehrmacht. Und die würde vom größten Feldherrngenie des 20. Jahrhunderts, G. K. Schukow, befehligt. Und alles wäre, wie es sein sollte: standhafte, gut ausgebildete Soldaten, kluge Offiziere, eine großartige Kampftechnik. Wie würde sich das vertragen: eine vorbildliche Armee, und an der Spitze dieser vorbildlichen, weltbesten Kampfmaschine unser großes Genie. Na, genug vorgestellt? Gut. Gehen wir weiter.

Vor dem Krieg kommen aus Moskau Direktiven angeflattert: Die Flugplätze direkt an die Grenzen verlegen, direkt in den Schußbereich der feindlichen Batterien. Und die strategischen Reserven gleich hinterdrein! Und ja nicht auf gegnerische Flugzeuge schießen! Die Gewehrschlösser abmontieren und in Verwahrung geben! Den Stacheldraht an der Grenze demontieren! Die Truppen nicht in Verteidigungsposition bringen! Keine Schützengräben und Unterstände ausheben! Millionen Soldaten unmittelbar hinter der Grenze stationieren! Mitsamt aller Stäbe, Kommandopunkte und Nachrichtenzentralen! Keinerlei Karten des jeweiligen Geländes ausgeben! Die stärksten Armeen zusammenziehen in Vorsprüngen, die weit in das gegnerische Territorium hineinragen, wie Mausefallen sind! Und keine Maßnahme ohne Weisung aus Moskau! Sich nicht provozieren lassen!

Die Kommandeure der verschiedenen Ebenen vom Zug aufwärts haben keine Ahnung, was die Führung vorhat. Alle Pläne liegen in versiegelten Umschlägen. Für die Öffnung des „Roten Pakets" ohne entsprechenden Befehl droht Erschießung.

Und diese mustergültige Armee sieht sich plötzlich Überraschungsschlägen ungeheuerlicher Stärke ausgesetzt. Schukows Befehl, nicht auf Provokationen einzugehen, bedeutete: kein Kampf. Schukows Befehl, nichts ohne Weisung aus Moskau zu tun, bedeutete: gar kein Handeln. Und nach diesen Befehlen, im dramatischsten Augenblick, wo der Feind auf die arme Rote Armee eindrischt mit allem, was ihm zu Gebote steht, herrscht in Moskau viele Stunden lang Schweigen. Der Befehl gilt: Keinen Krieg führen. Er wird nicht aufgehoben.

Was hätte die disziplinierte deutsche Armee in einer solchen Lage getan? Schwer zu glauben, daß es für sie am 22. Juni 1941 leichter gewesen wäre als für die Rote Armee. Ob sie in einer Konstellation, wo kein einziger General und Offizier auch nur irgendeinen Plan besaß, sofort gesiegt hätte?

Und dann unvermittelt Schukows aberwitzige, unerfüllbare Direktiven, ohne jede Vorbereitung anzugreifen. In einer Situation, wo sich ein Angriff verbot. Weil keiner mit ausgeschlagenen Augen angreifen kann.

Das hieß, die Speerspitze gegen sich selbst zu kehren.

* * *

Wem kommt es jetzt noch über die Lippen, Schukow ein Genie zu nennen? Wer bringt es immer noch fertig, der Roten Armee vorzuwerfen, sie habe schlecht gekämpft?

Kapitel 13

Wie Schukow Moskau rettete

„Schukow hatte die Manier, mehr zu gebieten als zu führen. In schweren Minuten konnte ein Untergebener nicht damit rechnen, von seiner Seite Unterstützung zu erhalten – die Unterstützung eines Genossen, eines Vorgesetzten, ein aufmunterndes Wort oder einen freundschaftlichen Rat."[1]

K. K. Rokossowski

1.

Die Vorkriegsmonate sowie der Juni und Juli des Jahres 1941 sind ein so wichtiger Abschnitt in der sowjetischen Geschichte, daß dafür ein Kapitel nicht ausreicht und auch zehn noch nicht genug wären. Dieses Buch steht noch aus.

Wir wollen uns jetzt aber geistig in den August 1941 versetzen, in die Nähe der Stadt Jelnja. Hier hatte im August/September 1941 die Reservefront unter dem Befehl Armeegeneral G. K. Schukows die erste erfolgreiche Angriffsoperation des Krieges gemeistert. Hier entstand die sowjetische Garde. Die 100. und die 127. Schützendivision der 24. Reservefront wurden als Auszeichnung für ihre standhafte Verteidigung und ihr entschlossenes Angreifen, für massenhaften Heldenmut und Tapferkeit der Mannschaften in die 1. und die 2. Gardeschützendivision umgebildet.

Die Schlacht bei Jelnja war der erste Triumph der Roten Armee im Kampf gegen Hitler-Deutschland. Diesen Triumph hatte Schukow organisiert. Das ist unbestreitbar.

Was geschah nun genau in Jelnja?

Nach dem Durchbruch der vorderen Einheiten der 2. Panzergruppe Guderians und der Einnahme der Stadt Jelnja am 19. Juli 1941 konnte der Gegner einen eminent wichtigen, gut befestigten Brückenkopf schaffen, einen Vorsprung, der in Richtung Moskau wies. In knapp einem Monat hatte die 2. Panzergruppe kämpfend 700 Kilometer von Brest bis Jelnja zurückgelegt. Würde Guderians Panzergruppe den Vormarsch im gleichen Tempo fortsetzen, stünde sie in zwei Wochen vor den Toren der Hauptstadt. Der Vorsprung von Jelnja war der Ausgangspunkt für den Sprung auf Moskau. In schweren Kämpfen im August und Anfang September gelang es Schukow, diesen Brückenkopf zu zerschlagen.

Wir brauchen uns nur zwei Zahlen zu vergegenwärtigen, um die Schukowsche Großtat in ihrer ganzen Dimension zu ermessen: Guderian schafft ganze 700 Kilometer in knapp einem Monat, es bleiben noch 300 Kilometer bis Moskau …

Allerdings hatte sich die 2. Panzergruppe Guderians sehr weit vorgewagt. Ihre Flanken waren offen. Die rückwärtigen Räume nicht verläßlich. Und keine Reserven vorhanden. Die Truppe brauchte Ruhe und Auffüllung, die Kampftechnik Wartung und Instandsetzung. Es herrschte akuter Mangel an Panzern, Panzermotoren, Transportfahrzeugen, Munition und Ersatzteilen. Und die Hauptsache – Guderian hatte nur noch wenig Kraft- und Schmierstoffe. So daß Moskau zu der Zeit keine unmittelbare Gefahr drohte. Guderian mußte warten, bis der gesamte Nachschub für den Angriff eintraf. Die Versorgung der angreifenden deutschen Truppen war aber nur auf einem einzigen – noch dazu sehr verwundbaren und nicht durchgängig intakten – Wege möglich: über die Eisenbahnstrecke Minsk – Smolensk – Wjasma – Moskau.

Doch selbst wenn Guderian keinerlei Nachschubprobleme gehabt hätte, wäre ein Schlag gegen Moskau zu diesem Zeitpunkt außerordentlich riskant gewesen. Von Norden bedrängten die deutsche Gruppierung die sowjetischen Verbände der Nordwestfront mit etwa einer halben Million Mann, Hunderten Panzern und Tausenden Geschützen. Sie selbst waren praktisch unverwundbar, da sie auf den für deutsche Panzer unzugänglichen Waldei-Höhen lagen. Von Süden, aus den Räumen Kiew, Konotop, Brjansk, wurde Guderians Gruppe und ihre einzige Versorgungsader von den Streitkräften der sowjetischen Südwestfront und der Brjansker Front bedroht, die mehr als eine Million Rotarmisten mit 1.000 Panzern und 5.000 Geschützen umfaßte.

So stand das deutsche Oberkommando vor einem quälenden, unauflösbaren Dilemma: Sollte man direkt auf Moskau vorstoßen oder zunächst die Kiewer Gruppierung der sowjetischen Truppen vernichten? Guderian und viele andere Generäle befürworteten den Vormarsch Richtung Moskau. Hitler befürchtete, der Sprung auf die Hauptstadt könne in einer Mausefalle enden. Man konnte nicht nach Moskau weitermarschieren, wenn rechterhand eine so starke Gruppierung der Roten Armee stand.

Die Verteidigung der sowjetischen Truppen im Raum Kiew stützte sich auf ein verläßliches Wasserhindernis – den Dnepr – und den Kiewer Befestigungsraum. Frontal war dieser Gruppierung nicht beizukommen. Doch Guderians 2. Panzergruppe war weit nach Osten vorgestoßen und bedrohte die rechte Flanke der Kiewer Gruppierung der sowjetischen Truppen, da sie deren Hinterland abschneiden konnte.

Am 21. August 1941 gab Hitler den Befehl, den Angriff auf Moskau aufzuschieben und statt dessen einen Schlag nach Süden zu führen mit dem Ziel, die sowjetischen Streitkräfte um Kiew einzuschließen. Die Operation wurde ausgeführt. Im Kiewer Kessel nahmen die deutschen Truppen 665.000 Soldaten und Offiziere der Roten Armee gefangen, erbeuteten 884 Panzer, 3.178 Geschütze, Hunderttausende Tonnen Munition, Kraftstoff, Ersatzteile und Proviant.

2.

Hitlers Absichten für die zweite Sommerhälfte und den Frühherbst 1941 wurden im Kreml unterschiedlich gedeutet. Der Chef des Generalstabs Armeegeneral Schukow wußte, begriff und erahnte wie immer alles. Während der dumme Stalin überhaupt nichts verstand und voraussah. Schukow schildert, er habe am 29. Juli Stalin angerufen und darum gebeten, dringend Lagebericht erstatten zu dürfen. Und der klang so: „In der strategischen Richtung Moskau können die Deutschen in den nächsten Tagen keine Angriffsoperationen führen, da sie zu große Verluste erlitten haben. Sie verfügen hier über keine großen strategischen Reserven zur Sicherung des rechten und des linken Flügels der Heeresgruppe Mitte, in der Leningrader Richtung sind die Deutschen nicht imstande, ohne zusätzliche Kräfte eine Operation zur Eroberung Leningrads und zur Vereinigung mit den Finnen zu führen …“[2]

Schukow will Stalin bewiesen haben: Hitler würde jetzt nicht nach Moskau vormarschieren und ebensowenig Leningrad stürmen. Die Gefahr lag an einer anderen Stelle. Die deutschen Truppen konnten in das Hinterland der Südwestfront schlagen, die gesamte Kiewer Gruppierung isolieren. Man mußte die Truppen dringend aus dem Raum Kiew abziehen!

Stalin: Und was wird mit Kiew?

Schukow: Kiew ist aufzugeben!

Worauf Stalin die bereits zitierte Äußerung von sich gab, das sei Unsinn.

Und Schukow antwortete, wenn Stalin meine, der Chef des Generalstabes könne nur Unsinn reden, dann habe er hier nichts mehr verloren, Stalin sol-

Schukow brüstete sich zeit seines Lebens damit, er sei es gewesen, der Moskau gerettet habe. Daß „seine" Siege auf einem Zusammenspiel vieler Faktoren beruhten, zu denen er nicht das mindeste beitrug, wird der Öffentlichkeit vorenthalten.

Entsprechend heroisch wird er bis heute präsentiert. Dieses Propagandaplakat zeigt ihn 1945 als Sieger in Berlin. Doch auch hier war sein Beitrag zum Sieg über den sogenannten Hitlerfaschismus verschwindend gering.

le ihn von seinen Pflichten als Generalstabschef entbinden und an die Front schicken.

Schukow stellt die Sache so dar, als habe ihn Stalin danach als Generalstabschef abgesetzt und zum Befehlshaber der Reservefront ernannt. An deren Spitze er dann die glänzende Angriffsoperation bei Jelnja vollbrachte.

Aufmerksamkeit verdient dabei ein Aspekt: Hitler schwankte – nach Moskau oder nach Kiew? Aber im Grunde gab es keine echte Wahl. Beide Entscheidungen verlockten gleichermaßen. Einerseits lag da das ungeschützte Moskau in nur 300 Kilometern Entfernung. Andererseits ließ sich, wenn man nach Kiew zog, ohne Mühe eine Millionen-Gruppierung der Roten Armee zerschlagen. Was brachte mehr Vorteile?

Beide Entscheidungen waren aber auch gleichermaßen fatal. Zog man gegen Moskau, würde bis zum Einsetzen der Schlechtwetterperiode die Ukraine nicht erobert sein und man mußte im Herbst und Winter um sie kämpfen. Marschierte man im August in die Ukraine, konnte man Moskau nicht bis zum Ende des Sommers einnehmen. Dann würde die Schlacht um Moskau auf den Herbst und Winter fallen. Ob sich Hitler nun so oder so entschied, in jedem Falle mußte er aufgeweichte Wege, Frost und Schnee in Kauf nehmen. In jedem Falle schleppte sich der Krieg bereits jetzt schon hin ohne Aussicht auf einen nahen deutschen Sieg. Und Leningrad mußte noch erobert werden. Und auch die Krim durfte man Stalin nicht lassen, von den dortigen Flughäfen aus konnten die sowjetischen Luftstreitkräfte die rumänische Erdölindustrie zerschlagen. Auch das begriff Hitler. Und wußte nicht, wofür er sich entscheiden sollte.

Weil beide Richtungen ebenso verlockend wie ausweglos waren, schwankte Hitler. Die Wahrscheinlichkeit, daß er sich für das eine oder das andere entschied, war in etwa gleich. Deshalb ließ sich praktisch nicht vorhersagen, welche Entscheidung er letztendlich treffen würde.

Heute wissen wir, daß Hitler nach langem Schwanken und vielen Kontroversen am 21. August entschied, den Marsch auf Moskau vorerst auszusetzen, sich nach Süden zu wenden – in das Hinterland der Kiewer Gruppierung der Roten Armee. Doch unser genialer Schukow wußte, wenn wir seinen Memoiren trauen, bereits am 29. Juli haargenau, welche Entscheidung Hitler treffen würde. Und will dann Stalin sogleich gemeldet haben: Hitler zieht nicht nach Moskau, er marschiert auf Kiew!

Der arme Hitler zerkaut sich am 29. Juli 1941 die Nägel, unschlüssig, was er tun soll, und kaut noch drei Wochen lang, schwankt: nach Moskau oder nach Kiew? Hitler konnte ja nicht wissen, daß auf eine Entfernung von 1.500 Kilometern der große Schukow längst seine Gedanken gelesen hatte – drei Wochen bevor sie ihm überhaupt in den Kopf kamen.

3.

Nehmen wir an, bei Jelnja ist alles so gewesen, wie es die Agitatoren darstellen: die erste erfolgreiche Angriffsoperation der sowjetischen Truppen im Kriegsverlauf, massenhaftes Heldentum, die Geburt der sowjetischen Garde, und Schukow – als Organisator und Spiritus rector …

Doch wir stellen die hinterhältige Frage: Wozu das Ganze? Wer brauchte die Offensive von Jelnja und weshalb?

Kehren wir zu Schukows Meldung an Stalin vom 29. Juli 1941 zurück. Schukow wußte angeblich im voraus, daß Hitler nicht nach Moskau, sondern nach Kiew marschieren würde. Und der dumme Stalin setzte ihn dafür angeblich als Stabschef ab.

Na gut, wir wollen es ihm glauben.

Und was tut Schukow? Anderthalb Monate lang stürmt er den Jelnja-Vorsprung, weil dieser ein Brückenkopf ist für den Angriff auf die Hauptstadt, obwohl im gegenwärtigen Moment niemand Moskau angreifen will.

Schukow wußte angeblich, der deutsche Schlag bei Kiew würde von hinten erfolgen. Und so kam es dann tatsächlich auch. Im Kiewer Kessel gehen sechs sowjetische Armeen unter. Guderians Kräfte sind ebenfalls erschöpft. Er berichtet, daß er die letzten Reserven in den Kampf schicken mußte: die Wachkompanie des Kommandopunkts. Guderians Stab war also unbewacht. Guderian hatte keinerlei Reserven mehr, nicht einen einzigen Soldaten. Schukow hätte seine Kräfte nicht für sinnlose Attacken auf den Jelnja-Vorsprung vergeuden, sondern eine ordentliche, wehrhafte Verteidigung aufbauen und die frei werdenden Divisionen den im Kiewer Kessel eingeschlossenen Armeen zu Hilfe schicken sollen. Guderians Kraft war am Ende. Wie sagt ein russisches Sprichwort doch so schön: Ein Strohhalm zuviel bricht dem Kamel den Nacken. Hätte Schukow mit einem Teil seiner Divisionen gegen die rückwärtigen Räume der 2. Panzergruppe geschlagen, vielleicht wäre dann aus Guderians grandiosem Sieg bei Kiew eine ebenso fulminante Niederlage geworden. Die 2. Panzergruppe zog sich über ein riesiges Gebiet hin, mit ungeschützten Flanken und rückwärtigen Räumen: vornweg die Panzer, dahinter die endlosen Kolonnen der rückwärtigen Einheiten: Lazaretteinheit, Instandsetzungsbataillone, zahllose Transportfahrzeuge mit Treibstoff und Munition, die Feldküchen usw. usw. Die Kolonnen waren außerordentlich verwundbar. Doch ohne sie konnte die Panzergruppe nicht leben und kämpfen. Gegen diese rückwärtigen Dienste Guderians hätte Schukow seine Schläge führen sollen!

Er hatte selbst vorausgesagt, daß Hitlers nächstes Ziel Kiew war und nicht Moskau. Und nun tobt die Schlacht um Kiew. Die deutschen Truppen verausgaben sich. Sind fast erschöpft. Haben keine Reserven mehr, die Versorgung ist nur unter schwierigsten Bedingungen möglich. Doch Schukow reagiert darauf nicht im mindesten. Er stürmt die deutschen Schützengräben bei Jelnja. Vergießt Soldatenblut in Strömen um eines Vorsprungs willen, den keiner braucht.

Wieder zwei Varianten zur Auswahl.

Die erste: Schukow wußte nicht vorab, daß sich Hitler gegen Kiew wenden würde. Erst nach dem Krieg kehrte er seine Weitsicht heraus. In diesem Falle ist er ein hohler Aufschneider.

Die zweite: Schukow sah tatsächlich voraus, daß Hitler seine Hauptstoßkraft gegen Kiew richten würde, vertat jedoch seine Kräfte auf einem zweitrangigen Kriegsschauplatz, während Hunderttausende sowjetische Soldaten im Kiewer Kessel umkamen, während schon die geringste Hilfe die Situation grundlegend ändern konnte zugunsten der Roten Armee. In diesem Falle war Schukow ein stümperhafter Gernegroß, unfähig die richtigen Entscheidungen zu treffen, selbst in Situationen, die er sehr wohl überschaute.

4.

Mitte Juli 1941 eroberte die 2. Panzergruppe Guderians Jelnja und ging dort in Verteidigungsstellung. Ab Anfang August attackierte Schukow ununterbrochen die Positionen der deutschen Verbände. Erfolglos natürlich. Schukow opferte Heerscharen von sowjetischen Soldaten, ohne der Panzergruppe auch nur im mindesten zu schaden. Man kann sich kaum etwas Einfältigeres vorstellen als den Sturm auf gut befestigte Positionen, in denen sich ein starker Gegner verschanzt hat. Genausogut können Sie Ihre Soldaten gleich erschießen. Selbst wenn vom Jelnja-Vorsprung aus ein Angriff auf Moskau zu erwarten gewesen wäre, hätte ihn Schukow nicht stürmen dürfen, sondern statt dessen eine Verteidigung gegen den Brückenkopf aufbauen müssen. 1943 gingen Meldungen ein, die Deutschen bereiteten einen Angriff in den Räumen Orjol und Belgorod vor. Bedeutete das etwa, daß die sowjetischen Truppen nun auf der Stelle Orjol und Belgorod stürmten? Keineswegs. Wenn von dort her ein Angriff zu erwarten war, hieß das, der Gegner verfügte in dieser Hauptstoßrichtung über starke Kräfte. Folglich durfte man nicht stürmen, sondern mußte sich zur Verteidigung rüsten: Panzergräben ausheben, Sprengbomben installieren, Minenfelder anlegen, für Schützengräben und Unterstände sorgen, Panzerhindernisse aufstellen und Hinterhalte einrichten. Wenn der Feind stark war und in dem betreffenden Abschnitt einen Angriff vorbereitete, sollte er es mit unserer Verteidigung zu tun bekommen. Sich an unseren Sperren die Zähne ausbeißen.

1943 beharrte Hitler darauf, den Kursker Bogen abzuschneiden. Dort befanden sich bedeutende Kräfte der Roten Armee, die eine unüberwindliche Verteidigung aufbauten. In der Folge ließ Hitlers Idee die besten Wehrmachtsverbände ausbluten. Schukow ist ein Stratege von Hitlers Schrot und Korn. Wie Hitler war er Gefreiter gewesen und blieb es sein Leben lang, ungeachtet der Marschallsschulterstücke. Vor Schukow lag der Jelnja-Bogen, in dem sich Kräfte konzentrierten, denen Schukow einen Angriff auf Moskau zutraute. Folglich mußten sie stark sein! Doch Schukow befiehlt anzugreifen! Fünf Attacken am Tag! Sieben! Zehn! Hurraaah!

Und der Gegner sitzt in seinen Schützengräben, hinter den Brustwehren sind nicht einmal die Helme zu erkennen. Der Gegner schießt aus dem Stand, also gezielt. Unser Soldat dagegen läuft hoch aufgerichtet. Schießt aus der Bewegung. Schleppt seinen Vorrat an Patronen und Granaten mit, ist außer Atem. Kann nicht richtig zielen. Und wohin sollte er auch, wenn sich die Deutschen eingegraben haben? Deutsche Scharfschützen und Maschinengewehrschützen mähen die Schukowschen Ketten nieder, eine nach der anderen. Macht nichts! Leute haben wir genug! Die Attacke wiederholen! Und noch einmal! Noch und noch! Den ganzen August rannte Schukow pausenlos gegen den Jelnja-Brückenkopf an. Dort brachte er die besten Verbände der Roten Armee gnadenlos unter die Erde. Und das, was als kläglicher Rest zweier Divisionen die endlosen Attacken überlebte, erhielt dann im September den Gardetitel.

Im Jelnja-Vorsprung befand sich anfangs nicht nur Infanterie, dort war auch Guderians Panzergruppe, und das bedeutete – ein Viertel des deutschen Panzerpotentials. Man kann sich nichts Furchtbareres und Aberwitzigeres vorstellen, als Infanteriesoldaten gegen in die Erde eingegrabene Panzer zu hetzen. In der Verteidigung ist ein Panzer uneinnehmbar. Nur der Turm mit der Kanone und den Maschinengewehren ragt aus der Erde. Der Turm ist getarnt. Und selbst wenn die Tarnung verlorengeht, läßt er sich nicht so leicht treffen. Und nicht jeder Treffer bedeutet einen Durchschlag. Die Besatzung eines eingegrabenen Panzers verfügt über beste Bewaffnung, die Sichtverhältnisse sind gut und die Panzerwände bieten sicheren Schutz. Die im freien Gelände laufende Schukowsche Infanterie ist geradezu ein Leckerbissen für sie. Und selbst ein angreifender Panzer bietet einem in Verteidigungsposition eingegrabenen ein leichtes, problemloses Ziel. Immer her mit Schukows anstürmenden Massen! Je mehr, desto besser! Die kriegen wir alle klein.

Am 21. August erteilte Hitler Befehl, die 2. Panzergruppe heimlich aus dem Jelnja-Vorsprung abzuziehen. Der Befehl wurde ausgeführt und Guderians Gruppe richtete nun ihren Schlag gegen Konotop, anschließend gegen Lochwiza, in den rückwärtigen Raum der Kiewer Gruppierung der Roten Armee. Im tiefen Hinterland der sowjetischen Truppen vereinigt sich Guderians 2.

Panzergruppe mit der 1. Panzergruppe Kleists und schließt den Ring um unsere Südwestfront. Was folgt, ist der größte Kessel in der Kriegsgeschichte der Menschheit. Bei seinem Abzug läßt Guderian im Jelnja-Vorsprung nur einige schwache Infanteriedivisionen zurück, keine Panzer und fast keine Artillerie. Diesen leer gewordenen Brückenkopf stürmt Schukow erneut. Tag für Tag, Woche für Woche. Ohne Rücksicht auf Verluste. Und er nimmt den Brückenkopf ein – nicht durch Zerschlagung, sondern durch Verdrängung des Gegners. Die deutschen Infanteriedivisionen ziehen sich einfach zurück aus dem Vorsprung, der übersät ist mit den Leichen sowjetischer Soldaten. Die Deutschen hinterlassen Minenfelder, bestückt mit Panzer- und Schützenminen. Das Verhängnisvolle an pausenlosen Attacken ist, daß der Gegner das Programm durchschaut: Haben Sie an einem Abschnitt in anderthalb Monaten bereits 127 Mal erfolglos angegriffen, werden Sie sich hier auch weiter den Kopf einrennen. Die deutschen Truppen hatten an allen Fronten angegriffen, deshalb brauchten sie keine Panzer- und Infanterieminen. Am Jelnja-Vorsprung aber wichen sie unter dem Ansturm der Schukowschen Kräfte langsam zurück. Hier machte der geballte Einsatz von Panzer- und Schützenminen Sinn. Und so wurde praktisch der gesamte Minenvorrat der deutschen Armee am Jelnja-Vorsprung in den Boden gebracht. Und über diese unpassierbaren Minenfelder stürmten Schukows Divisionen vorwärts, vernichteten sich selbst, ohne dem Gegner zu schaden.

Und nun eine Frage: Was wußte Schukow über diesen seinen Gegner? Wenn er glaubte, im Jelnja-Vorsprung befände sich die 2. Panzergruppe Guderians, und er trotzdem den Angriff befahl, ist Schukow ein Verbrecher. Eingegrabene Panzer – ein Viertel des deutschen Panzerpotentials – zu attackieren, ist ein Verbrechen.

Angenommen, Schukow meinte, die deutsche 2. Panzergruppe sei nicht im Jelnja-Vorsprung und Moskau drohe keine Gefahr, dann war die Erstürmung der leeren Minenfelder ein doppeltes Verbrechen. Befand sich die 2. Panzergruppe Guderians nicht in dem Brückenkopf, hätte Schukow sofort in Erfahrung bringen müssen, wo sie sich aufhielt und was sie tat. Während Schukow nämlich Jelnja stürmte, vernichteten die Hauptkräfte der 2. Panzergruppe die Verbände und Truppenteile von sechs sowjetischen Armeen, die im Kiewer Kessel eingeschlossen waren.

Weiter entwickelten sich die Ereignisse folgendermaßen: Nachdem sie sechs sowjetische Armeen im Raum Kiew geschlagen, Heerscharen von Gefangenen gemacht und unerhörte Trophäen erbeutet hatten, schwenkten die deutschen Truppen, darunter auch Guderians 2. Panzergruppe, in Richtung Moskau ab und begannen Ende September die Offensive auf die Hauptstadt. Die deutschen Panzerverbände hatten also den Jelnja-Vorsprung gar nicht gebraucht. Sie führten ihre Schläge in anderen Hauptstoßrichtungen und gelangten siegreich bis vor die Tore Moskaus. Jelnja, von Schukow mehr als einen Monat gestürmt, mit Meeren von russischem Soldatenblut getränkt, wurde kampflos aufgegeben. Die Reservefront, an deren Spitze Schukow noch vor kurzem gestanden hatte, geriet in einen Kessel und ging unter. Der Grund ist darin zu suchen, daß sich die Front unter Schukow nicht auf eine Verteidigung vorbereitete, sondern sinnlos den Jelnja-Vorsprung stürmte. Die Kämpfe um Jelnja hatten die Reservefront aufgerieben und ausgeblutet, Unmengen von Munition gekostet, die nun fehlten. In diesem Zustand mußte sie sich den Schlägen der deutschen Divisionen entgegenstellen. Schukows Triumph bei Jelnja mündete in eine verheerende Niederlage der gesamten Reservefront drei Wochen nach dem unnützen Sieg.

Hätte Schukow im August und Anfang September versucht, die benachbarten Armeen im Kiewer Kessel zu retten, wäre auch das Schicksal der sowjetischen Truppen im Raum Jelnja ein anderes gewesen. Hätte Schukow nicht den Jelnja-Vorsprung gestürmt, sondern einige Divisionen gegen Guderians Rückraum geführt, würden die Kämpfe um Kiew bis zum Oktober, November angedauert haben. In diesem Falle wäre Schukows Truppen bei Jelnja Zeit geblieben, sich auf eine Verteidigung vorzubereiten. Zudem wäre es nach den blutigen Schlachten um Kiew auch nicht mehr derselbe Gegner gewesen. Und er hätte seine Offensive auf Moskau nicht Ende September beginnen können, sondern erst zum Winter hin. Oder überhaupt nicht.

Aber Schukow kam im August und September den im Kiewer Kessel Eingeschlossenen nicht zu Hilfe. Unmittelbar nach der Vernichtung dieser sowjetischen Gruppierung holte das Schicksal die Reservefront ein. Die von Schukow befehligten Truppen gerieten selbst in die Umzingelung.

* * *

Schukow war allerdings von der Umzingelung nicht betroffen. Vor Beginn des deutschen Angriffs auf Moskau hatte ihn Stalin nach Leningrad beordert. Sonst hätte der große Feldherr in einem deutschen Kriegsgefangenenlager Wassersuppe löffeln können wie Hunderttausende Soldaten und Offiziere der Reservefront, die er mit seiner endlosen Erstürmung von Jelnja zu Gefangenschaft und Tod verurteilte.

Kapitel 14

Wie die „Zerschlagung der Deutschen" bei Moskau ausging

„Von der 29. Armee blieben 6.000 Mann übrig ... Munition und Lebensmittel gingen aus. Die Leute fingen an zu verhungern."[1]

Wojenno-istoritscheski schurnal

1.

Um Schukow ranken sich viele Legenden. Unter anderem auch die, er habe Leningrad gerettet.

Beginnen wir damit, daß zwei Jahrhunderte lang alle russischen Zaren den Raum um Petersburg befestigten. Petersburg ließ sich nicht im Sturm erobern, es war die bestbefestigte Stadt der Welt. Außerdem wurde im Sommer und Frühherbst 1941 die gesamte Baltische Flotte dorthin verlegt. Im Raum Leningrad war ein ungeheures Militärpotential konzentriert: 360 Geschütze der Marineartillerie, davon 207 der Küstenschutz- und 153 der Schiffsartillerie. Eine vergleichbare Artilleriebestückung fand sich während des Zweiten Weltkrieges in keiner einzigen Marinebase.[2] Und im Unterschied zur Feldartillerie überwiegen bei der Marineartillerie schwere Kaliber. Die deutsche Armee hatte dieser Konzentration von Feuerkraft und Panzerung nichts Gleichwertiges entgegenzusetzen.

Zudem wurde Leningrad von vier sowjetischen Armeen verteidigt: der 8., der 23., der 42. und der 55. Sie konnten sich auf ein leistungsfähiges Netz befestigter Räume stützen.

Den Himmel über Leningrad schützte ein Luftabwehrkorps. „Die maximale Dichte der Flakartillerie bei der Verteidigung von Moskau, Leningrad und Baku war acht- bis zehnmal höher als bei der Verteidigung Berlins und Londons."[3] Hinzu kam noch die Flakartillerie der Schlachtschiffe.

Leningrad deckten die Luftstreitkräfte der Baltischen Flotte und der Leningrader Front.

Angesichts dieser Tatsachen wäre ein Sturm auf Leningrad Aberwitz gewesen. Hitler ließ sich darauf nicht ein.

Rufen wir uns auch noch einmal ins Gedächtnis, was Schukow bereits am 29. Juli 1941 zu Stalin sagte: „Ohne zusätzliche Kräfte können die Deutschen keine Operation zur Eroberung Leningrads und einer Vereinigung mit den Finnen beginnen."[4] Schukows Memoiren lassen sich nur so interpretieren, daß Leningrad kein Sturm drohte. Veränderungen traten nach Ende Juli nicht ein, es kamen keine deutschen Truppen hinzu. Im Gegenteil, es wurden weniger, und zwar bedeutend.

Die Hauptstoßkraft, die sich gegen Leningrad richtete, war die 4. Panzergruppe Hoepners. Schukow erhielt Order, sich nach Leningrad zu begeben. Während Hoepner den Befehl erhielt, seine 4. Panzergruppe aus der Leningrader Stoßrichtung für den Feldzug gegen Moskau umzugruppieren.

Alexander Tschakowski beschreibt in seinem Roman *Die Blockade* die erste Beratung, die Schukow im Stab der Leningrader Front abhielt. Das Telefon klingelt. Jemand schreit hysterisch in die Muschel: „Die Deutschen!" Alle springen hektisch auf, wollen irgend etwas tun, nur Schukow bleibt unerschütterlich und fragt ruhig: „Was denn für Deutsche?" Den Anwesenden ist Schukows Gelassenheit unbegreiflich, man mußte doch etwas unternehmen, um die durchgebrochenen Deutschen aufzuhalten. Doch Schukow konnte gelassen sein, weil er die Situation durchschaute und wußte, die Deutschen hatten keine Kräfte für einen Sturm.

Tschakowskis Roman ist literarische Fiktion. Allerdings stellt Schukow darin eine sehr richtige Frage: Was für Deutsche?

Die Kräfte des deutschen Heeres waren offenkundig zu schwach für die Erstürmung Leningrads. Nach der Umgruppierung der 4. Panzergruppe in Stoßrichtung Moskau befand sich bei Leningrad kein einziger Panzer mehr. Ein Sturm stand folglich überhaupt nicht zu befürchten, so daß man Schukow hier auch keine Verdienste zuzuschreiben braucht.

Und noch ein Aspekt. Wenn wir über die Verteidigung Leningrads reden, sollten wir uns vergegenwärtigen, wie der Gegner bis dorthin vordringen konnte. Wie kam es, daß die Flugplätze der Nordwestfront unmittelbar an die Grenze verlegt wurden und unter die Ketten von Hoepners und Mansteins Panzern gerieten? Wie kam es, daß sich keine einzige Division der Nordwestfront (wie auch aller anderen Fronten) in Verteidigungsstellung befand? Wie kam es, daß die Brücken über Neman und Daugawa dem Gegner in die Hände fielen? Wie kam es, daß die Befestigungsräume Pskow und Ostrow nicht mit sowjetischen Truppen besetzt waren und vom Gegner quasi im Vorbeimarsch erobert werden konnten? Liegt die Verantwortung für diese unsäglichen Fehler etwa nicht bei Generalstabschef Armeegeneral G. K. Schukow?

Wofür rühmen wir diesen Schukow eigentlich?

Dafür, daß er mit seiner Vorkriegsplanung, seinen Befehlen in den ersten Stunden und Tagen des Kriegs die Truppen der Nordwestfront und aller übrigen Fronten in eine Lage brachte, in der sie nur die Niederlage erwartete. Mit seinem Handeln hatte Schukow im Grunde dem Gegner den Weg nach Leningrad freigemacht. Und nicht nur dorthin. Und als dann der Gegner bereits den Hauptteil der Streitkräfte von Leningrad abgezogen hatte, verhinderte Schukow mit seiner Präsenz einen Sturm, den die deutsche Führung weder vorbereitete noch beabsichtigte.

2.

Nach Leningrad folgte Moskau.

Ein berühmter General erklärt Schukow zum Genie, weil es diesem gelungen sei „den faschistischen Horden vor den Stadtmauern Moskaus Einhalt zu gebieten". Das klingt gewaltig. Doch deutsche Dokumente besagen, daß Hitlers Truppen Moskau nur mit letzter Kraft erreichten. Das Heer war geschwächt und ausgeblutet von pausenlosen Gefechten und Schlachten, nicht der Gegenangriff der Roten Armee hielt es auf, es kam von selbst zum Stehen, und zwar bereits einige Tage vor Beginn der sowjetischen Gegenoffensive. Der Angriff der deutschen Armee auf Moskau blieb stecken in Flüssen, Sümpfen und Seen russischen Soldatenbluts. Die monatelangen ununterbrochenen Kämpfe hatten die Wehrmacht erschöpft. Das vollständigste Bild der Entwicklung der deutschen Streitkräfte in der Vorkriegszeit und während des Krieges liefert Generalmajor Burkhart Mueller-Hillebrand. Man braucht nur die Seiten 23 und 24 seines Buches[5] zu lesen, um beurteilen zu können, in welchem Zustand sich Hitlers Truppen nach der Schlacht bei Kiew befanden. Im Herbst 1941 besaßen die deutschen Panzerdivisionen „nur noch 35 Prozent ihrer ursprünglichen Kampfkraft". „Am 10. November 1941 mußte daher eine Operationspause eingelegt werden." Die deutschen Truppen sind am Ende ihres personellen und materiellen Leistungsvermögens, ihrer Bewegungs- und Angriffskraft. „Bei der Heeresgruppe Mitte … wird man schon jetzt sagen können, daß höchstens der Nordflügel an Moskau herangeschoben werden kann und Guderian den Oka-Bogen nordwestlich von Tula wird freikämpfen können."

Hinzu kommt ein weiterer Aspekt: Mitte November 1941 waren, wie Klaus Reinhardt[6] schreibt, „die Kraftstoffreserven des Reiches erschöpft". Da machte es keinen großen Unterschied, ob sich Schukow nun in Moskau aufhielt oder nicht.

Außerdem muß man Stalins Leibwächter beipflichten, der weiß, wovon er spricht: „Manchmal ging sein Hochmut mit Schukow durch, und er konnte sich nicht mehr kontrollieren. Was hieß das, er würde Moskau nicht aufgeben? Das Hauptquartier hatte aus dem Ural, aus Sibirien und Kasachstan 39 Divisionen und 42 Brigaden an die Westfront geworfen. Ohne sie wäre selbst der goldene Schukow für immer verblaßt."[7]

Und nicht zuletzt müssen wir auch hier wieder fragen: Wie und durch wessen Schuld gelangten Hitlers Horden vor die Mauern der Hauptstadt? Wieso ließ dieser „Marschall des Sieges" die Feinde auf sowjetisches Territorium, obwohl er über 36mal mehr Flugzeuge verfügte als für die Verteidigung nötig waren? Und was hatte der geniale Feldherr überhaupt hier zu tun, unmittelbar vor Moskau?

Um 3.000 deutsche Panzer an der Grenze aufzuhalten und gar nicht erst ins Land zu lassen, wären im Juni 1941 auf der gesamten Breite der sowjetisch-deutschen Front 1.000 Panzer der Roten Armee genug gewesen, höchstens 1.500. Wie konnte es da geschehen, daß sich der große Feldherr Schukow, der über 25.479 Panzer verfügte, unmittelbar vor Moskau dem Feind Auge in Auge gegenübersah?

3.

Wenn ich höre, wie über Schukows Bravourstück vor Moskau geredet wird, muß ich immer an den Kurs in Kriegsgeschichte und Kriegskunst an der Militärakademie denken. Dort hieß es in einem fort, am Anfang des Krieges sei alles schiefgelaufen, aber dann hätten wir uns gefangen und langsam Tritt gefaßt. Die erste richtig organisierte Truppenaufklärung in Angriffskämpfen der sowjetischen Truppen habe es im Januar 1942 am Fluß Lama gegeben. Und die erste richtig organisierte ingenieurtechnische Gewährleistung der Angriffsoperation. Und die erste richtig organisierte rückwärtige Sicherstellung der Truppen in Angriffsgefechten habe wiederum dort stattgefunden, im Januar 1942, am Fluß Lama. Und die erste richtig organisierte Truppenluftabwehr gab es ... – nun, Sie erraten schon, wo und wann.

Zum ersten Mal war eine richtige Planung der Kampfhandlungen ausgeführt worden im Januar 1942 in den Gefechten an der Lama. Was man auch hernimmt, alles beginnt mit diesem Fluß. Wenn Sie nicht wissen, wo zum ersten Mal im Krieg die operative Tarnung der Truppen allen Anforderungen entsprach, helfe ich Ihnen auf die Sprünge: an der Lama. Und wann: im Januar 1942. Falls Sie es nicht glauben, schlagen Sie die militärhistorische Zeitschrift *Wojenno-istoritscheski schurnal* Nr. 1/1972, Seite 13, auf.

Jahr für Jahr käuten die Hörer sämtlicher Militärakademien der Sowjetunion das alles wieder. Sie beendeten die Ausbildung, gingen in die Truppe, andere traten an ihre Stelle. Jahr um Jahr. Jahrzehntelang. Fraglos. Aber ich habe Fragen. Mir ist überhaupt nie etwas klar. Was sind das für namenlose Truppen? Warum erzählt man uns von irgendwelchen sowjetischen Verbänden am Fluß Lama, ohne die Nummern der Divisionen und Armeen zu nennen, die Namen der Kommandeure zu erwähnen?

Und dann gibt es da noch einen bemerkenswerten Aspekt.

Am 10. Januar 1942 übermittelt das Hauptquartier des Obersten Befehlshabers eine Direktive an die Kommandierenden der Fronten und Armeen, in der es um die Methodik von „Artillerieangriffen“ geht. Und erstaunlicherweise führen am Morgen des gleichen Tages, als sie diese Direktive noch gar nicht bekommen und ausgewertet haben konnten, die sowjetischen Truppen an der Lama eine solche Artillerieoffensive aus. Dazu noch mit bestem Erfolg. Artilleriemarschall G. E. Peredelski bezeugt: „Das Konzept der Organisation eines Artillerieangriffs in der Form, wie es die Direktive vorsah, wurde der Offensive der 20. Armee am Fluß Lama im Januar 1942 zugrunde gelegt.“[8]

Endlich werden die Truppen konkret benannt. Bleiben nicht mehr namenlos. Es handelte sich also um die 20. Armee der Westfront. Und wer war ihr Befehlshaber? Wir schlagen die *Große Sowjetische Militärenzyklopädie*, Band 3, Seite 104 auf. Dort finden wir die Namen von elf Generälen, die in den Kriegsjahren nacheinander die 20. Armee befehligten. Die ersten fünf von ihnen sind Generalleutnants: F. N. Remisow (Juni–Juli 1941), P. A. Kurotschkin (Juli–August 1941), M. F. Lukin (August–September 1941), F. A. Jerschakow (September–Oktober 1941), M. A. Rejter (März–September 1942) ...

Stopp! Uns interessiert das Gefecht der 20. Armee an der Lama im Januar 1942. Doch laut *Militärenzyklopädie* hat die 20. Armee von Oktober 1941 bis März 1942 niemand befehligt. Die Wunder am Fluß Lama sind also ohne Zutun eines Kommandeurs zustande gekommen. Die vorhergehende Seite der Enzyklopädie hatte noch vermeldet: „Die 20. Armee konzentrierte sich nördlich von Moskau und wurde der Westfront zugewiesen. Im Dezember beteiligte sie sich im Verbund der Truppen des rechten Frontflügels an der Offensive von Klin-Solnetschnogorsk, in deren Verlauf im Zusammenwirken mit der 16., der 30. und der 31. Stoßarmee die 3. und die 4. Panzergruppe des Gegners geschlagen, um 90 bis 100 Kilometer nach Westen hinter die Linien der Flüsse Lama und Rusa zurückgedrängt und eine Vielzahl von Ortschaften, darunter auch Wolokolamsk befreit wurde. Im Januar 1940 durchbrachen die Truppen der 20. Armee mit einem Stoß auf Wolokolamsk-Schachowskaja die ausgebaute gegnerische Verteidigung in Höhe des Flusses Lama, verfolgten den zurückweichenden Gegner und erreichten Ende Januar das Gebiet nordöstlich von Gschatsk. Dieser Angriff bereicherte die sowjetische operative Kriegskunst um die Erfahrung einer Massierung der Kräfte und Mittel in der Hauptstoßrichtung und ihres versierten Einsatzes unter winterlichen Bedingungen." Und weiter im gleichen Geiste.

4.

Und in all diesen Kämpfen, die die sowjetische operative Kriegskunst bereicherte, hatte die 20. Armee einen Befehlshaber. Sein Dienstrang war Generalmajor. Sein Name lautete: Andrej Andrejewitsch Wlassow. Für die Gefechte an der Lama wurde er zum Generalleutnant befördert und mit der höchsten staatlichen Auszeichnung – dem Lenin-Orden – geehrt. Neben Wlassow kämpften die Armeen Rokossowskis und Goworows. Rokossowski und Goworow wurden in der Folge Marschälle der Sowjetunion. Doch nicht sie waren es, die als Beispiel dienten. Sie hatten sich gut geschlagen, sehr gut sogar. Doch das leuchtende Beispiel war Wlassow. Denn er hatte besser gekämpft als die beiden zukünftigen Marschälle.

Wäre alles anders gekommen, hätte er es sein können, der die Siegesparade in Moskau befehligte. Er war ein fähigerer Kommandeur als Rokossowski und Goworow.

Über Wlassow, Rokossowski und Goworow stand Schukow. Was die Vermutung erlaubt, die Rettung Moskaus und alle Wunder am Fluß Lama gingen auf seinen Befehl zurück. Doch dann erhebt sich die Frage, warum Schukow nur Wlassows militärisches Handeln zu glänzender Vollkommenheit führte unter Hintanstellung von Rokossowski, Goworow und aller übrigen Kommandeure der Westfront. Und man muß einräumen: Die exzellenten Operationen der 20. Armee an der Lama organisierte Wlassow ohne Schukow, möglicherweise sogar gegen ihn.

In die Volksepen sind weder Schukow noch Goworow oder Rokossowski eingegangen. Es war Wlassows Ruhm, der von Mund zu Mund getragen wurde. Über ihn sang man sogar Lieder:

„Wenn Kanonen Kugeln spei'n,
wird's Genosse Wlassow sein,
der den Deutschen Tag und Nacht
Feuer unterm Hintern macht."

Doch dann kam es so, daß der Name Wlassow vergessen und ausgestrichen werden mußte. Und man strich ihn aus. Aber damit war der Platz des Retters von Moskau vakant.

Und man beschloß, diesen Ruhm auf Schukow zu übertragen.

5.

Im Dezember 1941 vertrieb die Rote Armee die deutschen Truppen aus dem Raum Moskau. Mit der Gegenattacke der sowjetischen Streitkräfte ist die Geschichte verbunden, Stalin habe in seiner Begeisterung über den Erfolg den gleichzeitigen Angriff sämtlicher sowjetischen Truppen an allen Abschnitten verlangt.

Das war ein Fehler.

Und unser weiser Schukow habe Stalin empfohlen, eben nicht parallel an allen Fronten anzugreifen, sondern die Kräfte in der Stoßrichtung Moskau zu konzentrieren. Die Deutschen hatten es auf die Hauptstadt abgesehen, hier lagen ihre besten Truppen, die zentrale Gruppierung. Und fast alle Panzer. Die keinen Treibstoff mehr hatten. Gegen diese in Schnee und Eis frierende Hauptgruppierung mußte man schlagen! Hitlers Elitetruppen in der wichtigsten Stoßrichtung vernichten, mit den übrigen hätte man dann leichtes Spiel, die würden von allein weglaufen! Ein paralleler Angriff an allen Fronten aber war, als verfolge man vier Hasen zugleich oder wolle den Feind mit gespreizten Fingern schlagen. Besser die Kräfte in einer Faust ballen, nur an einer Stelle zuschlagen, dafür aber richtig! Alles andere wäre Kräfteverschwendung, ohne daß der Feind einen Schaden hätte, und zum Frühjahr hin würden dann die strategischen Reserven knapp. So steht es in Schukows Memoiren. Klipp und klar: Man durfte nicht überall zugleich angreifen. Auf gar keinen Fall. Punktum.

Aber der dumme Stalin hörte nicht auf den weisen Schukow. Er griff an allen Fronten zugleich an. Und am Ende war der Feind im Frühjahr immer noch nicht geschlagen, und wir hatten keine Reserven mehr. Was dann kam, war der Verlust der Krim und Sewastopols im Frühjahr 1942, die Vernichtung der 2. Stoßarmee Wlassows, die furchtbare Katastrophe von Charkow, der gegnerische Vormarsch auf Stalingrad, zu den Erdöladern an der Wolga …

Dieses Beispiel führt uns eindringlich die Selbstherrlichkeit Stalins und die Genialität Schukows vor Augen. Aber es gibt da eine Nuance.

Am letzten Tag des Jahres 1941 fand im Kreml eine Beratung statt, auf der die Pläne der Kampfhandlungen für das nächste Jahr bestätigt wurden. „Am Vorabend der Beratung im Hauptquartier, am 31. Dezember 1941, meldeten Armeegeneral Schukow und N. A. Bulganin Stalin telefonisch, daß im Verlauf der Kämpfe die Truppen der Westfront das 20., 12., 13., 43., 53. und 57. Heereskorps mit der 292., 258., 183., 15., 98., 34., 259., 260., 52., 17., 137., 131., 31., 290. und 167. Infanteriedividision, der 19. Panzerdivision sowie der aus Krakow eingeflogenen 2. SS-Brigade zerschlagen hätten, der Gegner unter dem Ansturm der Kräfte der Westfront seinen Rückzug in westlicher Richtung fortsetze, dabei auf den Schlachtfeldern und den Rückszugswegen Verwundete, Artillerie, Waffen und Gerät zurücklasse."[9]

Glaubt man diesem dick aufgetragenen Bericht, muß Schukow im Dezember 1941 bei Moskau ein zweites Stalingrad vollbracht haben. In dem zitierten Artikel heißt es weiter: „All das entsprach, um es gelinde auszudrücken, nicht der Wirklichkeit. Die aufgezählten Verbände verteidigten sich noch mehrere Jahre lang und leisteten der Westfront erbitterten Widerstand."

Schukow hatte Stalin die grandiosen Siege nur vorgemacht. So etwas nennt man bei uns schon immer Augenauswischerei. Bei seiner Jagd nach Orden und Ehrentiteln schreckte Schukow auch vor Täuschung und Verbrechen nicht zurück. Im Januar 1942 hätte man nur an einer einzigen Front angreifen dürfen, und zwar an der westlichen, die die Hauptstoßrichtung des Krieges darstellte. Stalin aber beschloß den parallelen Angriff an allen Frontabschnitten. Und er traf diese Entscheidung nicht aus Dummheit, sondern weil ihm der Augenauswischer Schukow Siege vorgegaukelt hatte, die es gar nicht gab. Schukow rapportierte: In der westlichen Hauptstoßrichtung ist der Gegner faktisch geschlagen, wir brauchen ihm nur noch an den zweitrangigen Abschnitten den Todesstoß zu versetzen.

Im Dezember 1941 stand die deutsche Armee am Rande einer Niederlage. Die Zerschlagung der Heeresgruppe Mitte hätte den Fall der gesamten deutschen Front vom Baltikum bis zum Schwarzen Meer bedeutet. Doch die falschen, prahlerischen Meldungen Schukows, mit denen er den Obersten Befehlshaber täuschte, verhinderten, daß es dazu kam. Aufgrund dieser verlogenen Berichte befahl Stalin, an allen Abschnitten zugleich anzugreifen. Die Folge: Es gab viele Schläge, die allesamt schwach waren. Das ermöglichte der deutschen Armee, sich auf sowjetischem Territorium festzusetzen und die Agonie um dreieinhalb Jahre zu verlängern.

6.

Das weiß man nicht erst seit heute: Der Aufschneider glaubt seine Prahlereien zuallererst selber. Schukow meldete Stalin, der Gegner sei in der Westrichtung im Grunde geschlagen, bereits auf dem Rückzug. Und glaubte dem eigenen stolzen Rapport. Schickte den vermeintlich heillos fliehenden deutschen Truppen seine Armeen hinterdrein. Ach, hätte der große Stratege Schukow diese Gegenoffensive doch unterlassen! Die sogenannte „Zerschlagung der Deutschen bei Moskau" wurde unter seiner weisen Führung zur schmachvollen Niederlage der Roten Armee bei Moskau.

Schukow war Befehlshaber der Westfront und gleichzeitig Oberkommandierender des Westabschnitts, zu dem zwei Fronten zählten – neben der

Westfront noch die Kalinin-Front. Für beide plante Schukow eine grandiose Operation. „Seiner Absicht nach sollten die Kalinin-Front und die Westfront an den konvergierenden Frontabschnitten auf Wjasma vorstoßen, die Rschew-Wjasma-Gruppierung des Gegners einkreisen und vernichten ..."[10]

„Am 7./8. Februar trafen die Befehlshaber der Fronten die Entscheidung zur Durchführung der Operation. Der Beschluß entsprach nicht gänzlich der Lage. An keiner Front waren starke Gruppierungen geschaffen worden für die Entfaltung eines erfolgreichen Schlags und seinen Ausbau in Richtung Flanken. Im Grunde griff jede Front isoliert an. Der Versuch des Kommandeurs der Westfront, G. K. Schukow, selbständig mit einer Stoßarmee durchzubrechen, gewährleistete das Ziel der Zerschlagung des Gegners nicht, da hinter dieser Armee keinerlei Mittel standen, die den angestrebten Erfolg ausbauen konnten."[11]

In das Gebiet, wo die Stoßgruppierungen der Kalinin-Front und der Westfront den Ring um die Hauptkräfte der deutschen Heeresgruppe Mitte schließen sollten, hatte Schukow die Verbände des 4. Luftlandekorps geworfen, verstärkt durch das 250. Regiment zur besonderen Verwendung.

Vor dem Krieg waren auf Initiative Schukows in der Roten Armee Luftlandekorps gebildet worden. Schukow schreibt dazu in seinen Memoiren: „Der Charakter der potentiellen Kampfhandlungen bestimmte die zwingende Notwendigkeit einer wesentlichen Verstärkung der Luftlandetruppen. Im April 1941 beginnt die Formierung von fünf Luftlandekorps."[12] Diese Passage verträgt sich schlecht mit dem Rest der Schilderung. Schukow will den Leser glauben machen, die Sowjetunion habe sich auf die Abwehr einer Aggression vorbereitet. In einem Verteidigungskrieg aber sind großangelegte Luftlandemanöver einfach undurchführbar.

Schukow hatte nicht nur die Bildung der Luftlandekorps angeregt, er setzte sie auch ein. Umfangreiche Luftlandeoperationen gab es in der gesamten Geschichte der Roten Armee allein auf Initiative Schukows und unter seinem persönlichen Kommando. Da nimmt es nicht Wunder, daß sie sämtlich in einem Fiasko endeten und Tausende Luftlandesoldaten das Leben kosteten.

Die erste große Luftlandeoperation Schukows ordnete sich ein in die Gegenoffensive der Roten Armee bei Moskau. In das Gebiet, wo er das 4. Luftlandekorps abgesetzt hatte, sollten seine Armeen vorrücken.

„Hatten die Faschisten früher die sowjetischen Truppen in Verteidigungsstellung eingeschlossen, so drängten unsere Armeen jetzt selbst in die rückwärtigen Räume des Gegners, um ihn einzukreisen. Leider waren diese Bemühungen nicht immer von Erfolg gekrönt. So drangen im Januar 1942 die Verbände der 29. und der 39. Armee weit in den gegnerischen Rückraum vor. Bei der Entfaltung des Angriffs in Richtung Rschew konnten sie keine sichere Verteidigung ihrer Flanken aufbauen und gerieten in einen Kessel."[13]

Dem Gegner, der nirgendwohin floh, schickte Schukow tollkühn die 33. Armee unter Generalleutnant M. G. Jefremow und das 1. Gardekavalleriekorps hinterdrein, ohne ihre Flanken und Rückräume zu sichern. Beide wurden ebenfalls eingeschlossen, kämpften mehrere Monate lang heldenhaft im Hinterland des Gegners – ohne Proviant, ohne Evakuierung der Verwundeten, ohne Nachschub an Treibstoff, Munition und Gerät. Die 33. Armee und ihr Kommandeur Generalleutnant Jefremow gingen bei Wjasma zugrunde.

Wenn die Kreml-Ideologen von Schukow sprechen, umgehen sie geschickt alle Ecken und Kanten. Die Verbände der Westfront und der Kalinin-Front wurden in der siegreichen Gegenoffensive fast vollständig aufgerieben. Schukow trieb drei Armeen und zwei selbständige Korps in die Umzingelung, wo sie untergingen. Da sollte man sagen: Schukows Plan entsprach der Lage nicht. Aber unsere Ideologen säuseln: Schukows Plan entsprach der Lage, nur nicht ganz.

Da sollte man sehr wohl sagen, daß durch Schukows Schuld drei Armeen und zwei Korps vernichtet wurden, alle übrigen Armeen und Korps der Westfront wie der Kalinin-Front total ausbluteten. Doch was lesen wir in unseren Zeitungen? Den höflichen Hinweis, Schukow habe nicht alles unternommen, um die eingeschlossenen Armeen aus dem Kessel zu befreien.

Und wenn man Schukows Memoiren glaubt, hat die Rote Armee bei Moskau überhaupt so gut wie gesiegt.

7.

Nun können Sie einwenden: Aber Stalin hat Schukow doch ausgezeichnet! Ihm Orden und Ehrentitel verliehen. Ist das etwa kein Beweis für Schukows Größe?

Nein, ist es nicht. Stalin hat auch Lew Mechlis ausgezeichnet – und in den Rang eines Generaloberststs erhoben. Woraus keineswegs folgt, Mechlis sei ein Feldherr gewesen. Generaloberst Lew Mechlis bereiste die Fronten und tat dasselbe wie Schukow: brüllen, fluchen und erschießen. Mechlis hatte auch die gleiche Dienststellung wie Schukow: Repräsentant des Hauptquartiers des Obersten Befehlshabers. Und wie Schukow belog Mechlis Stalin beständig. Stalin wußte das, sah Mechlis aber durch die Finger, wie er auch Schukow durch die Finger sah. Allerdings standen in Mechlis' Dienstregister keine so ungeheuerlichen Niederlagen, wie sie Schukow aufzuweisen hatte.

Generaloberst waren unter Stalin auch S. A. Goglidse und W. S. Abakumow, Vier-Sterne-Generäle auch Serow und Maslennikow und Merkulow. Samt und sonders Strategen vom Lubjanka-Platz.

Stalin verlieh Lawrenti Pawlowitsch Berija den Dienstrang eines Marschalls der Sowjetunion. Woraus in keiner Weise folgt, Lawrenti Pawlowitsch sei ein Feldherr gewesen.

Zum Marschall der Sowjetunion erhob Stalin Nikolai Alexandrowitsch Bulganin. Der diente nicht bei den Streitkräften, sondern in den Organen der WTscheka. War Henker, später Betriebsdirektor, Vorsitzender des Moskauer Stadtsowjets, ab 1941 Leiter der Staatsbank, im Krieg Politkommissar, Mitglied des Militärrates der Westfront und anderer Fronten. Diesen Bulganin machte Stalin nicht nur zum Marschall der Sowjetunion, sondern darüber hinaus zum Verteidigungsminister der UdSSR. Bulganins Brust war über und über geschmückt mit Orden, darunter vier höchste militärische.

Sogar Tuchatschewski machte Stalin zum Marschall. Und käme auch nur ein einziger auf den Gedanken, Tuchatschewski für einen Strategen zu halten?

* * *

Daß Stalin Schukow Orden und Dienstränge verlieh, besagt nichts. Unter den Stalinschen Volkskommissaren, Ministern, Marschällen und Generälen finden sich Schweinehunde und Halunken, Sadisten und Wüstlinge, Diebe und Augenauswischer. Nehmen Sie nur Jeschow und Jagoda, Bljucher und Bucharin, Radek und Chruschtschow und wie sie noch alle heißen.

Kapitel 15

Vorwärts – auf Sytschewka!

„Mit ihrem ‚wenn Schukow noch am Leben wäre' bringen die Verfasser der Briefe einen grenzenlosen, ja beinahe fanatischen Glauben an ihren Abgott zum Ausdruck, an ein Idol, das nicht irgend jemandes Phantasie erschuf, sondern sein Dienst am Vaterland, sein Tun zum Ruhme, und nicht zum Schaden der Heimat."[1]

Krasnaja swesda

1.

Wenn vom Zweiten Weltkrieg die Rede ist, fällt uns Stalingrad ein, und wenn uns Stalingrad einfällt, denken wir an Schukow. Er, einer der größten Feldherrn des 20. Jahrhunderts, war der Urheber eines glänzenden Sieges, wie es ihn in der Geschichte des Zweiten Weltkrieges und wohl auch der gesamten Weltgeschichte kein zweites Mal gibt. Stalingrad bestätigt die unbestreitbare Wahrheit: Wo Schukow ist, da ist der Sieg! Stalingrad beweist die Genialität Schukows: Er braucht nur einen Blick auf die Karte zu werfen, und schon hat er die Lösung parat!

Bringen wir zunächst ein dreifaches „Hurra!" auf das Genie aus und fragen wir uns dann, ob das denn alles so stimmt. Graben wir uns vor bis zu den Wurzeln: Woher wissen wir eigentlich, daß es Schukow war, der den Plan der strategischen Offensive von Stalingrad vorschlug?

Die Quelle der Information ist leicht zu finden. Schukow selbst hat es so dargestellt. Sich zum Urheber des Operationsplans erklärt, allerdings mit der Einschränkung, es habe einen Koautor gegeben: A. M. Wassilewski.

„Im Tagesverlauf des 12. September flog ich nach Moskau und war vier Stunden später im Kreml, wohin auch der Chef des Generalstabs A. M. Wassilewski bestellt worden war ... Der Oberste Befehlshaber nahm seine Karte mit den Standorten der Reserven des Hauptquartiers, studierte sie lange und aufmerksam. Alexander Michailowitsch Wassilewski und ich gingen so weit wie möglich vom Tisch weg zur Seite und sprachen ganz leise darüber, daß man offenbar eine andere Lösung suchen müsse.

– Was für eine ‚andere' Lösung? fragte J. W. Stalin plötzlich und hob den Kopf.

Ich hätte nie gedacht, daß Stalin ein so scharfes Gehör hat. Wir traten an den Tisch heran ...

Den ganzen nächsten Tag über arbeiteten A. M. Wassilewski und ich im Generalstab ... Nachdem wir alle möglichen Varianten durchgegangen waren, beschlossen wir, Stalin folgenden Handlungsplan zu unterbreiten ..."[2]

Nach dieser Darstellung lagen die Ursprünge der Stalingrader strategischen Initiative bei drei Personen: bei Stalin, Schukow und Wassilewski. Stalins Verdienst bestand darin, daß er ein scharfes Gehör besaß. Ihm entging nicht, was Schukow und Wassilewski tuschelten, er fragte nach, und schon präsentierten Schukow und der Generalstabschef dem Obersten Befehlshaber eine geniale Idee ...

Schukow erzählt, Stalin habe am Erfolg der Operation gezweifelt, das Risiko gescheut und vorgeschlagen, zwar eine Operation auszuführen, aber nicht von dieser Dimension, sondern bescheidener. Aber Schukow konnte Stalin überzeugen, und alles kam wie gewollt.

2.

Über Stalingrad diktiert Schukow seinen literarischen Wasserträgern ausführliche Schilderungen mit vielen Details: „Das Hauptquartier hatte am 12. Juli eine neue Stalingrader Front geschaffen ..." „Ende Juli gehörten zum Bestand der Stalingrader Front ..." „Großartige organisatorische Arbeit leisteten das Gebietskomitee und das Stalingrader Stadtkomitee der Partei bei der Aufstellung und Vorbereitung einer Volkswehr ..."

Alles richtig und interessant, aber unsere Aufmerksamkeit soll einer Kleinigkeit gelten: Im Juli 1942 war Schukow nicht in Stalingrad und konnte es gar nicht sein. Er befand sich an einem ganz anderen Abschnitt, der weit entfernt lag. Wer sich für das Kriegsgeschehen interessiert, der kann Schukows Arbeit an der Front chronologisch nachvollziehen, Tag für Tag, vom Anfang bis zum Ende des Kriegs. Vom 11. Oktober 1941 bis zum 26. August 1942 befehligte Schukow die Truppen der Westfront, die auf einem ganz anderen Kriegsschauplatz, 1.000 Kilometer weit weg von Stalingrad, kämpften. Vor dem 26. August 1942 konnte sich Schukow nicht mit Stalingrad befassen, besaß gar keine Befugnis dazu.

Was war bei Stalingrad geschehen? Im Frühjahr 1942 fiel die sowjetische Südwestfront. Die Schuld an dieser Katastrophe trugen Timoschenko, Chruschtschow und Bagramjan. Doch der Hauptschuldige war Schukow – mit seiner Aufschneiderei, seinen prahlerischen Meldungen über grandiose Siege in der Hauptstoßrichtung des Krieges. Stalin hatte die strategischen Reserven verausgabt und im kritischen Augenblick keine Möglichkeit mehr, die entstandene Bresche zu schließen. In den Einbruch drängten deutsche Truppen. Im Hinterland der Roten Armee flammte ein Volksaufstand auf. Gegen die Kommunisten erhob sich die Bevölkerung am Don, am Kuban, im Nordkaukasus, in den kalmückischen Steppen. Die Rote Armee geriet in die Lage eines Okkupanten auf eigenem Territorium, unter ihren Füßen brannte die Erde. Die Aufrührer hängten Tschekisten, Kommunisten und Kommissare, schlugen ihnen die Köpfe ein, ertränkten sie in Flüssen und Sümpfen. Die sowjetischen Regimenter und Divisionen zerfielen, die Truppen lösten sich auf. Unterdessen hatte sich die Formation der deutschen Streitkräfte geteilt. Die eine Hauptstoßrichtung bildeten Grosny und Baku, da man zu den Erdölquellen vordringen wollte. Die andere Stoßrichtung war Stalingrad, um die in den Kaukasus drängenden deutschen Truppen vor einem möglichen Flankenschlag zu schützen und die Wolga – die Erdölaorta der Sowjetunion – abzuschneiden. Im Juli 1942 gestaltete sich die Lage bei Stalingrad kritisch für die sowjetische Seite. Der Vormarsch der deutschen Truppen zur Wolga führte unvermeidlich zum Zusammenbruch des gesamten Südflügels der sowjetisch-deutschen Front mit katastrophalen wirtschaftlichen Folgen für das Land.

Auf persönlichen Befehl Stalins wurde eine neue Stalingrader Front aufgestellt, zu der vier allgemeine Armeen sowie eine Armee der Luftstreitkräfte aus dem Bestand der zusammengebrochenen Südwestfront zählten. Außerdem verlegte Stalin aus seiner strategischen Reserve die 62., die 63. und die 64. Armee in den Raum Stalingrad. Am 28. Juli unterzeichnete er eigenhändig den drakonischen Befehl Nr. 227, der lautete: „Keinen Schritt zurück!“ Stalin übernahm persönlich die volle Verantwortung für die Lage bei Stalingrad und sanktionierte jedwede Maßnahme, die die Flucht der sowjetischen Truppen unterbinden konnte. Am 30. Juli wurde auf Befehl Stalins die 51. Armee in die Stalingrader Front eingegliedert. Am 9. August warf er die 1. Gardearmee in diesen Raum und stellte den ehemaligen Leiter der Abteilung Aufklärung, seinen zukünftigen Stellvertreter, Generalleutnant F. I. Golikow, an ihre Spitze. Die 1. Gardearmee war mit dem besten Menschenmaterial bestückt. Zu ihrer Formierung hatte man fünf Luftlandekorps herangezogen, die in Gardeschützendivisionen umgebildet worden waren. Mitte August verlegte Stalin die 24. und die 66. Armee in den Raum Stalingrad. In dichtem Strom zogen sich dort immer mehr Truppen zusammen. Dutzende Strafbataillone und -kompanien erhielten Marschbefehl nach Stalingrad, des weiteren 19 Offiziersschulen, darunter die von Schitomir, Winiza und Grosny, die 1. und 2. Infanterieschule Ordshonikidse, die Offiziersschule Krasnodar für Kommandeure der Maschinengewehr- und Minenwerfertruppen, die Offiziersschulen Tscheljabinsk, Stalingrad, Omsk und Kasan für Kommandeure der Panzertruppen. In jeder dieser Schulen wurden von 3.500 bis 5.000 der besten Rotarmisten und Sergeanten im Alter von 18 bis 22 Jahren ausgebildet, die an den vorgeschobenen Stellungen ausgesucht worden waren und Gefechtserfahrung besaßen.[3] Für den Bau von Verteidigungsanlagen setzte Stalin im Gebiet Stalingrad die 5., 7., 8. und 10. Pionierarmee ein. Ich weiß, was eine Pionierkompanie und ein Pionierbataillon ist. Auch ein Pionierregiment in voller Besetzung und ganzer Schönheit habe ich schon einmal mit eigenen Augen gesehen. Eine komplette Pionierbrigade durfte ich noch nicht erleben, kann sie mir aber vorstellen. Eine Pionierdivision hingegen schon nicht mehr. Da versagt meine Vorstellungskraft, das sind einfach zu viele Pioniere. Und erst recht ein Korps, das nur aus Pionieren besteht. Aber Stalin hatte keine Pionierbrigaden, -divisionen und -korps, er hatte in seiner Reserve ganze Pionierarmeen. Die Sowjetunion war das einzige Land der Welt, das derartige Pionierarmeen besaß. Stalin setzte beim Bau von Verteidigungslinien im Raum Stalingrad gleich vier davon ein. Außerdem verlegte er für die Errichtung eines strategischen Verteidigungsgürtels mehrere Verwaltungen für Schutzbau der Reserve des Obersten Befehlshabers nach Stalingrad. Was sie zu leisten vermochten, läßt sich an einem Beispiel verdeutlichen. Allein die Angehörigen der 24. Verwaltung für Schutzbau aus Stalins persönlicher Reserve hoben um Stalingrad 1.448 Kilometer Gräben und Schützengräben sowie 57 Kilometer Panzergräben aus, errichtete 51 Kilometer Steilhänge, acht Kilometer Höckersperren und 24.400 Feuerpunkte. Bei letzteren handelte es sich nicht nur um Holz- und Erdbauten, sondern auch um Stahlbeton- und Stahlanlagen. Allein die Angehörigen der 24. Verwaltung für Schutzbau der persönlichen Reserve des Obersten Befehlshabers montierten 1.112 Tonnen Metall- und 2.317 Kubikmeter Stahlbetonkonstruktionen.[4] Mit der Arbeit der 24. Verwaltung für Schutzbau müssen wir die der übrigen Verwaltungen und der vier Pionierarmeen multiplizieren. Bei diesem Verteidigungsaufwand im Raum Stalingrad mußte der Starrsinn Hitlers, der seine Divisionen in selbstmörderische Attacken gegen einen derartigen Schutzpanzer warf, tödlich sein.

Außer der Artillerie, die zu den zehn allgemeinen und der einen Gardearmee gehörte, verlegte Stalin noch 129 Artillerieregimenter und 115 eigenständige Divisionen der reaktiven Artillerie aus der Reserve des Obersten Befehlshabers nach Stalingrad. Die Aufzählung all der Jagdflieger-, Sturm- und Bomberregimenter, -divisionen und -korps, der Reservegruppen der

Luftstreitkräfte, der Panzerbrigaden, der mechanisierten Brigaden und Korps, der Minenwerferdivisionen und -regimenter, der Nachrichtenabteilungen und -einheiten, der Instandsetzungsformationen, der Sanitäts- und anderen Dienste, die Stalin in die Schlacht an der Wolga warf, würde endlos ausfallen. Im Juli und August 1942 befanden sie sich entweder bereits im Raum Stalingrad, wurden gerade dorthin verlegt oder standen kurz vor der Verlegung. Ganz zu schweigen von der 2. und der 5. Gardepanzerarmee, von den vier Panzerkorps und zwei mechanisierten Korps, die im Sommer 1942 im tiefen Hinterland aufgestellt worden waren und sich auf die Winterschlachten vorbereiteten. Auf jeden Fall müssen wir resümieren: Bei Stalingrad hatte eine gewaltige Truppenkonzentration stattgefunden, und zwar samt und sonders zu einer Zeit, als sich Schukow noch an einem anderen Schauplatz, nämlich der Westfront, aufhielt. Im Juli und August war – ohne Schukows Zutun – das Wichtigste vollbracht worden: mit drakonischen Maßnahmen die Panik in den Verbänden zu unterdrücken und die Flucht der Truppen aufzuhalten, im strategischen Durchbruchsraum der Deutschen eine neue sowjetische Front aufzubauen, einen unüberwindlichen Verteidigungsgürtel zu errichten, frische Divisionen, Korps und Armeen heranzuziehen. Im Sommer des Jahres 1942 waren aus dem ungestümen, unaufhaltsamen deutschen Vormarsch anhaltende kraftraubende Kämpfe um jede Linie, jeden Schützengraben, jeden Feuerpunkt geworden. Und der Winter stand bevor. Jedenfalls konnten im Sommer 1942 im Gebiet Stalingrad die Bedingungen geschaffen werden, die die deutsche Armee schließlich in die Katastrophe führten. Bei Stalingrad waren so viele Kräfte konzentriert, daß es keines Feldherrngenies bedurfte.

3.

Und nun schlagen wir Schukows Memoiren auf und lesen, wie der Feind im Sommer 1942 Stalingrad bedrängte, wie die Rote Armee heldenhaft kämpfte und den feindlichen Angriff zum Stehen brachte. Schukow erinnert sich lebhaft an Geschehnisse, erzählt eindrucksvoll von Ereignissen, mit denen er nicht das Geringste zu tun hatte. Wen die Lage bei Stalingrad im Sommer 1942 interessiert, der findet genug Quellen. Schukows Buch *Wospominanija i rasmyschlenija* (Erinnerungen und Gedanken) ist in der Ich-Form geschrieben, also wäre es richtig gewesen, wenn Schukow nicht über die Stalingrader Front berichtet hätte, an der er gar nicht weilte, sondern von der Westfront, die er zu diesem Zeitpunkt befehligte. Doch alles, was im Frühjahr und Sommer 1942 an der Westfront geschah, findet in den Memoiren in einem einzigen Absatz Platz. Schukows Schreibgehilfen versteigen sich in strategische Höhen: „Die 37. und die 12. Armee der Nordkaukasischen Front erhielten die Aufgabe ..." Wozu erzählt man uns vom Kaukasus, wenn Schukow dort überhaupt nicht war? Aber so schnell geben die Schreiberlinge nicht auf: „Dem Ruf des grusinischen, aserbaidschanischen und armenischen ZK der Partei folgend, entstanden bewaffnete Abteilungen ..."

Schukows Memoiren gehen ausführlich auf die Katastrophe von Charkow im Jahr 1942 ein und nennen die Schuldigen. Aber dort war Schukow nicht. Für diesen Frontabschnitt trug er keine Verantwortung. Geschildert wird ebenso die Katastrophe der Krim-Front und wer sie verschuldet hatte. Doch auch auf der Krim suchte man Schukow vergebens, die Krim mußte nicht seine Sorge sein. Beschrieben werden die Niederlagen der sowjetischen Streitkräfte bei Woronesch, ebensowenig vergessen die literarischen Wasserträger den Fall von Sewastopol und den mißglückten Versuch der Truppen der Nordwestfront, eine deutsche Gruppierung im Raum Demjansk zu liquidieren. An all diesen Geschehnissen hatte Schukow keinerlei Anteil. Weshalb stehen sie dann in seinen Memoiren?

Weil die Verfassser von Schukows Erinnerungen so drei Hasen mit einer Kugel erlegen.

Zum einen läßt sich daran der strategische Weitblick, die Rundumsicht Schukows demonstrieren.

Zum anderen konnte man eine harte, bittere Wahrheit vorzeigen: Schaut sie euch an, die Niederlagen ... von Schukows Nachbarn, die Fehler und Irrtümer ... des dummen Stalin und der Befehlshaber aller Fronten, wo es keinen Schukow gab.

Und drittens füllten diese Beschreibungen das Kapitel über das Jahr 1942, damit kein Platz blieb, von Schukow und seinen eigenen Taten zu berichten.

Dabei war das Jahr 1942 für die von Schukow kommandierte Westfront ein Jahr bitterster Niederlagen und ungeheurer Verluste. Schukow befahl pausenlos unsinnige Angriffsoperationen, die jeweils in einem Fiasko endeten. Die blutigste von ihnen war die Offensive auf Rschew-Sytschewka vom 30. Juli bis zum 30. August 1942.

Bezeichnenderweise beschreibt die *Sowjetische Militärenzyklopädie* in Band 7, S. 119 f., exakt die Dauer dieser Operation, führt die Armeen und Korps auf, die dazu herangezogen wurden, zeigt eine Karte. Wenn der Angriff von Rschew-Sytschewka der Enzyklopädie soviel Aufmerksamkeit wert ist, muß er es wohl verdienen. Während Schukow, der die Offensive führte, keinerlei Zeiten und Verbände nennt und erst recht keine Karte präsentiert. Statt dessen behandeln seine Memoiren – die hinterhältige Politik der USA und Großbritanniens, Stalins Pläne für das Jahr 1942, Hitlers Absichten für den gleichen Zeitraum, die parteipolitische Arbeit in der Roten Armee, die Ruhmestaten der einfachen Soldaten und Sergeanten, den Widerstand des sowjetischen Volkes im feindlichen Hinterland, die heldenhaften Leistungen der Arbeiter und Bauern, die führende und lenkende Rolle der Kommunistischen Partei und ihres weisen Zentralkomitees, die Operationen an sämtlichen Fronten, außer der Westlichen.

In Schukows Memoiren suchen wir vergeblich nach einer Karte, die die Operation bei Rschew-Sytschewka verzeichnet, aber dafür finden wir eine andere: Wie die Deutschen auf Stalingrad anstürmen, wo Schukow zu dem Zeitpunkt nicht war und nichts zu verantworten hatte.

Uns interessiert aber nicht Stalingrad, sondern Schukow und die Offensive von Rschew-Sytschewka, über die er so bescheiden schweigt. Für diese Operation konzentrierte Schukow die 20. und die 31. Armee, die 1. Armee der Luftstreitkräfte, das 6. und das 8. Panzerkorps sowie das 2. Gardekavalleriekorps. Wieviel Mann diese Verbände umfaßten, über wieviel Panzer, Geschütze und Flugzeuge sie verfügten, läßt sich weder Schukows Erinnerungen noch der *Militärenzyklopädie* entnehmen. Doch daß es ein starkes Potential war, sehen wir selber. Die Memoiren berichten, die Deutschen hätten bei Sytschewka „große Verluste" erlitten. Unsere eigenen bleiben unerwähnt. Offenbar ging es auf sowjetischer Seite ohne Verluste ab.

Um Schukow zu helfen, griffen im gleichen Abschnitt Sytschewka die Truppen des linken Flügels der Kalinin-Front an: die 29. und die 30. Armee, unterstützt durch die 3. Armee der Luftstreitkräfte.

Vier allgemeine Armeen, ein Kavalleriekorps, zwei eigenständige Panzerkorps und zwei Armeen der Luftstreitkräfte – für den Sturm auf Sytschewka?

War das nicht zuviel?

Aber nein. Schukow schien es immer noch zu wenig.

Hat der geniale Feldherr mit diesen Kräften Sytschewka denn wenigstens eingenommen? Leider, leider …

Worin lag der Grund für den Mißerfolg? Wer ist schuld? Der Grund: Die Kräfte reichten nicht aus. Schukow verfügte zu der Zeit an der Westfront nur über zehn Armeen. Brauchte jedoch „ein, zwei Armeen" mehr. Und schuld ist natürlich Stalin, der sie ihm nicht gab. „Wenn uns ein, zwei Armeen mehr zur Verfügung gestanden hätten, wäre es möglich gewesen … Leider wurde die reale Möglichkeit vom Obersten Befehlshaber vertan."[5]

Dabei war dieser Sturm auf Sytschewka nicht der erste. Von Januar bis August 1942 rannten die fünf Armeen Konews und die zehn Armeen Schukows gegen Rschew und Sytschewka an. Noch einmal zur Erinnerung: Schukow war nicht nur Befehlshabender der Westfront, sondern auch Oberkommandierender des Westlichen Frontabschnitts, zu dem die Westfront (Schukow) und die Kalinin-Front (Konew) gehörten. Die fünf Konew-Armeen unterstanden Schukow also ebenfalls. Vor der neuerlichen Offensive bei Rschew-

Sytschewka bestätigte das Hauptquartier des Obersten Befehlshabers am 5. August 1942 noch einmal Schukows Vollmachten: Er leitete nicht nur die Operationen seiner Westfront, sondern auch die der benachbarten Kalinin-Front.

Im Raum Rschew und Sytschewka lagen die Gefallenen aus den früheren Angriffen bereits in Schichten übereinander, türmten sich ganze Friedhöfe ausgebrannter sowjetischer Panzer auf. Den Monat um Monat unerbittlich mahlenden Fleischwolf von Rschew und Sytschewka vergaß kein Frontsoldat jemals wieder. Von Alexander Twardowski stammt eines der ergreifendsten Gedichte über den Krieg. Das nicht umsonst den Titel trägt: „Bin gefallen bei Rschew".

„Brennt die Front unaufhörlich
wie ein Messer ihr Schein,
Ich bin tot und ich weiß nicht,
wird Rschew noch unser sein?"

Sturmangriff auf Sturmangriff auf Sturmangriff. Frontal, nach dem gleichen Schema wie gestern, dem gleichen Programm. Fünf Attacken am Tag. Sieben. Zehn. Auf dieselben Anhöhen. Monat um Monat. Von Januar bis August. Vorwärts! Mit uns ist Schukow!

4.

Unsere offiziellen Historiker haben eine besondere Sprache erfunden und eine ganze Serie von Tricks und Kniffen, mit denen sie Mißerfolge im Krieg überspielen, besonders, wenn es um Schukows Niederlagen geht. Aber es gibt verläßliche Indikatoren für den Schwindel. Da wird Ihnen beispielsweise die Beschreibung einer Angriffsoperation präsentiert, allerdings ohne Kodebezeichnung. Seien Sie sicher: Sie haben es mit einer Lüge zu tun.

Aus folgendem Grund: Verteidigungsoperationen tragen mehrheitlich keinen Kodenamen. Der Feind unternimmt etwas, das wir nicht erwarten, worauf wir nicht vorbereitet sind, was in unseren Plänen nicht vorkommt. Der Feind ist bemüht, dort zuzuschlagen, wo wir Verteidigungshandlungen von geringerem Ausmaß geplant haben oder überhaupt keine. Deshalb sind Verteidigungsoperationen in vielen Fällen Improvisationen. Außerdem braucht man bei einer solchen Operation seine Absichten nicht zu verbergen. Wenn wir Stalingrad verteidigen, wollen wir es folglich halten.

Angriffsoperationen aber bereiten wir selber vor. Müssen Zeit, Ort, Ziel, Konzept, Kräftebesatz und vieles andere vor dem Gegner geheimhalten. Deshalb beginnt die Planung einer Angriffsoperation mit der Festlegung einer Kodebezeichnung. Damit das Geheimnis geheim bleibt. Spricht man im

Generalstab vom „Kleinen Saturn“ und Sie sind eingeweiht, verstehen Sie, worum es geht. Sind Sie nicht Teilhaber des Geheimnisses, begreifen Sie nichts. „Uran“, „Anadyr“, „S.3-20“, „Grosa“, „Bagration“. Was soll das bedeuten? Worüber reden die Generäle? Wenn man es weiß, ist es einfach. Wenn nicht, ist es aussichtslos. Selbst der Chiffrierer, der mit vielen großen Geheimnissen in Berührung kommt, hat keine Vorstellung, worin das Wesen des Übermittelten besteht. Er schreibt „Iskra“, aber er weiß nicht, was sich hinter dieser Bezeichnung verbirgt.

Nun ist ein halbes Jahrhundert vergangen seit dem Krieg, und in einer opulenten Enzyklopädie stoßen wir auf Beschreibungen von Angriffsoperationen mit seltsamen Namen: Operation von Rschew-Sytschewka, Rschew-Wjasma-Operation, Sytschewer und Wjasmaer Offensive. Kodebezeichnungen sind nicht angeführt. Und wir überlegen: Konnte Schukow im Stab der Westfront einen Angriff planen und ihn Rschew-Sytschewka-Operation oder Sytschewka-Wjasma-Operation nennen? Ausgeschlossen. Denn damit hätte er ja sämtlichen Schreibkräften und Telefonistinnen, allen Zeichnern, Schreibern und Wachsoldaten seine Absichten, sein Vorhaben preisgegeben. Wenn Schukow kein Vollidiot war, mußte er folglich Kodebezeichnungen benutzt haben. Warum finden wir sie ein halbes Jahrhundert später nicht angeführt?

Weil diese Operationen heute, 50 und 60 Jahre später, immer noch geheim sind. Aus folgendem Grund: Angenommen, es war die Vernichtung der deutschen Heeresgruppe Mitte mit einem Durchbruch auf 600 Kilometer Tiefe und dem Vorstoß der sowjetischen Truppen zur Ostseeküste geplant. Aber die deutsche Heeresgruppe wurde nicht vernichtet, die Verteidigung nicht durchbrochen, der Vormarsch nicht 600 Kilometer vorangetrieben, sondern nur 23. Man wollte Witebsk, Minsk und Riga erreichen, kam aber nur bis Sytschewka, und selbst das konnte nicht eingenommen werden.

Wie läßt sich so etwas verbergen? Indem man ein Staatsgeheimnis daraus macht. Unsere Oligarchen der Kriegsgeschichte erklären in diesem Falle die gesamte Operation für geheim. Was sich auf den Kodenamen ebenso erstreckt wie auf die Ziele, Aufgaben und Konzepte der Operation, den Kräfte- und Mittelbesatz und vor allem – die Verluste. Statt dessen schreiben unsere Akademiemitglieder: Ja, es gab Kämpfe in diesem Raum, aber hier war nichts Ernsthaftes geplant oder auch nur angedacht. Man wollte einfach Rschew einnehmen, das sechs Kilometer vor der vordersten Linie lag, oder das nun schon ganze 50 Kilometer entfernte Sytschewka. Aber es gelang nicht im ersten Anlauf, und auch nicht im dritten, dreizehnten oder vierzigsten.

Wir sollten überlegen: Konnte Stalin Schukow die Gefechtsaufgabe stellen, irgendein Sytschewka einzunehmen? War das nicht zu unbedeutend für Stalin? Oder für Schukow? Und die Westfront, die von der Kalinin-Front unterstützt wurde?

Am 23. August 1942 blieb der x-te Angriff auf Sytschewka stecken, am 26. August ernannte Stalin Schukow zu seinem Stellvertreter.

Das verdient Beachtung: Nicht nach großen Siegen wurde der Kommandeur der Westfront zum Stellvertreter des Obersten Befehlshabers befördert, sondern nach acht Monaten endloser, blutiger Metzelei. Nicht für seine glänzenden Siege, seine genialen Gedanken wurde Schukow von Stalin erhoben, sondern wegen ganz anderer Qualitäten: Da konnte einer monatelang Hunderttausende Menschen in den Tod hetzen, ohne mit der Wimper zu zucken!

Stalin brauchte als Gehilfen zwei Militärs von völlig unterschiedlichem Schlag. Wie das auch bei einem Regimentskommandeur ist, der sich als Stabschef einen Denker hält, als Stellvertreter jedoch einen Antreiber und Einpeitscher. Der Regimentskommandeur hat alles zu verantworten. Den Stabschef behält er neben sich – als Generator von Ideen, als steuernden Mechanismus. Doch dahin, wo im jeweiligen Moment die wichtigste Aufgabe zu lösen war, schickt er seinen Stellvertreter – zum Brüllen und Fluchen.

Auf allen anderen Ebenen funktionierte der gleiche Mechanismus. Jeder Chef brauchte stets einen Helfer für das Geistige und einen für das Durchpeitschen. Stalin ganz an der Spitze bildete da keine Ausnahme. Stalins Denker war Wassilewski. Er stellte die Pläne zusammen. Aber es mußte auch jemanden geben, der die Leute in den Tod hetzte. Schukow war der Dienstältere, ihn konnte man vorschicken. Stalins Stellvertreter auf der Erschießungsstrecke, der Gehilfe des Obersten Befehlshaber in Sachen Mord und Totschlag.

5.

Am 31. August 1942 kam Schukow zum ersten Mal nach Stalingrad. Er versuchte, den durchgebrochenen deutschen Truppen Gegenschläge zu versetzen. Daraus wurde nichts. Seine Versuche scheiterten. Auch Schukow selbst räumt diese Niederlage in seinen Memoiren andeutungsweise ein. Er war in Stalingrad gewesen, hatte dort fast zwei Wochen lang irgend etwas getan und kehrte am 12. September nach Moskau zurück. Wo in Stalins Arbeitszimmer jene Situation entsteht, die Schukow später so gern genüßlich ausmalte: Wie er mit Wassilewski tuschelte, daß man eine andere Lösung suchen müsse, und Stalin das hörte und wissen wollte, was das für eine Lösung sei.

Von einer „anderen Lösung“ sprach Schukow nach seiner Rückkehr aus Stalingrad, wo seine Gegenattacken gescheitert waren. Schukow schlägt vor, eine andere Lösung zu suchen, weil diejenige, die er dort in den ersten Septembertagen realisieren wollte, kein Ergebnis gebracht hatte. Schukows Handeln war fruchtlos und ohne Ergebnis geblieben.

Im Verlauf der Verteidigungsschlacht kam Schukow noch mehrmals nach Stalingrad. Aber nicht nur er allein. Dort weilte unter anderem auch das Mitglied des Politbüros Georgi Malenkow. Und den wollen wir nun wirklich nicht als Strategen und Retter apostrophieren. Ihm kein Reiterstandbild errichten. Und nicht zur Heiligsprechung vorschlagen.

Das letzte Mal kehrte Schukow am 16. November 1942 aus dem Stalingrader Raum zurück. Am 19. November begann die Gegenoffensive der sowjetischen Truppen. Ohne Schukow. Ihn hatte Stalin erneut an den Westabschnitt beordert. Wieder gegen Sytschewka!

An dem Tag, als die strategische Angriffsoperation von Stalingrad begann, war Schukow genau 1.000 Kilometer weit weg und mit etwas ganz anderem befaßt.

Kapitel 16

Und noch einmal – auf Sytschewka!

„Als ich bei den Truppen an der Front eintraf, gelang es mir sofort, die Lage zu erfassen, die Fäden der Führung in meine Hand zu nehmen und die Ereignisse in die notwendige Richtung zu lenken."[1]

G. K. Schukow

1.

Die Stalingrader Gegenoffensive war als zweitrangige Operation gedacht. Dafür kann jeder, der will, genügend Belege finden in den Memoiren unmittelbar Beteiligter. Die Marschälle der Sowjetunion A. M. Wassilewski, K. K. Rokossowski und A. I. Jeremenko, der Hauptmarschall der Artillerie N. N. Woronow und andere schildern, daß die sowjetische Führung nach dem Einschluß der gegnerischen Truppen erstaunt feststellte: Im Kessel befanden sich dreimal mehr deutsche Divisionen als angenommen. Das sowjetische Kommando hatte im Raum Stalingrad sieben bis acht deutsche Divisionen vermutet, es waren aber 22. Anders gesagt, war die Operation bei Stalingrad nicht so grandios geplant worden, wie sie im Endeffekt ausfiel. Man hatte dreimal bescheidenere Ergebnisse erwartet. Die Hauptoperation wurde vielmehr im Westabschnitt vorbereitet, wiederum als Durchbruch bei Rschew, Sytschewka und Wjasma in Richtung Rigaer Meerbusen. Schukow verrichtete die gleiche Arbeit wie vorher: Er koordinierte die Handlungen der Kalinin-Front und der Westfront. Den Angriff dieser beiden Fronten unterstützten außerdem die Truppen der Nordwestfront und der Brjansker Front.

Für die Ausführung dieser gewaltigen Operation wurden mehr Kräfte zusammengezogen als für den Gegenangriff bei Stalingrad. Unter Schukows Kommando standen diesmal fast zwei Millionen Soldaten und Offiziere,

3.300 Panzer, mehr als 1.000 Kampfflugzeuge, 24.000 Geschütze und Minenwerfer. Die summarische Gefechtsmasse der in die Operation einbezogenen sowjetischen Panzer lag um das 2,8fache über der sämtlicher deutscher Panzer, die Hitler am 22. Juni 1941 gegen die Sowjetunion aufbot.

Auch die Operation im November/Dezember des Jahres 1942 ließ Schukow wieder in einem Debakel enden.

Wo Schukow war, da waren auch diesmal Schmach und Schande der Niederlage, Ströme von Blut, Pyramiden von Gefallenen und fast 2.000 ausgebrannte sowjetische Panzer. All das summierte sich zu dem, was Schukow hier bereits von Januar bis August verheizt hatte. Dort aber, wo Schukow nicht war, war der Sieg.

2.

Die neuerliche Niederlage Schukows bei Sytschewka, Rschew und Wjasma ist aus unserer Geschichte herausgefallen. Und vergessen worden. Will jedoch ein ganz gründlicher Erforscher der Kriegsgeschehnisse wissen, wo sich der große Stratege Schukow aufhielt, als die Stalingrader strategische Angriffsoperation begann, so hat man für solche Hartnäckigen schon eine Antwort parat: Schukow weilte an einem zweitrangigen Frontabschnitt und führte dort ein Ablenkungsmanöver aus.

In der Breschnew-Ära arbeitete die gesamte ideologische Maschinerie an der Entfaltung des Schukow-Kults. In jenen wunderbaren Zeiten ließ man den damals bereits 82jährigen Marschall Wassilewski, dem gerade noch ein Jahr bis zu seinem Tod blieb, folgendes schreiben: „Am 13. November … erhielt Schukow Befehl, mit der Vorbereitung einer Ablenkungsoperation an der Kalinin-Front und der Westfront zu beginnen, während mir die Koordination der Handlungen der drei Fronten des Stalingrader Abschnitts bei der Durchführung der Gegenoffensive übertragen wurde."[2] Interessant, nicht wahr? Am 19. November 1942 beginnt bei Stalingrad eine grandiose Offensive, die das Blatt des Krieges zu unseren Gunsten wenden soll, und eine Woche vorher, am 13. November, wird dem größten Feldherrn des 20. Jahrhunderts und Stellvertreter des Obersten Befehlshabers, Armeegeneral G. K. Schukow, ein Ablenkungsmanöver an einer ganz anderen Stelle aufgetragen! Hätte man damit nicht Konew, Goworow, Rokossowski, Golikow, Tolbuchin, Bagramjan, Birjusow, Woronow, Malinowski oder sonst jemanden beauftragen können? Warum schickte Stalin Schukow bei allen Operationen stets an den Hauptabschnitt, während der Stalingrader strategischen Offensive jedoch an einen zweitrangigen Schauplatz zur Durchführung eines Ablenkungsmanövers?

Die Antwort ist ganz einfach: Die Operation bei Sytschewka, Rschew und Wjasma im November/Dezember 1942 war keine Ablenkung, sie war die Hauptsache. Schukow ließ das Unternehmen scheitern, deshalb wurde es im nachhinein zum zweitrangigen Ablenkungsmanöver heruntergespielt.

3.

Die Operation am Westabschnitt im November/Dezember 1942 kann nicht nur der Ablenkung gedient haben, da eine Ablenkungsoperation der Hauptoperation stets zeitlich vorausgeht. Zuerst lenkt der Zauberkünstler unsere Aufmerksamkeit mit irgend etwas ab, dann zieht er das Kaninchen aus dem Zylinder. Zuerst halten uns die Gehilfen des Taschendiebs ein fremdes Portemonnaie vor die Nase: Haben Sie das verloren? Damit der Meister im gleichen Moment mit einer sachten Bewegung in unsere Tasche langen und die prall gefüllte Börse herausfingern kann. Zuerst setzt der Odessaer Dieb Benja Krik das Haus gegenüber der Polizeiwache in Brand, um, wenn die Polizisten den Nachbarn zu Hilfe eilen beim Löschen, die Wache selbst anzuzünden. Zuerst macht der Kämpfer eine ablenkende Bewegung, dann schlägt er zu. So ist es auch im Krieg: Zuerst wird ein Ablenkungsschlag ausgeführt an einem sekundären Abschnitt, danach folgt der entscheidende Schlag in der Hauptrichtung.

Die Stalingrader Gegenoffensive begann am 19. November 1942, der „ablenkende" Angriff der Kalinin-Front und der Westfront hingegen am 25. November 1952. Da bleibt zu fragen, welche der beiden Operationen die Aufmerksamkeit des Gegners ablenken sollte.

Die Operation der Kalinin-Front und der Westfront kann weder sekundär noch ablenkend gewesen sein, da an ihr mehr Truppen beteiligt waren als bei der Stalingrader Offensive. Schukow verfügte im Bestand der Kalinin-Front und der Westfront über 15 allgemeine Armeen, zwei Stoßarmeen, eine Panzerarmee und zwei Armeen der Luftstreitkräfte. Außerdem wurde die „Ablenkung" noch von den Truppen der Nordwestfront sowie der Brjansker Front gestützt. Was weitere sieben allgemeine Armeen, eine Stoßarmee und zwei Armeen der Luftstreitkräfte bedeutete. Darüber hinaus standen hinter dieser Gruppierung noch eine allgemeine Armee (die 68.) und zwei Reservearmeen (die 2. und die 3.). Somit hatte Schukow 23 allgemeine Armeen, drei Stoßarmeen, eine Panzerarmee, vier Armeen der Luftstreitkräfte und zwei Reservearmeen zur Verfügung. Während Wassiljewski bei Stalingrad über ganze zehn allgemeine Armeen, eine Panzerarmee und drei Armeen der Luftstreitkräfte gebot.

Welche der beiden Operationen sollte da wohl die hauptsächliche und welche die sekundäre, ablenkende sein?

Daß der Angriff der Kalinin-Front und der Westfront, flankiert von der Nordwestfront und der Brjansker Front, im November/Dezember 1942 keine Ablenkung war, lesen wir auch aus Schukows Memoiren heraus. Am 8. Dezember 1942 ergeht eine Direktive an die Kalinin-Front und die Westfront. Die nächste Kampfaufgabe der Westfront lautet: „Im Verlauf des 10./11. Dezember die Verteidigung des Gegners durchbrechen im Abschnitt Bol. Kropotowo-Jarygino und nicht später als 15. Dezember Sytschewka einnehmen, am 20. Dezember mindestens zwei Schützendivisionen in das Gebiet Andrejewskoje führen, um im Verbund mit der 41. Armee der Kalinin-Front den Einschluß des umzingelten Gegners zu organisieren."[3]

Die Kalinin-Front hatte dabei noch Befehl, die Front zu durchbrechen und „die umzingelte Gruppierung des Gegners von Süden her einzuschließen zusammen mit den Einheiten der Westfront."[4]

Der Kalinin-Front und der Westfront, beide von Schukow kommandiert, wurde also dieselbe Aufgabe gestellt wie den Fronten im Stalingrader Raum: die gegnerische Verteidigung an zwei Abschnitten zu durchbrechen, mit mobilen Verbänden tief in sein Hinterland vorzustoßen und die Gruppierung des Gegners einzukesseln.

Glauben wir der kommunistischen Propaganda. Nehmen wir an, die Südwestfront und die Stalingrader Front unter Führung Wassilewskis hätten im November 1942 wirklich die gegnerische Verteidigung durchbrechen und den Einschluß des Gegners vollziehen sollen, um eine kardinale Wende des Kriegsgeschehens zu unseren Gunsten herbeizuführen. Während im gleichen Monat November die Kalinin-Front und die Westfront unter Schukows Befehl einfach deshalb die gegnerische Verteidigung durchbrechen und die Gruppierung des Gegners einschließen sollten, um Hitlers Aufmerksamkeit abzulenken.

Wie sind dann beide Befehlshaber ihren Gefechtsaufgaben gerecht geworden? Lassen wir Schukow (oder besser, die Verfasser seiner Memoiren) zu Wort kommen: „Das Kommando der Kalinin-Front in Person von Generalleutnant M. A. Purkajew erfüllte seine Aufgabe. Eine Gruppe dieser Front griff südlich der Stadt Bely an, durchbrach erfolgreich die Front und stieß in Richtung Sytschewka vor. Eine Gruppe der Westfront sollte ihrerseits die Front durchbrechen und den Truppen der Kalinin-Front entgegenkommen, um damit den Ring um die Rschew-Gruppierung der Deutschen zu schließen. Doch die Dinge entwickelten sich so, daß die Westfront die Verteidigung nicht durchbrach ... Zu dieser Zeit erschwerte sich die Lage an der Kalinin-Front im Gebiet unseres Durchbruchs. Mit einem starken Schlag gegen die Flanken schnitt der Gegner unser mechanisiertes Korps ab, das unter dem Kommando Generalmajor M. D. Solomatins stand, und schloß es ein."[5]

Wir wollen immer noch annehmen, daß das alles nur zur Ablenkung geschah. Mit welchem Ergebnis? Die von Schukow geführten Truppen konnten die deutsche Front nicht durchbrechen, den Gegner nicht einkesseln, sondern gerieten selbst in die Umzingelung. Wenn das einfach nur eine Ablenkungsoperation an einem sekundären Abschnitt war, dann bedeutet dies: Zu einem Zeitpunkt, als die gesamte Aufmerksamkeit Hitlers und seiner Feldmarschälle Stalingrad galt, erfüllten die Truppen unter dem Befehl Schukows nicht einmal an einem untergeordneten Schauplatz ihre Aufgabe.

Über Schukows grandiose Offensive im November/Dezember 1942 gibt es bereits mehrere Bücher und Artikel. Um dem Vorwurf zu entgehen, meine Schilderung der Geschehnisse sei gehässig, zitiere ich andere Autoren. Am 8. Juni 2001 erschien in der Zeitschrift *Nesawissimoje wojennoje obosrenije* (Unabhängige Militärrundschau) ein Artikel mit dem Titel „Nicht in die Schlacht, sondern zum Abschlachten". Er konzentriert sich auf die Handlungen der 20. Armee der Westfront bei dem neuerlichen Rschew-Sytschewka-Angriff vom November/Dezember 1942 und stammt von den beiden Autoren M. Chodarenok und O. Wladimirow. Für diese Operation wurde die Westfront über ihren normalen Bestand hinaus verstärkt – durch zwei Panzerkorps, acht selbständige Panzerbrigaden und die entsprechende Anzahl Artillerie.

Die Zwischenüberschriften des Artikels lauten: „Der mißglückte Anfang", „Die Schlacht um die Gemüsegärten des Dorfes Scherebzowo", „Starrsinn, der an Wahnsinn grenzt". Gemeint ist der größte Stratege des 20. Jahrhunderts.

Hier einige Ausschnitte:

„Am 25. November wurden die Truppen faktisch nicht in die Schlacht geschickt, sondern zum Abschlachten, unter den gut organisierten Beschuß des Feindes."

„Zwei Schützenbrigaden – die 148. und die 150. – des 8. Gardeschützenkorps stürmten vier Tage lang das Dorf Chlepen an einem Steilufer der Wasusa ... und bei diesem Dorf fielen die beide Brigaden praktisch bis auf den letzten Mann, außer den Stäben und den Versorgungseinheiten blieb niemand übrig."

„Das unerbittliche Hauptquartier und sein Vertreter Georgi Schukow verlangten nur eins – Angriffe um jeden Preis. Die 20. Armee wurde zusätzlich durch das 5. Panzerkorps und vier Schützendivisionen verstärkt."

„Das Schlachtfeld war übersät mit unseren ausgebrannten Panzern. So wurden schon am 6. Dezember sechs der acht Panzerbrigaden der 20. Armee, die fast ihre gesamte Technik verloren hatten, zur Wiederherstellung der Kampffähigkeit in das Hinterland abgezogen."

„Bereits am 13. Dezember verfügte das 6. Panzerkorps nur noch über 26 kampffähige Panzer und das zwei Tage vorher in die Schlacht geführte 5.

Panzerkorps über 30. Das eine Panzerkorps stürmte das Dorf Maloje Kropotowo, das andere versuchte die Ortschaft Podossinowka einzunehmen."

„Eine Woche (vom 11. bis 18. Dezember) extrem verlustreicher, erbitterter und im Grunde ergebnisloser Kämpfe hatte das Angriffspotential der 20. Armee endgültig erschöpft. Es gab keine Munition sowie Kraft- und Schmierstoffe mehr. Fast die gesamte Technik aller acht Panzerbrigaden und der beiden Panzerkorps war verloren. Nach mehreren Tagen ohne Schlaf und Essen waren die Soldaten, die noch lebten, zum Umfallen erschöpft und todmüde."

„In 23 Tagen pausenloser Gefechte fraßen sich die Truppen der 20. Armee an einem acht Kilometer breiten Abschnitt zehn Kilometer tief in die gegnerische Verteidigung hinein. Die Durchschnittsgeschwindigkeit des Angriffs betrug wenig mehr als 400 Meter in 24 Stunden. Jeden Kilometer bezahlte man mit 6.000 Toten und Verwundeten."

„Ungefähr nach dem gleichen Szenario entwickelten sich auch die Ereignisse in den Angriffsstreifen der anderen Armeen der Westfront und der Kalinin-Front."

„Die personellen Verluste der Kalinin-Front und der Westfront beliefen sich auf insgesamt mehr als 215.000 Gefallene und Verwundete."

4.

Aber es war ja nicht nur die 20. Armee, die „ablenkte". In gleicher Weise sollten auch die übrigen 15 allgemeinen Armeen, zwei Stoßarmeen und eine Panzerarmee der Westfront und der Kalinin-Front unter der weisen Führerschaft des genialen Feldherrn Hitlers Aufmerksamkeit „ablenken". Darüber hinaus waren an anderen Fronten noch sieben weitere allgemeine und eine Stoßarmee in das Schukowsche Szenarium der „Ablenkung" eingebunden.

Es liegen genug Dokumente über die Handlungen jeder einzelnen Armee in der großen „Ablenkungsschlacht" vor. Doch ich habe nicht umsonst die 20. Armee ausgewählt. Diese 20. Armee war es, die im Oktober 1941 bei Jelnja unterging. Ich erspare mir zu sagen, durch wessen Schuld. Rufen Sie sich selbst ins Gedächtnis, wer damals zwei Monate lang Jelnja pausenlos stürmen ließ, die Truppe ausblutete, sämtliche Munition sowie Kraft- und Schmierstoffe verheizte und sich dann an eine andere Front absetzte, den erschöpften, gefledderten Truppen die Niederlage überließ.

Im November 1941 wurde eine neue 20. Armee aufgestellt. Von ihrer Vorgängerin übernahm sie nur die Ordnungsnummer. Und dieser neue, schlecht und recht zusammengezimmerte Verband, der noch keine Feuertaufe erlebt hatte, vollbrachte bereits im Januar 1942 unter dem Befehl Generalmajor A. A. Wlassows am Lama-Fluß wahre Wunder. Über Wlassow stand damals Schukow. Ein Jahr später wieder dieselbe 20. Armee derselben Westfront. Wieder Winter. Jetzt verfügte die 20. Armee bereits über zwölf Monate Kampferfahrung. Und erneut liegt das Oberkommando in Schukows Händen. Doch diesmal geht alles schief: Die Aufklärung arbeitet schlecht, die Artillerie schießt daneben, die gesamte Vorbereitung der Operation ist dilettantisch. Der Gegner weiß schon lange, wo welche Schläge zu erwarten sind, und hat alles getan, um sie abzuwehren.

Was fehlt also diesmal? General Wlassow. Ohne ihn schrumpft Schukow auf das Format des berüchtigten Unteroffiziers Prischibejew aus der gleichnamigen Erzählung von Anton Tschechow. Panzer darf man nicht stürmen lassen. Ihr Element ist der unaufhaltsame Sprung vorwärts. Ortschaften und Verteidigungsnester sollte man nicht stürmen, sondern sie umgehen. Aber das hat Schukow weder bis zum Ende des Krieges noch bis zum Ende seines Lebens begriffen.

5.

Auf die Frage, wer nun die Schuld trägt am blutigen Debakel von Sytschewka, hat Schukow (oder sein Literatenstab) eine umwerfende Antwort: „Befindet sich die Verteidigung des Gegners in schwer einsehbarem Gelände, wo die rückseitigen Hänge von Höhen und senkrecht zur Front verlaufende Schluchten gute Deckung bieten, läßt sich eine solche Verteidigung schwer durch Beschuß zerschlagen oder durchbrechen, besonders dann, wenn der Einsatz von Panzern begrenzt ist. Im vorliegenden konkreten Falle war der Einfluß des Geländes, in dem sich die deutsche Verteidigung befand, nicht berücksichtigt worden.“[6]

Fast klingt es wie ein Scherzreim. Auf dem Papier, da war alles glatt, wer wohl die Schluchten vergessen hat? Wer trägt nun also die Schuld? Nach Schukow irgend jemand Unbelebt-Namenloses. Der die Schluchten nicht berücksichtigte. Aber Moment mal, diese „Ablenkungsoperation“ bereitete doch Schukow persönlich vor, und er war es auch gewesen, der zwischen Januar und August 1942 eben jene Schluchten bei Sytschewka vergeblich pausenlos stürmen ließ. Hätte dem großen Feldherrn in dieser Zeit, in acht Monaten sinnloser Attacken, nicht aufgehen müssen, daß ein Sturm auf die Schluchten von Sytschewka keinen Sinn hatte?

Wäre es ihm aufgegangen, mußte er Stalin sagen: Die Front ist riesig, wir können eine Ablenkungsoperation überall durchführen, nur nicht bei Sytschewka. Doch unserem Unteroffizier Prischibejew alias Schukow wird befohlen, aufs neue gegen Sytschewka anzurennen, also versetzt er munter „Zu Befehl!“ und rennt los. Er hat die Operation höchstpersönlich vorbereitet, sie höchstpersönlich zu einem Debakel werden lassen, und hinterher fällt ihm ein, daß er schon Dutzende Male auf diese Harke getreten ist.

Das ganze Jahr 1942, von Januar bis Dezember, ließ Schukow das Gebiet Smolensk im Blut ertrinken. Stalingrad war nur ein Abstecher. Die Stalingrader strategische Angriffsoperation wurde ohne Schukow durchgeführt. Nach dem Krieg „entfiel“ Schukow, daß er im November und Dezember 1942 im Raum Rschew-Sytschewka sinnlos Millionen Granaten verschossen, Heerscharen sowjetischer Soldaten in den Tod gehetzt, die besten Gardeverbände der Artillerie, der Schützen, der Panzer- und der Luftstreitkräfte verheizt hatte.

6.

Schukows großangelegtes „Ablenkungsmanöver“ lenkte nicht die deutschen Truppen von Stalingrad ab, sondern die sowjetischen. „Nach dem beeindruckenden, für die sowjetische Führung wohl aber überraschenden Stalingrader Erfolg war die Möglichkeit eines entscheidenden Sieges auf dem gesamten Südflügel der sowjetisch-deutschen Front durchaus real. Das Schicksal bot der sowjetischen Seite die selten schöne Chance, die deutschen Truppen südlich von Woronesch einzukesseln und vollständig zu vernichten und damit das Deutsche Reich bereits im Winter 1943 mit der Katastrophe des Krieges zu konfrontieren. Das Hauptquartier besaß anscheinend alles, um den Plan zu verwirklichen: eine erdrückende Übermacht im Kräfteverhältnis und eine extrem günstige operativ-strategische Lage, die in diesem Frontabschnitt entstanden war … Doch die selten schöne Chance am Südflügel der Front wurde vertan.“[7]

Worauf heben die Autoren ab? Im Sommer 1942 waren die deutschen Truppen im Südabschnitt der sowjetisch-deutschen Front weit nach Osten vorgestoßen, hatten den Don überquert und in südlicher Richtung die Vorgebirge des Kaukasus erreicht. Im November schlossen die sowjetischen Streitkräfte bei Stalingrad eine starke deutsche Gruppierung ein. Dies war an sich schon ein gewaltiger Fortschritt. Doch der Vorstoß der sowjetischen Truppen verhieß einen noch größeren Erfolg. Die durchgebrochenen sowjetischen Truppen bedrängten die Versorgungswege der starken deutschen Gruppierung im Kaukasus. Über der gesamten Kaukasus-Gruppierung der Deutschen schwebte die Gefahr einer beispiellosen Einkesselung. Vor ihnen lag die Gebirgskette des Hochkaukasus. Rechts das Schwarze Meer, links das Kaspische Meer, die Wolga und die unbezwingbare sowjetische Front. Hinter ihnen der Don und die sowjetischen Truppen am rechten Flußufer. Die sowjetischen Streitkräfte brauchten diesen Flaschenhals nur zuzustöpseln. Vor der Roten Armee lag Rostow. Über Rostow aber verliefen, wie Generalfeldmarschall von Manstein berichtet[8], nicht nur die Verbindungswege der gesamten Heeresgruppe A, sondern auch der 4. Panzerarmee und der 4. rumänischen Armee.

Die 6. deutsche Armee war bei Stalingrad eingekreist. Bei einem Vorstoß der sowjetischen Truppen auf Rostow würden noch vier weitere Armeen eingeschlossen: die 1. und die 4. Panzerarmee, die 17. und die 4. rumänische Armee sowie die Verwaltung und die Rückräume der Heeresgrupe A. Ein Ausbruch aus dem Kessel wäre kaum denkbar gewesen, da die deutschen Truppen weit nach Osten und Süden vorgerückt waren. Um einen Ausbruch zu beginnen, hätten die vordersten Einheiten vorher einen Rückzug über 500 bis 600 Kilometer antreten müssen. Für den aber fehlte der Treibstoff. Bei einem Vorstoß der russischen Truppen auf Rostow wäre der Kessel von Stalingrad für die Deutschen lediglich der Prolog gewesen, die erste kleine Etappe einer niedagewesenen Niederlage.

Die sowjetischen Kommandeure erkannten die überaus günstige Lage. Marschall der Sowjetunion A. I. Jeremenko war damals Generaloberst und Befehlshaber der Stalingrader Front. Noch am 18. Januar 1943 trug er in sein Arbeitstagebuch ein: „Wir hätten, wie der Stab der Stalingrader Front auch vorschlug, die Eingeschlossenen nicht angreifen, sondern mit einer Blockade abwürgen sollen, sie hätten sich nicht länger als einen Monat gehalten, und die Don-Front am rechten Ufer entlang auf Schachty und Rostow lenken müssen. Im Endeffekt wäre das ein Schlag an drei Fronten gewesen: der Woronesch-Front, der Südwest-Front und der Don-Front. Ein Schlag von ungeheurer Stärke, der die ganze Gruppierung des Gegners im Nordkaukasus wie in einer Falle festgesetzt hätte."[9]

Die furchtbare Gefahr einer Umzingelung sahen auch die deutschen Feldherren. Ungefähr ab Mitte Dezember 1942 begann eine Gefahr heraufzuziehen, die der von Stalingrad gleichkam. Durch die erfolgreiche russische Winteroffensive westlich und südlich von Stalingrad war eine Bedrohung für die gesamte Kaukasusfront entstanden, da bei einer Fortsetzung des Angriffs die Russen bald Rostow erreichen und im Falle seiner Einnahme die gesamte Heeresgruppe A einkreisen konnten.

Generalfeldmarschall von Manstein war der Ansicht, daß im Falle eines Schlages der sowjetischen Truppen gegen Rostow die gesamte Ostfront zusammenbrach – im Januar 1943, wenn nicht schon im Dezember 1942. „Es ging darum, ob dieser Winter bereits den entscheidenden Schritt zu einer Niederlage Deutschlands im Osten bringen würde. Die Katastrophe der 6. Armee, so schwerwiegend und schmerzlich sie auch war, konnte, an den

Größenordnungen des Zweiten Weltkrieges gemessen, allein noch nicht einen solchen Schritt bedeuten. Wohl aber hätte eine Zertrümmerung des ganzen Südflügels der Ostfront den Weg zum baldigen Siege über Deutschland freimachen können. Das Erreichen dieses Ziels auf dem Südflügel aber durfte die sowjetische Führung aus zweierlei Gründen erhoffen. Erstens von der außerordentlichen zahlenmäßigen Überlegenheit der russischen Kräfte, zweitens aufgrund der Gunst der operativen Lage, in die sie sich durch die Fehler der deutschen Führung, die mit dem Namen Stalingrad verknüpft sind, versetzt sah."[10]

Das deutsche Oberkommando begriff die furchtbare Gefahr und tat alles, um zu verhindern, daß die Ostfront bereits Anfang des Jahres 1943 fiel. Die Heeresgruppe A stellte sämtliche Unternehmungen ein, räumte den Nordkaukasus kampflos in großer Eile.

Wäre dem Stellvertreter des Obersten Befehlshabers, Armeegeneral G. K. Schukow, die seltene Gunst der bei Stalingrad eingetretenen Situation aufgegangen, hätte er schreien müssen: Genosse Stalin, lassen wir den dummen Angriff auf Sytschewka! Verheizen wir die Panzerbrigaden und -korps nicht um der Gemüsegärten und Schuppen längst ausgelöschter Dörfer willen! Alles auf Rostow! Und Hunderttausende Tonnen Granaten hinterher! Und die Gardekorps! Und die Luftstreitkräfte! Die Stoßarmeen! Da ist er, der Sieg über Deutschland! Direkt in unseren Händen! Wir bekommen ihn auf einem Goldrandteller serviert!

Aber Schukow erkannte die Gunst der Stunde nicht. Er führte den dummen Befehl aus, und zwar auf die allerdümmste Weise. Schukow lenkte die besten Verbände der Roten Armee von einem wahrhaft wichtigen Frontabschnitt ab und verheizte sie sinnlos im Sturm auf Dörfer, Hügel und Scheunen.

7.

Im Krieg und gleich nach Kriegsende betrieb Schukow intensiv die Entfaltung seines eigenen Kults. Mittelpunkt des Kriegsgeschehens war er, der große Schukow, Haupturheber der Siege, darunter des Sieges bei Stalingrad. Die Kunde flog durch das ganze Land. Drang bis zu Stalin vor. Wir können uns Stalins Wut vorstellen, als er hörte, daß sich Schukow zum Helden von Stalingrad erklärte. Und die Marschälle Bulganin und Wassilewski setzten den Entwurf eines Befehls auf, in dem stand, Schukow habe alle Bescheidenheit verloren, sich die Ausarbeitung und Durchführung von Operationen zugeschrieben, mit denen er nicht das Geringste zu tun hatte. Stalin unterzeichnete den Befehl. In ihm hieß es unter anderem: „Zu dem Plan der

Liquidierung der Stalingrader Gruppe der deutschen Streitkräfte ebenso wie zur Durchführung dieses Plans, die sich Marschall Schukow zuschreibt, hatte er keine Beziehung: Bekanntlich wurde der Plan der Liquidierung der deutschen Truppen erarbeitet und die Liquidierung begonnen im Winter 1942, als sich Marschall Schukow an einer anderen Front aufhielt, weit entfernt von Stalingrad."

Wir verstehen, was Stalin veranlaßte, einen Befehl zu unterzeichnen, in dem das unwürdige Verhalten Schukows angeprangert wird: Der Prahlmarschall hatte seine Niederlagen bei Sytschewka vergessen, reklamierte aber die fremden Siege bei Stalingrad für sich.

Doch Stalins Befehl blieb ohne Wirkung auf den großen Feldherrn. Zwei Jahrzehnte vergingen, und in Schukows Memoiren erklang erneut das naßforsche Lied von seinem Sieg bei Stalingrad. „Das Verdienst des Hauptquartiers des Obersten Befehlshabers und des Generalstabs besteht darin, daß sie fähig waren, mit wissenschaftlicher Exaktheit alle Faktoren dieser grandiosen Operation zu analysieren, daß sie den Verlauf ihrer Entwicklung und ihre Vollendung vorauszusehen vermochten. Folglich sollte nicht von individuellen Anwärtern auf die ‚Urheberschaft' der Idee der Gegenoffensive gesprochen werden."[11]

Da sehen Sie, wie bescheiden Schukow ist. Er unternimmt nicht einmal den Versuch, die eigene überragende Rolle bei der Durchführung der Stalingrader Gegenoffensive herauszustreichen. Bei ihm arbeiteten alle: das Hauptquartier des Obersten Befehlshabers und der Generalstab. Wozu da noch nach einem einzelnen suchen, der das Konzept des Gegenangriffs unterbreitet haben könnte?

Zuerst erzählt Schukow aber, er und Wassilewski hätten sich flüsternd über den Plan ausgetauscht, Stalin habe das gehört und nachgefragt. Dann erlaubt unser Held großmütig, die Suche nach den Urhebern des genialen Plans einzustellen.

Und wieder ein Stück weiter trägt er die Verdienste noch dicker auf: „Das gewaltige Verdienst des Hauptquartiers des Obersten Befehlshabers besteht darin, daß es fähig war, mit wissenschaftlicher Exaktheit alle Faktoren dieser grandiosen Operation zu analysieren, den Verlauf ihrer Entwicklung und ihre Vollendung wissenschaftlich vorauszusehen."[12]

„Das Verdienst des Hauptquartiers des Obersten Befehlshabers und des Generalstabs" hat sich in ein „gewaltiges Verdienst" des Hauptquartiers allein verwandelt. Der Generalstab ist aus dem Kreis der Sieger herausgefallen. Was sich gut nachvollziehen läßt. Stalin hatte Schukow bereits im Juli 1949 aus dem Generalstab gejagt und in eine niedrigere Dienststellung abkommandiert. Und wo Schukow doch nicht mehr im Generalstab war, durfte man ruhig auch dessen Rolle bei der Vorbereitung und Durchführung der

Stalingrader Gegenoffensive vergessen. Nicht aber die des Hauptquartiers des Obersten Befehlshabers, denn dem gehörte Schukow an. Und das läßt er in seinen Memoiren den Leser auch immer wieder wissen. Deshalb beziehen sich die Phrasen über die Verdienste, ja gar die gewaltigen Verdienste des Hauptquartiers in der Schlacht bei Stalingrad auf Schukow selbst. Er lobt sich, und er schildert die wissenschaftliche Exaktheit seiner eigenen Analysen.

Doch von was für einem wissenschaftlichen Herangehen kann die Rede sein, wenn man dreimal mehr Truppen einschloß, als man überhaupt beabsichtigte? Wo eine Untertreibung möglich war, war eine Übertreibung genauso denkbar. Man hätte sieben bis acht deutsche Division einkreisen wollen und dort wären dreimal weniger gewesen?

Und von was für einem wissenschaftlichen Herangehen kann die Rede sein, wenn das Hauptquartier des Obersten Befehlshabers Direktive erteilte, die bei Stalingrad eingeschlossene Gruppierung der deutschen Streitkräfte anzugreifen? Der Kessel von Stalingrad bildete im Grunde ein Kriegsgefangenenlager mit bewaffneten Insassen. Die keinen Proviant hatten, keinen Treibstoff, keine warme Kleidung. Die Gefahr eines Ausbruchs war beseitigt. Danach hätte man sie in Ruhe lassen können bis zum Frühjahr. Wie lange konnten sich Truppen halten im furchtbaren Frost, ohne Winterkleidung, ohne Treibstoff, Munition und Proviant? Aber es wurde Angriff befohlen. Und unsere Divisionen, Korps und Armeen warfen sich in die Attacke. Im Sommer 1942 hatten die sowjetischen Pionierarmeen rund um Stalingrad einen uneinnehmbaren Schutzgürtel errichtet, doch die Deutschen überwanden ihn, und jetzt stürmte die Rote Armee ihren eigenen uneinnehmbaren Befestigungsstreifen. Der Sturm der Stalingrader Befestigungen war ein unverzeihlicher Fehler Hitlers. Den wiederholte die Rote Armee nun, indem sie dieselben Befestigungen ein zweites Mal stürmte. Ein Unterfangen, dessen Sinn allein den für dieses Unterfangen verantwortlich zeichnenden sowjetischen Militärs einleuchtete. Man hätte warten können, bis der Kessel von selbst zerfiel, ohne jegliche Verluste auf russischer Seite.

Von was für einem wissenschaftlichen Herangehen kann die Rede sein, wenn man bei Rostow die Chance vertat, Deutschland bereits Anfang 1943 zu zerschlagen? Wenn es die Möglichkeit eines Sieges ohne die Schlacht bei Kursk, ohne Prochorowka, ohne die Überwindung von Dnepr, Dnestr, Neman, Weichsel und Oder, ohne „die zehn vernichtenden Schläge Stalins“, ohne die Verteidigungsschlacht am Balaton, ohne die Erstürmung der Sapun-Berge und der Seelower Höhen, Königsbergs und Berlins gab?

Doch statt gegen Rostow vorzustoßen, stürmten unsere Strategen die eigenen Befestigungsanlagen bei Stalingrad und die Gemüsegärten am Rande des Dorfes Scherebzowo.

An der ganzen Stalingrader Epopöe erstaunt mich am meisten Schukows Unverfrorenheit. Jeder, der sich für Kriegsgeschichte interessiert, konnte bei einiger Beharrlichkeit Schukows Wegstrecke im Zweiten Weltkrieg nachvollziehen – und würde dabei unvermeidlich darauf stoßen, was Stalin, Bulganin und Wassilewski bereits nach dem Krieg aufgedeckt hatten: Schukows unmäßige, gegenstandslose Selbsterhöhung, seinen Diebstahl fremden Ruhms.

Aber auch die reale Gefahr, entlarvt zu werden, verfehlte ihre Wirkung auf die Verfasser der Schukowschen Memoiren.

8.

Eine knappe Bilanz: Bei Stalingrad wurden zwei Aufgaben gelöst. Die erste bestand darin, die Flucht der sowjetischen Truppen zum Stillstand zu bringen und eine neue Front aufzustellen. Die Lösung dieser Aufgabe gelang im Juli und August 1942 – ohne Zutun Schukows. Die zweite Aufgabe war, die Front des Gegners zu durchbrechen und seine Truppen im Raum Stalingrad einzukesseln. Die Bewältigung der zweiten Aufgabe erfolgte vom 19. bis 23. November 1942 – ebenso ohne Schukows Beteiligung. Denn der stürmte, während andere die beiden Aufgaben erfüllten, wieder und wieder Sytschewka.

Ich höre schon den Einwand: Mag sein, die Stalingrader Offensive ist tatsächlich ohne Schukow ausgeführt worden. Aber es spielt ja keine große Rolle, wer die Ausführenden waren, vor allem kommt es darauf an, wer die Idee lieferte!

Gut, klären wir also, wer der Ideenspender war. Seine Dienststellung im Sommer 1942 lautete: Oberoffizier der Operativen Hauptverwaltung des Generalstabs. Sein Dienstrang: Oberst, später Generalleutnant. Sein Name: Potapow. Daß der Plan der strategischen Angriffsoperation bei Stalingrad in der Operativen Hauptabteilung des Generalstabs entstand und sein Urheber Oberst Potapow war, ist seit langem allgemein bekannt. Niemand hat je ein Geheimnis daraus gemacht. Nach der offiziellen Zerschlagung der kommunistischen Macht wurde in der Operativen Hauptabteilung des Generalstabs auch endlich die Karte mit dem Operationsplan gefunden. Darauf stehen die Unterschriften von Potapow und Wassilewski. Als Datum ist der 30. Juli 1942 angegeben. Der Plan war lange fertig, als Schukow in Moskau auftauchte. Denn am 30. Juli lieferte Potapow nicht einfach die Idee, sondern hatte bereits die Ausarbeitung des Plans vollendet. Während Schukow zum x-ten Male Sytschewka stürmte und überhaupt noch nicht an Stalingrad dachte.

Der Plan Oberst Potapows wurde Generalstabschef Wassilewski vorgetragen. Und Wassilewski rapportierte ihn Stalin, der danach Schukow nach Moskau rief, zu seinem Stellvertreter machte und in den Raum Stalingrad entsandte. Am 12. September kehrte Schukow nach Moskau zurück und schlug angeblich eine „andere" Lösung vor. Aber die war bereits anderthalb Monate vor Schukows Erleuchtung im Generalstab erarbeitet und Stalin längst vorgelegt worden, Stalin und Wassilewski arbeiteten bereits seit längerem intensiv an der Vorbereitung der Realisierung. An diesem Tag, dem 12. September 1942, weihte Wassilewski auf Befehl Stalins Schukow einfach in das Geheimnis ein.

9.

Aber glauben wir doch für einen Moment, er, der große Schukow, habe im September 1942 Stalin den Plan der Stalingrader Offensive unterbreitet. Glauben wir ruhig, daß Stalin Zweifel hegte am Erfolg, während sich Schukow seiner Sache todsicher war.

Das kennt man schließlich, so etwas haben Sie und ich auch schon erlebt: Man kommt zum Chef, schlägt etwas Ungewöhnliches und Riskantes vor. Der Chef zweifelt, ob die Sache klappt. Was antwortet er uns da?

Denkbar sind zwei Varianten: Entweder der Chef verbietet uns, weiter an der Sache zu arbeiten, weil im Endeffekt er den Kopf dafür hinhalten muß. Oder der Chef sagt, gut, du hast das ausgeheckt, also tu es auch. Du stehst mir dafür gerade. Wenn du die Sache vermurkst, erwarte keine Gnade.

Schukow schlägt uns eine dritte Variante vor. Stalin zweifelt am Erfolg, übernimmt aber trotzdem die gesamte Verantwortung und delegiert sie an Wassilewski, Schukow dagegen schickt er an einen anderen Ort, befreit ihn von der Verantwortung für die Verwirklichung des riskanten Plans. So etwas gibt es doch nicht! Hätte Stalin am Erfolg gezweifelt, würde er Schukow zur Ausführung der Operation nach Stalingrad geschickt haben: Du hast das vorgeschlagen, du glaubst fest an den Erfolg, ich gebe dir alle Karten in die Hand, nun handle. Und wenn du scheiterst, stehst du dafür gerade. Wenn Stalin die Konsequenzen fürchtete, hätte er Schukow im Raum Stalingrad postieren müssen, damit er im Falle eines Mißerfolgs die Schuld auf ihn schieben konnte. Aber Stalin scheute die Verantwortung nicht und unternahm keinen Versuch, sie vor der riskanten Operation auf den tapferen, weisen Schukow abzuwälzen. Das beweist nur, daß Stalin Schukow nicht als Urheber des Plans betrachtete, daß Schukow für ihn gar nicht als potentieller Sündenbock in Frage kam. Vor Beginn einer so riskanten Unternehmung schickte Stalin Schukow 1.000 Kilometer weit weg von Stalingrad in den

Westabschnitt, zur Durchführung einer anderen Operation, die Schukow tatsächlich vorgeschlagen hatte, die er lange vorbereitete und wie immer im Fiasko enden ließ.

Stalin wußte, daß der Plan der Stalingrader Offensive aus dem Generalstab stammte, von einem Oberst ausgearbeitet und von Generalstabschef Wassilewski bestätigt worden war. Genau deshalb ernannte er am 15. Oktober 1942 Wassilewski (bisher Generaloberst!) zu seinem Stellvertreter und entsandte ihn im November nach Stalingrad zur Koordinierung der Handlungen aller am Gegenangriff beteiligten Truppen. Stalins Logik scheint einfach und zwingend: Der Plan ist in deinem Generalstab erarbeitet, von dir bestätigt worden, also, Generalstabschef Generaloberst Wassilewski, fahr nach Stalingrad und führe die Operation aus. Verdirbst du sie, mach dich auf etwas gefaßt!

Wie Wassilewskis Arbeit ausging, ist bekannt. Am 18. Januar 1943 verleiht Stalin seinem Stellvertreter Wassilewski den Rang eines Armeegenerals. Keinen Monat später, am 16. Februar 1943, wird Wassilewski von Stalin zum Marschall der Sowjetunion befördert.

Aus der schlichten Tatsache, daß die Handlungen der Fronten bei Stalingrad nicht Schukow, sondern Wassilewski koordinierte, folgt ein ebenso einfacher Schluß: Schukows memoiristische Schilderungen seiner entscheidenden Rolle in der Stalingrader Schlacht sind Heldenmärchen wie die legendären Ruhmestaten der 28 Panfilow-Soldaten und der Stachanow-Bestarbeiter, die tollkühnen Abenteuer Sindbad des Seefahrers oder Baron Münchhausens.

* * *

Auch die unzensierte sowjetische Presse erwähnte Oberst Potapow nur ein einziges Mal. In ihrer Ausgabe vom 1. September 1992 räumte die Armeezeitung *Krasnaja swesda* ein, daß er es war, der den Plan der Stalingrader strategischen Angriffsoperation ausarbeitete und unterbreitete.

Nach dem Fall des Kommunismus gab es eine kurze Phase, wo die Archive aufgingen, die Mythen in sich zusammenbrachen und die aufgeblasenen Helden von den Sockeln fielen. Aber diese Phase währte nicht lange. Die Herrschenden faßten sich schnell und hoben, in Ermangelung eines Besseren, nun Schukow in den Himmel. Die Vergötterungskampagne erreichte binnen kürzester Zeit das Ausmaß einer Volkshysterie. Der weise Oberst Potapow wurde wieder zur Unperson, sein Plan unter die vielen anderen „nicht auffindbaren Belege" eingeordnet.

Die wahre Heldentat des Oberst Potapow hätte nur gestört beim Auftürmen der erlogenen Ruhmestaten des Heiligen-Kandidaten Georgi.

Kapitel 17

Über die herausragende Rolle

„An mich wenden sich Genossen, die an der Kursker Schlacht teilgenommen haben, und fragen: Warum verzerrt G. K. Schukow in seinen Erinnerungen die Wahrheit, indem er sich etwas zuschreibt, was ihm nicht gebührt? Von einem anderen hätte man das vielleicht noch hinnehmen können, aber er durfte es keinesfalls!"[1]

K. K. Rokossowski

1.

Schön und gut, bei Stalingrad konnte Schukow seine Talente nicht unter Beweis stellen. Aber der Kursker Bogen! Da zeigte er, was in ihm steckte!

Die Situation war folgende: Nach der Stalingrader strategischen Verteidigungsoperation stießen die Truppen zweier sowjetischer Fronten, der Zentralen und der Woronescher, weit vor, der Schub der Offensive erschöpfte sich, sie erlitten große Verluste und erhielten deshalb Befehl, zur Verteidigung überzugehen. Es entstand ein langgestreckter Vorsprung in gegnerische Richtung – der sogenannte Kursker Bogen. Der deutsche Kriegsplan für den Sommer 1943 sah vor, zwei Gegenschläge auf Kursk zu führen, den Kursker Vorsprung abzuriegeln, die dort befindlichen Streitkräfte der beiden sowjetischen Fronten einzukreisen und zu vernichten.

Die sowjetische Militäraufklärung konnte die Absichten des deutschen Oberkommandos auskundschaften, den Angriffsplan in ihren Besitz bringen und das ungefähre Datum des Beginns der Operation feststellen. All das geschah ohne Schukow. Die Hauptverwaltung Aufklärung (GRU) unterstand ihm lediglich von Februar bis Juli 1941 in seiner Eigenschaft als Chef des Generalstabs. 1943 waren Wassilewski und Stalin für die GRU zuständig.

Die Kommandierenden der Zentralen Front sowie der Woronescher Front, die Armeegeneräle K. K. Rokossowski und N. F. Watutin, erhielten vom Obersten Befehlshaber Marschall der Sowjetunion J. W. Stalin drei Mitteilungen über den geplanten deutschen Angriff. Am 2. und 20. Mai sowie am 2. Juli warnte Stalin Rokossowski und Watutin, daß das deutsche Oberkommando Flankenschläge gegen die Truppen beider Fronten vorbereite. Sowohl die Zentrale wie auch die Woronescher Front waren also gewappnet für die Abwehr der Operation.

In der Nacht zum 5. Juli 1943 ging im Kommandopunkt der Zentralen Front aus dem Stab der 13. Armee die Meldung ein, man habe deutsche Pioniere gefangennehmen können, die in die sowjetischen Minenfelder Schneisen geräumt und Stacheldrahtverhaue entfernt hatten. Die Gefangenen sagten aus, daß der Beginn des deutschen Angriffs für 3 Uhr nachts zu erwarten sei und sich die Stoßgruppierungen bereits in ihren Ausgangsstellungen befänden. Bis der deutsche Angriff losbrechen würde, blieb etwas mehr als eine Stunde.

Die Artillerie der Zentralen Front stand in voller Bereitschaft zur Durchführung einer Artillerie-Gegenvorbereitung. Geplant war ein Feuerschlag von 506 Geschützen, 468 Minenwerfern und 117 Geschoßwerfern für Salvenbeschuß auf die Ausgangsgebiete der deutschen Truppen. Unmittelbar vor Beginn der deutschen Operation sollte die angriffsbereiten gegnerischen Truppen ein vernichtender Artillerieschlag treffen: von der Dauer her kurz – insgesamt 30 Minuten, jedoch extrem in der Intensität des Beschusses.

Die Artillerie der benachbarten Woronescher Front hatte ebenfalls Gefechtsstellung bezogen für eine Artillerie-Gegenvorbereitung von gleicher Dauer und Stärke.

Doch die Angaben über den geplanten Beginn des deutschen Angriffs waren nicht hieb- und stichfest. Die deutschen Pioniere hatten gesagt, was sie wußten, und nicht gelogen. In den Aufklärungseinheiten, den Aufklärungsabteilungen und -verwaltungen der Stäbe verstand man sich schließlich darauf, Gefangene binnen kurzem zum Reden zu bringen und ihnen umfassende Geständnisse zu entlocken. Aber es konnte ja sein, daß die gefangengenommenen Pioniere den genauen Angriffszeitpunkt gar nicht kannten oder sich geirrt hatten.

Leitete unsere Artillerie die Gegenvorbereitung vor dem geplanten Angriffsbeginn der Deutschen ein, würden wir Tausende Tonnen Granaten nutzlos über leere Felder und Wälder niedergehen lassen. Weil die deutschen Stoßgruppierungen ihre Ausgangsstellungen noch nicht bezogen hatten. Würden wir die Gegenvorbereitung später einleiten, war das Ergebnis das gleiche. Unsere Granaten träfen wiederum nur leere Flächen, da die Hauptmasse der deutschen Truppen die Ausgangsstellungen bereits verlassen und sich zur Vorderlinie voranbewegt hatte.

Waren die Hauptkräfte der Deutschen also schon in den Ausgangsgebieten oder noch nicht? Waren sie vielleicht sogar schon weiter? Im Dunkel der Nacht konnte man Aufklärungsflugzeuge in die Luft schicken, soviel man wollte, sie sahen von oben nicht das Geringste. Was tun? Der eine wie der andere Fehler war gleichermaßen fatal. In dem einen wie dem anderen Falle würde unsere Artillerie im allerersten Augenblick der großen Schlacht die Hälfte ihrer Granaten nutzlos verschießen. In dem Filmepos „Die Befreiung" spielt der Schauspieler Michail Uljanow die Rolle Schukows am Kursker Bogen. Als Repräsentant des Hauptquartiers des Obersten Befehlshabers und Stalins Stellvertreter erscheint Uljanow alias Schukow im Stab der Zentralen Front, die von Armeegeneral Rokossowski kommandiert wird. Schukow wertet die Lage aus, überlegt angestrengt und gibt nach Abwägung aller Fakten entschlossen Befehl …

2.

Den gleichen historischen Moment schildert auch Marschall der Sowjetunion K. K. Rokossowski. Schukow traf tatsächlich am Vorabend der Schlacht im Kommandopunkt der Zentralen Front ein, die im Film gezeigte Entscheidungsfreude ließ er jedoch vermissen. Den Befehl zur Einleitung der Gegenvorbereitung erteilte Rokossowski, und zwar auf sein eigenes Risiko. Ein Risiko, das Leben oder Tod bedeutete. War der Zeitpunkt falsch berechnet, konnte die Schlacht am Kursker Bogen verlorengehen. Mit katastrophalen Folgen für die Sowjetunion. Deshalb bat Rokossowski, bevor er den alles entscheidenden Befehl gab, Schukow als Vorgesetzten um Bestätigung der Entscheidung. Aber Schukow nahm die Verantwortung nicht auf sich. Schukow verstand es immer, sich der Verantwortung entschlossen und energisch zu entziehen. So auch diesmal: Du, Rokossowski, bist der Befehlshaber der Zentralen Front, also befiehl auch.

Rokossowski: „Nun zur persönlichen Tätigkeit G. K. Schukows als Vertreter des Hauptquartiers an der Zentralen Front. In seinen Erinnerungen malt Schukow die angeblich von ihm an unserer Front geleistete Arbeit in der Vorbereitungs- und Durchführungsphase der Verteidigungsoperation breit aus. Ich muß mit aller Verantwortung – und wenn nötig auch unter Bestätigung durch noch lebende Zeugen – sagen, daß Schukows Darstellung in diesem Kapitel nicht der Wirklichkeit entspricht und von ihm erfunden wurde. Als er in der Nacht vor Beginn des feindlichen Angriffs bei uns im Stab war und der Kommandierende der 13. Armee, General Puchow, meldete, man habe deutsche Pioniere gefangengenommen und von ihnen den voraussichtlichen Beginn der deutschen Operation erfahren, weigerte sich G. K.

Schukow sogar, meinen Vorschlag bezüglich der Einleitung der Artillerie-Gegenvorbereitung zu sanktionieren, und überließ mir als Befehlshaber der Front die Entscheidung. Diese Entscheidung mußte jedoch unverzüglich getroffen werden, da für eine Anfrage beim Hauptquartier keine Zeit blieb."[2]

Rokossowski traf die Entscheidung allein. Auf seinen Befehl wurde die Artillerie-Gegenvorbereitung an der Zentralen Front am 5. Juli 1943 um 2.20 Uhr eingeleitet. Das war der eigentliche Anfang der Kursker Schlacht.

Um 4.30 Uhr begann der Gegner seine Artillerievorbereitung, um 5.30 Uhr ging die Orjol-Gruppierung der deutschen Streitkräfte zum Angriff über.

Rokossowski fährt fort: „G. K. Schukow rief das Hauptquartier am 5. Juli ungefähr gegen 10 Uhr an. Er meldete Stalin über die Direktleitung in meinem Beisein, daß (ich gebe seine Worte wieder) Kostin (mein Pseudonym) die Truppen überlegt und entschlossen führt und der Angriff des Gegners erfolgreich abgewehrt wird. Gleich danach bat er um Erlaubnis, zu Sokolowski weiterfahren zu dürfen. Nach dem Telefonat verließ er uns sofort. So sah G. K. Schukows Aufenthalt an der Zentralen Front faktisch aus. In der Periode der Vorbereitung auf die Operation war G. K. Schukow kein einziges Mal bei uns an der Zentralen Front gewesen."

3.

Ein gigantischer persönlicher Beitrag zur Vernichtung des Gegners am Kursker Bogen. In der Vorbereitungsphase der Operation ließ sich Schukow nicht bei den Truppen der Zentralen Front sehen, ebensowenig bei denen der Woronescher Front. Er kam erst unmittelbar vor der Schlacht und traf keinerlei Entscheidungen, ja lehnte es sogar ab, Rokossowskis Verantwortung zu teilen. Eine Gegenvorbereitung gab es nicht nur an der Zentralen, sondern auch an der Woronescher Front. Dort traf die Entscheidung zu ihrer Durchführung der Frontbefehlshaber Armeegeneral N. F. Watutin. Sein Beschluß wurde von Marschall der Sowjetunion A. M. Wassilewski bestätigt. Zur Artillerie-Gegenvorbereitung der Woronescher Front stand Schukow also in keinerlei Beziehung. Er war weit weg.

Schukow hat sich an der Zentralen Front nicht übernommen. Viereinhalb Stunden nach Beginn des Gefechts fuhr er weiter an eine andere Front. An Fliegen war nicht zu denken, denn in der Luft tobte eine wahre Schlacht. Von Rokossowskis Kommandopunkt bis zum Kommandopunkt Wassili Sokolowskis waren es 740 Kilometer, über zerstörte Frontstraßen, vollgestopft mit Soldaten. Deshalb konnte der Stratege Schukow am ersten und schwersten Tag der Kursker Schlacht nicht die Führung des Geschehens übernehmen. Er mußte reisen. Möglicherweise auch noch am zweiten Tag.

4.

In der Breschnew-Ära wurde der Kult um die Person G. K. Schukows mit der ganzen Kraft des kommunistischen Propagandaapparats angeheizt. Besonderen Eifer legten dabei der Chefideologe der KPdSU M. A. Suslow, Verteidigungsminister Marschall A. A. Gretschko und der Leiter der politischen Hauptverwaltung der Sowjetarmee Armeegeneral A. A. Jepischew an den Tag. Alles, was Rokossowski über die Rolle Schukows in der Schlacht am Kursker Bogen schrieb und was einen Schatten auf das Bild des großen Strategen werfen konnte, wurde gnadenlos aus Rokossowskis Buch herausgeschnitten. Die von mir zitierten Auszüge durften erst ein Vierteljahrhundert nach Erscheinen der verstümmelten ersten Fassung veröffentlicht werden. Doch selbst die Großzensoren Breschnew und Suslow wagten nicht, sich auf einen Streit mit Rokossowski einzulassen. Was konnten sie der Wahrheit entgegenhalten? Selbst aus der zensierten Fassung des Buches von K. K. Rokossowski läßt sich die Hauptsache herauslesen: „Zeit für eine Anfrage beim Hauptquartier war nicht vorhanden, die Lage gestaltete sich so, daß jede Verzögerung zu schwerwiegenden Konsequenzen führen konnte. Der dabei anwesende Vertreter des Hauptquartiers G. K. Schukow, der am Abend vorher bei uns eingetroffen war, übertrug mir die Lösung dieser Frage.“[3]

Rokossowski drückt sich hier milder aus, doch der Sinn bleibt der gleiche: Nicht Schukow beschloß die Durchführung der Artillerie-Gegenvorbereitung. Diese Darstellung Rokossowskis hat niemand je angefochten. Rokossowskis Schilderung ist keine Erfindung und ebensowenig die Frucht verklärter Erinnerungen. Zu den Pflichten des Generalstabschefs der Zentralen Front, Generalleutnant M. S. Malinin, gehörte es, das Kriegstagebuch der Front zu führen. Was er als vorbildlicher Stabsoffizier auch tat. Dieses Kriegstagebuch ist jetzt wissenschaftlichen Untersuchungen zugänglich. Alle Befehle und Weisungen, die im Kommandopunkt der Zentralen Front erteilt wurden, sind in dem Journal fixiert. Alles lief genauso ab, wie es Rokossowski schilderte, nicht so, wie es die Verfasser der Schukowschen Memoiren ihren Lesern weismachen wollen. Nicht so, wie es uns der Schauspieler Uljanow vorführt.

Die Dreharbeiten zu dem von Breschnew und Suslow in Auftrag gegebenen Film „Die Befreiung“ begannen erst nach Erscheinen des – wenn auch verstümmelten, zerschnittenen – Rokossowski-Buches. „Film“ ist eigentlich untertrieben, es war eine ganze Filmepopöe, die das Volk bald „Film-Popopöe“ taufte. Und der Hauptzweck dieser „Popopöe“ bestand darin, dem größten Feldherrn aller Zeiten und Völker Genossen Schukow auf ewig ein Ruhmesdenkmal zu setzen.

Rokossowski konnte das Drehbuch einsehen. Er richtete einen Brief an Oserow, den Hauptverantwortlichen für die Produktion der „Popopöe“, und an den Schauspieler Uljanow, der Schukow verkörperte. Unter Bezugnahme auf Dokumente führte Rokossowski darin überzeugend Beweis, daß Schukow keinerlei Entscheidungen im Zusammenhang mit der Artillerie-Gegenvorbereitung traf. Doch weder Oserow noch Uljanow konnten sich zu einer Richtigstellung entschließen. Der Kult um die Person G. K. Schukows war eine Pfründe, genauer gesagt: ein gefüllter Trog, aus dem sich Milch und Honig eines Nomenklatura-Lebens schöpfen ließen. Zu diesem Trog drängten Oserow und Uljanow unter aktivem Einsatz ihrer Ellenbögen. Das Wichtigste für sie war, es Breschnew und Suslow recht zu machen. Was ihnen denn auch gelang. Entgegen der historischen Wahrheit, im Widerstreit mit Dokumenten und Berichten von Augenzeugen, zeigen sie uns im Film einen weisen, ein wenig müden Schukow, der auf eigene Faust, ohne Rücksprache mit Stalin, die dramatischste Entscheidung der Kursker Schlacht fällt.

5.

Besonders interessant ist an der ganzen Geschichte folgendes: Am 5. Juli 1943, dem Beginn der grandiosen Schlacht am Kursker Bogen, fuhr Schukow zu Wassili Sokolowski. Weshalb?

In jenem Augenblick entschied sich das Schicksal des Krieges bei Kursk. Die Zentrale und die Woronescher Front lagen in einem Vorsprung, der sich weit in das vom Gegner besetzte Territorium hineinschob. Von Norden, Westen und Süden hatte der Feind die beiden Fronten bereits umzingelt, sie in eine gigantische Schere genommen. Und schlug nun gegen den rechten Flügel der Zentralen und den linken der Woronescher Front. Würde er die Verteidigung unserer Truppen überwinden und durchbrechen, saßen beide Fronten fest.

Doch Rokossowskis und Watutins Fronten wankten nicht, hielten den Gegner auf und gingen selbst zum Angriff über. Am 5. Juli 1943, dem Augenblick, in dem die Deutschen angriffen, konnte niemand den Ausgang der Schlacht vorhersagen. Sie hätte auch mit einer verheerenden Niederlage der sowjetischen Streitkräfte enden können. Da machte der große Schukow lieber, daß er fortkam aus diesem Kursker Vorsprung, der womöglich zu einer Falle wurde. Und sein Säbel schepperte über die Kilometersteine wie ein Knüppel über einen Lattenzaun.

Wer war eigentlich dieser Sokolowski, dem der siegreiche Schukow so hurtig entgegeneilte?

Armeegeneral Schukow, Stabschef Sokolowski und Politkommissar Bulganin sandten Stalin am 31. Dezember 1941 einen erlogenen Bericht über die angebliche Zerschlagung des deutschen Heeres bei Moskau. Da Stalin daraufhin die strategischen Reserven auseinanderzog, erlitt die Rote Armee in den darauffolgenden Schlachten ungeheure Verluste.

Generaloberst (später Marschall der Sowjetunion) Wassili Danilowitsch Sokolowski befehligte zu dieser Zeit die Westfront. Wir erinnern uns, daß Schukow am 26. August 1942 befördert worden war und das Kommando über die Westfront abgegeben hatte. Schukows Nachfolge trat zunächst Konew an, ihm folgte Sokolowski. Im März 1943 konnte die Westfront unter dem Befehl Sokolowskis (doch ohne Schukow) endlich Rschew, Wjasma und Sytschewka einnehmen. Danach begann für sie eine operative Pause, einfacher gesagt: ein Stillstand. Im Westen nichts Neues. Im Sommer 1943 führte der Gegner keine Schläge gegen die Westfront. Niemand bedrohte sie. Das Schicksal des Krieges wurde zu dieser Zeit an anderen Schauplätzen entschieden: am Kursker Bogen, an der Zentralen und der Woronescher Front, deren Flanken wuchtigen gegnerischen Schlägen ausgesetzt waren.

Was mag Schukow veranlaßt haben, sich in einem entscheidenden Moment des Krieges fluchtartig aus der Hauptstoßrichtung abzusetzen in Richtung eines Nebenabschnitts – der Westfront, der keine Gefahr drohte?

Eben daß dort keine Gefahr drohte, veranlaßte ihn. Er eilte zur Westfront, weil es dort ruhig war.

Aber vielleicht warteten auf Schukow an der Westfront ja unaufschiebbare Angelegenheiten? Vielleicht galt es dort wichtige Probleme zu lösen, Sokolowski vor heraufziehendem Unheil zu warnen? Alles nicht auszuschließen. Doch muß man das in diesem Falle auch genau so schreiben, muß aufzählen, welche unaufschiebbaren Angelegenheiten Schukow erwarteten in sicherer Entfernung vom Kursker Bogen. Über seine herausragende Rolle in der Kursker Schlacht aber sollte man dann lieber bescheiden schweigen.

6.

Als klar war, daß die Verbände Rokossowskis und Watutins den Feind am Kursker Bogen aufgehalten hatten, daß die letzte Offensive der deutschen Armee gegen die sowjetischen Streitkräfte endgültig steckengeblieben und Hitlers Panzertruppen das Rückgrat gebrochen war, da erschien Schukow erneut auf dem Schauplatz.

Stalingrad und Kursk bilden die Gipfel der Feldherrnkunst des großen Strategen und herausragenden militärischen Denkers G. K. Schukow. Daneben gab es andere Schlachten, Gefechte und glänzende Operationen. Allerdings war Schukows persönlicher Beitrag zu ihrer Organisation, Durchführung und siegreichen Vollendung nicht so grandios wie im Falle der Schlachten bei Stalingrad und am Kursker Bogen.

7.

Der Mensch ist schwach. Ich bin auch ein Opfer der kommunistischen Propaganda. Glaubte wie viele andere unerschütterlich daran, daß Schukow im Krieg keine einzige Niederlage einstecken mußte. Und habe das auch so geschrieben. Wofür ich mich bei meinen Lesern entschuldige. Ich nehme meine Worte zurück. Man braucht Schukow nur ein wenig eingehender zu betrachten. Und sieht vor sich die blutige Karriere eines Henkers, eine Laufbahn voller Katastrophen und Fehlschläge. Faktisch während des gesamten Kriegsverlaufs koordinierte Schukow die Handlungen mehrerer Fronten. Und scheiterte kläglich an dieser Aufgabe.

Im Juni 1941 war er Koordinator der Operationen der Südwestfront und der Südfront in den Begegnungsschlachten mit den deutschen Streitkräften. Das Ergebnis – ein Fiasko.

Fast das ganze Jahr 1942 koordinierte Schukow – mit kurzen Unterbrechungen – die Westfront und die Kalinin-Front. Die Bilanz: Mißerfolge in Serie bei Sytschewka.

Danach koordiniert er die Fronten am Kursker Bogen. Wo er sich vor der Verantwortung drückt.

Im Februar 1944 finden wir Schukow als Koordinator der Fronten im rechtsseits des Dnepr gelegenen Teil der Ukraine. Davon war bereits die Rede. Am Ende stand wieder ein klägliches Scheitern. Die eingeschlossene feindliche Gruppierung brach aus dem Kessel aus, Stalin mußte seinen Stellvertreter nach Moskau zurückrufen, weil der die Lage nicht überschaute und sich als unfähig erwies, die übertragenen Aufgaben zu meistern.

Im Sommer 1944 koordiniert Schukow die Handlungen zweier Fronten bei der Lwow-Sandomir-Operation. Hier erreichte die Niederlage wahrhaft gigantische Ausmaße. Wofür Schukow persönlich die Verantwortung trägt. Der Fehlschlag war so gravierend und Schukows Schuld so offensichtlich, daß er sie selbst einräumen muß: „Obwohl wir mehr als genug Kräfte hatten für die Erfüllung der Aufgabe, traten wir vor Lwow auf der Stelle, und ich als Koordinator der Handlungen beider Fronten setzte diese Kräfte nicht dort ein, wo es zwingend notwendig gewesen wäre, manövrierte mit ihnen nicht so, daß ein schnellerer und entschiedener Erfolg zustande kam als der, den wir errangen."[4]

Fünfmal verbrannte sich Stalin die Finger bei Versuchen, Schukow als Koordinator für das Zusammenwirken mehrerer Fronten einzusetzen. Danach übernahm er persönlich vom Kreml aus die Frontkoordinierung. Und übertrug Schukow eine niedrigere Dienststellung, bei der er nicht mehr das koordinierte Handeln mehrerer Fronten zu verantworten hatte, sondern nur noch eine einzige befehligte – die 1. Belorussische Front.

Auf diesem Posten hat Schukow für immer Schande auf sich geladen mit der unbedarften, verbrecherisch-dilettantischen Durchführung der schmachvollen Operation von Berlin. Die Erstürmung Berlins zeigte, daß Schukow in vier Jahren Krieg nichts dazugelernt hatte. Der Beginn des Krieges war ein Fiasko. Und an seinem Ende stand das nicht minder beschämende Debakel von Berlin.

Der Kommandeur eines Panzerbataillons, S. Schtrik, schreibt am 2. Oktober 1942 in einem Brief: „Unsere Infanterie hat sich an den Ortsrand von Sytschewka vorgearbeitet, nun geht es keinen einzigen Schritt mehr voran – so stark ist der Beschuß. Unsere ‚Kisten' wurden losgeschickt ... In der Stadt zu kämpfen, bedeutet für die Panzerfahrer das Grab."[5]

Man muß nicht Kommandeur eines Panzerbataillons sein, um das zu begreifen. Jeder Soldat, der je einen Panzer im Gefecht sah, wußte, daß ihnen ein Stadtkampf den sicheren Untergang brachte. Sie waren nicht dafür gemacht. Schukow hat ganze Bataillone, Regimenter, Brigaden und Korps von Panzern auf Sytschewka losgehen lassen. Und nichts begriffen, nichts gelernt.

Nun aber lag nicht Sytschewka vor ihm, sondern Berlin. Und er, der große Feldherr, der im Krieg keinen Funken klüger wurde, hetzt wieder zwei Gardepanzerarmeen in die Stadt – die 1. und die 2. Die beide dort untergehen.

Wäre Schukow ein redlicher Mensch, hätte er sich nach Abschluß der Berliner Operation erschießen müssen. Zumindest aber sämtliche klimpernde Orden von der Brust reißen und ins Kloster gehen, um dort Abbitte zu leisten für seine Sünden und Verbrechen.

8.

Nun zur Statistik.

Wieviel Korps hat Schukow auf dem Gewissen? Ich schlage vor, daß wir nur diejenigen berücksichtigen, die er vollkommen sinnlos verheizte. Grob geschätzt, eine ganze Reihe.

Sechs mechanisierte Korps – das 4., 8., 9., 15., 19. und 22. – in der Begegnungsschlacht bei Dubno, Luzk und Rowno. Drei dieser Korps übertrafen jeweils für sich genommen nach der Panzerzahl jede sowjetische oder deutsche Armee. Die übrigen Länder der Welt hatten in ihren Streitkräften weder Panzerarmeen noch mechanisierte Korps von derartiger Stärke.

Vier Fernfliegerkorps wurden ohne Jagdfliegerdeckung zur Bombardierung gegnerischer Brücken und Panzerkolonnen eingesetzt. Auf Schukows Befehl war die Verminung der Brücken geräumt worden, deshalb blieb jetzt nichts anderes übrig, als sie zu bombardieren. Fernflieger operieren nachts aus großen Höhen gegen ausgedehnte, unbewegliche Ziele tief im gegnerischen Hinterland. Unsere Fernfliegerei flog am Tage auf niedriger Höhe Einsätze gegen kleine und bewegliche Ziele an der Vorderlinie und im nahen Hinterland des Feindes. Schukow hat die sowjetische Fernfliegerei vernichtet.

Das 1. Gardekavalleriekorps bei Wjasma; das 4. Luftlandekorps bei Wjasma; das selbständige Luftlandekorps in der Dnepr-Operation von 1943 im Abschnitt der 1. Ukrainischen Front ... Ich habe diese Liste nur begonnen, jeder, der will, kann sie selbst fortsetzen.

Wieviel Armeen hat Schukow auf dem Gewissen? Wiederum nur diejenigen eingerechnet, die durch Schukows Unfähigkeit ohne jeden Sinn und Zweck untergingen. Auf Schukows Befehl wurde die 3. und die 10. Armee der Westfront im Gebiet Bialystok in einen Vorsprung herausgeführt. Bei einem gegnerischen Angriff war ihre restlose Zerschlagung dadurch unausweichlich, denn eine Verteidigung kam unter diesen Umständen nicht in Frage.

Die 6., 12., 18. und 26. Armee trieb Schukow in den Lwow-Tschernowitz-Vorsprung, der ebenfalls keinerlei Möglichkeit zur Verteidigung bot. Und damit die Vernichtung der Armeen zu einer Frage der Zeit werden ließ.

Insgesamt hat Schukow die Vernichtung von 13 Armeen der Ersten strategischen Staffel auf dem Gewissen. Man kann nicht planlos kämpfen. Und schuld daran, daß es keine Pläne gab, war Schukow.

Die 29., 33. und 39. Armee gingen im Raum Wjasma unter.

Im Herbst 1943 ließ Schukow die 3. Gardepanzerarmee ohne ausreichende Treibstoffversorgung vorrücken. In dieser vorgeschobenen Position wurde sie vernichtet.

Die 1. und die 2. Gardepanzerarmee verloren wir in Berlin.

Der Leser möge mir verzeihen, wenn ich Einheiten vergessen haben sollte.

Und nun öffnen Sie mir die Augen und zeigen Sie mir einen anderen Feldherrn der Menschheitsgeschichte, der Schukow übertrifft.

* * *

Der Öffentlichkeit wird eingehämmert, Schukow habe keine einzige Niederlage gekannt. Woraus automatisch der stolze Schluß folgt: Wenn es keine Niederlagen gab, muß der Sieg sein ständiger Begleiter gewesen sein.

Lassen wir die unaufhörliche Kette von Schukows Fehlschlägen und Mißerfolgen vor uns Revue passieren, drängt sich uns, verdutzt wie wir sind, die Frage auf: Und wo sind sie, diese Siege?

Kapitel 18

Was Orden erzählen

„Ein Schurke muß auch Schurke genannt werden, unabhängig von seinen Auszeichnungen."[1]

A. Tonow

1.

Wir schauen auf das Porträt G. K. Schukows und sehen vor allem Orden. Viele schöne Orden. Schukow ohne Orden ist unvorstellbar. Er liebte sie. Und war der Meinung, man habe ihn bei ihrer Vergabe übergangen, seine Verdienste nicht gebührend gewürdigt. Das glauben auch Schukows Verehrer. Aber stimmt es tatsächlich?

Um Klarheit zu gewinnen in dieser Frage, müssen wir Schukow mit jemandem anderes vergleichen, denn alles wird erkennbar im Vergleich. Und mit wem ließe sich Schukow vergleichen? Nur mit Stalin.

Der erste sowjetische Orden wurde 1918 gestiftet. Er heißt Rotbannerorden und ist aus Silber.

Stalin besaß drei Rotbannerorden. Schukow auch.

1930 wurde der Lenin-Orden gestiftet – als höchste staatliche Auszeichnung. Der Orden ist aus Gold gefertigt, das Lenin-Profil darauf ist aus Platin.

Stalin hatte drei Lenin-Orden. Schukow sechs.

1942 stiftete die Sowjetunion die ersten Feldherrenorden: den Suworow-Orden, den Kutusow-Orden und den Alexander-Newski-Orden. Ein Jahr später kam der Bogdan-Chmelnizki-Orden hinzu. Der höchste in dieser Reihe ist der Suworow-Orden 1. Stufe, der aus Platin besteht. Den Suworow-Orden 1. Stufe Nr. 1 erhält Schukow. Wenig später wird er ein zweites Mal Träger des Suworow-Ordens.

Stalin hat einen Suworow-Orden. Schukow hingegen zwei.

Schukow war Träger unzähliger Orden. Er besaß sogar mehr davon als Stalin, u.a. drei Rotbannerorden, sechs Lenin-Orden, zwei Suworow-Orden und zweimal den Siegesorden. Alle waren aus Edelmetallen gefertigt und zum Teil mit Edelsteinen besetzt.

1943 wird der höchste militärische Orden – der Siegesorden – eingeführt. Seine Basis besteht aus Platin, in den Zacken des Sterns, der sich darauf erhebt, funkeln fünf große Rubine. In der internationalen Juwelierpraxis wurden erstmals Rubine dieser Größen verwendet. Der Orden ist mit Brillanten von 16 Karat Gesamtgewicht übersät.

Verliehen wurde der Siegesorden (nimmt man nur die gesetzeskonformen Auszeichnungen) neunzehn Mal.

Siegesorden Nr. 1 erhielt Schukow, Nr. 2 Wassilewski, Nr. 3 Stalin, Nr. 4 Konew, Nr. 5 wieder Schukow, Nr. 6 Rokossowski und Nr. 7 zum zweiten Mal Wassilewski. Fünf weitere Siegesorden gingen an ranghöchste Militärs der Bündnisstaaten. Die übrigen an sowjetische Marschälle, die in der Schlußphase des Krieges Repräsentanten des Hauptquartiers des Obersten Befehlshabers gewesen waren oder Fronten befehligten: Goworow, Malinowski, Merezkow, Timoschenko und Tolbuchin. Auch der Chef des Generalstabes, Armeegeneral Antonow, wurde – als einziger sowjetischer General – mit dem Siegesorden geehrt.

Unmittelbar nach dem Krieg erhielt Stalin auf Beschluß der Regierung und der Obersten Kommandoführung der Roten Armee den Siegesorden ein zweites Mal zugesprochen, lehnte es jedoch ab, ihn anzunehmen.

Im Jahre 1978 wurde Siegesorden Nr. 20 gefertigt. Er war für Marschall der Sowjetunion Leonid Iljitsch Breschnew bestimmt. Nach Breschnews Tod wurde der entsprechende Erlaß über die Verleihung als nicht den Ordensstatuten gemäß annulliert.

Ziehen wir eine kurze Zwischenbilanz. Stalin zeichnete zuerst Schukow und Wassilewski aus, erst danach – sich selbst. So war es nicht nur bei den Orden, sondern auch mit dem Rang des Marschalls der Sowjetunion. Schukow erhielt ihn von Stalin am 18. Januar 1943 verliehen, Wassilewski am 16. Februar und Stalin selbst – am 6. März 1943.

Beim Rotbannerorden sind Schukow und Stalin gleich auf. Durch vielfache Vergabe während der Kriegszeit hatte dieser Orden an Wert verloren und besaß auf der Ebene, wo Stalin und Schukow standen, kein großes Renommee mehr.

Was die übrigen Orden anbelangt, so hat Schukow gegenüber Stalin genau die doppelte Anzahl aufzuweisen. Zwei Jahre vor seinem Tode erklärte sich Stalin doch noch einverstanden, den Siegesorden anzunehmen, und holte Schukow damit in dieser Sparte ein, doch bezüglich des Lenin-Ordens und des Suworow-Ordens blieb es bei Schukows zweifacher Überlegenheit.

2.

Neben den Orden wurde der Ehrentitel Held der Sowjetunion verliehen, mit einer Medaille Goldener Stern als Beigabe. Unmittelbar nach Einführung des Helden-Titels trat ein Widerspruch auf: Der Lenin-Orden war die höchste staatliche Auszeichnung, „Held der Sowjetunion" hingegen kein Orden, sondern ein Ehrentitel. Wie vertrug sich die dazugehörige Medaille Goldener Stern mit dem Lenin-Orden? Was war wichtiger? Stalin fand eine einfache Lösung: Der Goldene Stern wurde im Doppelpack mit dem Lenin-Orden vergeben. In den entsprechenden Erlassen hieß es: „... ist der Ehrentitel Held der Sowjetunion zu verleihen mit Überreichung des Lenin-Ordens und der Medaille Goldener Stern." Ein Träger der höchsten staatlichen Auszeichnung besaß folglich den Lenin-Orden, ein Held der Sowjetunion noch die Medaille Goldener Stern und den Lenin-Orden. So löste Stalin den Widerspruch.

Allerdings wurde festgelegt, daß der Lenin-Orden nur den ersten Goldenen Stern begleitete, nicht aber wiederholte Auszeichnungen mit dieser Medaille.

Schukow hatte seinen ersten Goldenen Stern bereits im Jahre 1939 von Stalin erhalten. Für die Schlacht am Chalchin-Gol. Während des Krieges kamen noch zwei weitere Goldene Sterne hinzu. Schukow war dreifacher Held der Sowjetunion.

Das läßt ein großes Fehlurteil erkennen. Jeder Mensch konnte eigentlich nur einmal Held der Sowjetunion werden, ganz gleich, wieviel Heroismus er auch immer an den Tag gelegt haben mochte. Ein zweifacher Held oder ein dreifacher – das ist so, als würde man von einem zweifachen Chirurgen oder einem dreifachen Tänzer sprechen, als sei jemand zweifach groß, dreifach erhaben oder vierfach herrlich. Wenn man zweimal oder dreimal Held sein konnte, wo war dann die Grenze? Deshalb wurde festgelegt, ein und derselben Person maximal drei Goldene Sterne zu verleihen. Mehr als dreimal sollte keiner Held sein.

Zu Stalins Lebzeiten gab es drei Tripel-Helden der Sowjetunion: Schukow sowie die Kommandeure der Luftstreitkräfte Oberst Koschedub und Oberst Pokryschkin.

Unter den sowjetischen Generälen und Marschällen war Schukow der einzige dreifache Träger des Ehrentitels Goldener Stern. Rokossowski hatte nur zwei Goldene Sterne aufzuweisen, Wassilewski einen. Seinen zweiten Goldenen Stern erhielt Wassilewski später, für den Japan-Krieg im September 1945. Stalin besaß keinen einzigen Goldenen Stern. Also beschlossen die Generäle und Marschälle, ihn zum Helden der Sowjetunion zu machen, der Titel wurde ihm auch verliehen, den Roten Stern lehnte er jedoch ab.

Fünf Jahre später, im Jahre 1950, ließ sich Stalin doch noch zur Entgegennahme des Goldenen Sterns sowie des zweiten Siegesordens bewegen, trug beide allerdings nie.

Als Stalin mit Verspätung Träger des Goldenen Stern wurde, besaß Schukow „nur noch" dreimal mehr Helden-Titel als er. Solange Stalin die Annahme des Ehrentitels Held der Sowjetunion abgelehnt hatte, betrug das „Sterne“-Verhältnis 3 : 0 zu Schukows Gunsten.

Dem reichte das jedoch immer noch nicht.

3.

Schukow konnte sich nicht damit abfinden, daß er lediglich dreimal mehr Goldene Sterne besaß als Stalin. Es vergällte ihm das Leben zu wissen, daß neben ihm noch drei weitere dreifache Helden der Sowjetunion existierten.

Aber eine vierte Auszeichnung mit dem Goldenen Stern schloß das Gesetz aus. Was blieb da zu tun? Das Gesetz zu brechen. Und Schukow brach es. Am 1. Dezember 1956 verlieh er sich selbst den vierten Ehrentitel Held der Sowjetunion. Und heftete einen vierten Goldenen Stern an seine mächtige Brust. Die übrigen Marschälle der Sowjetunion hatten es zu ein oder zwei Goldenen Sternen gebracht, manche zu gar keinem, aber er, Schukow, besaß vier!

Und wofür diese Ehre?

Für nichts und wieder nichts. Zu Friedenszeiten, an seinem Geburtstag, machte sich Schukow dies Geschenk. „In Würdigung großer Verdienste und anläßlich des 60. Geburtstags“ sozusagen. Nie zuvor war der Ehrentitel Held der Sowjetunion im Zusammenhang mit einem persönlichen Jubiläum verliehen worden.

Damit war Schukows Auszeichnung gleich ein dreifacher Gesetzesbruch. Erstens durfte kein vierter Stern vergeben werden. Zweitens nicht zu einem persönlichen Jubiläum. Den Ehrentitel Held der Sowjetunion gab es für Ruhmestaten. Und drittens heftete sich Schukow neben diesem Goldenen Stern auch noch den Lenin-Orden an die Brust.[2] In Verletzung der Statuten, wie wir uns erinnern. Denn der Lenin-Orden wurde nur mit dem ersten Goldenen Stern, nicht aber mit allen weiteren vergeben.

Auch Stalin hatte vor Schukow „runde“ Geburtstage gefeiert, war 50, 60 und 70 Jahre alt geworden. Doch niemand kam auf die Idee, ihm einfach so, quasi zum Jubiläum, den Ehrentitel Held der Sowjetunion zu verleihen.

1939, zu seinem 60. Geburtstag, wurde Stalin Held der Sozialistischen Arbeit. Dabei handelte es sich allerdings nicht um eine Kampfauszeichnung. Und gearbeitet hat er ja in der Tat. Wenigstens wurde das Land, das Stalin 1939 führte, nicht so ausgeraubt und ausgeplündert wie unter unseren „Demokraten“.

Zu seinem 70. Geburtstag erhielt Stalin keinerlei Goldene Sterne, obwohl er da bereits als Genius aller Zeiten und Völker galt.

Während sich der Jubilar Schukow zu seinem 60. Geburtstag einen Kampforden ansteckte. Um den zu verdienen, muß man Heroisches vollbracht haben. Und worin bestand Schukows Ruhmestat? Da ließen sich Schukows Speichellecker eine Erklärung einfallen: Schukow bekommt den vierten Goldenen Stern zu Recht, für seine Lebensleistung, ist doch sein ganzes Leben eine einzige Heldentat.

Schukow hat den Ehrentitel Held der Sowjetunion seines Wertes beraubt. In jenem Rußland, das wir verloren haben, gab es den Orden des Heiligen Georgi. Das besondere Prestige, das sich mit dieser Auszeichnung verband, resultierte aus dem Status des Ordens. Träger des Ordens konnte nur werden, wer eine glänzende Ruhmestat vollbracht, Tapferkeit im Kampf gezeigt, eine unnachahmliche militärische Operation zur Vollendung geführt hatte. Den „Georgi" konnte man nicht kaufen, durch Beziehungen erschleichen oder als Geburtstagsgeschenk entgegennehmen – und mochte das Jubiläum noch so „rund" sein. Allein herausragende Leistungen auf dem Schlachtfeld führten dorthin, wo es den „Georgi" gab. Der Wert des Ehrentitels Held der Sowjetunion speiste sich aus derselben Quelle: Diesen Titel konnte nur erhalten, wer eine heroische Ruhmestat vollbrachte.

Und da auf einmal die erste Ausnahme von der Regel. Schukow steckt sich den Goldenen Stern selbst zum Geburtstag an.

Was dann folgte, war ein wahlloses Verteilen des Heldentitels nach rechts und links. Nehmen wir nur Marschall der Sowjetunion Nikolai Wassiljewitsch Ogarkow. Er wurde in Friedenszeiten – am 28. Oktober 1977 – damit geehrt. Wofür? Dafür, daß er seinen 60. Geburtstag feierte. Ein Held gleichen Kalibers ist Marschall der Sowjetunion Dmitri Fjodorowitsch Ustinow, der am 27. Oktober 1978 in den Kreis der Helden aufrückte. Dabei war doch gar kein Krieg mehr. Was konnte sein Bravourstück sein? Daß er es auf 70 Jahre gebracht hatte! Wieso sollte das nicht als Heldentat durchgehen? Sein Geburtstag war am 30. Oktober, und drei Tage vorher ... Die Masche gefiel auch den zivilen Genossen im Politbüro. Da saßen sie im Kreml, dieser oder jener hatte einen runden Geburtstag vor sich – und schon verkündeten die Kampfgefährten: Dein ganzes Leben in den Gemächern des Kreml, in den Elitesanatorien der Nomenklatura ist eine einzige Heldentat. Nimm, teurer Genosse, den Ehrentitel Held der Sowjetunion entgegen!

Und bald wurden alle führenden Genossen im Kreml Helden.

Was Schukow begonnen hatte, gefiel auch Genossen Breschnew nur zu gut. Er war am 19. Dezember 1906 geboren worden. Und seine Auszeichnungen als Held der Sowjetunion bekam er am 18. Dezember 1966, am 18. Dezember 1976, am 19. Dezember 1978 sowie am 18. Dezember 1981. Zum 60. ein Held, zum 70. ein zweites Mal, zum 72. erneut und zum 75. schon wieder. Zuerst hielt man sich wenigstens noch an die „runden" Geburtstage, dann gab es den Helden der Sowjetunion auch schon einmal zu „halbrunden" und schließlich einfach so zwischendurch. Als Zugabe zur Festtagstorte.

Breschnew hängte sich ebenso viele Heldensterne an wie Schukow, nämlich vier. Außerdem konnte sich Leonid Iljitsch noch mit dem kleinen Sternchen eines Helden der Sozialistischen Arbeit schmücken. Macht summa summarum fünf. Damit hatte er Schukow eingeholt und sogar überrundet. Aber diese ganze unsinnige Ordenshascherei nahm ihren Ausgang nicht von Breschnew, es war Schukow, der sie ins Leben rief. Er schenkte sich als erster zum Geburtstag einen Heldentitel.

4.

Aber stimmt es wirklich, daß sich Schukow den vierten Goldenen Stern selbst verlieh? Ja, es stimmt. Nach dem XX. Parteitag fühlte sich Schukow fast wie der Herr im Hause und tat, was er wollte. Chruschtschow nannte er in der Öffentlichkeit „Nikitka", den kleinen Dummling. Und ließ ihn seine Verachtung nicht nur im vertrauten Kreis, sondern auch vor aller Augen spüren.

Die Armeezeitung *Krasnaja swesda* vom 13. Mai 1997 schildert einen der unzähligen Ausfälle des großen Feldherrn: „In seiner Eigenschaft als Verteidigungsminister war Schukow zu einer ‚Regierungsmaßnahme' eingeladen – der Premiere eines Theaterstücks, der Chruschtschow beiwohnen sollte. Der Ministerrang verpflichtete Schukow zur Anwesenheit. Schukow fuhr mit seiner Frau vor und nahm Platz in der Regierungsloge, in der zweiten Reihe. Als Chruschtschow erschien, spendete der Saal stehend Beifall. Alle klatschten, mit Ausnahme des Marschalls, der gedankenversunken das Programmheft studierte. Worauf ihn seine Frau leise bat: „Tu doch wenigstens so ..."

Krasnaja swesda ist begeistert: Seine Frau bittet ihn, wenigstens so zu tun, und er tut es! Was war unser großer Stratege Genosse Schukow doch für ein toller Hecht!

Dabei haben wir es hier mit elementarster Unverschämtheit zu tun, Unverschämtheit gegenüber einer Person, die offiziell an der Spitze eines großen Staates steht. Schukow konnte Nikita Chruschtschow für einen Schwachkopf halten, doch wozu seine Mißachtung in aller Öffentlichkeit zur Schau stellen? Hier legt Schukow einfach Unverschämtheit an den Tag, nicht nur gegenüber dem ersten Repräsentanten des Staates, sondern gegenüber dem gesamten Saal. Wenn alle stehend applaudieren, ein einzelner jedoch die allgemeine Bewegung demonstrativ ignoriert, gibt er damit wortlos zu verstehen: Das ist meine Liebe für euch, ihr Plebse! Dabei saßen bei dieser „Regierungsmaßnahme" nicht nur Arbeiter und Kolchosbäuerinnen im Saal, sondern die gesamte Führungselite. Und jeder von ihnen, davon bin ich überzeugt, dachte in diesem Augenblick: Was wird, wenn dieser unverschämte Klotz an die Macht kommt?

Schukow setzte mit seinem Benehmen nicht nur das Staatsoberhaupt, sondern in dessen Person auch die gesamte Weltmacht Sowjetunion herab. Wer öffentlich das Staatshaupt beleidigt, beleidigt das ganze Volk. Dort waren die Botschafter großer Staaten zugegen und unsere zahlreichen ausländischen Freunde.

Mit seinen Ausfällen – die sich in schöner Regelmäßigkeit wiederholten – demonstrierte Schukow nicht nur absolute Mißachtung für alles, was ihn umgab, sondern auch unglaubliche, ja geradezu ungeheuerliche Dummheit. Schukow war auf dem Sprung, ein Diktator zu werden. Ein Nero oder Kaligula. Er übte bereits für diese Rolle, lebte sich in sie ein. Die Macht im Lande gehörte ihm bereits so gut wie ganz. Er brauchte nur noch ein wenig Schläue und Gerissenheit zu zeigen und sich ein Beispiel an Stalin zu nehmen. Der war auf sachten Katzenpfoten an die Macht gekommen. Hatte sich keine Heldensterne angehängt. In der Öffentlichkeit keine Unverschämtheiten herausgenommen. Immer alle angelächelt. Boris Baschanow beschreibt den Beginn eines normalen Arbeitstages im Politbüro Mitte der zwanziger Jahre: „Sinowjew schaut nicht zu Trotzki hinüber, und Trotzki tut auch so, als würde er Sinowjew nicht sehen, blickt angelegentlich in seine Papiere. Als dritter kommt Stalin herein. Er wendet sich nach rechts zu Trotzki und drückt ihm mit einer weit ausholenden Geste freundschaftlich die Hand."[3] Trotzki hielt Stalin für grau und durchschnittlich. Und tatsächlich führte der sich auf wie das liebe, schnurrende kleine Graulekaterchen Joska.

Schukow hingegen sah sich bereits als Löwen, noch bevor er die Macht ganz an sich gerissen hatte. Und benahm sich entsprechend. Bist du erst Diktator, kannst du nach Herzenslust unverschämt sein. Aber solange die Macht noch nicht hundertprozentig dir gehört, solange du diese Macht noch mit Chruschtschow teilen mußt, verbirg deine diktatorischen Gelüste. Du giltst doch als Stratege, und die Hauptkraft der Strategie liegt im Überraschungseffekt. Lerne deine Absichten zu verbergen.

Das unverfrorene Gebaren des Möchtegern-Strategen offenbart wieder und wieder ein Laster, von dem unser talentloser Feldherr Zeit seines Lebens nicht loskam: Schukow unterschätzt seinen Gegner beständig. In diesem Falle den auf den ersten Blick so tolpatschigen Nikitka Chruschtschow.

Schukows Verhältnis zur Führung der Sowjetunion, seine großen Pläne der Machtergreifung sind nicht Gegenstand dieses Buches. Hier sind wir bei den Orden. Und ich will den Gedanken wiederholen: Schukow fühlte sich bereits fast als vollwertiger Hausherr in diesem großen Land und konnte sich nicht nur die eigene selbstherrliche Erhebung in den Rang eines vierfachen Helden der Sowjetunion erlauben, sondern noch weitaus gravierendere Dinge.

5.

Schukow hielt sich nicht an die Gesetze. Unter Verletzung geltender Regularien hängte er sich nicht nur selbst Orden um den Hals, sondern verteilte sie auch an seine Günstlinge. Die ihrerseits wieder Gesetzlosigkeit praktizierten. Die ungesetzliche Vergabe von Orden ist nur eines von zahllosen Beispielen, die offenbaren, was Schukow von Recht und Gesetz hielt.

Die Armeezeitung *Krasnaja swesda* schildert am 30. November 1996 vollmundig, wie der Kommandeur des 29. Gardeschützenkorps, Generalmajor G. I. Chetagurow, aus Schukows Händen den Suworow-Orden 1. Stufe empfängt: „Den Statuten nach mußte man mindestens Befehlshaber einer Armee sein, um diese Auszeichnung zu erhalten. Aber das war eben Schukow."

Welche Leistungen ein Korps auch immer vollbracht haben mochte im Krieg, sein Kommandeur konnte als Kampfauszeichnung höchstens den Suworow-Orden 2. Stufe erhalten. Galt es, den Kommandierenden eines Korps für eine glänzende Operation auszuzeichnen, war der Bogdan-Chmelnizki-Orden 2. Stufe allemal gut. Ging es um etwas Überragendes, blieb immer noch der Kutusow-Orden 2. Stufe. Hatte das Korps aber etwas ganz und gar Unvergleichliches vollbracht, konnte man zwar an den Suworow-Orden denken, allerdings nur 2. Stufe. Aus dem einfachen Grunde, weil das Korps keine strategische Einheit darstellt. Nicht einmal eine operative. Als operativ-taktischer Verbund steht das Korps etwas tiefer. Ein Korps kann keine Leistung vollbringen, die das Blatt des Krieges grundlegend wendet. Stalin hatte ein exaktes System aufgestellt, das auswies, wer für was mit welchem Orden zu ehren war. Seine Vorgabe bestätigte das Präsidium des Obersten Sowjets der UdSSR mit einem Erlaß, der den Stalinschen Vorschlag zum Gesetz erhob. Analog verhielt es sich mit den Vergabestatuten für die einzelnen Orden, auch sie erhielten durch Erlaß des Präsidiums des Obersten Sowjets Gesetzeskraft.

Aber Schukow spuckte auf Recht und Gesetz, auf den Obersten Sowjet der UdSSR, auf die Stalinsche Ordnung der Ordensvergabe und auf Stalin selbst – den Urheber dieses Systems.

Schukow erschoß für den geringsten Ungehorsam. Und ließ selbst Anarchie in Staat und Armee Einzug halten. Wie konnte Ordnung herrschen, wenn der Stellvertreter des Obersten Befehlshabers demonstrativ und in aller Öffentlichkeit nicht nur die militärische Disziplin verletzte, sondern auch Gesetze übertrat, die der Oberste Befehlshaber eingeführt und das höchste legislative Organ des Landes bestätigt hatte?

Breschnew war mit dem Siegesorden geehrt worden. Nach seinem Tod wurde der Erlaß aufgehoben. Warum? Weil das Statut eindeutig festschreibt, welche Art von Verdiensten dieser Orden würdigt. Der Siegesorden wird verliehen „für die erfolgreiche Durchführung solcher Operationen in der Größenordnung mehrerer oder einer Front, in deren Ergebnis sich die Situation grundlegend zugunsten der Roten Armee verändert". Derartige Operationen hatte Breschnew nicht vorzuweisen. Er hatte überhaupt keine Operationen vorzuweisen. Hatte in seinem ganzen Leben keine einzige Operation, ja nicht einmal ein Gefecht geführt, weder auf der Ebene eines Regiments oder Bataillons noch auf der einer Kompanie oder Abteilung. Deshalb war seine Ehrung mit dem Siegesorden ungesetzlich.

In der Rangordnung abwärts folgt auf den Siegesorden der Suworow-Orden. Paragraph fünf des Statuts legt eindeutig fest: „Mit dem Suworow-Orden 2. Stufe werden Kommandierende von Korps, Divisionen und Brigaden, ihre Stellvertreter und Stabschefs ausgezeichnet." Der Suworow-Orden 1. Stufe blieb denjenigen vorbehalten, die ihrer Dienststellung nach über dem Korpskommandeur standen, was Paragraph 4 unmißverständlich regelt.

Schukow aber verleiht einen Suworow-Orden 1. Stufe an Korpskommandeur Chetagurow, dem diese Auszeichnung überhaupt nicht zusteht. Womit Schukow den Erlaß des Präsidiums des Obersten Sowjets der UdSSR ebenso verletzt wie das Ordensstatut.

Einige Verwunderung löst die Position der *Krasnaja swesda* aus. Breschnew unter Umgehung der Statuten den Siegesorden zu verleihen, war eine Schande. Das durfte nicht sein. Und wenn es denn schon geschehen war, mußte die Gesetzesverletzung schnellstens ausgeräumt, der Erlaß aufgehoben und der Orden zurückgefordert werden.

Nichts anderes hatte jedoch auch Schukow getan, als er Chetagurow unter Umgehung der Statuten den Suworow-Orden 1. Stufe verlieh. Hier mußte die Zeitung doch ebenfalls protestieren: Schimpf und Schande! Die Ordensverleihung an Chetagurow muß aufgehoben werden! Sie ist ungesetzlich! Aber das Zentralorgan des Verteidigungsministeriums gibt sich leutselig-ergriffen: Ja, es handelt sich wohl um eine Gesetzesverletzung, aber es war doch Schukow! Ha, wie mutig er Recht und Statuten mit Füßen trat!

6.

Schauen wir uns noch einen von Schukows Lieblingen an: Generalleutnant W. V. Krjukow, überführt des Diebstahls in besonders schwerem Falle. Befragt nach der Herkunft seines nach allen Standards unerhörten Vermögens, erklärte er, wo die Dinge doch einfach nutzlos herumgelegen hätten, sei ihm der Gedanke gekommen, ob er sie nicht vielleicht aufheben solle …

Alexander Buschkow beschreibt diesen Typ so: „Jetzt geht es endlich Generalleutnant Krjukow an den Kragen. Sie haben schon herausbekommen, daß er in seinem Hospital ein waschechtes Bordell unterhalten hat, dessen Mitarbeiterinnen für ihre Schwerstarbeit von ihm militärische Orden erhielten, daß er an den Straßenrändern in Deutschland fleißig Brillanten und Saphire, Pelze und Gemälde alter Meister auflas, daß ihm auch der Goldene Stern unter Umgehung der Gesetze verliehen wurde, auf persönliche Veranlassung Schukows, und daß Schukow in privaten Gesprächen behaupte, er allein habe Hitler vernichtet und ein gewisser Stalin hätte damit nichts zu tun."[4]

Schukow machte General Krjukow gesetzeswidrig zum Helden der Sowjetunion, und der wiederum verlieh seinen Bordelldamen ungesetzlich militärische Orden.

Nun ist die Frage opportun, wer die Kunden waren. Für wen unterhielt der Held der Sowjetunion Gardegeneralleutnant Krjukow dieses Etablissement? Wenn es für seinen eigenen Bedarf bestimmt war, hätte es ja nicht Bordell, sondern Harem heißen müssen. Für wen also? Für seine Untergebenen? Wohl kaum. Bei denen muß man Strenge an den Tag legen. Die kommunistische Moral hochhalten. Solche Einrichtungen sind für hochrangige Vorgesetzte und Leiter von Überprüfungskommissionen gedacht. Damit sich Wut und Verärgerung der Obrigkeit verflüchtigten. Und wer war Krjukows Obrigkeit? Derjenige, der ihn zum Helden erhoben hatte. Zum ersten Mal begegnet waren sich die beiden 1933. Krjukow befehligte das 20. Kavallerieregiment der 4. Donkosaken-Kavalleriedivision, an deren Spitze Schukow stand. Dann zog Schukow Krjukow hinter sich her auf der steilen Karriereleiter nach oben. Im Krieg kommandierte Krjukow die 198. Motdivision. Sie wurde zerschlagen, Krjukow aber befördert – zum Kommandeur des 2. Gardekavalleriekorps. Dieses Korps war 1941 von Generalmajor L. M. Dowator befehligt und unter seinem Kommando mit dem Gardestatus ausgezeichnet worden. Nach Dowators Tod vollbrachte es keine weiteren Glanzleistungen mehr. Die *Sowjetische Militärenzyklopädie* beschreibt von allen Kavallerieregimentern der Roten Armee lediglich drei: das 4. Gardekavalleriekorps der Kubankosaken, das 5. Budapester Gardekavalleriekorps der Donkosaken und das 7. Brandenburger Gardekavalleriekorps. Das 2. Gardekavalleriekorps suchen wir vergeblich. Es gab keine Veranlassung für eine Erwähnung. Dafür aber ist der Kommandeur, Bordellbetreiber Generalleutnant Krjukow, bis zum Bauchnabel mit Orden behängt. Außer dem Goldenen Stern eines Helden der Sowjetunion schmücken seine Brust noch drei Lenin-Orden, ein Rotbannerorden, ein Suworow-Orden der 1. Stufe, ein Kutusow-Orden 1. Stufe und zwei Suworow-Orden 2. Stufe.

Wer bietet mehr? Stalin vielleicht? Stalin besaß einen Goldenen Stern, Krjukow dagegen zwei, Stalin hatte drei Lenin-Orden, Krjukow ebenfalls. Stalin war Träger eines Suworow-Ordens 1. Stufe, Krjukow desgleichen. Dafür konnte Stalin drei Rotbannerorden vorweisen, wo Krjukow es nur zu einem brachte. Aber wir wissen ja bereits, daß dieser aus Silber gefertigte Orden durch vielfache Vergabe im Krieg entwertet worden war und auf Generals- und Marschallsebene nicht mehr viel galt. Während bei den goldenen Orden Krjukow mit einem Kutusow 1. Stufe und zwei Suworows 2. Stufe glänzte, wo Stalin nichts dergleichen besaß.

Sie werden einwenden, daß Stalin immerhin zweimal den Siegesorden bekommen hat, Krjukow hingegen kein einziges Mal. Hier lag Krjukow tatsächlich hinter Stalin zurück. Während des Krieges war Schukow nicht mächtig genug, um seinem Favoriten den Siegesorden zuzuschanzen. Wäre er es gewesen, hätte sich unser Gardegeneralleutnant Krjukow als Sieger gespreizt vor den Damen des Bordells, deren Busen gleichfalls Kampfesorden zierten.

Einen zweiten Korpskommandeur mit einer derartigen Ordensgarnitur werden Sie in der ganzen Roten Armee vergebens suchen. Sie finden ihn nicht, weil die anderen auf gesetzlicher Grundlage ausgezeichnet wurden, dieser Blindgänger jedoch alles ungesetzlich erhielt.

Nun könnten Sie Krjukow beispringen wollen mit der Vermutung, er habe den Titel eines Helden der Sowjetunion möglicherweise zu Recht bekommen, vielleicht tatsächlich Heldentaten vollbracht, und es seien Abakums Folterknechte von Ermittlern gewesen, die ihn im Verhör dazu brachten, sich und seinen Gönner Schukow zu bezichtigen. Sei's drum. Streiten wir nicht. Denn es bleibt ja immer noch der Suworow-Orden 1. Stufe. Und dazu sage ich noch einmal: Dem Kommandeur eines Korps, und sei er vierfach heldenhaft, stand dieser Orden nicht zu. Wie ihm auch der Kutusow-Orden 1. Stufe nicht zustand.

7.

Schukow verlieh nicht nur Krjukow für nichts und wieder nichts Orden, sondern stattete auch dessen Gattin Lidija Ruslanowa mit dem Orden des Vaterländischen Krieges 1. Stufe aus. Das Material des Ordens ist reines Gold. Der Genosse Stalin hätte jedes Flittergold dafür verwenden können. Denn was für einen Unterschied machte es für einen Soldaten, ob sein Orden aus 375er oder 585er Gold war? Der Feingehalt wurde ohnehin nicht eingeprägt. Doch Stalin ließ sämtliche Orden – die der Soldaten und der Offiziere wie die der Generäle und Marschälle – nur aus Gold mit 916er Feingehalt fertigen. Den Orden des Vaterländischen Krieges 1. Stufe, den Ruhmesorden 1. Stufe und alle anderen ebenso.

Dabei war es nicht das Ordensgold, das Lidija Ruslanowa brauchte, sie besaß selbst genug davon. Aber sie wollte sich als Heldin fühlen.

Nebenbei, auch das Statut zu diesem Orden verfaßte Stalin persönlich. Am 20. Mai 1942 wurde es durch einen Erlaß des Präsidiums des Obersten Sowjets der UdSSR bestätigt. Darin heißt es, „mit dem Orden wird ausgezeichnet:

Wer persönlich zwei schwere oder mittlere oder drei leichte Panzer (Panzerfahrzeuge) des Gegners vernichtet hat.

Wer durch Artilleriefeuer mindestens fünf Batterien des Gegners niedergehalten hat.

Wer kämpfend eine Artilleriebatterie des Gegners einnahm.

Wer ein Kampfschiff des Gegners erobert und in die eigene Basis gebracht hat ..."

Und weiter geht es im gleichen Duktus. Auf zwei Seiten wird exakt und ganz konkret aufgezählt, wer ausgezeichnet werden kann und wofür genau. Ein Jagdflieger für drei abgeschossene Flugzeuge. Der Pilot eines Schlachtflugzeugs für 25 erfolgreiche Kampfflüge. Der Statistik nach kam 1942 ein Schlachtflieger beim siebenten Einsatz ums Leben. Es gab den Orden also nicht für umsonst.

Genau so klipp und klar sind die Vorgaben auch für den Orden des Vaterländischen Krieges 2. Stufe. Darauf hatte Anspruch:

„Wer mit seiner persönlichen Waffe ein Flugzeug des Gegners abschoß.

Wer ein erbeutetes gegnerisches Flugzeug wieder flugtauglich machen, führen und im Gefecht einsetzen konnte.

Wer unter dem Feuer des Gegners zwei kampfunfähig geschossene Panzer vom Schlachtfeld evakuierte ..."

Lidija Ruslanowa, Gattin des Bordellbetreibers Krjukow, hatte keine einzige gegnerische Batterie durch Feuer niedergehalten, keine Panzer bzw. Panzerfahrzeuge – weder schwere noch leichte oder mittlere – persönlich vernichtet, keine Kampfschiffe des Gegners erobert und in die eigene Basis gebracht. Selbst ein Orden 2. Stufe stand ihr nicht zu, denn einen Abschuß gegnerischer Flugzeuge aus der persönlichen Waffe konnte sie nicht vorweisen, ebensowenig, wie sie erbeutete Flugzeuge instand gesetzt oder unter dem Feuer des Gegners kampfunfähige Panzer vom Schlachtfeld geborgen hatte.

Doch der große Schukow heftete ihr einen goldenen Orden an die wogende Brust.

* * *

Schukow hielt es mit der Ordensvergabe, wie es viele Jahre später unsere frischgebackenen „Demokraten" mit dem Reichtum des Landes halten würden: Alles für die eigenen Leute, den Rest – fürs Volk.

Kapitel 19

Und wie er die Frontsoldaten liebte!

„Fällt die Bäume lieber schon für Särge, wenn die Strafbataillone zum Durchbruch geh'n."[1]

W. Wyssotzki

1.

Wir haben gesehen, wie Schukow – am Gesetz vorbei – mit vollen Händen Ehrungen verteilte, und nicht irgendwelche Orden, sondern die wertvollsten, aus Platin und Gold. Es kann sehr aufschlußreich sein, vor diesem Hintergrund die „normale" Ordensvergabe zu betrachten, den Fall also, wo die Ehrung rechtmäßig war.

Hier bietet sich ein wahrhaft erschütterndes Bild. 1991, beim Zerfall der Sowjetunion, lagerten in Moskau noch 3,2 Millionen Kriegsauszeichnungen, die aus verschiedenen Gründen nicht an die Frontkämpfer ausgegeben werden konnten. Wer hätte die Empfänger ausfindig machen müssen? Wer die Orden überreichen? Die Antwort ist simpel: der Staat. Er hatte Millionen Menschen zu den Fahnen gerufen. Sie millionenfach in Schlacht und Tod getrieben. Sie ausgezeichnet. Also mußte er seinen Bürgern auch geben, was ihnen zustand!

Und wer in diesem Staat war konkret dafür zuständig? Das Verteidigungsministerium. Der Verteidigungsminister persönlich, alle seine Stellvertreter, der Chef des Generalstabs.

Und wer tat etwas ein halbes Jahrhundert lang? Niemand.

Die Kommunisten haben eine Menge Legenden erfunden über Schukow. Hier nur zwei davon:

1. Die Frontsoldaten liebten Schukow abgöttisch.
2. Schukow liebte die Frontsoldaten abgöttisch.

Erwiderte Liebe sozusagen.

Ich will das ja nicht bestreiten. Halte aber doch eine Präzisierung für angebracht: Sich selbst liebte der große Freund der Soldaten etwas mehr als alle Frontkämpfer zusammengenommen. Steckte sich nach dem Krieg gesetzeswidrig noch einen Goldenen Stern an die Brust, die ohnehin schon in üppigem Sternenschmuck blitzte. Die Millionen Soldaten aber, die rechtmäßig ausgezeichnet worden waren, wegen Schukows Nachlässigkeit ihre Orden jedoch nie erhielten, die vergaß er.

Um die Frontsoldaten kümmerte sich keiner in unserem Staat. Für sie fühlte sich niemand zuständig. Die Suche nach den Ausgezeichneten war auf gesamtstaatlicher Ebene überhaupt kein Thema. Hatten die Orden bis jetzt bündelweise, kistenweise, stapelweise herumgelegen, mochten sie auch weiter liegenbleiben. Sie fraßen ja kein Brot. Und so blieben die Ehrenzeichen in ihren Kisten und Kästen, bis alle Frontkämpfer tot waren. Und da liegen sie noch heute. Nach meinen Berechnungen zu Beginn des neuen Jahrtausends ungefähr 80 Tonnen Orden und Medaillen. Mehr als ein Drittel davon aus Bronze: die Medaillen für die Einnahme von Leningrad, Stalingrad, Warschau, Budapest und Königsberg. Mehr als die Hälfte des Gesamtgewichts aus Silber: die Tapferkeitsmedaille, die Medaille Für Verdienste im Kampf, der Rotbannerorden, der Orden Roter Stern, der Orden des Vaterländischen Krieges 2. Stufe, der Ruhmesorden 2. und 3. Stufe, der Alexander-Newski-Orden und andere. Es finden sich darunter auch noch höhere Auszeichnungen. Meinen Berechnungen zufolge etwa sieben Tonnen.

Und kein Mensch in diesem Staat schert sich um die Tonnage. Oder ist das alles auch schon lange gestohlen und fortgeschleppt?

2.

Nach dem großen Sieg kehrt der Soldat nach Hause zurück. Ausgezeichnet mit einer bescheidenen soldatischen Tapferkeitsmedaille und dem Orden Roter Stern. Aber davon weiß er nichts, und niemand macht sich die Mühe, es ihm mitzuteilen. Und solche wie ihn gibt es millionenfach.

Was hätte Schukow hier tun können?

Vor allem konnte er die Regierenden auf diese Problematik stoßen. Er konnte es nicht nur, es wäre seine Pflicht gewesen. Er mußte eine Lösung finden. Es zur Obliegenheit aller Kommandierenden der Militärbezirke, der Militärkommissare der Republiken, Regionen, Gebiete, der Städte und Kreise, der Kommandeure der Einheiten und Verbände machen, kontinuierlich nach den Empfängern der Kriegsauszeichnungen zu forschen und ihnen die Ehrenzeichen zu überreichen. Schukow mußte beständig Rechenschaft fordern über den Fortgang der Bemühungen, besonders vorbildliche Mitarbeiter belobigen und die Nachlässigen bestrafen. Doch aus unerfindlichen Gründen kam Schukow dieser Aufgabe nicht nach. Fehlten ihm selber Zeit und Lust, konnte er die Arbeit ja an seine Untergebenen delegieren. Doch auch das unterblieb.

Nach dem Krieg war Schukow Oberkommandierender in Deutschland. Ihm unterstanden der Stab in Wünsdorf sowie die Stäbe der sechs Armeen, und in allen lagen Berge von Auszeichnungsdokumenten. Was hat der große Freund der Frontsoldaten damit gemacht? Nichts.

Danach stand Schukow an der Spitze der Landstreitkräfte. Die meisten Soldaten hatten während des Krieges in diesen Truppen gekämpft. Schukow besaß gewaltige Macht, verfügte über alle Dokumente. Und was tat er zur Lösung des Problems? Wieder nichts. Schukows Einstellung zu seinem Volk war dieselbe wie sie auch unsere „Demokraten" an den Tag legen. Nur schlimmer. Die Leute dürfen die Arbeit machen. Und nach einem Jahr oder zwei geben ihnen die „Demokraten", was ihnen zusteht. Die Frontkämpfer leisteten die schwerste Arbeit, die man sich auf diesem Planeten vorstellen kann, gaben dafür Blut und Leben. Dann kam die Zeit, es ihnen zu vergelten. Doch Schukow dachte gar nicht daran, den Frontkämpfern herauszugeben, worauf sie nach Recht und Gesetz Anspruch hatten.

Danach befehligte Schukow mehrere Militärbezirke. Wenigstens auf dieser Ebene hätte er die Schulden des Staates gegenüber den Frontsoldaten abtragen können. Beispielsweise als Kommandierender des Ural-Militärbezirks. Aus dem Ural zogen Divisionen, Korps, ja ganze Armeen in den Krieg. Sie wurden dort aufgestellt, von dort aus in den Kampf gehetzt. Der Ural selbst war kein Kriegsgebiet, alle Dokumente und Archive blieben erhalten. Schukow konnte sofort mit der Arbeit beginnen. Aber er tat es nicht. Widmete seine Zeit lieber Wein, Weib und Gesang.

Wieder einige Zeit später stieg Schukow zum 1. Stellvertreter des Verteidigungsministers, dann zum Verteidigungsminister auf, was beinahe unbegrenzte Herrschaft über die Sowjetunion bedeutete. Alles lag in seinen Händen – sämtliche Dokumente, über alle und jeden, ausnahmslos alle Orden, fast uneingeschränkte Macht.

Und was tat Schukow? Er verlieh Auszeichnungen an sich selbst.

3.

Dann flog er mit Schimpf und Schande aus dem Amt. Saß zu Hause. Ohne Arbeit. Da konnte er doch wohl an den Kriegskrüppel denken, für den die zuerkannte, aber nie übergebene Medaille „Für die Verteidigung Stalingrads" eine Freude gewesen wäre.

Hatte es Schukow im Krieg nicht leid getan um das Blut der Soldaten, sollte er ihnen wenigstens nach dem Krieg das herausgeben, wofür sie ihren Blutzoll zahlten. Aber Schukow erinnert sich nicht mehr an die Kriegsinvaliden.

Statt dessen drängt sich gleich eine ganze Horde von Nomenklatura-Kriegsteilnehmern um ihn. Wie der Schriftsteller Konstantin Simonow, Held der Sozialistischen Arbeit, Leninpreisträger und sechsfacher Träger des Stalinpreises. Der kehrt auch gern den Kriegskenner und Soldatenfreund heraus. Führt mit Schukow Gespräche über erhabene Materien. Und hat wie Schukow vergessen, was er den Frontmuschkoten schuldig ist.

Schukow hätte die Stimme erheben, in seinen Memoiren schreiben können: Kommt, Brüder, finden wir alle miteinander eine Lösung für das Problem! Auch Simonow hätte diese Möglichkeit gehabt. Aber der Krieg interessierte ihn ja gar nicht. Er machte Karriere, diente der Macht, heimste seine Preise und Orden ein, schrieb nicht das, was das Volk brauchte, sondern was die Mächtigen verlangten.

Dabei wäre die Lösung ganz einfach gewesen. Sie hätte aussehen können wie ein Telefonbuch, nur eben für Orden: Iwanow, Pjotr Sidorowitsch, Soldat, einberufen vom Subilowsker Kreiswehrkommando im Jahre 1941 – Ruhmesorden 3. Stufe; Petrow, Nikolai Alexandrowitsch ... usw. Das hätte vollauf genügt. Der Militärverlag produzierte doch ohnehin ganze Berge völlig überflüssiger Makulatur – die Werke all dieser Simonows, der Tschakowskis sämtlicher Couleur sowie diverser Bondarews, Stadnjuks und Pikuls. Die er besser nicht gedruckt hätte. Statt der heldischen Dichtungen, der Werke über erfundene Heroen mußte man Bücher herausbringen mit den Namen der echten Helden. Damit jeder seinen Namen in der Liste finden und sich melden konnte. Oder Mütter, Frauen, Brüder und Söhne würden darin den Namen eines Nächsten entdecken und den Orden für den Gefallenen entgegennehmen. Aber die Stadnjuks und Pikuls kreischten nur hysterisch: „Niemand ist vergessen! Nichts ist vergessen!" und tanzten dazu ihren Marionettentanz vor einem Regime, das sich aus seiner Pflicht und Schuldigkeit vor den Soldaten herausstahl.

Man hält mir vor: Was hast du bloß immerzu mit diesem Schukow?! Der war doch nicht der einzige Faulenzer im Verteidigungsministerium. Nach Schukow haben sich noch so viele Militärs die Klinke in die Hand gegeben in Verteidigungsministerium und Generalstab. All die Ogarkows, Kulikows, Lossiks und Achromejews, Gretschkos und Gratschews dachten genausowenig an die Begleichung der Schuld. Warum, so werde ich gefragt, läßt du die in Ruhe? Weil sie nicht zu Lieblingen der Frontsoldaten hochstilisiert werden. Weil man ihnen – bislang – noch keine Reiterstandbilder errichtet hat und sie nicht heilig sprechen will. Während man Schukow zum Heili-

Marschall G. K. Schukow nach Beendigung des Krieges bei einer Parade in Berlin.

gen Georgi in spe erhebt. Während man über ihn verbreitet, er habe die Soldaten nachsichtig und freundlich behandelt. Ich halte dagegen: Nein, Schukow war ebenso ein räsonierender Militärbürokrat wie seine Vorgänger und Nachfolger. Nur schlimmer.

4.

Kann die Zeit nicht ausgereicht haben für die Übergabe der Orden? Sechzig Jahre? Oder das Budget war zu knapp? Wer hätte denen jemals das Budget zu beschneiden gewagt? Wie soll man diese Chefs im Verteidigungsministerium bloß apostrophieren, all jene Wassilewskis und Bulganins, Schukows und Malinowskis, Ustinows und Gratschews? Sie schlagen vor: Kriminelle. Ich bin nicht einverstanden. Gerade Kriminelle zahlen ihre Schulden zurück. Und zwar ohne Verzug. Das ist eine jahrhundertealte, unerschütterliche Tradition der russischen Verbrecherwelt. Wer seine Schulden zwar begleicht, aber mit Verspätung, und sei es nur um eine Minute, der wird gefesselt in den Gang zwischen den Pritschen gelegt. Und alle springen der Reihe nach von der obersten Pritsche auf ihn herunter. Eine einfachere, verläßlichere Methode, jemandem die Rippen zu brechen und den Brustkorb zu zerquetschen, gibt es nicht. Ein Beispiel für Gerechtigkeit und die bedingungslose Erfüllung eingegangener Verpflichtungen.

Würde unser ganzes Volk auch nur einmal diesem Gesetz folgen, würde es wenigstens einem einzigen von denen die Brust zerquetschen, die sich vor der Begleichung ihrer Schulden drücken, verginge den anderen die Lust, das Volk für dumm zu verkaufen.

Schukow hat den Frontsoldaten nicht gegeben, was ihnen gebührt. Aber wir haben kein Recht, ihn einen Kriminellen zu nennen. Denn das wäre eine unverdiente Beleidigung für all unsere Taschendiebe und Wohnungseinbrecher, Safeknacker und Totschläger.

5.

Dabei sind die Orden noch gar nicht einmal das Schlimmste. Nach dem Krieg kehrten die Soldaten, die Befreier, nach Hause zurück. Damals waren die meisten vom Lande. Sie kamen also in ihren Kolchos zurück, und dort nahm man ihnen die Ausweispapiere ab. Einem Kolchosbauern stand kein Ausweis zu. Bist du Bauer, bist du kein Bürger deines Landes, man gibt dir keinen Ausweis, damit du nicht aus dem Kolchos fortläufst. Als Soldat bist du gut genug gewesen, aber als Bauer, als Ernährer des Landes, sind dir alle Rechte genommen. Du kannst beispielsweise nicht mit dem Flugzeug fliegen, denn welches Flugzeug nimmt dich mit ohne Ausweis? Hunde, die dürfen fliegen. Ich habe einmal mit eigenen Augen gesehen, wie eine Ratte in einer sowjetischen An-24 reiste. Sie saß in einem Käfig und durfte mit. Aber ein Soldat, ein Befreier, besaß weniger Rechte als ein Hund. Ein Rassehund mußte einen Ausweis haben, aber ein reinblütiger Bauersmann seit Generationen hatte kein Recht darauf. Und Geld gab es im Kolchos auch nicht. Selbst auf die Gefahr hin, mich zum hundertsten Male zu wiederholen: Die Größe eines Landes wird nicht von Raketen bestimmt und nicht von Sputniks, nicht von einem Jenissej-Damm, ja nicht einmal vom Ballett „Schwanensee", sondern von der Größe seiner ganz normalen Bürger.

Zugegeben, Stalin war ein Tyrann und Menschenfresser. Aber drei Jahre nach seinem Tod kamen Chruschtschow und Schukow an die Macht. Was machten sie besser? Chruschtschow hätte zu Schukow oder Schukow zu Chruschtschow sagen müssen: Der Krieg ist ja wohl so etwas wie groß gewesen, unsere Propaganda nennt ihn sogar den „vaterländischen", tun wir also eine gute Tat, stellen wir die Soldaten, unsere siegreichen Befreier, rechtlich wenigstens auf eine Stufe mit den Hunden!

Hat Chruschtschow Derartiges zu Schukow oder Schukow zu Chruschtschow gesagt? Wir wissen es nicht. Aber wir sehen das Resultat: Die meisten Befreiersoldaten standen rechtlich unter den Hunden. Sie durften nur von einer lichten Zukunft träumen, in der ihre Nachkommen die gleichen Rechte wie Ratten und Köter besitzen würden.

Und wenn uns die kommunistische Propaganda erzählt, die Sowjetunion habe den Krieg gewonnen, sind wir skeptisch. In der Folge dieses „Sieges" fanden sich die Völker unseres Landes allesamt in der gleichen sozialistischen Sklaverei wieder. Und wir glauben auch nicht, daß der Krieg gewissermaßen so etwas wie ein „vaterländischer" war. Die große Masse der Bevölkerung besaß keinen Ausweis, deshalb waren mehr als 100 Millionen Menschen juristisch keine Bürger ihres Landes. Sie konnten nicht für ein „Vaterland" kämpfen, weil sie keines hatten. Das sogenannte „Vaterland" akzeptierte sie nicht als seine Mitbürger und behandelte sie entsprechend.

Hören wir auch nicht auf das Geschwafel von der „Befreiungsmission der Roten Armee". Willst du anderen Menschen Freiheit bringen, befreie dich zuerst einmal selbst. Doch unsere Soldaten zogen als Sklaven in den Krieg und kehrten als Sklaven daraus zurück. Bewaffnete Sklaven, bewacht vom NKWD und angeführt von Sklavenhaltern, konnten den Nachbarvölkern nur Sklaverei bringen. Und brachten sie.

Schukow hat nichts getan für die Befreiung des Volkes. Er kam nicht einmal auf den Gedanken. Die Nomenklatura funktionierte als kollektiver Sklavenhalter. Schukow war ebenso Mitglied dieser Sklavenhalterassoziation wie Chruschtschow und Breschnew, die Sängerin Lidija Ruslanowa und Juri Andropow, wie Berija, Jeschow und der Schriftsteller Michail Scholochow.

6.

Genug, daß der Befreiersoldat zu Lebzeiten keine Rechte hatte. Genug, daß er sich im Krieg Orden und Medaillen verdiente, die ihm die Heimat aus Trägheit nie überreichte. Doch als Toten hätte man ihn wenigstens achten und respektieren können! „Zwei Drittel der zwischen 1941 und 1945 Gefallenen Militärangehörigen wurden unidentifiziert begraben.“[2]

„In den Begräbnisstätten für Soldaten und Offiziere der Roten Armee, die im Krieg gegen Deutschland fielen, sind mehr als 6,5 Millionen Menschen bestattet, nur 2,3 Millionen von ihnen wurden namentlich identifiziert.“[3]

Ein Vergleich der personellen Verluste von Roter Armee und Wehrmacht schockiert. Wie erklärt sich dieses gravierende Mißverhältnis? Warum mußten, um einen Deutschen im Gefecht zu töten, fünf oder manchmal gar zehn unserer Iwans sterben?

Es gibt viele Ursachen. Eine – und offenbar nicht die unerheblichste – besteht in folgendem: Nach dem Krieg hat man bei uns den Soldaten in Liedern besungen und in Legenden verklärt, aber im Krieg, an der Front, war ein Soldatenleben keinen Pfifferling wert, konnte der Soldat mit keinerlei Achtung rechnen, nicht lebendig und erst recht nicht tot. Jeder deutsche Offizier mußte nach getaner Arbeit seinen „Arbeitsplatz“ aufräumen, will heißen: nach dem Gefecht die beschädigte Kampftechnik vom Schlachtfeld holen, Verwundete und Tote bergen. Die Verwundeten kamen ins Lazarett, die Toten unter die Erde. Mit militärischen Ehren.

In der Roten Armee funktioniert die Bergung von Kampftechnik und Waffen nach dem Gefecht mustergültig. Freilich trifft das nur für die zweite Kriegshälfte zu. Was wir 1941 verloren, gereicht uns zur nationalen Schande. All das, war wir 1941 zurückließen, hatte des Volkes Arbeit in zwei Jahrzehnten hervorgebracht. Was 1941 verlorenging an Ressourcen, hätte für viele Jahre Krieg gereicht, bis zum siegreichen Ende. Aber nicht von diesen „Verlusten“ ist jetzt die Rede, sondern davon, daß in der zweiten Kriegshälfte die Bergung von Kampftechnik auf dem Schlachtfeld in der Roten Armee funktionierte. Zurückgelassene Waffen, Munition sowie verschossene Patronenhülsen wurden eingesammelt. Stalin hatte eine simple Regelung eingeführt: Jedes Regiment, jede Division, jedes Korps, jede Armee und jede Front mußte die verschossenen Patronenhülsen abliefern. Natürlich nicht hundertprozentig, doch zumindest einen erheblichen Teil dessen, was man erhalten hatte. Wer die in den Gefechten der zurückliegenden Woche verschossenen Hülsen nicht ablieferte, bekam keine neuen Granaten. Und für die Leiter der Artillerieversorgung auf sämtlichen Stufen galt der Befehl, Patronen und Granaten nur im Tausch gegen leere Hülsen auszugeben. Wer Munition herausgab, ohne Hülsen zu erhalten, fand sich vor dem Kriegsgericht wieder. Und sofort hielt mustergültige Ordnung Einzug. Natürlich gab es Ausnahmen. Jeder kann sich denken, daß in manchen Situationen Wichtigeres anstand als das Einsammeln der verschossenen Patronen- und Granathülsen. Doch im Kern war das Problem der Wiederverwendung der leeren Hülsen gelöst. Wie auch vieles andere. Für die Rückführung von Panzern vom Schlachtfeld gab es Orden. Für die Bergung Verwundeter gleichfalls.

Das Bergen von Leichen aber belohnte die Rote Armee nicht. Sicher wurden auch auf sowjetischer Seite Gefallene mit militärischen Ehren bestattet, aber nur wenige, wenn man dazu kam. Die Deutschen bestatteten ihre toten Soldaten in Särgen, jeder hatte sein Grab. Mit einem eigenen Grabkreuz darauf. Bei uns war von Särgen keine Rede. Man hatte an Wichtigeres zu denken. Und so wurde nicht jeder einzeln bestattet, sondern alle zusammen in einer Grube. Das machte weniger Mühe: Man warf alle in einen Granattrichter oder Panzergraben, dann kam Erde darüber. Und das Ganze erhielt den wohlklingenden Namen „Brudergrab". Wir hatten Wichtigeres zu tun als Särge zu besorgen und individuelle Gräber zu schaufeln. Die Heimaterde mußte befreit werden! Der Feind war vom heimatlichen Boden zu vertreiben! Den Völkern Europas Freiheit und Glück zu bringen!

Ich aber behaupte, daß der Krieg weitaus früher zu Ende gegangen wäre, mit wesentlich besseren Ergebnissen und geringeren Verlusten, wenn in der Roten Armee der Befehl gegolten hätte, die Toten vom Schlachtfeld zu bergen und in Särgen zu bestatten.

Stellen Sie sich einen Regimentskommandeur vor. Er hat ein Bataillon zum Sturm auf eine Höhe gehetzt, Soldaten sinnlos in den Tod getrieben – und nicht die geringste Mühe damit. Daß da Menschen umkamen, dafür war eben Krieg. Daß die Höhe nicht genommen wurde – auch nicht schlimm, dann klappte es eben beim nächsten Mal. Morgen würde man neue Leute zur Auffüllung schicken, die wieder dieselbe Höhe stürmen konnten. Jetzt aber mußte der Regimentskommandeur erst einmal in seinen Unterstand gehen und Wodka trinken. Mit seiner treuen FSF, seiner Front- und Schützengrabenfrau, die ihn dort bereits erwartete.

So war das also: Dem Kommandeur kam es nicht auf ein paar Leute an, ihr Leben mußte ihm nicht teuer sein, denn morgen würde Ersatz kommen für die Gefallenen, neue Leute, ohne Kampferfahrung, die sich selbst nicht schützen konnten. Deshalb verlief die Selbstvernichtung der Roten Armee parallel in zwei Richtungen: von unten und von oben.

Morgen würden die neuen Leute wieder im ersten Kampf am Fuße jenes Hügels fallen. Und übermorgen neue kommen ... Die Rote Armee war im Zweiten Weltkrieg geradezu winzig, aber gefräßig. Zu jeder Zeit kämpften etwa fünf Millionen. Mitunter mochten es acht oder sogar zehn Millionen Soldaten und Offiziere sein. Keinesfalls mehr. Nur, daß die gestrigen Millionen heute bereits in Straßengräben und Waldstücken verwesten und an ihrer Stelle andere Millionen kämpften. Die genauso fielen. Und über deren ausgedorrte, splitternde Gebeine würden wieder neue Millionen schreiten, um den Völkern das Glück zu bringen.

Hätte man unserem Regimentskommandeur aber zur Pflicht gemacht, alle Gefallenen vom Schlachtfeld zu bergen und in Särgen zu bestatten – noch dazu mit militärischen Ehren –, wäre das etwas ganz anderes gewesen. Etwas, das ihm Kopfschmerzen bereitete. Wie sollte er unter gegnerischem Beschuß sämtliche Leichen vom Schlachtfeld schleppen? Wieviele Leute würden dabei noch draufgehen? Die dann auch wieder herausgeholt werden mußten. Wer sollte das tun? Wenn er alle seine Soldaten verheizt hatte, blieb ihm am Ende wohl nichts anderes übrig, als auch noch selbst Hand anzulegen. Und wo sollte er die vielen Särge herbekommen? Und wie viele Gruben auszuheben waren! Und jede Leiche mußte identifiziert sein. Sonst konnte man ja den Sperrholzstern auf jedem Grab nicht beschriften. Das artete wahrhaftig in Mühe und Arbeit aus! Am Ende kämen da unserem Kommandeur gewisse Einsichten, und er würde beim nächsten Mal vorsichtiger sein, wenn er die Soldaten zum Sturm auf gänzlich unnütze Höhen hetzte.

Das wiederum hätte weiteres zur Folge gehabt. Wenn jeder Regimentskommandeur das Leben seiner Leute schonte, konnten in der aktiven Armee nicht fünf, nicht zehn, sondern 15 oder 20 Millionen kämpfen. Und die Soldaten fielen nicht mehr im ersten Gefecht. Fünf Millionen Soldaten, ohne jede Kampferfahrung, direkt aus den Kreiswehrkommandos auf die Schlachtfelder verfrachtet, sind das eine, 20 Millionen erfahrene Kämpfer etwas ganz anderes! Da wäre auch der Krieg ein anderer gewesen.

Ein einziger Befehl hätte genügt: Jeder Soldat ist in einem Sarg zu begraben. Stellen Sie sich vor, da plant irgendein Schukow irgendeine Rschew-Sytschewka-Operation. Ihm wird gemeldet, daß zur Durchführung dieser Operation den Truppen an die vorderste Linie 4.139 Waggons Patronen und Granaten, 120.000 Tonnen Benzin und Solaröl zu liefern sind sowie eine Reihe weiterer unverzichtbarer Dinge, zu denen zählen: Panzermotoren, Hunderte Tonnen diverser Ersatzteile für Panzer und Fahrzeuge, Patronen, Minen, Brot, Büchsenfleisch, Verbandsmaterial, zisternenweise Wodka, Pioniergerät und ... 78.000 Fichtensärge. Ich glaube, hier hätte Schukow die Beherrschung verloren. Wir brauchen ja nur grob zu überschlagen, wieviel Eisenbahnwaggons nötig wären, um diese Särge in die Vorratslager der Front zu bringen, wieviel Fahrzeuge vom Truppentransport und von der Beförderung von Munition oder ähnlichem abgezogen werden mußten, damit die Särge aus den Frontlagern in die Vorratslager der Armeen und anschließend der Korps, Divisionen, Brigaden und Regimenter gelangten. Wieviele Soldaten, statt zu kämpfen, Särge auf- und umluden. Hinzu kam die Enttarnung. Werden so viele Särge im Gebiet der bevorstehenden Operation abgeladen, würde jeder Spion oder Diversant sofort dem gegnerischen Stab melden: Da ist etwas im Gange! Allein schon, um diese Enttarnung zu vermeiden, würde Schukow verlangen, so zu kämpfen, daß man mit möglichst wenig Särgen auskam.

Oder vergegenwärtigen wir uns, wie derselbe Schukow den Sturm auf Berlin vorbereitet. Müde setzt er sich in seinen Sessel, und der Stabschef der 1. Belorussischen Front erstattet ihm Bericht: Für die Erstürmung Berlins wird neben allem anderen auch eine halbe Million Särge benötigt. Ich bin sicher, da käme auch ein Schukow ins Grübeln. Hier hätten sich selbst in seinen genialen Kopf Zweifel eingeschlichen: Wozu müssen wir dieses Berlin eigentlich stürmen? Wer braucht den Sturm noch? Berlin ist bereits von sowjetischen Truppen eingeschlossen. Die Außenfront der Umzingelung steht 30 bis 50 Kilometer westlich. Die riesige Stadt liegt in einem Ring sowjetischer Verbände. Die Luftstreitkräfte der USA und Großbritanniens haben Berlin bereits in ein Meer von Ziegelschutt verwandelt. In der Stadt halten sich noch viele Einwohner auf, dazu kommen Hunderttausende Flüchtlinge aus den deutschen Ostgebieten. Nach den Angaben, die uns vorliegen, insgesamt zwei Millionen Menschen, in der Hauptsache Zivilisten. Deutschen Angaben zufolge drei Millionen. Berlin hungert bereits. In Berlin ist Pferdefleisch eine Delikatesse. Die Verteidiger Berlins können auf nichts hoffen. Niemand bringt ihnen noch Proviant oder Munition. Es gibt keinen Treibstoff mehr in Berlin. Kein Licht. Das Wasserleitungssystem ist zerstört. Das Kanalisationsnetz ebenfalls. Keiner transportiert den Müll und die Leichen ab. Man wüßte auch gar nicht, wohin. Wie lange kann sich die Riesenstadt halten? Das ist nicht Leningrad, hinter dem ein gewaltiges Land stand. Das hier ist etwas anderes als Leningrad, das sich noch halbwegs über den Ladoga-See versorgen ließ. Berlin kann man nicht versorgen. Es ist niemand da, der es könnte. Berlin hat keine Hoffnung mehr. Der Krieg ist bereits zu Ende. Bleibt nur noch Berlin. Sollen die Verteidiger der Stadt doch noch eine Woche lang ihr letztes fauliges Pferdefleisch aufessen. Dann hängt die Stadt von selbst eine weiße Fahne heraus. Aber Schukow brauchte nicht die weiße Fahne über Berlin, sondern die rote Flagge über dem Reichstag. Deshalb befahl er die völlig überflüssige, sinnlos-verbrecherische Erstürmung der Riesenstadt. Die Frage, wie viele Soldaten dabei umkommen würden, bewegte ihn nicht. Hätte er jeden kleinen Soldaten in einem Sarg bestatten müssen, wäre der Sturm bereits aus rein versorgungstechnischen Gründen unmöglich gewesen. Um den Transport der Särge für die bevorstehende Operation zu sichern, hätte man auf den Transport von Munition verzichten müssen. Aber weil in der Roten Armee alle ohne Sarg unter die Erde kamen, stand dieses Problem nicht.

Ich höre schon wieder den Einwand: Die Erstürmung Berlins geschah auf Stalins Befehl. Konnte sich Schukow da widersetzen?

Nehmen wir an, er konnte es nicht. Dann sollte man aber aus ihm auch keinen Helden machen. Sondern ehrlich und unumwunden einräumen: Stalin gab den wahnwitzigen Befehl zum Sturm auf Berlin und Schukow führte ihn aus ohne Widerrede, ohne einen Gedanken an die Konsequenzen zu verschwenden.

7.

Bei alledem hatten diejenigen, die während der sinnlosen Erstürmung Berlins ums Leben kamen, noch Glück. Immerhin wurden sie begraben, wenn auch ohne Särge. In Deutschland ist Land knapp, da konnte man die Leichen nicht einfach so auf freiem Feld herumliegen lassen. Aber in Rußland gab es mehr als genug Boden. Deshalb kam nicht jeder, der auf heimatlicher Erde fiel, auch in sie hinein. Wenn der Soldat schon zu Lebzeiten nicht als Mensch galt, hätte man ihn wenigstens menschlich begraben können! Dieses Recht wurde einem toten Sklaven zu allen Zeiten, bei sämtlichen Völkern zugestanden. Weshalb begruben dann unsere Sklavenhalter ihre Sklaven nicht? Weshalb liegen auf russischen Feldern, in russischen Wäldern ein halbes Jahrhundert nach Kriegsende noch immer Soldatengebeine herum? Die Armeezeitung *Krasnaja swesda* schreibt, daß in den Grabstätten für sowjetische Soldaten und Offiziere mehr als 6,5 Millionen Gefallene bestattet sind, von denen nur 2,3 Millionen identifiziert wurden. Wir lesen es und wollen schon erleichtert aufatmen: Unsere Verluste im Krieg hielten sich also in Grenzen. Aber sehen wir genauer hin. Die Zeitung meint nicht alle gefallenen Soldaten und Offiziere, sondern nur die bestatteten. Und diejenigen, die nicht bestattet wurden, wer hat sie gezählt?

Die ausgeblichenen Gebeine der Soldaten auf den ehemaligen Schlachtfeldern bedecken Rußland mit Schmach und Schande vor allen Völkern, für alle Zeit. Wer hätte die Gefallenen begraben müssen im Krieg und danach? Die Militärjournalisten entrüsten sich: Heute, ein halbes Jahrhundert nach Kriegsende, finden Enthusiasten Erkennungsmedaillons von Soldaten, doch deren Inhalt hat die Zeit längst vernichtet. „Trägheit, Gleichgültigkeit, kleinlich-berechnendes Abtun nach dem Prinzip ‚Was geht mich das an' …" Da-

Marschall Schukow als Oberbefehlshaber der Roten Armee während des Angriffs auf Berlin (rechts). Dort „verheizte“ er ohne Sinn und Verstand zwei seiner Panzerarmeen (unten).

mals jedoch hätten die Erkennungsmedaillons ihr Geheimnis noch problemlos offenbart, heute schweigen sie wie Gräber. Die Zeit kann selbst einen Stein zermahlen. Sie hat auch die winzigen Medaillons mit den darin eingeschlossenen „Todesausweisen“ nicht verschont.[4]

Die Zeitung verfolgt die richtige Linie! Nur wäre es nicht schlecht, wenn sie die militärischen Würdenträger, die nach dem Krieg nur noch Unlust, Gleichgültigkeit und kleinliche Berechnung für die Gefallenen übrig hatten, beim Namen nennen würde.

Wer nun hätte die Gebeine der Gefallenen begraben, sich ihrer annehmen müssen? Einer alten Tradition nach gilt ein Krieg dann als beendet, wenn der letzte tote Soldat seine letzte Ruhe in der Erde gefunden hat.

Dann wird der „Große Vaterländische“ noch endlos dauern. Feiern wir nicht vorschnell den „Tag des Sieges“. Die Soldaten sind noch nicht begraben, also hat der Krieg noch kein Ende gefunden. Ist es da nicht zu früh für Siegesfeiern?

Das sogenannte „Vaterland“, das im Laufe des Krieges 34 Millionen seiner Bürger zu den Fahnen rief, verschwendete keine Mühe für die Bestattung der Toten. Ein halbes Jahrhundert nach Kriegsende liegen noch immer zahllose Gebeine von Gefallenen auf Feldern, in Wäldern und Sümpfen. Die Sowjetunion, unser sozialistisches Vaterland, gibt es nicht mehr, aber von der Bestattung des letzten Soldaten können wir nicht einmal träumen.

Die Heimat hätte ihre Verteidiger begraben müssen. Das Vaterland. Die Regierung. Das Verteidigungsministerium. Sämtliche Marschälle und Generäle. Allen voran – Schukow. Er hat die meisten ausgelöschten Leben auf dem Gewissen. Er ist der blutigste Feldherr der Menschheitsgeschichte. Er hätte also auch als erster die Berge von Soldatenknochen in den Wäldern und Sümpfen aufsammeln müssen.

Das Geld für die Bestattungen fehlte? Geld gab es genug. Niemand in der Welt hat so viele häßliche Monumente errichtet wie die Sowjetunion. Bei uns werden allenthalben Monsterstandbilder schier unglaublicher Größe aufgetürmt, Idole auf den Hügeln der Massengräber. Weshalb durften ein Jewgeni Wutschetitsch und diverse andere „Bildhauer“ Tausende Tonnen Beton und Stahl vertun, Milliarden vom Volk erarbeitete Rubel verschwenden für widerwärtige steinerne Vogelscheuchen, aber die Soldaten werden nicht begraben?

Weil es anstrengend gewesen wäre, Wälder und Moore zu durchkämmen auf der Suche nach verblichenen Knochen. Und gefährlich obendrein. Man konnte am Ende noch auf eine verrostete Mine treten. Hingegen ließ sich mit der „Gestaltung“ all dieser eisernen Zyklopinnen mit den hoch emporgeschwungenen Schwertern viel Geld verdienen, die Gunst der Mächtigen erringen, Prestige gewinnen.

Bezüglich Gigantomanie ihrer Siegesmonumente steht die Sowjetunion weltweit an erster Stelle. Doch auch 60 Jahre nach Beendigung des Krieges liegen die Knochen von Millionen gefallenen Sowjetsoldaten noch immer auf den Feldern verstreut.

Schukow hätte in seiner Eigenschaft als Oberbefehlshaber der Landstreitkräfte oder als Verteidigungsminister Einheiten und Verbände dorthin abkommandieren können, wo die früheren Schlachten tobten. Mit folgender Kampfaufgabe: Minenräumung, Bergung von Munition und hinterlassenen Waffen, Suche und Bestattung von Gefallenen. Was für eine gute Schule für die gesamte Armee: Suchkommandos formieren und für ein, zwei Monate in die ehemaligen Kampfgebiete entsenden. Danach an ihre Stelle weitere und weitere ebensolche Suchkommandos treten lassen. Das wäre Dienst unter feldmäßigen Bedingungen. Gefechtsvorbereitung ohne Simplifizierung, mit einem echten Risiko für Leib und Leben. Studium der Topographie, Entwicklung der Fähigkeit zur Orientierung in unbekanntem Gelände. Und es wäre Charakterbildung, patriotische Erziehung. Die Festigung des Kollektivs. Intensive Beschäftigung mit der Kriegsgeschichte.

Und die Gebeine könnte man bei alldem auch noch bergen.

* * *

Eine der Töchter des großen Feldherrn, Margarita Schukowa, meldet sich zu Wort und schmäht Moskau nebst Petersburg: In Stary Oskol steht ein Denkmal für Papa, in Uralsk noch eines, desgleichen in Nischni Nowgorod. Und in dem Dorf Strelkowo gibt es gleich einen ganzen Schukow-Komplex mit Monument und Museumsholzhaus. Aber in Moskau und Petersburg kein einziges, welche Schande! Dort reicht es nicht für ein Schukow-Denkmal, man stelle sich das einmal vor!

Und die führenden Genossen vernahmen diesen Aufschrei der Seele und stampften in Windeseile in Moskau ein Schukow-Denkmal aus dem Boden. Jetzt blieb aber immer noch Petersburg. Und Wolgograd. Das Schlachtfeld von Prochorowka. Kiew. Warschau. Berlin. Potsdam. Wünsdorf. Und Odessa. Und danach überhaupt jeder Ort.

All das ist wunderbar. Doch meinem Verständnis nach sollte man zuerst die Millionen Soldaten begraben und erst dann reihenweise Denkmäler errichten für jenen Mann, der sie mit seiner genialen Führung in den Tod kommandierte, sich aber keinen Befehl abringen konnte, ihre Gebeine zu verscharren.

Kapitel 20

Die rechte Hand

„Serow befahl mir, ihm die besten Goldsachen allesamt direkt zu übergeben. Ich befolgte diese Weisung und übergab zu verschiedenen Zeiten Serows Apparat ungefähr 30 Kilogramm Gold in Form von Gegenständen ... Außer mir gaben auch die anderen Sektorenleiter viele Goldsachen an Serow weiter."[1]

A. M. Sidnew

1.

Am 22. Juni 1957 unternahm Schukow einen Staatsstreich. Darauf kommen wir bei nächster Gelegenheit zurück. Jetzt beschäftigt uns ein anderes Thema. Die treibende Kraft hinter dem Staatsstreich war Schukow. Der zweite Mann nach Größe und Einfluß – Iwan Serow.

Wenn sich Schukow bei seinem Staatsstreich auf diesen Menschen stützte, mußte er ihm grenzenlos vertrauen. Um Schukows Wesen zu erkennen, sollten wir uns folglich Serow genauer ansehen. Denn nicht umsonst hieß es schon immer sehr treffend: Sage mir, wer dein Freund ist ... Schauen wir ihn uns also an, Iwan Serow, den engsten Kampfgefährten und persönlichen Freund des größten Feldherrn des 20. Jahrhunderts. Dieser Serow verdient zudem noch aus einem anderen Grund unser Interesse. Schukow strebte rigoros und mit allen Mitteln die absolute Macht im Staate an. Hätte er sie errungen, wäre Serow der zweite Mann der Sowjetunion geworden. Was uns im Falle von Schukows Machtergreifung erwartet hätte, können wir uns bereits vorstellen. Serow nun macht dieses Bild noch augenfälliger.

2.

Iwan Alexandrowitsch Serow. Geboren 1905. Bäuerlicher Herkunft, aus dem Gebiet Wologda. So steht es in den Dokumenten. In Wirklichkeit ist Wanja Serow Sohn eines Wologdaer Gefängnisaufsehers. Worin ja an sich noch nichts Verwerfliches liegt. Doch im Jahre 1917 eroberten Kriminelle die Macht. Sie liebten die Gefängniswärter nicht. Die neuen Herrscher verwandelten ganz Rußland und die angrenzenden Territorien in eine einzige Strafkolonie, dicht umzäunt von Stacheldraht. Jetzt waren sie die Aufseher des Volkes. Auf die Gefängniswärter des Vorgängerregimes aber machten sie Jagd, brachten sie hinter Gitter oder schlugen sie gleich tot. Und gaben ihren Kindern keine Möglichkeit hochzukommen. Versperrten ihnen sämtliche Aufstiegswege.

Alexander Serow, Aufseher des Gefängnisses zu Wologda, entzog sich der Rache des neuen Regimes durch Flucht in unbekannte Richtung, während sein Sohn „unter die Bauern ging". Wanjas politische Karriere begann früh. Und mit der Lüge, er stamme aus einem alten Geschlecht von Ackersleuten. 18jährig leitete Wanja Serow bereits die Lesehütte des Agitations- und Bildungspunkts in einem Provinznest. Damals hieß diese Funktion offiziell „Hüttenleiter". Die Bauern pflügten, während Wanja Bücher auslieh. Kein einziger Staat der Welt konnte sich einen solchen Luxus leisten: In jedem Dorf des Riesenlandes saß ein junger, kräftiger Faulpelz und gab Bücher aus, die beschrieben, wie in lichter Zukunft alle glücklich und gleich sein würden. Die Bolschewiki leisteten sich diesen Luxus. Nun könnte man ihnen zugute halten, sie hätten damit ja das Analphabetentum beseitigen, Wissen unter das Volk tragen wollen.

Dazu hat sich Genosse Lenin klar und unmißverständlich geäußert: „Das Analphabetentum soll nur insoweit beseitigt werden, daß jeder Bauer, jeder Arbeiter selbständig, ohne fremde Hilfe unsere Dekrete und Aufrufe lesen kann. Zu nichts anderem."[2]

Hitler hat Lenin nicht gelesen, war aber Leninist. Wer will, kann nämlich bei Hitler ein sehr ähnliches Zitat finden, mit fast identischem Wortlaut. Der einzige Unterschied liegt darin: Hitler wollte eine solche „Bildung" in den besetzten Gebieten einführen, Lenin hingegen auf seinem eigenen Territorium.

Aber kehren wir zu Wanja Serow zurück. Der hatte früh begriffen, daß es besser war, Stoßarbeit und Höchstleistungen zu propagieren, als selbst zu schuften. Nach viermonatigem Schaffen auf dem Gebiet der politischen Bildung der Werktätigen ging es steil nach oben: Wanja Serow wurde Vorsitzender des Dorfsowjets. Im August 1925 trat er in eine Offiziersschule ein, die er im August 1928 abschloß. In den folgenden sechs Jahren durchläuft Serow Funktionen vom Kommandeur eines Schützenzuges bis zum amtierenden Stabschef eines Artillerieregiments. Im Januar 1935 beginnt er eine Ausbildung an der Militärakademie für Ingenieure. 1936 wird er an die Militärakademie „M. W. Frunse“ versetzt, die er im Januar 1939 abschließt. Da geht gerade die Große Stalinsche Säuberung zu Ende. Das NKWD braucht eine Bluttransfusion. Die Tschekisten, die Jeschow um sich geschart hatte, warf Stalin unter die Räder der Geschichte. Ihren Platz nahmen junge Emporkömmlinge ein: Offiziere, Proletarier, für die die Propaganda die Bezeichnung „Arbeiter der Werkbank“ prägte. Das Volk nannte sie „Arbeiter unter der Werkbank“.

In der Schar der zum NKWD-Dienst Mobilisierten finden wir auch Major Wanja Serow. Am 9. Februar 1939 wird Serow Stellvertretender Leiter der Hauptverwaltung der Arbeiter- und Bauern-Miliz des NKWD der UdSSR. Bereits nach neun Tagen erfolgt die Beförderung zum Leiter dieser Verwaltung. Womit auch ein neuer Dienstrang einhergeht – Major der Staatssicherheit. Was damals einen Rhombus auf den Schulterstücken bedeutete und in der Armee ungefähr dem Grad eines Brigadekommandeurs entsprach.

Fünf Monate später vollzieht Serow den nächsten Karrieresprung: Er wird Stellvertretender Leiter des grauenvollsten Tschekistenorgans des NKWD der UdSSR, der Hauptverwaltung für Staatssicherheit.

Am 1. September 1939 beginnt der Zweite Weltkrieg. Am 2. September erfolgt Serows Ernennung zum Chef des NKWD der Ukraine. Und am 4. September seine Beförderung zum Kommissar der Staatssicherheit 3. Ranges. In Kiew begegnet Serow zum ersten Mal einem der grausamsten Henker des 20. Jahrhunderts – Nikita Sergejewitsch Chruschtschow. 1937 war Chruschtschow Sekretär des Moskauer Stadtkomitees der Partei und damit unmittelbar an den massenhaften Erschießungen beteiligt gewesen. Als Mitglied der sogenannten Moskauer „Troika“, die ohne Ermittlung und Gerichtsprozeß Tausende Menschen zum Tode verurteilte. Im Januar 1938 trat er dann die Funktion des 1. Sekretärs des ZK der KP der Ukraine an. Hier räumte er mit dem gleichen Eifer auf wie in Moskau. Alle Parteisekretäre von den Kreiskomitees aufwärts fällten und unterzeichneten persönlich Todesurteile. Um später allerdings selbst in das Getriebe der proletarischen Todesmaschine zu geraten. Zwei Republikssekretäre der Kommunistischen Partei allerdings traf die strafende Axt der Großen Stalinschen Säuberung nicht, weil sie sich eifriger als alle anderen bemühten. Die Namen dieser Bestarbeiter des Terrors lauten: Berija – in Transkaukasien – und Chruschtschow in Kiew. Als Serow Chruschtschow dort begegnet, steht dieser bereits bis zur Glatze im Blut.

Am 17. September 1939 tritt die Sowjetunion an Hitlers Seite in den Zweiten Weltkrieg ein. Auf den Fersen der Roten Armee ziehen in die „befreiten“

polnischen Gebiete unsere braven Tschekisten mit den heißen Köpfen und den kalten Herzen ein. Alles, was sie in Lwow und Stanislau, in Rowno und Luzk, in Kowel und Saleschtschiki anrichten, geschieht auf Befehl und unter der Kontrolle Chruschtschows sowie des jungen Tschekistenchefs Wanja Serow, der seinerzeit noch nicht einmal 35 war. Auf ihrem reinen kommunistischen Gewissen lasten Deportationen, Konzentrationslager und Kollektivierung. Auch die Erschießung der polnischen Offiziere in Charkow ist das Werk der schwieligen Hände Wanja Serows.

Am 26. April 1940 erhält Serow seinen ersten Orden. Und nicht irgendeinen, sondern die höchste staatliche Auszeichnung der Heimat – den Lenin-Orden. Es ist interessant, dieses Datum in Beziehung zu setzen zu den tragischsten Seiten der polnischen Geschichte: Einerseits werden da massenhaft gefangene polnische Offiziere erschossen, darunter auch in der von Serow kontrollierten Ukraine, und andererseits erhält Serow zur gleichen Zeit den höchsten Staatsorden.

Und noch eine Koinzidenz verdient Beachtung. Zu den Ausgezeichneten gehört gleichfalls der Leiter der Verwaltung für Kriegsgefangene und Internierte, Kapitän der Staatssicherheit P. K. Soprunenko, der den Abtransport der polnischen Offiziere aus den Gefangenenlagern und ihre Erschießung unmittelbar befehligte. Er erhält am gleichen Tag – dem 26. April 1940 – seinen ersten Orden.[3] Die Namen Serow und Soprunenko stehen in derselben Auszeichnungsliste, in der wir nur Henker und Schlächter finden. Der einzige Unterschied liegt darin, daß Kapitän der Staatssicherheit Soprunenko die niedrigste Auszeichnung – einen mickrigen Orden „Zeichen der Ehre" (im Volksmund „lustige Gesellen" genannt) – erhält, der NKWD-Chef der Ukraine, Kommissar der Staatssicherheit 3. Ranges Iwan Serow, hingegen die höchste staatliche Auszeichnung. Serows Verdienste bei der Erschießung der polnischen Offiziere sind das Ordensmaximum, die Soprunenkos das Ordensminimum wert.

3.

Im Juni 1940 trifft G. K. Schukow in Kiew ein. Und hier, in der Hauptstadt der Ukraine, findet sich ein Freundestriumvirat: der 1. Sekretär des ZK der KP der Ukraine, Genosse Chruschtschow, der Chef des NKWD, Genosse Serow, und der Oberkommandierende des Kiewer Sondermilitärbezirks, Genosse Schukow. Sie gefielen einander. Schukow zog es stets zu denen, die das Blut des Volkes mitleidlos vergossen. Er war selbst von diesem Schrot und Korn, fühlte sich also unter seinesgleichen. Sie verstanden und achteten einander: der blutbefleckte Chruschtschow, Serow, der auf dem besten

Wege war, ihn einzuholen, und unser verehrter Georgi Schukow, der zu dieser Zeit bereits in der Mongolei höchstpersönlich ohne jeden Gerichtsprozeß nicht wenige Todesurteile gefällt hatte.

Ihre Lebenswege trennten sich wieder, doch nicht für lange. Wo unsere drei Musketiere auch sein mochten, sie dachten aneinander und halfen sich gegenseitig, wo es nur ging. Die Palastrevolte vom 22. Juni 1957 heckten sie gemeinsam aus.

4.

1941 bereitete Stalin die Unterjochung Europas vor. Mit diesem Ziel vor Augen veranlaßte er am 3. Februar 1941 die Aufteilung des tschekistischen NKWD in zwei unabhängige Volkskommissariate: das eigentliche NKWD (geleitet von Berija) und das NKGB, also das Nationale Komitee für Staatssicherheit (unter Merkulow). Der Grund für die Teilung lag darin, daß das NKWD eine Vielzahl von Funktionen erfüllte, sowohl auf dem Territorium der Sowjetunion als auch im Ausland. Von der totalen Überwachung aller bis zur millionenfachen Vernichtung der eigenen Bevölkerung. Von der Goldgewinnung bis zum Bau von Eisenbahnen. Von der Verwahrung sämtlicher Archive des Staates bis zur Bewachung der Staatsgrenzen. Von der Registrierung der Eheschließungen bis zum Personenschutz für den lebenden Stalin und den toten Lenin. Von der Führung der Geburtenregister bis zum Löschen von Bränden. Von der Auslandsspionage bis zum Bau der größten Wasserkraftwerke der Welt. Von der Aluminiumproduktion bis zum Betrieb von Ausländerhotels. Von der Aufforstung der Wälder bis zum Holzeinschlag. Von der Konstruktion und Erprobung von Sturzkampfflugzeugen bis zur Unterweisung ausländischer Kommunisten in Diversion und Sabotage. Von der Regelung des Straßenverkehrs bis zur Vernichtung politischer Gegner im Ausland. Und nun sollte noch ein Befreiungsfeldzug auf Warschau, Budapest, Bukarest, Berlin, Wien, Paris und Madrid dazukommen. Die Angliederung Millionen Quadratkilometer umfassender neuer Territorien an die Sowjetunion, die Sowjetisierung großer und kleiner europäischer Staaten, die Säuberung der Bevölkerungsmassen von unerwünschten sozialen Elementen. Das war ein zu umfangreicher Pflichtenkatalog, deshalb mußte das NKWD zweigeteilt werden.

Das neue NKWD behielt viele frühere Strukturen bei, soweit sie hauptsächlich innersowjetische Aufgaben zu lösen hatten: Miliz, Grenztruppen, die Verwaltung des GULAG, den Bau von Industrie- und Verkehrsobjekten höchster Priorität u.a.

Das NKGB hingegen übernahm die Schlüsselrolle im bevorstehenden Krieg, der „auf Feindesboden" stattfinden sollte. Zu den Funktionen des

NKGB zählte die Auslandsaufklärung, die Kontrolle der Bevölkerung in den zukünftigen Kampfgebieten und den „befreiten Territorien", die Isolierung und Vernichtung unerwünschter Personen und ganzer sozialer Schichten in den neu angegliederten Teilen der Sowjetunion. Dem NKGB wurde des weiteren der Schutz der sowjetischen Führung – der zivilen wie der militärischen – und die Überwachung ihres vorbildlichen Lebenswandels übertragen.

1941 hatte sich Iwan Serow bereits in seiner ganzen blutigen Größe zeigen können. Die Erfahrung, die er bei der Säuberung des „Feindesbodens" von unerwünschten Schichten und Klassen sowie der Verwandlung der „befreiten Territorien" in Sowjetrepubliken gesammelt hatte, war kurz, aber fruchtbar. Er wußte, wie man massenhaft erschoß. In Serows Beurteilung lesen wir Worte, um die ihn nur jeder beneiden konnte. Schukow hatte man, wie wir uns erinnern, in Beurteilungen bescheinigt, ein unerschütterliches Mitglied der Partei zu sein. Von Serow hieß es noch klangvoller: „ein unbeugsamer Kommunist".

Serows Verdienste und Erfahrungen fanden gebührende Würdigung: Am 25. Februar 1941 wurde er zum 1. Stellvertreter des Volkskommissars für Staatssicherheit der UdSSR ernannt.

Doch Hitler brachte alle Karten durcheinander. Er fiel als erster ein und untergrub damit Stalins grandiose Pläne zur Befreiung Europas. Die Angliederung neuer Territorien und ihre Sowjetisierung wurden auf bessere Zeiten vertagt. Für einen Verteidigungskrieg auf eigenem Boden aber brauchte man keine zwei tschekistischen Volkskommissariate. In den ersten Kriegstagen gab es anderes zu tun als strukturelle Veränderungen durchzusetzen. Deshalb wurden bereits am 20. Juni 1941 NKWD und NKGB wieder zu einem ganzheitlichen NKWD zusammengeführt.

Iwan Serow übernahm die Funktion des Stellvertretenden Volkskommissars für Innere Angelegenheiten (also des Berija-Stellvertreters), die er während des gesamten Krieges und auch danach beibehielt.

5.

Der Beginn des Krieges führte Schukow und Serow erneut zusammen. Am 11. Oktober 1941 wurde Schukow zum Befehlshaber der Westfront ernannt. Am 13. Oktober gesellte man ihm Serow als Gehilfen bei. Schukow und Serow arbeiteten Hand in Hand. Wanja Serows kühne Recken bezogen als Sperrtrupps Stellung hinter den Kampfverbänden der Roten Armee und ermunterten sie mit Maschinengewehrsalven ins Genick. Was die Standhaftigkeit in der Verteidiung und den Angriffswillen ungemein steigerte.

Dann begegneten sich Schukow und Serow wieder am Ende des Krieges. Schukow war nun Kommandierender der 1. Belorussischen Front, Generaloberst Serow Bevollmächtigter des NKWD für diese Front. Gleichzeitig fungierte er weiter als Stellvertreter des Genossen Lawrenti Berija und beriet außerdem als Repräsentant des NKWD der UdSSR das Ministerium für gesellschaftliche Sicherheit Polens. Vermittelte also den polnischen Genossen seine unschätzbare Genickschußerfahrung.

Anfang der neunziger Jahre, nach der Befreiung Polens vom Kommunismus, bekam die Bevölkerung zurück, was man ihr weggenommen hatte. So konnte auch eine alte Frau wieder ihr Haus beziehen, das 1944 von den sowjetischen Befreiern für das NKWD konfisziert worden war. In der Villa hatte Genosse Serow gewohnt. Und nach ihm noch andere Genossen. Die Räume waren verschmutzt und demoliert, die Keller vollgestellt mit allerlei Gerümpel. Das alles mußte die Besitzerin säubern, wie ein Archäologe, der Bruch auseinanderharkt, Kulturschichten abträgt. Sie räumte ihren Keller auf und entdeckte – ein kleines Privatgefängnis mit Gittern, Schlössern, schweren Stahltüren und allem, was noch zu einer derartigen Einrichtung gehört. In die Wände hatten die Insassen – wie in allen Gefängnissen der Welt – Inschriften gekratzt. Sie wurden von der polnischen Staatsanwaltschaft untersucht, Journalisten und Historiker befaßten sich damit. Heraus kam, daß das Gefängnis zu der Zeit belegt war, als der Befreier Polens, Genosse Iwan Serow, in der Villa wohnte. In Polen mangelte es nie an Gefängnissen. In Ergänzung zu dem, was sie vorfanden, richteten die Faschisten während des Zweiten Weltkrieges außerdem noch jede Menge Konzentrationslager ein. All das geriet unter die Kontrolle des NKWD und seiner polnischen Genossen. Mehr als genug, sollte man meinen. Wozu war da noch so ein winzigkleines Gefängnis nötig? Es handelte sich, wie man herausfand, um Serows Privatgefängnis. Damit der hohe Genosse, wenn er abends heimkam in sein gemütliches Häuschen, müde von Erschießungen und Folter, Erholung fand für Leib und Seele in einer anderen Folterkammer, nicht mehr der dienstlichen, sondern der häuslichen, privaten.

Wie soll man danach nicht an genetische Theorien glauben?! Iwan Serow, Sohn des Gefängniswärters Alexander Serow, hat offenkundig die Gene seines Erzeugers geerbt.

Der Feldherr Serow trug die Brust voller Orden. Mich lassen sie selbst nicht kalt, ich bin ein leidenschaftlicher Sammler – sowohl der Orden selbst als auch von Informationen, wer wann wofür und womit ausgezeichnet wurde. Auf dem Höhepunkt seiner Karriere konnte Armeegeneral Serow neben dem Goldenen Stern des Helden der Sowjetunion sechs Lenin-Orden, vier Rotbannerorden, einen Suworow-Orden 1. Stufe, zwei Kutusow-Orden 1. Stufe und den polnischen Orden Virtuti Militari 4. Stufe vorweisen. Um nicht jeden Orden an Serows Brust einzeln zu erwähnen, gehen wir nur auf die Grenzen des Ordensspektrums ein. Seinen ersten Orden hatte Serow bekanntlich für die Erschießung polnischer Offiziere bekommen. Den letzten – den Kutusow-Orden 1. Stufe – erhielt er am 18. Dezember 1956 für die blutige Niederschlagung des Volksaufstands in Ungarn. Alle anderen Auszeichnungen liegen dazwischen.

Doch so leicht Serow Orden anhäufte, so schnell gingen sie ihm auch wieder verloren. 1944 wurde er für die Aussiedlung der Kaukasus-Völker mit dem Kutusow-Feldherrnorden 1. Stufe geehrt. 1959 erfolgte die Annullierung der unrechtmäßigen Verleihung, Serow mußte den Orden zurückgeben. 1963 degradierte Chruschtschow Serow vom Armeegeneral zum Generalmajor, von den vier Generalssternen blieb nur ein einziger übrig. Außerdem hob Chruschtschow Serows Ernennung zum Helden der Sowjetunion auf und erklärte die Verleihung des Lenin-Ordens für ungültig. 1995 wurde Serow durch einen Erlaß des Präsidenten der Republik Polen, Lech Walesa, auch der polnische Orden aberkannt.

Nicht uninteressant ist, von wem und wofür Serow überhaupt den Goldenen Stern des Helden der Sowjetunion erhalten hatte, den er schließlich, weil unrechtmäßig erworben, wieder verlor. In der obersten Führungsriege des NKWD war nur Serow Held der Sowjetunion. Lawrenti Berija konnte sich trotz aller blutigen Verdienste nicht damit brüsten. Den Ehrentitel mitsamt dem dazugehörigen Goldenen Stern sowie einen der Lenin-Orden hatte Schukow seinem treuen Freund zugeschanzt. Das System der Verleihung militärischer Ehrentitel funktionierte recht simpel. Die Auszeichnungsabteilung des Frontstabes erstellte eine Liste: Iwanow, Petrow und Serow haben diese und jene Auszeichnung verdient. Die Liste unterzeichneten der Befehlshaber der Front und ein Mitglied des Militärrates, in unserem Falle Marschall der Sowjetunion Schukow und Generalleutnant Telegin. Dann ging die Liste nach Moskau, von wo aus der entsprechende Zuerkennungs- und Verleihungserlaß eintraf. Schukow hatte das Auszeichnungsgesuch für die 28 Panfilow-Soldaten unterzeichnet – und sie wurden Helden. Er unterschrieb auch das Gesuch für Serow – und die Sektkorken knallten! Wie du mir, so ich dir.

Die Verleihung des Ehrentitels Held der Sowjetunion an Serow erfolgte am 29. Mai 1945. Was überraschend und kaum nachvollziehbar war. Ein Tschekist in einer hohen Führungsposition konnte sich höchstens durch die Massenvernichtung von Menschen hervortun, eine andere Form von Heroismus ließ sich bei dieser Dienststellung schwerlich denken. Die Lubjanka war nicht der Platz für Heldentaten. Aber diese Massenvernichtung von Menschen hatte weder Genrich Jagoda noch Lawrenti Berija, noch dem „schwindsüchtigen Beelzebuben" Nikolai Jeschow den Heldentitel eingetragen. Sofort begannen in den Truppen, in den Organen des NKWD und der militärischen Spionageabwehr SMERSCH Gerüchte zu kursieren, Serow habe die Auszeichnung Held der Sowjetunion zu Unrecht erhalten, das sei das Werk Schukows, der Serow damit an sich binde. Die Gerüchte wollten und wollten nicht verstummen. Generalleutnant A. A. Wadis, der bis zum 27. Juni 1945 die Dienststellung des Leiters der Verwaltung Spionageabwehr SMERSCH in der Gruppe der sowjetischen Besatzungstruppen in Deutschland innehatte, meldete nach Moskau, was er hörte. Diese Berichten sollten ihn noch teuer zu stehen kommen, Schukow und Serow zahlten sie ihm mehr als heim. Dabei hatte General Wadis nur gemeldet, worüber jeder sprach.

6.

Der Vorkämpfer für Kommunismus und allgemeine Gleichheit und Held der Sowjetunion Generaloberst Iwan Serow war in Deutschland Schukows Stellvertreter. Dessen Funktion hieß offiziell Oberkommandierender der Gruppe der sowjetischen Besatzungstruppen in Deutschland und Oberbefehlshaber der Sowjetischen Administration zur Verwaltung der Sowjetischen Besatzungszone Deutschlands.[4] Die seines Stellvertreters Serow – Stellvertreter Zivilverwaltung des Oberkommandierenden.

Die sowjetische Besatzungszone war eingeteilt in Sektoren des MWD, des Ministeriums für Innere Angelegenheiten. Den MWD-Sektor Berlin befehligte Generalmajor Sidnew. Alexej Matwejewitsch Sidnew, Jahrgang 1907, wurde 1947 aus Deutschland auf den Posten des Ministers für Staatssicherheit der Tatarischen Autonomen Sowjetrepublik versetzt. 1948 erfolgte seine Verhaftung. Das Vernehmungsprotokoll vom 6. Februar 1948 wirft ein bezeichnendes Licht darauf, was sich in der SBZ unter Schukows und Serows Führung abspielte. Ich führe einige Auszüge an.[5]

„Sidnew: Die Einheiten der Sowjetarmee, die Berlin besetzten, erbeuteten umfangreiche Trophäen. In verschiedenen Stadtteilen stießen sie immer wieder auf Safes mit Goldgegenständen, Silber, Brillanten und anderen Wertsachen. Gleichzeitig wurden einige große Magazine gefunden, in denen teure Pelze, Pelzmäntel, verschiedene Arten Stoffe, hochwertige Wäsche und andere Vermögenswerte lagerten. Von solchen Sachen wie Bestecks und Services rede ich gar nicht, die waren in Unmengen da. Diese Wertgegenstände und Güter wurden von verschiedenen Personen gestohlen. Ich muß rundheraus sagen, daß ich zu den wenigen führenden Mitarbeitern gehörte, in deren Händen alle Möglichkeiten lagen, die sofortige Bewachung und Erfassung sämtlicher Werte zu organisieren, die die sowjetischen Truppen auf deutschem Territorium eroberten. Ich unternahm jedoch keinerlei Schritte zur Verhinderung der Diebstähle und bekenne mich dafür schuldig ... Ich muß einräumen, daß ich beim Abtransport der ungesetzlich erworbenen Güter in meine Wohnung freilich ein bißchen zuviel des Guten getan habe.

Untersuchungsführer: Bei der Durchsuchung Ihrer Wohnung in Leningrad wurden etwa 100 Gold- und Platingegenstände, Tausende Meter Woll- und Seidenstoffe entdeckt. Ungefähr 50 wertvolle Teppiche, große Mengen Kristall, Porzellan und andere Güter. Nennen Sie das ‚ein bißchen zuviel des Guten'? ... Wir können Ihnen Fotos der bei Ihnen konfiszierten fünf unikalen, außerordentlich wertvollen Gobelins flämischer und französischer Meister des 17. und 18. Jahrhunderts vorlegen. Wo haben Sie die mitgehen lassen?

Sidnew: Die Gobelins wurden in den Kellern der Deutschen Reichsbank gefunden, sie waren dort während des Krieges von reichen Deutschen eingelagert worden. Als ich sie sah, befahl ich Kommandant Aksenow, sie zu mir in meine Leningrader Wohnung zu schicken.

Untersuchungsführer: Diese Gobelins gehören nur ins Museum. Wozu brauchten Sie sie?

Sidnew: Ehrlich gesagt, habe ich nicht darüber nachgedacht, was ich stehle. Die Gobelins sind mir unter die Finger geraten und ich habe sie mitgehen lassen ... Ich habe mir nur das Wertvollste genommen, aber was das noch alles war, weiß ich nicht mehr.

Untersuchungsführer: Wir können Ihrem Gedächtnis auf die Sprünge helfen. Die Damenhandtasche aus purem Gold, wo haben Sie die her?

Sidnew: Ich weiß nicht mehr genau, wo ich sie mitgenommen habe. Ich glaube, ich oder meine Frau haben sie aus einem Keller der Reichsbank.

Untersuchungsführer: Und die drei brillantbesetzten Goldarmbänder, wo haben Sie die ‚mitgenommen'? ... Die 15 goldenen Uhren, 42 Goldanhänger, Colliers, Broschen, Ohrringe, Ketten, die 15 goldenen Ringe und andere Gegenstände aus Gold, die bei Ihnen beschlagnahmt wurden, wo haben Sie die gestohlen?

Sidnew: Wie auch die Goldarmbänder habe ich diese Wertgegenstände aus deutschen Safes gestohlen ...

Untersuchungsführer: Und die 600 silbernen Löffel, Gabeln und anderen Besteckteile haben Sie auch gestohlen?!

Sidnew: Ja.

Untersuchungsführer: Man sollte meinen, zu Ihnen wären Hunderte Gäste zu Besuch gekommen. Wozu haben Sie so viele Bestecke zusammengestohlen?

Sidnew: Diese Frage kann ich nicht beantworten.

Untersuchungsführer: 32 wertvolle Pelzwaren, 178 Felle, 1.500 Meter hochwertige Stoffe aus Wolle, Seide, Samt und anderen Materialien, 405 Paar Damenstrümpfe, 78 Paar Schuhe, 296 Kleidungsstücke – und das ist nur ein Teil der Ihnen beschlagnahmten Sachen ... Wie sind Sie zum Marodeur geworden?

Sidnew: ... Im Jahre 1944, als Stellvertreter des Leiters der SMERSCH-Verwaltung der 1. Ukrainischen Front, traf ich auf polnischem Territorium mit Serow zusammen, der damals Bevollmächtigter des NKWD für die genannte Front war. Unter seiner Führung arbeitete ich in Polen, später, als die sowjetischen Truppen Berlin eingenommen hatten, bewirkte Serow meine Versetzung zum NKWD und ernannte mich zum Leiter des Berliner Operativen Sektors. Bei dieser Arbeit hat mich Serow an sich gebunden, ich war häufig bei ihm, und von da an begann mein Sündenfall ... Es wird sich kaum jemand finden, der in Deutschland war und nicht gewußt hätte, daß Serow im Grunde der Hauptanstifter in Sachen Aneignung von Gestohlenem war. Serows Flugzeug flog ständig zwischen Berlin und Moskau hin und her und transportierte ohne Grenzkontrolle alle Arten von Wertgegenständen, Pelze, Teppiche und Bilder für ihn. Mit der gleichen Ladung schickte Serow Eisenbahnwaggons und Autos nach Moskau ... Bei der Einnahme Berlins entdeckte eine meiner Operativgruppen in der Reichsbank mehr als 40 Millionen Reichsmark. Ungefähr die gleiche Summe beschlagnahmten wir auch in anderen Safes im Bezirk Mitte (Berlin). Das gesamte Geld wurde in den Keller des Gebäudes gebracht, in dem sich der Berliner Operative Sektor des MWD befand ...

Untersuchungsführer: Wieviel Geld lagerte dort insgesamt?

Sidnew: In den Kellern lagerten ungefähr 100 Säcke mit mehr als 80 Millionen Mark ... Die Aufbewahrung einer solchen Geldmenge war natürlich ungesetzlich, erfolgte aber auf Weisung Serwos ... Serow verteilte in jedem Quartal an alle Leiter der Operativen Sektoren sogenannte nicht rechenschaftspflichtige Summen ... So erhielt jeder dieser Sektorenleiter aus meinem Keller jeweils mehrere Millionen Reichsmark ...

Untersuchungsführer: Ist Ihnen bekannt, wo sich sämtliche Unterlagen über die Verwendung der Markbeträge jetzt befinden?

Sidnew: ... Die Mappen mit den Belegen über die Verwendung der Mark-Beträge, die in allen Sektoren gefunden worden waren, einschließlich der Aufzeichnungen über die von mir ausgegebenen Gelder, wurden auf Serows Befehl verbrannt ...

Untersuchungsführer: Und wohin gerieten die Erfassungslisten für das beschlagnahmte Gold und die anderen Wertgegenstände, die bei ihnen lagerten?

Sidnew: Diese Nachweise wurden wie auch die Belege über die Mark-Beträge Serows Apparat übergeben und dort verbrannt ...

Untersuchungsführer: Winden Sie sich nicht mit allgemeinen Phrasen heraus, sondern sagen Sie, was Sie über Serows Golddiebstähle wissen …

Sidnew: Wenn ich zu Serow ging mit einem Bericht über konfiszierte Wertgegenstände, nahm ich ihm die wertvollsten Muster der Goldgegenstände und Brillanten zur Ansicht mit. In diesen Fällen drehte und wendete Serow sie lange in den Händen, ergötzte sich daran. Einen Teil davon behielt er … Mir ist bekannt, daß Beschanow, der Leiter des Operativen Sektors in Thüringen, wie ein Gutsbesitzer lebte, eine große Menge wertvoller Güter, die reichen Thüringern gehörten, in seinem Haus zusammentrug, die Brauerei eines SS-Bonzen wieder in Gang brachte und die Gewinne daraus einstrich. Ebenso wie Beschanow organisierte sich auch Klepow ein fürstliches Leben … Serow hatte irgendwo einen deutschen Techniker aufgetrieben, der eine Spezialkonstruktion für Radiolas erarbeitete und dafür Zeichnungen anfertigte, die Serow persönlich durchsah und korrigierte. Das Holz für die Herstellung dieser Radiolas wurde aus den Wandverkleidungen in Hitlers Arbeitszimmer in der Reichskanzlei herausgerissen … Eine der Radiolas verschenkte Serow an Schukow … Serow protegierte mich. Außerdem hatte ich bei ihm einen guten Stand als jemand, der energisch durchgriff … Serow verbrachte viel Zeit in Gesellschaft Marschall Schukows, mit dem er eng befreundet war, beide betrieben die gleichen unsauberen Geschäfte und deckten einander …“

7.

Ich habe nur einen kurzen Ausschnitt aus dem ellenlangen Vernehmungsprotokoll zitiert. Zum besseren Verständnis sei hinzugefügt, daß ein Personenkraftwagen der Mittelklasse damals in Deutschland 1.000 Mark kostete. Gegen Kriegsende erhielt der Rüstungsminister des Deutschen Reiches 6.000 Mark Monatsgehalt. Von den 80 Millionen Reichsmark, die Serow erbeutete, waren nach einem Jahr noch drei Millionen übrig, und auch sie wurden an Serow übergeben. Oh, diese sauberen Tschekistenhände!

Und noch ein Detail: Der beste Freund des genialen Feldherrn Schukow – Wanja Serow – wohnte in der Residenz Joseph Goebbels'.

Die Aussagen über die Machenschaften Iwan Serows und seiner Untergebenen sind zu keiner Zeit und durch niemanden widerlegt worden.

Stalin sah, daß die Armeegeneräle und die Generäle des NKWD im Laufe des Krieges eng zusammenrückten, eine gemeinsame Sprache fanden.

Diese Verbrüderung war für Stalin tödlich, das begriff er sehr wohl. Und er teilte und herrschte. Noch während des Krieges spaltete er das NKWD erneut, gliederte die militärische Spionageabwehr SMERSCH aus und unterstellte sie seiner persönlichen Kontrolle. Danach schuf er parallel zum NKWD, das in Ministerium des Inneren (MWD) umbenannt wurde, wieder ein Ministerium für Staatssicherheit (MGB). An dessen Spitze stellte Stalin Generaloberst W. S. Abakumow. Nun mußte er nur noch MWD (Berija und Serow) und MGB (Abakumow) gegeneinander hetzen.

Was Stalin bestens gelang. Abakumows Ministerium ermittelte gegen Generäle und Marschälle der Armee sowie gegen Generäle des MWD. Unter den scharfen Blick von Abakumows Mitarbeitern gerieten die Machenschaften Schukows, Berijas, Serows, Telegins, Sidnews, Krjukows und vieler anderer. Doch Berija und Serow konnten sich herauswinden, indem sie einen Präventivschlag führten und Stalin Dinge eröffneten, die diesen bewogen, sämtliche Aussagen gegen Berija und Serow in den Archiven ruhen zu lassen. Der Diebstahl von Gold, Brillanten und Millionen Reichsmark, all das waren Kleinigkeiten. Serow blieb in Freiheit, und am 4. Juli 1951 wurde der Chef des Ministeriums für Staatssicherheit MGB, Generaloberst Abakumow, der Serow und Schukow zu Fall bringen wollte, selbst von allen Ämtern suspendiert. Eine Woche saß er tatenlos herum, rätselte, welchen neuen Posten man ihm wohl zuweisen würde, und – wurde am 12. Juli verhaftet. Nun waren es bereits Berijas und Serows Leute, die die Haussuchungen und Verhöre durchführten. Jetzt mußten Abakumow und seine Leute Rede und Antwort stehen. Untersuchungsführer und Untersuchungsgefangene hatten die Plätze getauscht, doch der Inhalt der Vernehmungsprotokolle blieb der gleiche. Auch bei Abakumow wurden Gold und Brillanten, Gemälde und Gobelins gefunden. Freilich war es nicht das, was ihre Verhaftung auslöste. Es gab weitaus gravierendere Gründe, aber dies eben auch: Armbänder, Ringe, Ohrringe, Anhänger … In der Liste der Wertgegenstände, die man bei Abakumow sicherstellte, verblüffte mich am meisten ein Koffer voll Hosenträger.

Anatoli Kusnezow erzählt in seinem erschütternden Buch *Babi Jar*[6] über das Jahr 1939. „Dann fand der wunderherrliche Krieg gegen Polen statt. Hitler von Westen, wir von Osten – und Polen war einmal. Natürlich nannten wir das zum Schein ‚Befreiung der Westukraine und Belorußlands' und hängten überall Plakate auf, die zeigten, wie ein abgerissener Ukrainer seinen tapferen rotarmistischen Befreier umarmt. Aber das gehört nun einmal dazu. Derjenige, der überfällt, ist immer ein Befreier von irgend etwas.

Der Papa von Schorik Gorochowski war einberufen worden und in diesen Krieg gezogen. Einmal erzählte er uns im Suff, wie der Empfang in Polen wirklich aussah. Zunächst stürzten sich alle, vom größten Kommandeur bis zum letzten Muschkoten, auf die Stoffläden und Schuhgeschäfte, stopften Säcke und Koffer voll. Gott im Himmel, was haben unsere braven Kämpfer nicht alles aus Polen herausgeschleppt. Ein Politleiter brachte einen Koffer mit Lackschuhen an, aber nach ein paar Schritten platzten sämtliche Nähte. Er hatte Schuhe erwischt, die man den Toten im Sarg anzog, sie waren bloß mit der heißen Nadel genäht. Und Schoriks Papa hatte einen Haufen Fahrradklingeln mitgebracht. Wir rannten damit herum, bimmelten und johlten fröhlich: Polen kaputt!

Kaputt waren auch Litauen, Lettland und Estland mit ihren Bourgeois. Und Rumänien hatten wir ruckzuck Bessarabien abgenommen. Wie schön es doch war, stark zu sein."

Unsere Befreier nahmen mit, was sie nur zu fassen bekamen. Hat einer ein Fahrrad, ist eine Klingel daran. Wer kein Fahrrad hat, braucht auch keine Klingel. Vielleicht kann man für das vorhandene Vehikel aus dem Befreiungsfeldzug noch eine Ersatzklingel mitbringen. Aber wozu einen ganzen Haufen?

Unsere genialen Feldherrn und weisen Führer der geheimen Front legten das gleiche Gebaren an den Tag wie die ganz einfachen Befreier Europas: Nimm, was du zu sehen kriegst! Beim mächtigen Chef des MGB Generaloberst Abakumow fand man neben Kristall und Porzellan, neben funkelnden Goldbarren und Edelsteinen, neben Stapeln von Gold- und Silbergeschirr einen Koffer mit deutschen Hosenträgern. Wozu brauchte er einen ganzen Koffer davon? Er würde sich doch nicht hinstellen und damit handeln. Weshalb hätte er auch handeln sollen, wo er doch ohnehin unbeschränkten Zugang zu Geld besaß?

Oder nehmen wir Generalleutnant Krjukow. Schukows Busenfreund. Bei ihm wurden bei der Hausdurchsuchung neben Brillanten, Gold, Rubinen und Saphiren 78 Fensterriegel, 16 Türschlösser und 44 Fahrradpumpen entdeckt.

Wenn du Angst hast, eine Pumpe könnte kaputtgehen, nimm dir zehn als Reserve. Aber wozu 44?

Oder Schukows Liebling Generalleutnant Leonid Fjodorowitsch Minjuk. Seiner Dienststellung nach zuerst Generaladjutant, dann General zur besonderen Verfügung Marschall Schukows. Bei seiner Verhaftung wurden neben Silber und Gold, neben Anzügen und Tellern, Marmorstatuen und -statuetten, Teppichen und Gemälden, Gobelins und vielem anderen auch 92 Fahrradklingeln beschlagnahmt.

Da waren sie nun alle – Schukow, Serow, Berija, Sidnew, Telegin, Minjuk, Abakumow und Krjukow – unter dem Banner der Befreiung in Europa einmarschiert. Alles, was sie taten, trug die hehre Bezeichnung „Befreiungsmission der Roten Armee".

All dieses Marodieren, Plündern und Stehlen gedieh im Schatten der Siegesfahne, die stolz über dem eroberten Reichstag wehte.

Alle nannten sie sich Kommunisten, hatten Dutzende Millionen Menschen getötet um der allgemeinen Gleichheit willen und konnten nicht schnell genug SS-Brauereien in Gang setzen, sich die Taschen mit Markscheinen vollstopfen. Sie hatten die Welt befreit von Hitler, Goebbels und Göring, und wußten nichts Besseres zu tun als in deren freigewordene Residenzen einzuziehen. Sie meinten, sie hätten die Welt befreit von der „braunen Pest", von den „faschistischen Konzentrationslagern", ließen diese Lager aber keinen Augenblick leer stehen, gliederten sie auf der Stelle in ihr GULAG-System ein.

Sie alle erzählten, daß bald eine Zeit anbrach, wo der Kommunismus auf der ganzen Welt siegen, jeder nach seinen Fähigkeiten arbeiten und nach seinen Bedürfnissen leben würde. Wo sich jeder nahm, was und wieviel er brauchte. Eine glorreiche Idee! Aber ließen sich allein die Bedürfnisse eines einzigen Serows oder Minjuks überhaupt befriedigen?

* * *

Es heißt immer: Ach, wenn doch bloß 1957 statt Chruschtschow Schukow an die Macht gekommen wäre.

Wir reagieren mit einer Gegenfrage: Ja, was wäre aus dem Land geworden, wenn Schukow tatsächlich an die Macht gekommen wäre?

Die Antwort ist einfach: Schukow hätte seinen Busenfreund Serow und solche wie ihn mit auf den Gipfel der Macht genommen. Und die hätten sich in ihren Palästen und Villen kleine, gemütliche Privatgefängnisse und Folterkammern eingerichtet. Und lange vor Breschnews Stagnation und Gorbatschows Perestroika das Land so ausgeplündert, daß für unsere „Demokraten" nichts mehr zum Stehlen übrig gewesen wäre.

Kapitel 21

Warum Schukow in Deutschland keine Ordnung schaffen konnte

„Ich bekam von Schukow eine Krone geschickt, die allem Anschein nach der Gattin des deutschen Kaisers gehört hatte. Aus dieser Krone war das Gold entfernt worden für die Verzierung einer Reitpeitsche, die Schukow seiner Tochter zum Geburtstag schenken wollte."[1]

A. M. Sidnew

1.

Der Krieg war zu Ende, die Rote Armee mußte rigoros und zügig reduziert werden. Sie hatte ungeheure Ausmaße angenommen: zehn Fronten in Europa und drei im Fernen Osten. Zu jeder Front gehörten fünf bis zwölf Armeen. Im Sommer 1945 verfügte Stalin über 101 Armeen: fünf Stoßarmeen, sechs Gardepanzerarmeen, 18 Armeen der Luftstreitkräfte, elf allgemeine Gardearmeen und 61 allgemeine Armeen. Neben den Fronten und Armeen gab es noch zwei Dutzend Militärbezirke, vier Flotten, mehrere Flotillen, Hunderte Offiziersschulen, Reserveeinheiten und Ausbildungszentren, die Truppen des NKWD usw. usw.

Verständlich, daß niemand soviel Militär brauchte. Kein Staat der Welt konnte diese Heerscharen unterhalten. Deshalb wurden die Offiziere zu Hunderttausenden, die Soldaten zu Millionen entlassen. Gleichzeitig löste man Tausende Regimenter, Hunderte Brigaden und Divisionen, Dutzende Korps und Armeen sowie sämtliche Fronten auf. Wer gestern Armeen befehligte, wurde Korpskommandeur, die Korpskommandeure übernahmen Divisionen, die Divisionskommandeure Brigaden oder sogar nur Regimenter. Und die ehemaligen Kommandeure der Regimenter fanden sich an der Spitze von Bataillonen wieder oder wurden gänzlich aus den Streitkräften

Schukow präsentiert sich als stolzer Sieger: Nach der Unterzeichnung der bedingungslosen Kapitulation der deutschen Wehrmacht (rechts) nimmt er an der Siegesparade der Alliierten am Brandenburger Tor teil (unten), rechts neben ihm im Bild der britische Feldmarschall Bernard Montgomery.

entlassen. Einen Platz in der Akademie zu ergattern, war so gut wie unmöglich, die Militärakademien nahmen hauptsächlich Helden der Sowjetunion auf. Und auch da nicht jeden. Es entstand sogar ein neuer Terminus – „Goldene Auslese". Nach dem Krieg gab es so viele Offiziere, Generäle, Admiräle und Marschälle, und sie waren so jung, daß sie fast keine Aussicht auf eine erfolgreiche Fortsetzung ihrer Armeelaufbahn hatten. Jeder mußte praktisch mit einer niedrigeren Dienststellung vorlieb nehmen, jeder wußte: Auf eine Beförderung konnte man warten bis zur Rente, und die früheren Kommandohöhen, die vergaß man besser gleich.

Verständlich, daß sich alle abserviert fühlten.

2.

Die Kürzungswelle betraf auch die höchste Führungsriege. Im Sommer 1945 gab es in der Sowjetunion einen Generalissimus und zwölf Marschälle der Sowjetunion. Die hatten im Krieg Fronten befehligt. Nun waren die Kriegsjahre vorbei, die Fronten aufgelöst. Wohin mit den Marschällen?

Marschall der Sowjetunion Lawrenti Berija bekleidete keine Armeedienststellung, er war von der anderen Front.

Auch Marschall Semjon Budjonny nahm keine Armeefunktion mehr ein, allerdings aus Altersgründen.

Blieben zehn Marschälle. Doch Stalin brauchte in Moskau nur einen. Und der mußte denken können. Klar, daß Stalins Wahl auf Wassilewski fiel. Wassilewski war der fähigste unter den sowjetischen Feldherrn. Nach Stalin natürlich. Wassilewski, das hieß – ein phänomenales Gedächtnis. Wassilewski, das bedeutete – unumstößliche Logik. Wassilewski, das war auch Stalins unverzichtbarer Ratgeber in allen militärischen Fragen während des gesamten Krieges. Wassilewski – ein Generator genialer Ideen.

Schukow eignete sich nicht für den Posten des wichtigsten militärischen Beraters Jossif Stalins. Seine Unfähigkeit zu geistiger Arbeit war sattsam bekannt. Bereits im November 1930 hatte K. K. Rokossowski in Schukows Attestation die vernichtenden Worte geschrieben: „Kann nicht für Stabs- und Lehraufgaben eingesetzt werden, da sie ihm zutiefst verhaßt sind."[1] Der Stab ist das Gehirn. Ein Regiment ohne Stab ist hirnlos. Ebenso eine Division. Ein Korps. Eine Armee. Und eine Front. Im Stab laufen sämtliche Daten zusammen über die eigenen Truppen, die Nachbarn, die übergeordneten Instanzen, den Gegner, die Versorgung mit allem, was Leben und Dienst erfordern, über das Gelände, das Wetter und vieles, vieles andere. In den Stäben werden all diese Informationen analysiert und auf der Basis der Lageeinschätzung entsprechende Entscheidungen getroffen. Steht in der Beurteilung eines Kommandeurs, daß ihm Stabsarbeit und Ausbildungstätigkeit verhaßt sind, besagt das: Er ist nicht gewohnt und nicht fähig zu denken. Ein Kommandeur, der Stabsarbeit haßt, gleicht einem Schachspieler, der seine Figuren hin und her rückt, ohne nachzudenken. Oder einem Untersuchungsführer, der die Fakten nicht korrelieren und keine logische Beweiskette aufbauen kann, dafür aber um so lieber Zähne ausschlägt und Rippen bricht. Oder einem Chirurgen, der gern im Bauch seines Patienten herumschneidet, ohne einen Gedanken daran zu verschwenden, ob das denn notwendig ist. Oder dem cholerischen Direktor eines Atomkraftwerks, der alle anbrüllt und jedem droht, doch keinen Deut versteht von den komplexen Schemata und Formeln.

Daß Schukow niemals Stalins Militärberater war und sein konnte, belegt auch ein simpler Fakt: Es existiert kein „theoretisches Erbe". In 43 Jahren Armeedienst hat der „größte militärische Denker" keine einzige Zeile zu Papier gebracht, die die Bezeichnung „theoretische Studie" verdient.

In 43 Jahren Armeedienst machte Schukows summarische Erfahrung in der Stabsarbeit ganz sechs Monate aus. Ab Januar 1941 war er Chef des Generalstabs. Unter seiner Führung stand die Vorbereitung auf den Krieg. Schukows Tätigkeit auf diesem Posten trug unserem Volk die verheerendste Niederlage und die größten Opfer der gesamten Weltgeschichte ein. Verständlich, daß Stalin einen Denker vom Schukowschen Schlage in Moskau nicht gebrauchen konnte.

Stalin suchte sich Wassilewski als Gehilfen aus. Eine richtige Wahl. Blieben noch neun Marschälle, die untergebracht werden mußten. Aber in Moskau war Arbeit knapp.

3.

Stalin hatte nur eine Möglichkeit: Er mußte die neun Marschälle abkommandieren als Befehlshaber von Militärbezirken innerhalb der Sowjetunion oder in den besiegten Staaten Europas.

Rokossowski schickte Stalin nach Polen. Woroschilow nach Ungarn. Tolbuchin nach Bulgarien. Später stand Tolbuchin dann an der Spitze des Transkaukasischen Militärbezirks. Konew wurde nach Österreich geschickt, durchlief danach noch eine Reihe von Dienststellungen und befehligte schließlich den Karpaten-Militärbezirk. Goworow fand sich an der Spitze des Leningrader Militärbezirks wieder. Timoschenko kommandierte sukzessive den Militärbezirk Baranowitschi, den Belorussischen Militärbezirk, den Militärbezirk Südural und anschließend – bis 1960 – erneut den Belorussischen. Die weiteren Stationen in Merezkows Laufbahn hießen Primorsker Militärbezirk, Moskauer Militärbezirk, Weißmeer-Militärbezirk und Militärbezirk Nord. Malinowski wurde zunächst Befehlshaber des Transbaikal-Militärbezirks, anschließend des Militärbezirks Fernost.

Schukow versetzte Stalin in das wichtigste der besiegten Länder – nach Deutschland, mit dem Auftrag, dort Ordnung zu schaffen.

Wie immer zeigte sich unser Feldherr seinen Aufgaben nicht gewachsen. Er sollte die unhaltbaren Zustände in den Truppen beenden, erreichte jedoch keinen Durchbruch.

Das Problem bestand darin, daß sich der sowjetische Soldat, der Befreier, berechtigt und verpflichtet fühlte, zu tun und zu lassen, was er wollte. Ich übe Vergeltung, murmelte der Befreier, wenn er Minderjährige vergewaltigte.

Tatsächlich zahlten unsere Soldaten den Deutschen heim, was diese in der Sowjetunion angerichtet hatten. Das Gebaren eines sowjetischen Soldaten in Deutschland nach dem Krieg war Ausdruck heiligen Zorns. Aber wir sollten dabei eine Nuance nicht vergessen: 1945 führten sich die Soldaten und Offiziere genauso auf, wie sie sich 1939 in Lwow, 1940 in Riga, Vilnius, Tallin und Kaunas aufgeführt hatten. Auch in Polen raubten, mordeten und vergewaltigten unsere Befreier. Gedeckt von der Roten Armee, führten die zuständigen Organe einen Vernichtungskrieg gegen die mutigsten, fähigsten, stärksten und bewußtesten Vertreter der okkupierten Länder. Wem und wofür wollten sie 1939 im „befreiten" Polen etwas heimzahlen?

1940 mußten Estland, Litauen und Lettland, die Bukowina und Bessarabien Ausplünderung und nationale Erniedrigung über sich ergehen lassen. Dort benahmen sich unsere Soldaten nicht besser als die von unserer Propaganda als Barbaren dargestellten „Faschisten". Und wenn diese später auf unserem Territorium den Sieger hervorkehrten, sollten wir da nicht endlich die Frage stellen: Ja, woher kamen sie denn? Ist es nicht an der Zeit, sich ins Gedächtnis zu rufen, wer Hitler an die Macht brachte? Die Frage zu beantworten, wer es war, der deutsche Panzersoldaten in Kasan, Piloten in Lipezk, Artilleristen und Chemiker in Saratow ausbildete und wozu? Nach dem Ersten Weltkrieg verlor das besiegte Deutschland das Recht auf den Besitz von Unterseebooten, Bombenflugzeugen, Panzern und schwerer Artillerie. Wer bot den deutschen Konstrukteuren die Möglichkeit, in Leningrad Panzer und U-Boote zu entwickeln? Wer ließ die Junkers-Konstrukteure nach Fili?

Hätte Stalin Hitler nicht an die Macht gebracht, nicht deutsche Konstrukteure, Panzerfahrer und Piloten ausgebildet für ihre großen Eroberungen, dann wären weder diese Eroberungen noch das ganze Leid auf unserem Boden möglich gewesen.

Aber vielleicht trägt unser Volk keine Schuld an der Entfesselung des Zweiten Weltkrieges? Vielleicht wußte es einfach nicht, daß die Kommuni-

Marschall Schukow, nach Beendigung des Zweiten Weltkrieges Oberbefehlshaber der sowjetischen Truppen in Deutschland und Leiter der Militärverwaltung in der SBZ, bei einer Sitzung des Alliierten Kontrollrates in Berlin.

sten die Weltherrschaft anstrebten? Daß in Moskau die Komintern[3] als Stab der Weltrevolution agierte? Daß sich Stalin für einen Krieg gegen Deutschland rüstete?

Mag sein. Doch gerade darin liegt auch das Vergehen unseres Volkes. Ein Volk muß die Macht kennen, von der es regiert wird. Es muß diese Macht lenken und kontrollieren. Es muß der Macht in den Arm fallen, wenn sie Verbrechen begeht. Anderenfalls wird es zum Mittäter. Hat das Volk die kommunistischen Verbrecher an die Macht gelassen, muß es all ihre Verbrechen verantworten.

Zuerst hat unser Volk unter der weisen Führung der Kommunistischen Partei Hitler-Deutschland großgezogen, um ihm dann heimzuzahlen, daß es uns über den Kopf wuchs.

4.

In der Endphase des Krieges und gleich nach Kriegsende hatten alle (außer den Deutschen selbst) ihre Freude an der Ausplünderung des Landes. Alexander Twardowskis berühmtes Poem „Wassili Tjorkin" malt das Marodieren genüßlich aus. Erinnern Sie sich?

„Auf der Straße nach Berlin
Federbetten Spuren ziehn …"

Allerdings gibt Twardowski der Plünderungsszene einen hochherzigen Hintergrund. Da sehen die sowjetischen Befreiersoldaten in Berlin ein altes russisches Mütterchen und beschließen, der Greisin ein paar von ihren erbeuteten Trophäen abzugeben.

„Einen Teekessel mit rundem Henkel dran,
ein Eimerchen für alle Fälle,
und das Federkissen, und das Daunenbett,
drückt den Deutschen nur, hier – auf die Schnelle.
Das ist unnütz, ich brauch's nicht, ihr Lieben!
Doch den Burschen macht das gar nichts aus,
schleppen flink eine schwere Wanduhr nach Haus,
und man sieht sie ein Fahrrad schieben."

Für dieses Gedicht erhielt Twardowski den Stalin-Preis 1. Klasse. Der Dichter vergaß nur zu präzisieren: Die munteren Burschen schleppten die Wanduhren nicht immer für arme russische Mütterchen. Manchmal dachten sie auch an sich selber.

Doch sehr bald wurde offensichtlich, daß die Rote Armee durch das Marodieren Schaden nahm. Solange der Krieg dauerte, wurden Raub und Plünderungen hingenommen, ja sogar gefördert. Nun war der Krieg zu Ende, aber das Plündern ging weiter. Nicht umsonst jedoch werden in allen Armeen der Welt Marodeure standrechtlich erschossen. Schon vor Tausenden Jahren kam man darauf, daß eine Armee, in der sich der Bazillus des Marodeurtums festgesetzt hat, ihre Kampffähigkeit verliert. Wo Marodeure auftauchen, sinkt sofort die Disziplin. Der Kommandeur ist für den Marodeur derjenige, der ihn bei seinem liebgewordenen Rauben und Plündern stört. Der Marodeur, dem ohne jede Mühe bestimmte Besitztümer zugefallen sind, begreift plötzlich, daß man sich damit freikaufen kann von Diensten und Wachen, von schwerer Arbeit, Gefechten und Krieg. Wo Marodeure sind, hält sehr schnell die Bestechung Vorgesetzter Einzug. Den Kommandeuren fließen von unten Werte zu, die sie wiederum einsetzen, um die Gunst Höherstehender zu gewinnen. Und sobald sich einige von schwerer und gefährlicher Arbeit, von Kampf und Gefecht freikaufen können, beginnen die anderen zu murren. Wo Marodeure sind, da sind unvermeidlich auch die „Barygas" (Hehler) zur Stelle, die das Diebesgut aufkaufen. Und wo diese Barygas sind, da hält die Ethik der Verbrecherwelt Einzug. Marodeurtum ging stets einher mit Trinkgelagen. Nur zu verständlich. Ringsum ist Krieg, aber der Marodeur hat sich von Dienst und Gefecht freigekauft, trägt zwar eine Waffe, muß aber nicht kämpfen. Was hat er da Besseres zu tun, als weiter zu plündern, zu vergewaltigen und zu saufen? Napoleons Armee haben nicht die Fröste und auch nicht die Feuersbrünste in Moskau zugrunde gerichtet. Napoleons Armee fiel marodierend in der Hauptstadt ein: Keiner hörte mehr auf irgendeinen Befehl, jeder wollte nur möglichst viel an sich reißen. Die Disziplin war augenblicklich dahin. Aus dem gleichen Grunde geriet Bonaparte übrigens auch nicht in Gefangenschaft: Als die französische Armee aus Rußland floh, stieß eine Abteilung Donkosaken direkt auf Napoleons Hauptquartier. Die Kosakenfrauen sahen die vielen blitzenden, glänzenden Dinge und hatten nichts Eiligeres zu tun, als sich die Taschen damit vollzustopfen. Später nahm man ihnen alles wieder ab. Und noch später gelangte das alles ins Historische Museum: Napoleons Gabel und Löffel, sein zusammenklappbares Feldbett, ein Becher, sein Rasiermesser. Nur – Bonaparte selbst konnte unterdessen entkommen.

Damals, im Jahre 1812, war das Marodeurtum mit allen Mitteln unterdrückt worden. Das mußte man auch im Sommer 1945 tun, denn das Marodieren nahm Ausmaße an, wie sie Europa seit dem Fall des Römischen Reiches nicht mehr erlebt hatte. Folge von Gewalt und Plünderungen war nicht nur die grassierende moralische Zersetzung der Roten Armee, sondern auch der wachsende Unmut der mitteldeutschen Bevölkerung, die massenhaft in die amerikanische, britische und französische Besatzungszone floh. Die verfluchten amerikanischen Imperialisten bekamen dadurch ein schlagendes Argument geliefert: Menschen der Welt, die sowjetischen Kommunisten erklären unumwunden, daß sie die Weltherrschaft anstreben. Seht euch an, wie es uns ergeht, wenn sie erst hierher kommen!

Wahrhaftig kein erfreuliches Bild. Die marodierende Rote Armee in Deutschland störte Stalin bei der Verwirklichung seiner Pläne. Es mußten dringend Maßnahmen ergriffen werden.

Und so erteilte Stalin Schukow den Befehl, Ordnung zu schaffen. Doch dem mangelte es an der dazu nötigen Charakterfestigkeit.

5.

Hat Schukow vielleicht nicht gebrüllt, daß der Speichel spritzte? Nicht mit den Füßen gestampft, die Faust auf den Tisch krachen lassen?

Doch, hat er alles: gebrüllt, Spucke verspritzt, getrampelt, auf den Tisch geschlagen. Aber das Marodieren ging munter weiter. Schukow gab Donnerbefehle heraus, riß Schulterstücke und Generalsbiesen herunter, sperrte ein und erschoß. Doch die Situation wurde keinen Deut besser.

Und zwar deshalb, weil der Hauptmarodeur der Roten Armee Schukow selbst war. Er stahl Gemälde gleich galerieweise, Möbel eisenbahnzugweise, wertvolle Bücher in ganzen Bibliotheken, Brokat und Seide kilometerweise, Edelsteine in Kilogramm. Ich nehme nicht zurück, was ich einmal geschrieben habe: Schukow besaß einen stählernen Charakter, einen eisernen Willen. Doch wenn es ums Geld ging, befiel den größten Feldherrn des 20. Jahrhunderts eine unüberwindliche Schwäche. Gegen die der geniale Stratege machtlos war. Er raffte und raffte, konnte sich nicht bremsen.

In meiner längst vergangenen Offiziersjugend hatte ich einmal einen Bataillonskommandeur, der uns in jeder Versammlung androhte, durchgreifen zu wollen. Und seine Rede jedesmal mit der furchteinflößenden Warnung beendete: „Laßt mich erst nicht mehr trinken, dann knöpfe ich mir alle vor!"

Wenn der Kommandeur selber trinkt, kann er auch seine Untergebenen nicht davon abbringen. Sitzt ihm selbst die Faust locker, rutscht ihm oft die Hand aus, erteilt er den unter ihm stehenden Offizieren gleichsam einen Freibrief, genauso mit ihren Untergebenen umzuspringen. Stiehlt der Kommandeur selbst, kann er seinen Untergebenen schwerlich das Stehlen verbieten.

So verhielt es sich auch mit Schukow. Er stahl, plünderte Deutschland aus, forderte aber, die Diebstähle müßten aufhören. Das klang in etwa so wie der Appell Präsident Boris Jelzins an seine Minister: Laßt das Stehlen! Jelzin hätte bei sich anfangen sollen. Bei der eigenen Familie. Den anderen ein Beispiel geben müssen: Ich habe genug zusammengestohlen, jetzt höre ich auf und verlange von euch das gleiche!

Aber Schukow konnte nicht aufhören. Der Genius kam nicht gegen seine rasende Gier an. Und solange er selber stahl, war nicht daran zu denken, die marodierenden Soldaten zu zügeln.

Aus einem einfachen Grund: Schukow wurde beobachtet. Sein Wächter auf der Parteilinie war Generalleutnant K. F. Telegin. Dessen Arbeit bestand darin, den politisch-moralischen Zustand der sowjetischen Truppen und vor allem ihres Befehlshabers Schukow in seinem wachsamen Blick zu behalten. Weshalb Schukow zu ihm sagte: Klaue, Konstantin Fjodorowitsch, soviel du lustig bist, ich sehe darüber hinweg. Aber dafür mußt du, mein Bester, auch alle Augen zudrücken bei meiner Kunstsammelei.

Natürlich kann ich mich nicht dafür verbürgen, daß es genau so geklungen hat, doch das Ergebnis der unheiligen Allianz ist offensichtlich: Telegin stahl, war aber auf beiden Augen blind, wenn es um Schukows Diebstähle ging, und Schukow stahl, ohne Telegins lange Finger zu bemerken. Und so kamen Kontrolleur und Kontrollierter bestens miteinander aus. Wobei Telegin nicht nur für sich selbst stahl, sondern auch für seine Moskauer Vorgesetzten, damit Meldungen über Raub und Plünderungen in deren Arbeitszimmern steckenblieben. Auf die Machenschaften Generalleutnant Telegins kommen wir etwas später noch einmal zurück.

Auf der Staatssicherheitsstrecke wurde Schukow von Generaloberst I. A. Serow „beaufsichtigt“. Letzterer war Stellvertretender Innenminister und gleichzeitig Schukows Stellvertreter für Zivilverwaltung in Deutschland. Auch ihn ließ Schukow wissen: Eine Hand wäscht die andere. Man wußte, was Sache war. Serow stahl, wie es sich für einen Lubjanka-Mann gehört – wenn schon, dann richtig. Und wiederum nicht für sich allein, sondern für seine Moskauer Vorgesetzten, damit diese verleumderischen Denunziationen keinen Glauben schenkten. Und für seine Untergebenen, damit sie keine verleumderischen Denunziationen schrieben. Über Serows lange Finger wissen wir bereits einiges.

Schon auf dieser Ebene erweiterte sich der Kreis der Marodeure beträchtlich. Es gab ja noch andere Genossen, die man – getreu dem Prinzip „Wer nicht schmiert, der nicht fährt“ – anfüttern mußte. Schließlich würde Schukow nicht selbst Bankenkeller und Safes durchwühlen. Nicht eigenhändig das geraubte Gut in Eisenbahnwaggons verfrachten und wieder ausladen. In Schukows Diebesgeschäfte waren viele Personen seiner unmittelbaren Umgebung verwickelt – von den Stellvertretern und Gehilfen bis zu den Adjutanten und den Soldaten, die die grobe Hausarbeit taten. Jeder dachte natürlich, wenn er für Schukow stahl, auch an sich selbst. Und Schukow besaß ein ureigenes Interesse daran, daß sie auch etwas für sich abzweigten. Denn wer mitmachte, würde nichts ausplaudern: ein Teufelskreis. Und jeder dieser Schukowschen Helfer hatte wieder seine Helfershelfer. Die auch bedacht werden mußten ...

Ob bei Beratungen oder im Manöver – stets hatte Schukow Generalleutnant Telegin an seiner Seite, eine Maßnahme, die von Stalin als Überwachung des Marschalls gedacht war. Doch spätestens während der sowjetischen Besatzungszeit in Deutschland entwickelte sich daraus eine einträgliche Kungelei: Einer deckte den anderen, wenn es darum ging, güterzugweise kostbares Beutegut illegal in die Heimat zu schaffen.

Es ist hinlänglich bekannt, daß die sowjetischen Besatzer in Deutschland unter Schukows Ägide zu marodierenden Haufen degenerierten. Dennoch ist Schukows Ruhm bis heute ungebrochen: Erst 1995, zum 50. Jahrestag des „Sieges über den Hitlerfaschismus", wurde in Moskau ein Denkmal zum Andenken an den Mitverantwortlichen millionenfachen Leids auf deutschem wie russischem Boden eingeweiht.

Serow brauchte seine Suite. Schließlich belud er die Eisenbahnwaggons nicht eigenhändig. Und Telegin schleppte die Kisten nicht auf seinem Buckel. Alles wollte bezahlt sein. Der Transport. Die Zollabfertigung. Alle hielten die Hand auf.

Wie besagt doch ein russisches Sprichwort so schön: Der Fisch stinkt vom Kopf her. Schukows Dieberei war wie der Strudel eisigen dunklen Wassers nach dem Untergang der „Titanic". Er riß alles mit, was an der Oberfläche schwamm. Ein Schwarzes Loch im Zentrum der Galaxis, um das mit rasender Geschwindigkeit Sterne kreisten, die unausweichlich hineingezogen wurden und in Nichts zerfielen. Je näher zum Schwarzen Loch, desto höher die Geschwindigkeit, desto schneller der Zerfall.

6.

Moskau hat Schukow ein Denkmal gesetzt. An einem denkbar unpassenden Ort. Schukow ist ein Dieb. Und Diebe verdienen ein Denkmal im Butyrka-Gefängnis. Schade, daß bei uns moderne Tendenzen in der Kunst die Oberhand gewonnen haben und das Schukow-Denkmal abstrakt gehalten ist. Ich bin ein Verfechter des Realismus. Ich hätte der größeren Wirklichkeitsnähe halber dem Schukowschen Bronzeroß Riesenpacken mit Diebesgut auf den Rücken gebunden. Seht her, da kommt unser heldenhafter Schukow aus Deutschland heimgeritten, und mit ihm ein ganzer Hausstand: Aus den Säcken ragen Wanduhren und Töpfe, leuchten Damenschlüpfer, ragt ein Fahradlenker. Und damit es noch glaubwürdiger wird, hätte ich obendrein eine superleistungsfähige Bronzelok beigegeben, die für Schukow einen ganzen Eisenbahnzug mit Görings Schätzen zieht.

Unsere Leute murren ein bißchen. Diebe haben Rußland ausgeplündert. Alles, was das Volk in Jahrzehnten schuf, hat sich irgendwohin verflüchtigt, in irgendwelchen Schweizer Banken niedergelassen. Es kann doch gar nicht anders sein. Liebe Genossen, man wird euch so lange ausplündern, wie im Zentrum von Moskau ein Denkmal für einen Plünderer steht. Der Diebstahl wird weiter blühen, denn die junge Generation lernt am Beispiel des ersten sowjetischen Oligarchen: Wer so richtig zulangt wie Schukow, dem errichtet man ein Denkmal.

In die Diebereien Schukows und seiner Vertrauten gerieten unweigerlich immer neue Mittäter hinein. Von ganz oben verbreitete sich dieses Übel bis ganz unten. Wie bei Präsident Jelzin. Schukow brüllte, spuckte Gift und Galle, forderte, den Mißständen ein Ende zu setzen. Aber niemand tat es. Wollte ein Kommandeur seinen Untergebenen das Stehlen verbieten, bekam er zur Antwort: Du stiehlst ja selber!

Deshalb griffen in Berlin in dunkler Nacht die Armeepatrouillen ein paar kleine Soldaten auf, die ein Fahrrad mitgenommen hatten. Und an denen wurde dann ein Exempel statuiert. Aber es änderte sich nichts, und es konnte sich auch gar nichts ändern.

7.

Schukow ist der erste sowjetische Oligarch. Er besitzt fast uneingeschränkte Macht. Ein dichtgespanntes Netz aus Bekanntschaften und Beziehungen in den Machtstrukturen. Ein gewaltiges finanzielles Potential in Zeiten allumfassender Armut und allgegenwärtigen Hungers.

Und nicht nur er war so. Während des Krieges hatten Generäle, Tschekisten und Parteiaktivisten Gefallen gefunden am schönen Leben, sich zusammengetan, das Prinzip „Leben und leben lassen!" schätzen gelernt. Auf das Volk erstreckte sich diese Toleranz allerdings nicht. Nur auf seinesgleichen nach Dienstrang und -stellung. Meldest du nicht, was ein Tschekist so treibt, läßt er auch dich in Ruhe.

Stalin wußte: Der regelmäßige Austausch der obersten Nomenklatura ist das Grundgesetz des Sozialismus. Wobei alle Abgesetzten unverzüglich zu vernichten sind. Sonst lassen sie sich nämlich nicht mehr absetzen. 1937/38 erschoß Stalin seine Generäle, Tschekistenchefs und Parteiführer zu Tausenden. Aber er arbeitete nicht genug. Erschoß noch viel zu wenig Kommunisten, Tschekisten und Oberbefehlshaber. Ganze sieben Jahre vergingen, und die neuen Emporkömmlinge – junge Kommunisten von ganz unten, Dorfburschen in Bastschuhen – waren auf den Geschmack der Macht gekommen, entartet und zutiefst verdorben. Selbst unter den Bedingungen des Terrors und der allgemeinen Angst stahlen sie, wie man nirgendwo sonst stahl. Was wäre erst gewesen, hätte es den Terror nicht gegeben? Wenn Stalin den Partei- und Armeepotentaten keine Furcht eingejagt, sie nicht in Angst und Schrecken gehalten, ihre verderbten Leben nicht scharenweise ausgelöscht hätte?

Die Antwort lautet: Dann hätten sie das Land noch vor 1941 restlos ausgeplündert.

Stalin verstand besser als jeder andere: Der Sozialismus kann nicht existieren ohne regelmäßige, alle fünf bis sieben Jahre wiederkehrende Massenvernichtung des größten Teils der Führungskräfte von den Kreisparteiorganisationen bis zum Politbüro, von den Regimentern und Divisionen bis zum Generalstab, von den Chefs der Kreisabteilungen des NKWD bis zu den Bossen der Lubjanka. Sobald die massenhaften Erschießungen in diesem Personenkreis aufhörten, begann das System zu verfaulen. Der Prozeß der Fäulnis und Zersetzung zog sich deshalb so lange hin, weil Rußland das Pech hatte, über unermeßliche Naturreichtümer zu verfügen. Das verfluchte Erdöl, Gas, Gold und Uran, Mangan und Nickel war in unserem Land in unvorstellbaren Mengen vorhanden. In diesen Reichtümern lag auch unser Unglück, so wie es für den Papua in den Bananen lag. Der arme Papua hatte das Pech, dort zu leben, wo es keine Fröste gab. Er brauchte kein Haus zu bauen, Palmwedel boten ausreichend Schutz vor dem Regen. Er brauchte nicht zu arbeiten und zu denken, auf jedem Baum wuchsen genug Bananen. Diese Leichtigkeit des Seins hemmt die Entwicklung. So hatte auch mein Land Pech. Es faulte Jahrzehnte vor sich hin, die Wissenschaft trat auf der Stelle oder ging gar rückwärts. Trotzdem brauchte man nichts zu ändern, es ließ sich alles in Amerika kaufen. Sogar Brot. Und mit Naturschätzen bezahlen. Deshalb dauerte die Verwesung so viele Jahrzehnte. Unter anderen Umständen wäre der sowjetische Sozialismus erheblich schneller verrottet.

* * *

Stalin sah die Fäulnis und wußte, daß hier nur ein entschlossener chirurgischer Eingriff half!

Kapitel 22

Von einem Bolschewiken, der weinte

„In der Jagodinsker Zollstation (bei Kowel) wurden sieben Waggons beschlagnahmt, in denen sich 85 Kisten mit Möbeln befanden. Bei der Überprüfung der Dokumente kam heraus, daß die Möbel Marschall Schukow gehörten."[1]

A. Bulganin

1.

Anfangen mußte man beim mächtigsten sowjetischen Oligarchen – bei Schukow. Gegen ihn lenkte Stalin den ersten Schritt. Er berief Schukow aus Deutschland nach Moskau zurück. Auf einen Posten, den er eigens für Schukow erfunden hatte: Oberbefehlshaber der Landstreitkräfte. Die Armee brauchte diese Funktion nicht, war immer ohne sie ausgekommen. Die Befehle gelangten ohnehin auf direktem Wege aus dem Moskauer Verteidigungsministerium in die einzelnen Militärbezirke. Ein Oberkommando der Landtruppen als Ebene zwischen dem Generalstab und den Stäben der Militärbezirke war überflüssig wie ein fünftes Rad am Wagen. Stalin hatte sich diese Dienststellung ausgedacht, um Schukow ohne Aufsehen aus Deutschland zu entfernen und danach – ohne Schukow – den Dieben und Marodeuren an den Kragen zu gehen, die Deutschland ausplünderten.

Einige Zeit später schickte Stalin Schukow von Moskau weiter nach Odessa – als Befehlshaber des Odessaer Militärbezirks.

Ich wiederhole, daß es seinerzeit keineswegs ehrenrührig war für einen Marschall, einen Militärbezirk zu leiten. Es gab zu viele Marschälle. Nicht alle konnten in der Hauptstadt beschäftigt werden. Deshalb saß Konew in Lwow, Goworow in Leningrad, Merezkow im Fernen Osten, in den ussurischen Bergen, Malinowski in Tschita und Timoschenko in Baranowitschi. Da ließ sich wirklich von „Entfernungen“ reden!

Schukow sollte nach Odessa. Kein Vergleich mit Tschita, der Ussuri-Taiga oder Baranowitschi, wie Sie mir gewiß beipflichten. Da saßen hinter dem Baikal, im Fernen Osten, in Baranowitschi weitaus fähigere Marschälle als Schukow, und ihnen fiel kein Stein aus der Krone.

Nur Schukow war beleidigt.

2.

Jeder denkt an sich, jedem ist das eigene Leben, der persönliche Erfolg lieb und teuer. Ein grenzenlos grausamer, brutaler Mensch aber liebt sich selbst um ein Vielfaches mehr, als normal ist. Schukows Karrierestreben, sein Bonapartismus, seine Eigenliebe bilden ein Phänomen besonderer Größenordnung. Doch bekanntlich sind Sadismus und Feigheit untrennbar verbunden. Einen Menschen, der sich so sehr liebte und bemitleidete wie Schukow, werden Sie schwerlich ein zweites Mal finden.

Stalin ließ Schukow nicht erschießen, nicht einsperren, jagte ihn nicht aus der Armee, rührte nicht einmal seine Dienstränge und Auszeichnungen an. Er schickte Schukow nur nach Odessa, an die Spitze des Odessaer Militärbezirks. Das Jahr 1947 kam. Und Schukow feierte den Ausgang des alten und den Anbruch des neuen Jahres nicht in Odessa, sondern auf seiner Datscha bei Moskau. Jeder weiß, zu Feiertagen wie Silvester und Neujahr sind die unangenehmsten Zwischenfälle möglich, die Gefechtsbereitschaft der Truppe sinkt. Deshalb ist es angezeigt, daß sich sämtliche Kommandeure vom Kompaniechef aufwärts in Reichweite ihrer Untergebenen aufhalten. Doch der Kommandeur des Militärbezirks Odessa, Armeegeneral G. K. Schukow, feiert Silvester weit entfernt von Odessa, von den ihm Anvertrauten.

Ja, Schukow, man hat dich ein klein wenig degradiert, dir eine Dienststellung gegeben, die unter deiner Würde ist. Doch das geht der ganzen Armee so. Viele von denen, die noch vor kurzem Regimenter und Bataillone befehligten, haben überhaupt die Streitkräfte verlassen müssen. Nicht mehr jung, aber noch lange keine Rentner, Gesundheit und Nerven im Krieg ruiniert, ohne ordentlichen zivilen Beruf. Was sollten sie erst sagen?

Du, Schukow, bist Offizier. Hast die Pflichten zu erfüllen, die man dir aufträgt, dort zu dienen, wohin man dich schickt. Im Militärdienst sind jähe Wendungen an der Tagesordnung. Ein Soldat kann sich seinen Dienst nicht aussuchen. Wo man dich hinschickt, dort arbeite! Ohne Gejammer. Und wenn du Befehlshaber bist, deiner väterlichen Obhut Untergebene anvertraut sind, dann sei bei ihnen. Du hast in Odessa Verwaltung und Stab deines Militärbezirks: deine Stellvertreter, die Kommandeure der Waffengattungen, den Stabschef, die Leiter der Stabsabteilungen. Allesamt Frontgeneräle. Alle ordensgeschmückt. Lade sie ein mit ihren Frauen auf deine Datscha bei Odessa, trink ein Glas mit ihnen, biete etwas zu essen an, trinkt noch einen Wodka, rede mit ihnen von Mensch zu Mensch, spiele auf der Ziehharmonika. Vielleicht dient es sich hinterher leichter. Vielleicht wird noch alles gut.

Aber der gekränkte Schukow läßt Militärbezirk Militärbezirk sein und fliegt nach Moskau. Feiert dort Silvester und Neujahr. Hat eine Menge Gäste eingeladen, aber gekommen ist nur Generalleutnant K. F. Telegin mit seiner Frau. Jener Telegin, der in Deutschland Schukows „Kontrolleur" auf der Parteilinie war.

Telegins Sohn, Oberst K. K. Telegin, berichtet: „Die Datscha erwartete sie diesmal in beunruhigender Stille. Georgi Konstantinowitsch kam auf die Veranda, führte sie in den Flur, nahm Mama den Pelzmantel ab, öffnete die Tür zu dem bekannten großen Zimmer, und Mama zuckte, wie sie sagt, vor Verwunderung zusammen: Der riesige Tisch, vor einem Jahr noch üppig gedeckt, an dem damals eine Unmenge Leute saßen, war jetzt leer. Nur am gegenüberliegenden Tischende war eine Decke aufgelegt, standen vier Gedecke. Georgi Konstantinowitsch sah die Gäste gleichsam schuldbewußt an und sagte: ‚Danke, daß ihr gekommen seid. Ich habe viele angerufen. Aber aus verschiedenen Gründen wollten alle nicht.' Die Stimmung der Gastgeber war so bedrückt, daß sie es bei allem Bemühen nicht verbergen konnten. Und nach dem traditionellen Trinkspruch ‚Auf ein neues Jahr, auf ein neues Glück!' ließ sich Georgi Konstantinowitsch in einen Sessel fallen und brach plötzlich in bittere Tränen aus ... Mama zog ein Taschentuch aus ihrer Handtasche, wischte ihm die Tränen ab und wollte Georgi Konstantinowitsch beruhigen. Er gewann nur mit allergrößter Mühe die Fassung wieder."[2]

Dabei gab es keinen Grund zum Heulen. Da befehligte einer einen Militärbezirk. In Friedenszeiten kein schlechter Posten für einen Feldherrn beliebigen Ranges. Die ganze Armee, Millionen Menschen hatten sich nach dem Krieg mit niedrigeren Dienststellungen abfinden müssen oder waren gar entlassen worden. Und keiner weinte. Außer Schukow.

Und wenn im vergangenen Jahr an diesem Tisch „eine Unmenge Leute" gesessen hatten, diesmal aber nur zwei kamen, so war Schukow selbst schuld daran.

Zuerst einmal wäre Schukows Platz in Odessa gewesen. Wäre er bei seinen Untergebenen geblieben, hätte er sämtliche Generäle der Verwaltung und des Stabes als Gäste begrüßen können. Schukow war ihr Befehlshaber, eine Einladung von ihm die größte Ehre. Aber Schukow will keinen Umgang pflegen mit denen, die nicht seinesgleichen sind. In den besten Häusern Moskaus jedoch ist er nicht gern gesehen. Also sitzt er an einem leeren Tisch. Und zu ihm auf die Datscha kommen die Moskauer Genossen auch nicht geeilt. All die Speichellecker von gestern sind abgefallen wie Läuse von einer erkalteten Leiche. Was sich Schukow selbst zuzuschreiben hat. Fast den ganzen Krieg über war er Stalins Stellvertreter gewesen, vor dem Krieg Chef des Generalstabs. Ihm unterstand die gesamte Armee, in der während der Kriegsjahre zusammengenommen fast 30 Millionen Menschen gedient hatten. Jeden von ihnen konnte er heranziehen, in jeden Dienstrang erheben, zu seinem Untergebenen und Freund machen. Praktisch die gesamte oberste Kommandoführung der Roten Armee war im Laufe des Krieges ausgetauscht worden, und das nicht nur einmal. Schukow hatte freie Wahl! Sieh dir an, wie einer arbeitet, befördere ihn oder schick ihn in die Wüste. Schukow duldete in seiner Umgebung keine Starken, die sich nicht scheuten, eine eigene Meinung zu haben, die den Mut aufbrachten, ihm zu widersprechen. Dafür zog er Liebediener und Schmeichler zu sich heran. Die samt und sonders ihr Mäntelchen nach dem Wind hängten. Etwas anderes war von diesen Kriechern auch gar nicht zu erwarten. Als der Wind von der anderen Seite wehte, stand Schukow allein auf weiter Flur. Und Generalleutnant Telegin nebst Gattin hatten sich auch nicht eingefunden aus unzertrennlicher Freundschaft. Es gab einen anderen Grund. Bis vor kurzem war Telegin Mitglied des Militärrates der Gruppe der sowjetischen Besatzungstruppen und der sowjetischen Militäradministration in Deutschland gewesen. Der zweite Mann in der Politischen Hauptverwaltung der Roten Armee. Höher stand der Dienststellung nach nur noch der Leiter dieser Hauptverwaltung. Telegin sollte, wie wir uns erinnern, über die moralische Befindlichkeit aller Armeeangehörigen – angefangen bei Schukow – wachen, selbst ein Beispiel mustergültiger Lebensführung geben. Und scheiterte an diesen Aufgaben.

Er schob Schukows Diebereien keinen Riegel vor, stahl selbst. In großem Stil. Schukow hatte Stalin aus Deutschland entfernt. Und nach ihm auch Telegin. Den er zur politischen Weiterbildung abkommandierte … Gestern noch der zweite Mann der Politischen Hauptverwaltung – heute auf einer Schulbank mit Anfängern der Partei- und Komsomolarbeit. Höhere Führungskader schickte Stalin zur Weiterbildung, wenn sie in äußerste Ungnade gefallen waren. Der Delegierung zur Weiterbildung folgte in der Regel die Verhaftung. Wie geschehen mit Generalleutnant Pawel Rytschagow. Heute genoß Rytschagow Stalins Gunst, war Stellvertretender Verteidigungsminister. Morgen würde ihm Stalin sein Vertrauen entziehen, ihn an die Militärakademie schicken. Auf eine Schulbank mit Kapitänen und Oberleutnants. Als Erniedrigung vor dem Arrest. Ein paar Monate studiert? Das reicht. Und eines schönen Tages tauchen in der Pause zwischen zwei Lehrveranstaltungen ein paar muntere Burschen auf und nehmen ihn in ihre zarten Hände.

Dieses Szenario erwartete auch Telegin. Sein Weiterbildungskurs war fast vorbei. Und die Verhaftung absehbar. Genaues konnten weder Telegin noch seine zahlreichen Freunde wissen, und doch zogen sie sich bereits so hurtig von ihm zurück, wie sie sich auch von Schukow zurückgezogen hatten. Telegin wollte allein mit seiner Frau Silvester feiern, da rief Schukow an. Und sie fuhren zu ihm.

Ich will eine Vermutung äußern, selbst auf die Gefahr hin, daß Sie mir nicht zustimmen: Hätte Stalin Telegin nicht herunterbefördert aus jenen astronomischen Höhen, hätte Telegin immer noch seinen früheren Posten inne, statt mit politischen Halbalphabeten die Schulbank zu drücken, wäre auch er nicht zu Schukow gefahren.

3.

Wieso, können Sie fragen, habe ich es in einem fort mit den Persönlichkeitsmerkmalen und Charakterzügen Schukows? Sollten wir uns nicht lieber der Militärstrategie zuwenden? Nein, Genossen. Wir reden nicht über Charakterzüge, wir sprechen über die Feldherrnqualitäten unseres Helden. Auswahl und Einsatz der Kader zählen zu den wichtigsten Tätigkeitsfeldern eines Feldherrn. Ein kluger, willensstarker Befehlshaber sucht sich ebensolche Untergebene. Ich kann nur immer wieder auf den großen Machiavelli verweisen, von dem der Satz stammt, der Verstand eines Herrschers sei daran zu erkennen, mit wem er sich umgebe. Da thront Schukow auf seinem weißen Hengst, um ihn herum die Riesenschar der Freunde, von ihm selbst ausgewählt. Doch kaum wackelt sein Sattel ein wenig, stieben sie nach allen Seiten davon wie Sperlinge. Das ist Schukows Weisheit: In seiner Umgebung finden sich nur Speichellecker. Starke, treue, kluge und redliche Menschen suchen wir neben ihm vergebens.

Unangenehm berührt auch Schukows Weinkrampf. Wenn dir zum Heulen zumute ist, schließ dich ein in dein Kämmerlein und laß den Tränen freien Lauf. Aber doch nicht vor Gästen!

Schukow hat marodiert und Volkseigentum geraubt. Jeder Soldat, jeder Offizier oder General wäre an die Wand gestellt worden für den tausendsten, ja den millionsten Teil dessen, was Schukow zusammenstahl. Doch Stalin ließ Schukow nicht erschießen, nicht verhaften, riß ihm nicht die Schulterstücke herunter, ja beschlagnahmte zu dieser Zeit noch nicht einmal die gestohlenen Brillanten. Und Schukow heult schon.

In Moskau gibt es für Schukow keine Arbeit. Für den Posten des Denkers ist er ungeeignet. Nach Deutschland darf man ihn nicht lassen. Dort hat er sich schon landauf, landab durchgestohlen, unter seiner Führung erreichte die moralische Zersetzung der sowjetischen Truppen in Deutschland das Ausmaß völliger Kampfunfähigkeit. Stalin gibt ihm einen Militärbezirk. Und Schukow vergießt Tränen. Merezkow und Rokossowski durchlitten seinerzeit Verhaftung, Folter, Todeszelle und sogar Scheinerschießung. Wußten nicht, ob die Hinrichtung, zu der man sie abholte, echt sein würde oder nur inszeniert. So war das. Wenn man Schukow auch nur die Schulterstücke heruntergerissen hätte, wie hätte er sich da wohl aufgeführt?

4.

Oberst K. K. Telegin berichtet noch mehr über jene denkwürdige Neujahrsnacht des Jahres 1947: „Ungefähr gegen 2 Uhr morgens kamen unerwartet W. V. Krjukow und L. A. Ruslanowa, die, wie die Ruslanowa erklärte, ‚weggelaufen' waren von einer Silvesterfeier, auf der sie gesungen hatte. Als überaus sensibler Mensch erfaßte sie sofort die Stimmung der Anwesenden, packte das mitgebrachte große Paket aus und warf zwei erlegte Auerhähne auf den Tisch.

‚Ich wünsche dir, Georgi Konstantinowitsch', sagte sie, ‚daß alle deine Feinde so aussehen mögen!'"[3]

Ach, wie waren Schukows Freunde doch verwegen! Und dumm! Sie mußten wissen, daß Schukows Datscha abgehört wurde. Und wenn sie es nicht wußten, hätten sie es ahnen können. Und nur über die Lippen lassen dürfen, was ruhig weitergetragen werden konnte.

Auf Schukows Festtagstisch lagen zwei Auerhähne mit durchschossenen Köpfen. So, wünscht Lidija Ruslanowa, sollen auch Schukows Feinde niedergestreckt werden.

Wer war Schukow feind? Wer hatte ihn weggestoßen vom deutschen Futtertrog? Ihm Tränen in die Augen getrieben?

All das ging auf das Konto zweier Bösewichter. Wie auch zwei tote Auerhähne auf dem Tisch lagen.

Der eine Bösewicht war der Minister für Staatssicherheit der UdSSR, Viktor Semjonowitsch Abakumow. Er ermittelte gegen die Diebe Schukow, Telegin, Serow, ihre ganze Umgebung.

Und der zweite Bösewicht, der Schukows Nassauerei in Deutschland ein jähes Ende setzte, war ein gewisser Dschugaschwili, mit Spitznamen Stalin.

Und Lidija Ruslanowa wünscht Schukow, seine Feinde sollten ebenso, mit durchschossenen Köpfen ... So etwas wurde zunächst Abakumow gemeldet. Der es wiederum Stalin meldete. Stalin aber hatte es bereits auf anderen Kanälen zugetragen bekommen. Er ließ sich von Abakumow Bericht erstatten und prüfte, ob der auch nichts durcheinanderbrachte oder ausließ.

Stellen Sie sich vor, Sie seien Genosse Stalin. Sie wachen mittags auf, am 1. Januar 1947. Der Kopf brummt Ihnen noch von gestern. Und Ihnen wird gemeldet, wer wem was zu Neujahr wünschte und dabei zwei Stück prächtiges, fettes Federvieh mit langen Schwänzen und durchschossenen Köpfen auf den Tisch warf.

Und nun merken wir uns Schukows engsten Kreis. Diejenigen, die mit ihm das neue Jahr 1947 begrüßten. Generalleutnant K. F. Telegin nebst Gattin, Generalleutnant W. V. Krjukow und seine Frau, die Sängerin Lidija Ruslanowa. Dies ist kein Kreis enger Freunde, verbunden durch hehre Ideale, sondern eine Diebesbande.

In schwerer Minute hat Schukow niemanden um sich. Außer Dieben.

5.

Einige Jahre vergehen. Stalin lebt nicht mehr. Zwar hat man ihm nicht den Kopf durchschossen, aber beim Sterben geholfen. Während den verhaßten Abakumow, der gegen die Diebereien in der höchsten Führungsriege anzugehen versuchte, tatsächlich die Kugel traf. Wie den erlegten Auerhahn.

Schukow aber hatte beinahe den absoluten Gipfel der Macht erklommen. Er war Verteidigungsminister der UdSSR und einer der beiden wichtigsten Männer im Lande. Noch mußte er die Macht mit Chruschtschow teilen. Noch durfte der die Unliebsamen nicht erschießen. Doch seine Gnadenlosigkeit und Brutalität überstieg bereits jedes Maß. Schukows Visiten in den Militärbezirken, bei den Flotten glichen Strafgerichten. Nehmen wir nur zwei Reisen aus dem Jahre 1957: die eine zur Nordflotte, die andere zur Baltischen. Beide dauern fünf Tage. In diesen insgesamt zehn Arbeitstagen hat Schukow persönlich 273 Offiziere, Generäle und Admiräle degradiert und aus den Streitkräften gejagt. 27 Personen pro Tag. Natürlich waren es keine Leutnants, denen er die Schulterstücke herunterriß. Leutnants lagen unter seinem Niveau. In ein Danach ohne Rente und Absicherung schickte er die Chefs von Kreuzern, Unterseebooten, Zerstörern und Flottenverbänden sowie ihre Stellvertreter, die Kommandeure von Regimentern, Brigaden und Divisionen der Marinefliegerkräfte und des Küstenschutzes. Wenn Schukow in all diesen Tagen und Nächten überhaupt kein Auge zutat, riß er pro Stunde einem hohen Offizier, General oder Admiral die Schulterstücke herunter. Gönnte er sich jedoch ein paar Stunden Schlaf, muß das Tempo des Strafgerichts in der übrigen Zeit noch höher gewesen sein. Angenommen, Schukow arbeitete zehn Stunden am Tag pausenlos, dann brachte er es auf ein Paar heruntergerissene Schulterstücken oder Biesen in 20 Minuten. Konnte er bei dieser Arbeitsintensität überhaupt noch etwas anderes schaffen? Nein. Wenn er nun aber nicht 20 Minuten, sondern nur zwei, drei für jeden Fall aufwandte, dann blieb daneben noch genug Zeit für Alkohol und Weiber, denen unser Marschall sehr zugetan war.

Alle, die Schukow degradierte und aus den Streitkräften warf, hatten den Krieg mitgemacht. In den Kriegsjahren war die Führung des Volkskommissariats für Verteidigung, des Generalstabs, aller Fronten und Armeen ausgetauscht worden, das Flottenkommando jedoch rührte Stalin nicht an. Der Volkskommissar der Seekriegsflotte, N. G. Kusnezow, hatte seinen Posten vom ersten bis zum letzten Kriegstag inne. Ihm unterstanden vier Flotten. Alle vier Befehlshaber dieser Flotten blieben während des gesamten Krieges in ihren Funktionen. Was davon zeugt, daß Stalin an der Seekriegsflotte nichts auszusetzen fand.

Doch nun kam Schukow. Und mähte alle reihenweise nieder. Es gab vier Flotten. Zwei besuchte er, die beiden anderen wollte er noch heimsuchen.

6.

Die Zerschlagung der Flottenführung begann ganz oben. Viele Jahre später schrieb Flottenadmiral der Sowjetunion N. G. Kusnezow an das ZK der KPdSU: „Am 15. Februar 1956 wurde ich zum ehemaligen Verteidigungsminister bestellt, wo man mir in fünf bis sieben Minuten in außerordentlich grober Form eröffnete, ich sei degradiert und ohne Recht auf Wiedereinstellung aus den Streitkräften entlassen. Danach bestellte mich niemand mehr zu einer formalen Entlassung ein. Irgendein Vertreter der Kaderverwaltung kam und hinterlegte (in meiner Abwesenheit) die Entlassungspapiere in meiner Wohnung ... Da mir die Gründe für die Bestrafung vollkommen unbekannt waren, bat ich um Erläuterung der meinen Fall betreffenden Dokumente, was mir jedoch abgeschlagen wurde.“[4]

Kusnezow fährt fort: „Man versuchte mich buchstäblich zu zertreten. Ohne vor die Führung des Landes befohlen zu werden, ohne Erklärungen und sogar ohne daß ich die Entlassungsdokumente erhielt, wurde ich aus der Seekriegsflotte entfernt. Marschall Schukow verkündete in der ihm eigenen groben Weise, ich sei von allen Funktionen entbunden und zum Vizeadmiral degradiert. Meine Frage, auf welcher Grundlage dies geschehe, beantwortete er mit einem Lachen und den Worten, mir das zu erklären, sei in keiner Weise zwingend.“[5]

Nikolai Gerassimowitsch Kusnezow war bereits 1939 zum Volkskommissar der Seekriegsflotte ernannt worden. Da hatte es Schukow gerade einmal zum Korpskommandeur gebracht. Als Volkskommissar der Seekriegsflotte ging er in den Krieg, in dieser Eigenschaft beendete er ihn auch. Die gesam-

Hinter dem lachenden Gesicht des großen sowjetischen Feldherrn Schukow verbergen sich zwei unvereinbare Gegensätze: übertriebene Sentimentalität und maßlose Brutalität, ja Sadismus. In offiziellem wie nichtoffiziellem Rahmen konnte er sich hemmungslos gehen lassen – sowohl in die eine, als auch in die andere Richtung. Unten: Diese Aufnahme aus dem Jahr 1955 zeigt den sowjetischen Verteidigungsminister als harmlos wirkenden Großvater im Kreis seiner Familie.

te Geschichte unseres Landes kennt nur drei Flottenadmiräle der Sowjetunion. Der erste von ihnen war Kusnezow. Der Dienstrang Flottenadmiral der Sowjetunion bildete das absolute Pendant zum Marschall der Sowjetunion in der Armee.

Aber Kusnezow und Schukow miteinander zu vergleichen, ist regelrecht unanständig. Kusnezow besaß Bildung, hatte die Seekriegsoffiziersschule und die Seekriegsakademie absolviert. Es genügt die Erwähnung, daß er fließend Englisch, Deutsch, Französisch und Spanisch sprach. Gehen wir unsere heutigen Generäle und Admiräle durch: Wer von ihnen kann mit vier Fremdsprachen dienen?

Schukows Bildung war elementar. So steht es auch in seiner Autobiographie. Vier Grundschulklassen und Kavalleriekurse, wo er beigebracht bekam, wie man einen Säbel schwenkt. Sein Russisch sah so aus, daß er lediglich Höherstehende mit „Sie" anredete, wirklich gut beherrschte er nur die Schimpftiraden und Flüche des Kommandeursjargons. „Schukow lächelte so, sah mich an und reagierte mit einem russischen Wortschwall stärksten Tobaks und schärfsten Inhalts."[6]

Mit Kusnezow jagt Schukow einen Befehlshaber aus den Streitkräften, der ihm vom Dienstrang her gleichgestellt ist. Und mag sich jeder selbst ausmalen, was sich hinter der Formulierung „in außerordentlich grober Form" verbirgt. Schukow degradiert Kusnezow vor dem Rausschmiß noch um drei Stufen. Wenn Schukow „fünf bis sieben Minuten" aufwandte, um einen Flottenadmiral der Sowjetunion von seinem Posten zu vertreiben, bestätigt das unsere Vermutung: Die Geschicke von Generalmajoren und Konteradmirälen kann er sich kaum mehr Zeit gekostet haben lassen.

7.

Die Tochter des größten Feldherrn des 20. Jahrhunderts Ella Schukowa erzählt: „Papa war vertrauensselig und sogar sentimental."[7] Was stimmt, das stimmt. Sentimentalität kann man Schukow nicht absprechen. Dafür war er bekannt. Menschen von Schukows Kaliber sind stets sentimental.

Bei allem, was seine eigene Karriere betraf, zeigte sich der Stratege nicht einfach nur sentimental, sondern weinerlich-wehleidig. Wenn es allerdings um das Schicksal von Kampfgefährten ging, mit denen er den gesamten Krieg durchlebt hatte, dann wich seine Sentimentalität sehr schnell furchteinflößender Großmächtigkeit. Schukow wurde nicht wehleidig, als er Schulterstücke und Biesen von Generals- und Admiralsschultern riß, als er mit seinem Säbel russische Bauern im Gouvernement Tambow niedermachte, Dörfer anzündete und Geiseln in den Sümpfen ertränkte, als er Befehle über Massenerschießungen und die Deportation von Millionen und Abermillionen Menschen unterzeichnete.

* * *

Man macht uns glauben, Willensstärke und Sadismus seien dasselbe. Seht euch doch bloß Schukow an, heißt es, wie laut der brüllen konnte! Was für Mutterflüche von sich geben! Wie genußvoll Untergebenen die Visage polieren! Wenn das keine Willenskraft ist!

Das alles mag ja vielleicht von Willenskraft zeugen. Aber sehen Sie sich Stalin an. Er brüllte nie. Überschüttete keinen mit Schimpfworten und Flüchen. Aber weinend hat ihn auch niemand je gesehen. Das nenne ich Stärke.

Kapitel 23

Der engste Kreis

„Schukow hat um sich herum wahrhaftig zuviel Scheiße gezüchtet."[1]

A. Buschkow

1.

Kommen wir nun zurück auf diejenigen, die Schukow in schwerer Minute nicht allein ließen.

Bekanntlich hatten sich auf der Datscha des untröstlich schluchzenden Feldherrn Generalleutnant Telegin und Frau eingefunden, um mit den Schukows in das neue Jahr 1947 hineinzufeiern. Etwas später erschien dann noch Generalleutnant Krjukow mit seiner Gattin, der Sängerin Lidija Ruslanowa.

Beginnen wir mit Konstantin Fjodorowitsch Telegin. Im Krieg war er Mitglied des Militärrats der 1. Belorussischen Front, später der Gruppe der sowjetischen Besatzungstruppen in Deutschland. Zum besseren Verständnis sei hinzugefügt, was „Mitglied des Militärrates" bedeutete: ein politischer Kommissar, der dem Befehlshaber der Armee, des Militärbezirks, der Flotte oder Front beigeordnet war, um dessen Verhalten zu beobachten und den entsprechenden Organen Bericht zu erstatten über die Entscheidungen, die der Kommandierende traf. Befehlshaber war in diesem Falle Schukow, und Telegin sein „Wächter" auf der Parteistrecke. Etwas Unglaubliches geschah: Kommandeur und Kontrolleur wurden Freunde. Lebten in Frieden und Eintracht. Alles war, wie es besser nicht sein konnte, bis sich der Aufpasser erwischen ließ.

Und ins Netz ging Generalleutnant Telegin mit klitzekleinen Kleinigkeiten. Einer Nebensache sozusagen. Er verfrachtete aus dem besetzten Deutschland einen Güterzug in die Sowjetunion, randvoll beladen mit gewissen Gütern. Konstantin Telegin stammte aus der Stadt Tatarsk im Gebiet Nowosibirsk – und eben dorthin fuhr der Zug. Die Waggons gerieten in eine Kontrolle. Beim Verhör erklärte der tapfere General, die Ladung sei nicht für ihn bestimmt gewesen, sondern für seine Tatarsker Landsleute, die hätten ihn um dies und das gebeten, da habe er nicht nein sagen können. Und fügte hinzu: Die verfluchten Hitlerfaschisten haben unsere geliebte Heimat überfallen und ausgeplündert, jetzt muß sie schließlich wiederaufgebaut werden.

Telegins Gedankengang war: Sage ich, daß alles für mich ist, bin ich ein Marodeur. Sage ich, es sei für meine Landsleute bestimmt, gilt das als mildernder Umstand.

Freilich, jeder schleppte aus Deutschland fort, soviel er nur konnte: kofferweise, säckeweise, kistenweise. Die Ranghöheren ganze Fuhrwerke, Autos, Flugzeuge, Eisenbahnwaggons. Aber gleich güterzugweise, das war denn doch verboten.

Eisenbahnzüge beförderten vieles aus Deutschland heraus. Allerdings zentralisiert und allein zum Nutzen des Staates. Außerdem gab es einen Befehl Stalins, der vorschrieb, daß staatliche Kriegsgüter, sprich: erbeutete Trophäen, nur in die Teile der Sowjetunion abtransportiert werden durften, die unter Krieg und Besetzung gelitten hatten. Das Gebiet Nowosibirsk gehörte nicht dazu.

Konstantin Telegin verstieß gleich in allen Punkten gegen Stalins Befehle und Weisungen. Wofür er verhaftet, degradiert und verurteilt wurde. Zu einer soliden Strafe von 25 Jahren. Die militärhistorische Zeitschrift *Wojenno-istoritscheski schurnal* Nr. 6/1989 widmet seinem Fall einen umfangreichen Artikel unter der Überschrift „Ein Eisenbahnzug so lang wie ein Vierteljahrhundert". Die Stoßrichtung des Materials ist folgende: Diese Stalinschen Bestien! Einen Mann für nichts und wieder nichts einzusperren! Wegen so einer Kleinigkeit, und gleich ins Gefängnis! Kann schon sein, daß General Telegin ganze Zugladungen Beutegut gestohlen hat, aber bewiesen ist es nicht! Erwischt hat man ihn nur mit einem einzigen Eisenbahnzug! Aber die Stalinschen Monster kannten keine Gnade! 25 Jahre für einen einzigen Güterzug!

Allerdings räumt der Artikel en passant ein, der unglückselige General habe neben dem Güterzug mit Beute „für die Tatarsker Landsleute" auch ein paar Trophäen für sich selbst abgezweigt. Bei der Haussuchung fand man „eine große Anzahl von Wertgegenständen", darunter „mehr als 16 Kilogramm Silberwaren, 218 Abschnitte Woll- und Seidenstoffe, 21 Jagdgewehre, zahlreiche Antiquitäten aus Porzellan und Fayence, Pelze, Gobelins französischer und flämischer Meister des 17. und 18. Jahrhunderts und viele hochwertige Dinge".

Hier sollten wir uns daran erinnern, was Generalmajor Sidnew im Verhör zu Protokoll gab. Auch er war ein begeisterter Sammler von Gobelins derselben Meister aus denselben Jahrhunderten. Ob sich da nicht die Genossen Generäle aus dem selben Safe oder Magazin bedient und die Gobelins brüderlich unter sich aufgeteilt hatten? Außerdem sagte Sidnew aus, daß die Genossen Generäle keine einfachen Jagdgewehre sammelten. Vielmehr hatte Armeegeneral Serow den alten Sauer – seines Zeichens Besitzer einer weltberühmten Waffenfabrik – ausfindig gemacht, dessen Betrieb für die Genossen Sieger dann auf individuelle Bestellung besonders aufwendig gestaltete Exemplare fertigte.

Außer Gobelins und Waffen fand man bei Telegin noch vieles mehr.

2.

Generalleutnant Telegin hatte so viel gestohlen, daß seine „Diebesleistung" gleichsam zu einer Meßlatte, zum Maß der Dinge wurde. Sobald man einen Vergleich, eine Einordnungsinstanz brauchte für die kriminelle Energie eines Diebes, verglich man ihn mit Telegin. Von diesem oder jenem hieß es unter den Untersuchungsführern achtungsvoll: Der hat fast so geklaut wie Telegin!

Und als es um Schukow, um das Ausmaß seiner Diebereien, seine unmäßige Gier ging, dienten auch hier wieder Telegins Machenschaften als Vergleichsgröße. Die Ermittlungen zu Schukows kriminellen Aktivitäten leitete der ZK-Sekretär A. A. Schdanow. An ihn richtete Schukow eine Stellungnahme: „Die Anschuldigung gegen mich, ich hätte beim Anhäufen von Sachen mit Telegin gewetteifert, ist eine Verleumdung. Ich kann nichts über Telegin sagen. Ich meine, er hat die Ausstattung in Leipzig nicht auf rechtem Wege erworben. Was ich ihm auch persönlich gesagt habe. Was er dann damit gemacht hat, weiß ich nicht."[2]

Aus der schriftlichen Erklärung Schukows folgt, daß Generalleutnant Telegin in Leipzig „Ausstattung" unrechtmäßig erwarb. Ich wage die Vermutung, hier geht es nicht um Soldatenschemel. Schukow räumt ein, von Telegins Diebereien gewußt zu haben. Angeblich will er gegenüber Telegin sogar seinen Unmut über dessen illegale Machenschaften geäußert haben. Inwieweit das stimmt, sei dahingestellt. Doch selbst wenn es so war, folgte nichts daraus. Die schriftliche Stellungnahme Schukows macht deutlich, daß sich die weitere Spur der von Telegin „erworbenen" Möbel verliert. Der unrechtmäßige Erwerb war bekannt, der jetzige Aufenthaltsort jedoch nicht. Was nichts anderes bedeuten konnte, als daß Telegin neben dem Güterzug für „die Tatarsker Landsleute", neben allem, was man in seinen Wohnungen und Datschen fand, noch weitere außerordentlich wertvolle Güter unrechtmäßig an sich gebracht und mit unbekanntem Ziel abtransportiert haben mußte. Genau dieser Frage versuchte der ZK-Sekretär A. A. Schdanow nachzugehen.

3.

Der russische Verbrecherjargon nennt einen Hehler „Baryga" und die Betreiberin eines Bordells „Banderscha". In Schukows Umgebung gab es ein Pärchen, bei dem diese Rollen vertauscht waren. Er unterhielt einen Puff, während sie gestohlenes Gut aufkaufte. Sein Name war Wladimir Viktorowitsch Krjukow, sie hieß Lidija Andrejewna Ruslanowa.

Außer, daß er ein geheimes Freudenhaus betrieb, marodierte Krjukow auch noch und war ein Hehler großen Stils. Damit diese emsige Tätigkeit nicht auffiel, verband er sie mit einem militärischen Dienstrang und dem entsprechenden Posten: Generalleutnant Krjukow befehligte das 2. Gardekavalleriekorps. Er ist uns bereits aus dem Kapitel „Was Orden erzählen" bekannt. 1932 hatte er ein Regiment in Schukows Division geführt, dann nahm ihn Gönner Schukow mit nach oben, behängte seine Brust mit Orden – unter Verletzung Stalinscher Befehle und der Gesetze der Sowjetunion.

Krjukow wurde des Diebstahls überführt, verhaftet und eingesperrt. Die Ermittlungsdokumente belegen, daß er aus Deutschland einen riesigen schwarzen Horch 951A, zwei Mercedes und einen Audi herausgeschleppt hat. Ich will nur auf den Horch 951A eingehen: ein Achtsitzer mit einem Motor von 4.944 cm^2 Arbeitsvolumen und allem möglichen und unmöglichen Komfort. So konnte man den vorderen Kotflügel anheben und fand darunter ein eingebautes Waschbecken. Vor den Fenstern hingen Gardinen und Stores. Auf den Stützen der hinteren Türen waren drei Haltevorrichtungen für Blumenvasen angebracht. Fahrerkabine und Fahrgastraum trennte eine schallundurchlässige Faltwand, das Verdeck über dem Fahrgastsalon ließ sich öffnen. Damals verzierte man den Kühler noch mit kleinen Figuren: Jagdhunden, fliehenden Rehen, Habichten, Geisterfiguren aus Silber. Das Symbol der Firma Horch war eine fliegende Kugel. Um zu unterstreichen, daß sie tatsächlich flog, versah man die Kugel mit ausgebreiteten Adlerschwingen. Und um dem Ganzen verhaltenen Humor zu verleihen, flog auf der Kanonenkugel Baron Münchhausen über Deutschland. Genau das wollte man damit zeigen: Wir haben Münchhausens Erfindungen in die Wirklichkeit umgesetzt, mit unserem Auto kann man sonstwohin fliegen, wie auf einer Kanonenkugel. An dieser Art von Humor mochte Gefallen finden, wer wollte, nur nicht der Führer des Deutschen Reiches. Hitler wollte seinen Namen auf gar keinen Fall in Verbindung gebracht wissen mit dem weltbekannten Lügenbaron. Der Horch 951A war ein geräumiges, leistungsstarkes, bequemes und unendlich teures Auto, das nur auf individuelle Bestellung gefertigt wurde. Sein einziger Nachteil bestand in dem fehlenden dreizackigen Stern auf dem Kühler. Der Mercedes-Stern war das Symbol Deutschlands, deshalb wählte Hitler einen

Mercedes. Seine nächste Umgebung jedoch – wie beispielsweise Göring und Rosenberg – fuhr Horch 951. Ein solches Auto machte Hitler Marschall Mannerheim zum Geschenk, als Zeichen der Dankbarkeit Deutschlands dafür, daß der Marschall die Rote Armee nicht zu den schwedischen Eisenerzlagerstätten vordringen ließ und so das Reich vor einer raschen Kriegsniederlage bewahrte.

Ein solches Auto nun eignete sich in Deutschland der Kommandeur des 2. Gardekavalleriekorps, Bordellbetreiber, Schukow-Liebling und Held der Sowjetunion Generalleutnant Krjukow an. Die russische Sprache hat zur Bezeichnung derartiger Verhaltensweisen eine treffende Wendung parat: Jemand spuckt höher als seine Nase. Ein Auto, das dem Führer des Dritten Reiches vorbehalten war, das nur die vermögendsten und einflußreichsten Personen besitzen durften, fiel einfach schon von seinen Abmessungen her zu groß aus für den Kommunisten Krjukow, der im Krieg so viele Menschen umgebracht hatte im Namen der allgemeinen materiellen Gleichheit.

Und die Autos der Marke Mercedes, die Generalleutnant Krjukow bei passender Gelegenheit mitgehen ließ, waren auch nicht irgendwelche Fahrzeuge, sondern mit Sachverstand und Liebe ausgewählt. Eines davon ein Cabriolet 540K, ein Sportmodell von umwerfender Eleganz.

Bei Kavalleriegeneral Krjukow beschlagnahmte man neben den Autos, drei Moskauer Wohnungen und zwei Datschen noch 700.000 Rubel Bargeld. Und zwar bereits nach der Geldreform von 1947, mit der Stalin zahlreiche Untergrundmillionäre in den Ruin trieb und den Rubel stabilisierte. Sogar diese Stalinsche Geldreform überstand unser findiger Krjukow mit mehr als einer halben Million Rubel in bar. Zum Vergleich: Ein General des Staatssicherheitsministerium verdiente damals 5.000 bis 6.000 Rubel im Monat.[3]

Außerdem wurden bei unserem General ohne Fehl und Tadel Silbergegenstände mit einem Gesamtgewicht von 107 Kilogramm, 35 wertvolle Teppiche, alte Gobelins, zahlreiche Speiseservices von immensem Wert, Pelze, Bronze- und Marmorskulpturen, dekorative Vasen, eine riesige Bibliothek antiquarischer deutscher Bücher mit Goldschnitt, 312 Paar Modellschuhe, 87 Anzüge, ganze Stapel von Leib- und Bettwäsche und vieles, vieles andere gefunden.

All das hatte Krjukow nur dank der Protektion Schukows an sich reißen und aus Deutschland abtransportieren lassen können. Deshalb stellte man ihm beim Verhör am 1. Oktober 1948 auch die Frage: „Sie sagten, Sie seien tiefer und tiefer gesunken, im Grunde zu einem Marodeur und Plünderer geworden. Kann man davon ausgehen, daß ebenso ein Marodeur und Plünderer auch Schukow war, der von Ihnen Geschenke entgegennahm, obwohl er wußte, woher sie stammten?"

Was konnte der Genosse Bordellbetreiber darauf antworten?

4.

Die Gattin des heldenhaften Generals Krjukow verbarg ihre Aktivitäten als Hehlerin von Diebesgut hinter einer künstlerischen Berufung: Sie gab vor, Sängerin zu sein. Krjukow und die Ruslanowa – der Freudenhausbetreiber und die Aufkäuferin von Gestohlenem – waren rechtmäßig verheiratet. Und zugleich die engsten Freunde des beinahe heiligen Georgi Schukow.

Ich bin sicher, es werden sich Leser finden, die mir entgegenhalten: Die Ruslanowa gab nicht vor, Sängerin zu sein, sie war Sängerin. Ich will nicht streiten. Wenn Sie sie Sängerin titulieren wollen, dann bitte schön. Ich aber bleibe bei meiner Meinung. Ich habe gelernt, genau zu unterscheiden zwischen dem Hauptberuf eines Menschen und der zur Tarnung vorgeschobenen Beschäftigung. Das Wichtigste im Leben Lidija Ruslanowas war die Bereicherung, Gewinnsucht ihre Leidenschaft, Besitz ihr Ziel. Durch Diebstahl, Plünderung, Aufkauf und Verkauf von Gestohlenem raffte sie ein unerhörtes Vermögen zusammen. Sie konnte Lieder singen, soviel sie wollte, für dieses Geld hätte sie sich in der Sowjetunion nicht einmal den Rahmen für einen echten Aiwasowski leisten können. Sie aber besaß eine ganze Gemäldegalerie. Deshalb müssen wir ihre illegalen Geschäfte als Haupttätigkeit ansehen, alles andere war Tarnung.

Die Gemäldegalerie der Ruslanowa umfaßte 132 Bilder der großen russischen Meister Schischkin, Repin, Serow, Surikow, Wasnezow, Wereschtschagin, Lewitan, Kramskoi, Brjullow, Tropinin, Wrubel, Aiwasowski und anderer. Rein interessehalber bin ich in die Britische Nationalgalerie am Trafalgar Square gegangen und habe die ersten 132 Gemälde nach dem Eingang abgezählt. Weil ich wissen wollte, wieviel Wandfläche man braucht, um diese Sammlung aufzuhängen. Nun gibt es verschiedene Bilder, große, mittlere, kleine. Doch welche Sie auch nehmen, und seien es die allerkleinsten, man benötigt enorm viel Wandfläche, um 132 Werke aufzuhängen. Wer will, kann mein Experiment wiederholen. Lidija Ruslanowa jedenfalls hatte diesen Platz, konnte Gästen und Familie all ihre Schätze präsentieren.

Die Armeezeitung *Krasnaja swesda* nennt Lidija Ruslanowa zärtlich eine „sozialistische Nachtigall". Wo hatte das zarte Vögelchen bloß das ganze Geld her?

Das Geheimnis ist schnell gelüftet. Lidija Ruslanowa brauchte gar kein Geld. Es gab viele Wege, um ohne Geld zu Reichtümern zu gelangen. Kolossale künstlerische Werte waren in Leningrad konzentriert. Während der Blockade herrschte in Leningrad Kannibalismus. Interessant, daß es gleich nach dem Krieg dort ein Blockademuseum gab, in dem sich mehrere Säle mit diesem grausigen Thema befaßten. Wenig später durfte darüber nicht mehr gesprochen werden, die Ausstellungsstücke verschwanden oder wurden gänzlich vernichtet. Natürlich, ein Sowjetmensch konnte nicht einen anderen Sowjetmenschen aufgefressen haben. Das durfte nicht sein. Und was nicht sein durfte, hatte es folglich nie gegeben.

Geld bedeutete nichts im belagerten Leningrad, ja schlechthin im Land.

Wozu brauchen Sie Geld, wenn Sie vor Hunger krepieren? Sie brauchen Brot, aber das wird nicht für Geld verkauft. Brot gibt es auf Lebensmittelmarken. Also blühte im belagerten Leningrad ein Schwarzmarkt niedagewesenen Ausmaßes. Die härteste Währung im Leningrad der Blockadezeit war amerikanisches Büchsenfleisch. Über das Eis des Ladoga-Sees zog sich die endlose Kette der Lastkraftwagen, die Brot, Speck, Fleisch, Graupen und Zucker beförderten. „Damals konnte man für einen Krug ‚Krakowskaja' einen Lewitan, Kandinski oder Somow bekommen ... Für ein Kilo Schweinespeck gab es ein Ikone von Andrej Rublew."[4]

Diese Tausenden Tonnen Lebensmittel verteilte irgend jemand. Und wenn dieser jemand einen Laster SI-5, beladen mit Kisten voller Büchsenfleisch oder Räucherwurst abzweigen konnte, würde ein guter Geschäftsmann die Ladung nicht nur mit Gemälden von Nesterow oder Smaragden aus den Zarensammlungen aufwiegen, er würde Ihnen besorgen, was immer Sie wünschten.

Denken Sie bitte nichts Schlechtes. Ich habe nicht behauptet, daß der Kommandierende der Leningrader Front und spätere Stellvertreter des Obersten Befehlshabers, Armeegeneral G. K. Schukow, Lebensmitteltransporte abzweigte. Ich mache auch keine Andeutungen in diese Richtung. Ich sage einfach, daß Schukow im Krieg eine derartige Möglichkeit besaß und daß sich bei seiner Freundin Lidija Ruslanowa während eben dieses Krieges plötzlich ungeahnte Reichtümer ansammelten. Wie auch bei ihm selbst. Klarer Fall, daß keinerlei Beziehung bestand und bestehen konnte zwischen den Schätzen Ruslanowas, Krujkows und Schukows und dem Büchsenfleisch, das der gute Uncle Sam lieferte und der gute Onkel Schukow verteilte. Wir wollen klipp und klar festhalten: Die Schätze sind das eine, das Büchsenfleisch etwas ganz anderes.

Aber dann wissen wir immer noch nicht: Woher nur stammte all der Reichtum?

5.

Man will uns weismachen, Lidija Ruslanowa habe Konzerte gegeben und die Meisterwerke für ihr sauer verdientes Geld erworben. Wir glauben es nicht.

Aus vielerlei Gründen. Vor allem, weil es bei uns keine freie Kunst und kein freies künstlerisches Schaffen gab. Alle Künstler gehörten zu entsprechenden Verbänden und Kollektiven. Über denen wieder wohlproportionierte staatliche Strukturen thronten. In Kriegs- wie übrigens auch in Friedenszeiten erfüllten die Künstler den Willen des Staates: Sie hielten die breiten Volksmassen davon ab, in ungute Stimmungen zu verfallen. Der Künstler war ein Staatsdiener. Und unser Staat knauserig. Nehmen wir zum Beispiel nur Oleg Popow. Der beste Clown des 20. Jahrhunderts. Das Guiness-Buch der Rekorde verzichtet sogar auf jegliche Einschränkung und nennt ihn einfach den lustigsten Clown der Welt. Ohne bestimmte Jahrhunderte. Popow besaß wahrhaft planetare Popularität, ihn kannten alle. Er hat den Ruhm seiner Heimat in die ganze Welt getragen und dem Staat Millionen und Abermillionen Dollar Gewinn eingebracht. Die gesamte zweite Hälfte des 20. Jahrhunderts, von 1950 an, verbrachte er in der Manege. Umrundete unseren Planeten viele Male, von Melbourne bis Toronto, von Rom bis Peking, von Caracas bis Sydney. Und tritt noch heute auf, im neuen Jahrtausend. Unser Staat aber nahm ihm als Zeichen der Dankbarkeit alles bis auf das letzte Hemd und speiste ihn mit einer lächerlichen Rente ab. Bei der er betteln gehen muß, um zu überleben.

Lidija Ruslanowa war nicht den hundertsten Teil so erfolgreich wie Oleg Popow. Über die Grenzen der Sowjetunion hinaus kannte man sie nur in der Mongolei. Dollar trug sie der Staatskasse nicht ein. Um so mehr, als während des Krieges weder die Soldaten an der Front, noch die Verwundeten in den Lazaretten, noch die Arbeiter, die die in den Militärbetrieben schufteten, oder die Kolchosbauern in den Feldlagern für die Konzerte Geld bezahlten. Zur Hebung des Kampfgeistes der breiten Volksmassen waren diese Vorstellungen zumeist kostenlos. Organisiert von unserem Staat, der anschließend mit sparsamer Hand die beteiligten Künstlern entlohnte – in Form von Brotkarten oder Geld, für das es sowieso nichts zu kaufen gab. Ein Künstler bekam nicht viel Bares.

Und selbst wenn er es bekommen hätte, die Bevölkerung glaubte während des Krieges nicht an Geld. Alle wußten noch, wie es im Bürgerkrieg gewesen war: Anfangs konnte man für einen Rubel in Saus und Braus leben, schon bald aber gab es für eine Million derselben Rubel nicht einmal mehr eine Prise Salz. Heute zeigten die Geldscheine Adler und Kronen, morgen kamen die Kerenkis, das Zahlungsmittel der Interimsregierung. Und danach die Hakenkreuze auf dem ersten kommunistischen Geld. Vielleicht weiß es noch jemand von Ihnen: Bis zur „Erfindung" von Hammer und Sichel trugen die Geldscheine nur eine Sichel, davor jedoch prangte darauf unser hausgemachtes kommunistisches Hakenkreuz.

Die Leute trauten dem Geld also nicht. Heute hatte es Wert, morgen fraß es die Inflation. Oder eine Währungsreform. Deshalb herrschte während des Krieges im ganzen Land der Tausch gegen Naturalien. Wer verhungerte, gab für Brot, was immer er hatte. Wer an der Quelle der Verteilung von Brot und Speck saß, wurde über Nacht reich und reicher. Für Geld gab es nicht einmal einen Kanten Brot. Deshalb konnte der Weg zu Lidija Ruslanowas Schätzen nicht mit ihren Arbeitseinkünften gepflastert sein. Aber wenn dieser Weg auch nicht mit amerikanischen Fleischbüchsen gepflastert war, womit dann?

Erklären Sie mir begriffsstutzigen Menschen, wie die kolossalen Reichtümer aus dem belagerten Leningrad in die Paläste Lidija Ruslanowas gelangen konnten, wenn es sie nicht gegen Geld zu kaufen gab.

6.

Für die Ruslanowa und ihren Gönner Schukow führten viele Wege dorthin. Auf einen möchte ich eingehen. Auch unsere Museen waren geplündert, die Beute war nach Deutschland abtransportiert worden. Dann kamen die sowjetischen Befreier und rissen sie sich dort unter den Nagel. Ein Journalist der *Literaturnaja gaseta* (vom 5. August 1992) hält diese Praxis für natürlich: „Als gewisse Rechtfertigung für die bewundernswerte Sängerin Ruslanowa möchte ich nicht nur ihren guten Geschmack anführen, sondern auch den Umstand, daß die von ihr aus Deutschland mitgebrachten ‚132 echten Gemälde' überwiegend dem Schaffen herausragender russischer Maler (Repin, Lewitan, Aiwasowski, Schischkin u.a.) entstammten und seinerzeit von den Naziokkupanten aus Rußland und der Ukraine fortgeschleppt worden waren."

So ist das also. Die bösen Faschisten rauben aus unseren Museen Schätze, sind also Marodeure. Und wenn sich danach die Ruslanowa das von den Hitlertruppen geraubte Kulturgut der Ukraine und Rußlands aneignet, dann sind diese Schätze sozusagen „reingewaschen", gelten quasi nicht mehr als gestohlen.

Mich interessiert dabei nur eines: Für welche Verdienste zeichnete der Befehlshaber der 1. Belorussischen Front die „sozialistische Nachtigall" gesetzeswidrig mit Kampforden aus und gestattete ihr zudem noch, die Beutegut-Magazine zu durchwühlen, sich unter den Nagel zu reißen, was ihr gefiel, und ungehindert abzutransportieren in ihre vielen Wohnungen, Paläste und Datschen?

Georgi Konstantinowitsch kam natürlich auch nicht zu kurz. Er war selbst ein großer Kunstkenner und -liebhaber. In seiner Sammlung fanden sich Gemälde aus der Dresdner Gemäldegalerie. Er brauchte natürlich kein Büchsenfleisch einzusetzen. Nach dem Krieg war er Herr im besiegten Mitteldeutschland. Da genügte ein Befehl: Die nackte Dame da im vergoldeten Rahmen – in meine Gemächer! Und die daneben gleich mit!

Bis zur „Erfindung" von Hammer und Sichel prangte auf sowjetischen Banknoten das Hakenkreuz-Symbol (z.B. hinter dem doppelköpfigen Adler). Solche Anleihescheine druckten die Kommunisten bereits im Dezember 1917, kurz nach der Oktoberrevolution.

Zur selben Zeit, im Frühjahr 1942, als sich Schukows Freundin im Blockade-Leningrad mit Schätzen eindeckte, wütete in der 2. Stoßarmee Generalleutnant A. A. Wlassows der Hunger. Wlassows Truppen waren zu der belagerten Stadt durchgebrochen, aber von der anderen Seite kam ihnen niemand entgegen, und die Nachbarn an den Flanken lagen ebenfalls weit zurück. Die 2. Stoßarmee fand sich ganz allein im tiefen Hinterland des Gegners wieder. Man hätte sie rückführen müssen, doch den Genossen im Kreml tat es leid um das Territorium, das die 2. Stoßarmee bereits erobern konnte. Deshalb erging der Befehl, die Stellungen zu halten, obwohl jegliche Möglichkeit für die Versorgung der Truppen fehlte. Im Frühjahr 1942 wiederholte sich jenes Szenarium, als Schukow die 33. Armee weit in das gegnerische Hinterland trieb und dort der Vernichtung preisgab: Versorgen kann ich die Armee zwar nicht, aber den Rückzug erlaube ich auch nicht!

Der Stellvertretende Befehlshaber der Wolchow-Front, Generalleutnant Wlassow, wurde eiligst abkommandiert, die 2. Stoßarmee zu retten. Er sollte die Fehler, falschen Entscheidungen und verbrecherischen Fehleinschätzungen anderer ausbügeln. Man übertrug ihm die Verantwortung für die 2. Stoßarmee, für eine Operation, die er nicht geplant und nicht vorbereitet, nicht begonnen und nicht durchgeführt hatte. Er mußte eine Armee befehligen, die nicht versorgt werden konnte, aber die Rückführung wurde ihm nicht erlaubt. Und als endlich der Befehl zum Zurückweichen kam, gab es niemanden mehr, der die Umzingelung verlassen konnte, denn wer überhaupt noch lebte, war vor Auszehrung zu schwach zum Laufen.

Nicht Wlassow verriet, Wlassow wurde verraten.

In den belorussischen Wäldern bei Ljuban, wo Wlassows Armee die Verteidigungsstellung hielt, hatten die Bäume mannshoch keine Rinde, keine Knospen und keine jungen Triebe mehr. Jeder Soldat erhielt 50 Gramm Zwiebackkrümel am Tag. Nichts weiter. Die lebendigen Pferde der 2. Stoßarmee waren längst gegessen und die Kadaver der toten dazu. Verzehrt waren Ledertaschen, Koppel und Stiefel. Dann blieb gar nichts mehr – nicht einmal die 50 Gramm Zwiebackkrümel. Am 21. Juni 1942 meldet Wlassow dem Stab der Wolchow-Front: „Zu beobachten ist gruppenweises Hungersterben." Flugzeuge warfen winzige Mengen Zwiebäcke und Konserven ab. Die in den Sümpfen zusammengesucht, gefunden und abgegeben werden mußten. Für eine zurückgehaltene Konservendose drohte Erschießung.[5]

Generell wurden in der Roten Armee Plündern und Marodieren streng geahndet. Der Frontsoldat N. Tolotschko berichtet: „Im Juni 1944 nahm der Hauptfeldwebel einer Schützenbatterie der 179. Schützendivision einem litauischen Bauern ein Pferd weg, um damit die Kanonen in die Feuerposition zu transportieren. Seine Handlungen wurden als Marodeurtum qualifiziert. Das Urteil lautete knapp: Erschießen."[6]

Die Militärärztin Olga Iwanenko bezeugt: „Das Jahr 1942, die 238. Schützendivision, Krieg, eine verbrannte Stadt, ein zerstörtes, verlassenes Haus, zwei Soldaten ziehen unter den Trümmern ein zerbrochenes Bett hervor. Sie werden dabei entdeckt und ihre Handlungen als Marodeurtum bewertet. Das einzig mögliche Urteil in diesem Falle: Erschießung. Gefällt vom Stabschef des Regiments Oberleutnant Kapustjanski. Er brauchte nicht einmal ein Kriegsgericht. Seine persönliche Macht genügte."[7]

Ich könnte Tausende ähnliche Fälle anführen, unter Verweis auf konkrete Zeugen, Archivdokumente, Publikationen, Briefe von Frontkämpfern.

Und die sozialistische Nachtigall Ruslanowa schleppt eine ganze Gemäldesammlung fort. Nicht irgendwelche Bilder, sondern nationales Kulturgut Rußlands und der Ukraine. Aber das ist verzeihlich, handelt es sich doch um die Freundin des fast heiligen Georgi Schukow, des größten Feldherrn des 20. Jahrhunderts.

7.

1948 kommen Telegin, Krjukow und die Ruslanowa hinter Gitter. Wo sie es recht bequem haben. Die Pianistin T. Baryschnikowa erzählt, wie die Ruslanowa in der Lagerbaracke auftaucht: „In einem Affenpelz mit schwarzbraunen Manschetten, in Stiefeln aus feinstem Chevreauxleder, einer riesigen weißen Mohairstola."[8] Wer so ausstaffiert ist, braucht natürlich die sibirischen Fröste nicht zu fürchten. Häftling Ruslanowa glänzt in Lagern und Etappen mit Garderoben (fortgeschleppt aus dem befreiten Deutschland), von denen die Gattin des 1. Sekretärs des Irkutsker Gebietskomitees der Kommunistischen Partei nicht einmal träumen kann, von der Frau des Chefs des Sonderarbeitslagers ganz zu schweigen. Verständlich, daß Häftling Ruslanowa besondere Verpflegung und eine Vielzahl von Privilegien erhält. Zumindest schleppt sie keine Eisenbahnschwellen auf ihren Schultern, muß keine Karren schieben.

Die ganze fröhliche Gesellschaft saß ein wie im Kurort, und auch das nicht für lange. Ein geheimnisvoller Tod ereilt bald darauf den ZK-Sekretär Genossen A. A. Schdanow, der versucht hatte, Ordnung im Lande zu schaffen. Der Minister für Staatssicherheit Generaloberst Abakumow wird verhaftet. Danach stirbt auch Stalin selbst auf seltsame Weise. Und schon sind Telegin, Krjukow und die Ruslanowa wieder auf freiem Fuß. Die Richter, die diese Diebe, Marodeure und Plünderer verurteilt haben, sprechen sie nun frei.

Und warum? Weil es neue Tatsachen gibt. Und was sind da für neue Tatsachen bekanntgeworden? Die Ermittlungsakten der Schukow-Freunde machen dazu keine konkreten Angaben. Es gibt neue Tatsachen und basta, bitte sehr, Genossen, verlassen Sie den unwirtlichen Ort.

Doch man braucht nicht lange zu rätseln über die Hintergründe der schnellen Freilassung. Schukow ist zu den höchsten Gipfeln der Macht vorgedrungen. Da haben Sie die bekanntgewordene neue Tatsache, die den langfingrigen Kampfgefährten des großen Strategen zur feierlichen Entlassung verhalf.

Wobei nun allerdings zutage trat, daß Genosse Telegin den Güterzug doch nicht für die geliebten Tatarsker Landleute, sondern für sich selbst losgeschickt hatte. Telegin forderte nämlich, als er aus dem Gefängnis kam, die Rückgabe der Zugladung – nicht an seine Landsleute, an ihn persönlich. Was zu einer makabren Situation führte: Einerseits war Generalleutnant Telegin ein Dieb, Marodeur und Räuber von Beutegut. Andererseits war er auf Befehl Schukows freigelassen, seine Vorstrafe getilgt worden. Also quasi auch kein Dieb, kein Marodeur mehr. Was sollte nun mit den beschlagnahmten Güterwaggons geschehen? Räumte man offiziell ein, daß Telegin kein Dieb war, gehörte der Güterzug mit dem Beutegut ihm, er mußte alles zurückerhalten oder eine Entschädigung dafür. Doch alle wußten, für seinen zusammengesparten Sold hätte sich ein sowjetischer kommunistischer General nicht einmal den 60-Tonnen-Waggon mit seidener Damenwäsche leisten können. Und hier stand ein ganzer Güterzug. In der Militäroberstaatsanwaltschaft und der Oberstaatsanwaltschaft der UdSSR wurde eine salomonische Lösung gefunden. Man ließ Generalleutnant Telegin wissen: Du bist kein Dieb, bist ein rechtschaffener Mann, kannst in Freiheit leben, aber den Güterzug mit dem Beutegut hast du zusammengestohlen und bekommst ihn folglich auch nicht wieder. Der Militäroberstaatsanwalt der Sowjetarmee Generalleutnant A. A. Tschepzow „erinnerte im Namen des Generalstaatsanwaltes der UdSSR Rudenko den hartnäckigen Kläger unmißverständlich daran, daß die Sachen, die er zurückforderte, auf unrechtmäßigem Wege erworben wurden und deshalb kein Rückgabeanspruch bestand“.[9]

Die Herausgabe ihrer Schätze forderte auch Lidija Ruslanowa. Für eine beschlagnahmte Schatulle mit Brillanten bot man ihr 100.000 Rubel Kompensation. „Aber sie verlangte eine Million. Nach den Worten L. Ruslanowas waren unter den konfiszierten Schmuckstücken einmalige Arbeiten und allein der Wert der Schatulle, in der die Pretiosen aufbewahrt wurden, belaufe sich auf zwei Millionen Rubel.“[10]

Was bedeuten 1948, im Jahr der Verhaftung Ruslanowas, zwei Millionen Rubel? Zwischen der Währungsreform 1947 und dem Jahr 1953, als die Ruslanowa freikam, gab es faktisch keine inflationären Tendenzen. Und wir erinnern uns an den weiter oben zitierten Fakt: Ein General des Ministeriums für Staatssicherheit verdiente seinerzeit 5.000 bis 6.000 Rubel im Monat. Was

60.000 bis 70.000 Rubel im Jahr ergibt. Der Tschekistengeneral hätte folglich 28 bis 33 Jahre lang Menschen verhaften, verhören und foltern, ihnen Nägel und Nasenflügel herausreißen oder die Wirbelsäule brechen, Dörfer anzünden, Geiseln und gefangene Offiziere erschießen, fremde wie eigene Leute güterzugweise in Lager deportieren und hinrichten lassen müssen, nur um das Geld für die leere Schatulle der Ruslanowa zusammenzukratzen. Unter der Voraussetzung freilich, daß der Tschekistengeneral all die Jahre lang keine einzige Kopeke für sich selbst verbrauchte, sondern alles beiseite legte.

Nach guter kommunistischer Tradition verdienten ein Offizier und ein General der Armee genau die Hälfte von dem, was ein Tschekist bekam, der die gleiche Anzahl Sterne auf den Schulterstücken trug. Ergo hätte ein General bei den Streitkräften doppelt solange – 56 bis 66 Jahre – eine Division oder ein Korps befehligen müssen, um das Geld für die Schatulle zusammenzusparen. Ohne eine Kopeke auszugeben.

Die Tochter der großen Sängerin und des heldenhaften Generals, Margarita Krjukowa, erzählt in dem gleichen Artikel, in dem es um den Wert der Schatulle und der Brillanten geht, über ihren grundehrlichen Erzeuger: „W. Krjukow konnte zeit seines Lebens einen Brillanten nicht von einem Pflasterstein unterscheiden: Der Kreis seiner Interessen lag in einer anderen Dimension. Er war ein kluger, gebildeter Mann mit einer besonderen Schwäche für klassische russische Literatur, worauf er saß, worin er schlief, interessierte ihn nicht im mindesten."[11]

Unserem General Krjukow mit seiner Schwäche für klassische russische Literatur war also völlig gleichgültig, woraus er aß: einem Soldatenblechnapf oder einer Aluminiumschüssel. Deshalb speiste er lieber gleich von den goldverzierten Silbertellern, die er im Potsdamer Schloß gestohlen hatte. General Krjukow war auch gleichgültig, womit er fuhr: einem zerbeulten sowjetischen Moskwitsch oder einem alten, rostigen Fahrrad. Deshalb reiste er doch lieber gleich in dem Auto, das für den Führer des Deutschen Reiches gebaut worden war. Er konnte Brillanten nicht von Pflastersteinen unterscheiden. Aber die wertvolle Schatulle mochte er denn doch nicht mit letzteren füllen.

8.

Zu keiner Zeit nach ihrer Freilassung beanspruchten Telegin, die Ruslanowa oder Krjukow die Anerkennung ihrer Unschuld.

Der Generalstaatsanwalt der UdSSR mußte sich Schukows Befehlen beugen und dessen Freunde aus der Haft entlassen. Allerdings wurde in allen offiziellen Dokumenten unterstrichen, daß sie nur einen Teil des konfiszierten Vermögens zurückerhielten, da der Rest durch Raub, Diebstahl und Marodeurtum erworben sei.

In seiner Stellungnahme an das ZK der Kommunistischen Partei bestritt Schukow nicht, daß Generalleutnant Telegin gestohlen hatte.

Da mußten sich unsere Agitatoren sehr den Kopf zerbrechen, um eine Rechtfertigung für die Marodeure, Plünderer und Diebe Telegin, Krjukow und Ruslanowa zu finden. Denn sonst wäre das wohl doch eine zu schmutzige Umgebung für unseren Heiligsprechungskandidaten Schukow gewesen.

Man kam sehr schnell auf einen Dreh. Und sogar auf mehr als einen.

Die erste Rechtfertigung: Das Trio hat nur gute Sachen genommen, was von künstlerischem Geschmack zeugt. Und die ganze Sache in ein anderes Licht rückt. Brillanten unter zwei Karat rührten sie nicht an. Gibt es einen besseren Beweis für untrügliches künstlerisches Gespür? Genügt das nicht zur Rehabilitierung der unglückseligen Stalin-Opfer? Dies Argument gefällt mir. Zu Jelzins Zeiten wurde der Diamantenfonds Rußland gefleddert. Es ging so weit, daß die Direktion extra eine Ausstellung organisieren mußte, um zu beweisen: vieles ist zwar verschwunden, aber einiges immer noch da. Verkünden wir doch einfach, daß die Suche nach den Plünderern eingestellt werden sollte, schließlich haben sie aus dem Diamantenfonds der UdSSR wirklich nur wertvolle, schöne und einfach großartige Stücke geraubt. Wegen ihres tadellosen Kunstgeschmacks verdienen sie unsere Nachsicht.

Die zweite Rechtfertigung: Krjukow, Telegin und die Ruslanowa sind Schukows Freunde. Und den Freunden eines Heiligen in spe verzeiht man alles. Wie auch dem Fast-Heiligen selbst.

Die dritte Rechtfertigung: Die Ruslanowa erklärte, alle Wertgegenstände gehörten ihrem Mann Krjukow. Man verzieh ihr. Und ihr Mann Krjukow erklärte, alle Wertgegenstände gehörten seiner Frau Ruslanowa. Womit auch ihm verziehen werden mußte.

Nach der Verhaftung befragte Untersuchungsführer Major Grischajew die Ruslanowa:

„Untersuchungsführer: Die Materialien der Ermittlung überführen Sie, während Ihres Aufenthalts in Deutschland geraubt und sich in großem Umfang Beutegut angeeignet zu haben. Geben Sie das zu?"

Ruslanowa erwidert heftig, sie gebe dies nicht zu.

Untersuchungsführer: Bei der Haussuchung wurden aber in Ihrer Datscha große Mengen Wertgegenstände und hochwertige Güter beschlagnahmt. Woher stammen die?

Ruslanowa: Dieser Besitz gehört meinem Mann. Man hat ihm alles als Geschenk geschickt aus Deutschland. Höchstwahrscheinlich seine Dienstkameraden."[12]

1951 legte Krjukow vor Gericht ein Geständnis ab. Doch bald darauf, im Jahre 1953, hatte Schukow den Gipfel der Macht erklommen und befahl, seine Freunde aus dem Gefängnis zu entlassen, ihre Verfahren neu aufzurollen und einer „zusätzlichen Prüfung" zu unterziehen. Was die gehorsamen Staatsanwälte auf der Stelle taten – mit folgendem Ergebnis:

„Krjukow bekannte sich vor Gericht auch des Diebstahls von Staatseigentum schuldig. Allerdings gehörten, heißt es im Gutachten der Militäroberstaatsanwaltschaft zu den Ergebnissen der 1953 durchgeführten zusätzlichen Überprüfung, die bei Krjukows Verhaftung beschlagnahmten Wertgegenstände seiner Frau L. A. Ruslanowa, die sie für ihr persönliches Geld erwarb."[13]

Der Kreis hat sich geschlossen. Herausgekommen ist die russische Version einer alten jüdischen Anekdote.

– Bürger Krjukow, wo nehmen Sie das viele Geld her?

– Aus dem Nachtschrank.

– Und wer legt es in den Nachtschrank?

– Meine Frau Lidija Ruslanowa.

– Und woher hat sie soviel Geld?

– Ich gebe es ihr.

– Und wo nehmen Sie es her?

– Sagte ich doch bereits, Bürger Untersuchungsführer: aus dem Nachtschrank.

* * *

Die Moral ist folgende: Dem einen ist der Krieg nur Blut und Dreck, der andere schleppt dabei gold'ne Berge weg. Schukows Freunde hätten kein gutgetarntes Bordell im Sanitätsbataillon des 2. Gardekavalleriekorps unterhalten, im Krieg nicht so dreist und unverfroren stehlen können, wäre da nicht ein großmächtiger Beschützer in Gestalt des Marschalls der Sowjetunion G. K. Schukow, seines Zeichens Stellvertreter des Oberbefehlshabers, gewesen.

Wofür die Mafia-Sprache schon lange den Terminus „Pate" fand, das benennt das moderne Russisch mit dem Wort „Kryscha", was soviel wie „Dach" bedeutet.

Kapitel 24

Das negative Wunder

„Schukow ist eine der furchtbarsten Figuren der russischen Geschichte. Am besten reflektiert seine Natur das von Konstantin Wassiljew gemalte Porträt. Das auf diesem Bildnis dargestellte unirdische Wesen hat nichts gemein mit der Welt der Menschen, weil es aus einer gänzlich anderen kommt. Das ist kein Mensch, das ist ein heidnischer Kriegsgott mit dem Zähnefletschen eines Wolfs im dunkelblauen Gesicht. Der Uniformrock gleichsam aus Stahl gegossen, in kaltem, trüben Gold glänzen die Ordensteller, hinter dem Rücken tanzen blutrot-goldige Zungen unterirdischer Flammen, gleißt grausig das Gerippe eines Gebäudes."[1]

A. Buschkow

1.

Eine Heiligsprechung ist an gewisse Formalien gebunden. Schukow muß bestimmten Anforderungen gerecht werden. Die vor allem darin bestehen, daß er Wunder vollbracht haben sollte.

Hat Schukow Wunder vollbracht?

Hier legen wir die Hand aufs Herz und antworten: Hat er. Was immer ihm nicht gelungen sein mag, aber Wunder kann er hinreichend, sattsam, mehr als genug vorweisen. Wunder über Wunder.

Wir wollen uns nur mit einem beschäftigen. Geschehen am 14. September 1954 um 9.53 Uhr auf dem Versuchsgelände Tozkoje im Militärbezirk Südural. Zur Erinnerung an dieses Ereignis finden wir dort, wo sich das Wunder abspielte, eine Gedenktafel mit der Inschrift: „Im September 1954 wurden auf dem Territorium des Truppenübungsplatzes taktische Manöver unter der Führung des Marschalls der Sowjetunion G. K. Schukow abgehalten."

Auf jedem größeren militärischen Versuchsgelände sind praktisch pausenlos Übungen im Gange, doch mit einer Gedenktafel gewürdigt wird nur diese eine.

Drei Tage nach dem Manöver, am 17. September 1954, veröffentlicht das Zentralorgan *Prawda* eine TASS-Meldung über das Geschehnis: „In Übereinstimmung mit den Plänen wissenschaftlicher und experimenteller Forschungsarbeiten fand in den letzten Tagen in der Sowjetunion die Erprobung einer Atomwaffe statt. Ziel des Tests war die Analyse der Wirkung atomarer Explosionen. Der Test erbrachte wertvolle Ergebnisse, die den sowjetischen Wissenschaftlern und Ingenieuren helfen, die Aufgaben des Schutzes vor einer Atominvasion erfolgreich zu lösen."

Die Meldung läßt offen, wodurch sich diese Erprobung von den vorhergehenden unterschied, in wessen Kopf der geniale Gedanke gereift war, wer das Experiment plante, organisierte und seine Durchführung leitete. Heute wissen wir: „Die Erkundung des Geländes und andere vorbereitende Arbeiten begannen bereits im Winter und erreichten im Frühjahr und Sommer höchste Intensität. Eine große Rolle spielte dabei Marschall der Sowjetunion G. K. Schukow. Nach Stalins Tod nach Moskau zurückgekehrt, bekleidete er seinerzeit den Posten des 1. Stellvertreters des Verteidigungsministers der UdSSR."[2]

Der Test stellt in vielerlei Hinsicht etwas Außergewöhnliches dar. Die Vorherrschaft der Sowjetunion auf diesem Feld von Wissenschaft und Forschung steht außer Frage. Niemand anderes in der Welt konnte auf so etwas verfallen, keiner sich ähnlicher „Errungenschaften" rühmen. Und selbst bei uns kommt bei weitem nicht jeder auf derartige Ideen. Weder vor Schukow noch nach ihm läßt sich auch nur annähernd Vergleichbares nachweisen.

Oleg Lossik, Marschall der Panzertruppen, Held der Sowjetunion, Professor und Vorsitzender des Klubs der Träger des Schukow-Ordens macht aus seinem Abgott einen „großen Feldherrn" und fährt fort: „Er hat im Grunde eine Wende in der Operativ- und Gefechtsausbildung vollbracht. Unter seiner Führung wurden im September 1954 auf dem Militärversuchsgelände Tozkoje Forschungsübungen unter praktischer Anwendung einer Atomwaffe durchgeführt."[3]

2.

Geschehen war folgendes: Ein Bombenflugzeug hatte aus 13 Kilometer Höhe eine Bombe abgeworfen, deren Trotyl-Äquivalent mit 40 Kilotonnen der Sprengkraft der Atombomben von Hiroshima und Nagasaki zusammengenommen entsprach. Die Detonation erfolgte in der Luft, bei 350 Metern.

Und wozu? Der Erste Weltkrieg war ein Stellungskrieg gewesen. Nicht, weil das jemandem gefallen oder jemand eine entsprechende Entscheidung getroffen hätte, sondern weil keine einzige der beteiligten Armeen die gegnerische Verteidigung durchbrechen konnte. Mit einer einzigen Ausnahme – der Offensive General Brussilows in Wolhynien und der Bukowina von Anfang Juni 1916. Doch dabei handelte es sich um eine Ausnahme, wie ich wiederhole.

Im Zweiten Weltkrieg hatte man gelernt, die strategische Front des Gegners aufzubrechen, dennoch blieb es für jeden Kommandeur die schwierigste aller Aufgaben. Der Preis eines solchen Durchbruchs waren Unmengen verbrauchter Munition, titanische Verluste an Kampftechnik und Soldatenblut. Und nicht immer stand am Ende der Erfolg. Wir brauchen uns nur an Schukows sinnlose Durchbruchsversuche bei Sytschewka von Januar bis Dezember 1942 zu erinnern.

Doch nach dem Zweiten Weltkrieg bekamen die sowjetischen Marschälle die Atomwaffe in die Hand. Und beschlossen: Wenn nötig, durchbrechen wir die Front mit einem Atomschlag, führen die Truppen in die Bresche und heißa, schon sind wir im feindlichen Hinterland.

Man mußte es nur in einer Übung ausprobieren. Was dann auch geschah.

Ganz nebenbei, wer sich auf einen Verteidigungskrieg vorbereitete, der brauchte derartige Übungen nicht im mindesten. Wäre die sowjetische Führung besorgt gewesen über eine potentielle feindliche Invasion, hätte sie erklären müssen: Wir sind ja so schwach, so ängstlich, deshalb schlagen wir nur ein einziges Mal zu, aber richtig. Das werden weder Paris noch London, weder Bonn noch New York oder Washington überstehen.

Eine derartige Konzeption erforderte keine Übungen. Es genügte, eine Bombe in der Wüste zu zünden und zu überschlagen, was passierte, wenn man sie auf Wolkenkratzer abwarf.

Aber wir wollten die feindlichen Städte nicht zerstören. Wir wollten sie erobern, was das Durchbrechen der gegnerischen Verteidigungsfront voraussetzte. Und entsprechende Übungen.

3.

Also wurden auf dem Militärübungsgelände Tozkoje Verteidigungsstellungen für den fiktiven Gegner und für unsere eigenen Truppen aufgebaut. Die Armeezeitung *Krasnaja swesda* vom 31. Mai 1999 berichtet: „Der Abwurf der Bombe erfolgte über einem Gebiet, wo sich in den Verteidigungsanlagen Haustiere befanden. Bezüglich der Mannschaften sowohl der Verteidiger- als auch der Angreiferseite wurden alle seinerzeit bekannten Sicherheitsmaßnahmen getroffen. Die Übung erbrachte umfangreichstes wissenschaftliches Material.

Ihre Ergebnisse wurden sorgfältig analysiert und ausgewertet, was wiederum die Grundlage bildete für die Ausarbeitung einer Theorie neuer Arten von Kampfhandlungen, nämlich Angriff und Verteidigung unter Anwendung von Atomwaffen, und eine entsprechende Aktualisierung der vorhandenen bzw. Erarbeitung von neuen Lehrbüchern und Nachschlagewerken."

Hier sind wir bei der Hauptsache angelangt: Außer den Haustieren waren auch Menschen in die Übungen einbezogen. Truppeneinheiten. Einige Divisionen mußten sich verteidigen, andere angreifen – und beides unter den Bedingungen des realen Einsatzes einer Atombombe. Die Gesamtzahl der Übungsteilnehmer beläuft sich auf 45.000 Mann. 45.000 gesunde junge Burschen. Andere Angaben besagen, daß allein schon die Angreiferseite 45.000 Personen umfaßte und weitere 15.000 Soldaten die Rolle der Verteidiger spielten. Hinweise auf eine Gesamtteilnehmerzahl von 60.000 finden sich verschiedentlich, beispielsweise auch in der Zeitung *Tschas* (Die Stunde) vom 27. Januar 2001. Die offiziellen Quellen schweigen. Ich neige eher der höheren Teilnehmerzahl zu, will jedoch, solange eine offizielle Bestätigung fehlt, die niedrigere zugrunde legen.

Die Verteidiger sollten in Gräben, befestigten Schützengräben und Unterständen die Atombombenexplosion in unmittelbarer Nähe abwarten. Und zu dem noch „bereit sein, die Bresche, die sich durch den Atomschlag der ‚Roten' in der Verteidigung der ‚Blauen' auftut, zu schließen".[4] Während den Angreifern bevorstand, durch das Epizentrum der Atomexplosion wie auf einer Hauptstraße geradewegs gegen die Verteidigung des fiktiven Gegners anzurennen.

Es gibt Beschreibungen zum Verlauf der Übung. „Die ringsum herrschende Stille verblüffte. Die Sonne schien, die Blätter der Sträucher bewegten sich sacht. Doch irgendwo da oben flog das Trägerflugzeug mit der Atombombe ... Jeder hatte seine eigenen, individuellen Empfindungen, doch ihre Summe läßt sich in zwei Worte fassen: ‚Alles bebte' ... Endlich kam das Signal zum Angriff. Das erste, was einem nach dem langen Aufenthalt unter der Erde in die Augen sprang, war eine riesige, den halben Himmel verdeckende Wolke, gleichsam emporgetrieben von einer heulenden, blutroten Flamme, ihre Farbe wechselte, wurde himbeerrot, weniger grell, blähte sich weiter, stieg empor, riß von der Erde eine Staubwolke mit, saugte alles in sich hinein, was noch auf dem Erdboden war. Und noch etwas anderes verschlug einem den Atem: Das vor uns liegende Gelände hatte sich bis zur Unkenntlichkeit verändert ... Die Erde war eben, wie gepflügt, übersät mit kleinen Steinen. Hier und da auch geschmolzen. An manchen Stellen rauchte es. Es gab überhaupt keine Pflanzen mehr oder irgend etwas anderes ... Und dann eine Überraschung: Der Röntgenmeter reagierte fast überhaupt nicht auf die Strahlung. Der Kommandeur des Panzerzuges meldet besorgt über Funk: Das Gerät ist defekt. Die gleiche Geschichte mit den anderen Geräten ... Unterwegs sahen wir nicht weit entfernt vom Epizentrum der Explosion mehrere Panzer, darunter auch schwere. Einige waren geschmolzen und gleichsam in den Boden eingesunken, andere Dutzende Meter weit weggeschleudert worden, lagen da mit den Ketten nach oben. Oder uns begegneten einfach nur Hügel. Was für Objekte darunter begraben sein mochten durch die Explosion, ließ sich nicht einmal ahnen. Danach sahen wir ein verkohltes Schaf, das die Pioniere aus der Erde holten ..."[5]

Alle, die ihre Erinnerungen hinterlassen haben, berichten in etwa das gleiche. So etwa Gennadi Ambrasewitsch: „Plötzlich spürte ich an dem Streifen Haut am Hals, der nicht von der Maske bedeckt war, eine leichte Berührung von Wärme: So wie am Strand, wenn die Sonne, die eine Weile verschwunden war, wieder hinter den Wolken hervorkommt. Ich begriff: Die Explosion hatte stattgefunden. Nach wenigen Augenblicken folgte ihr Schall ... Die Stoßwelle raste vorüber, und mit dem Befehl ‚Besatzungen, zu den Waffen!' auf den Lippen sprang ich aus dem Schützengraben. Hoch über der Hauptverteidigungsposition des ‚Gegners' entfaltete sich aus einer riesigen, kochenden Kugel, in der noch die Flamme loderte, eine kolossale, phantastische Wolke, blähte sich auf und stieg zum Himmel empor. Der Atompilz ähnelte dem, was wir auf den Abbildungen gesehen hatten, doch er strahlte unheilvolle Kraft aus. Was für ein Grauen er weckte im Bewußtsein dessen, der ihn mit eigenen Augen sah! ... Bei den Übungen waren die Verteidigungsminister der Volksdemokratien zugegen, sie sollten die Sinfonie des Kampfes im ‚gegnerischen' Hinterland gut hören. Der Druck auf die Gewehrläufe überstieg alle zulässigen Grenzen, die verschossenen Hülsen saßen wie festgeschweißt an den Bodenstücken, die Auswerfer funktionierten nicht. Am Ende der Übung mußten wir sie mit der Brechstange losschlagen und die buchstäblich nach jedem Schuß auseinanderfallenden Verschlüsse wieder zusammensetzen. Natürlich konnten man die Kanonen nach einem derartigen ‚Einsatz' nur noch abschreiben ... Das, was wir zu sehen bekamen, läßt sich nicht beschreiben, es überstieg jegliche Vorstellung, daran gewöhnt man sich nicht, kann es unmöglich vergessen ... Auf dem Weg zum Epizentrum bot sich uns das Bild der gnadenlosen Rache des Atomdämons an der Natur in seiner ganzen widerwärtigen Nacktheit und Fülle. Zuerst sahen wir Bäume (Eichen, Hainbuchen, Ulmen) mit verwelktem, zusammengerollten Laub, abgebrochenen Ästen und geknickten Kronen. Dann folgte Windbruch, wo die Druckwelle sämtliche Bäume in eine Richtung geworfen hatte. Noch näher zum Epizentrum bestand der gesamte Wald nur noch aus Spänen und kleinen Splittern, so wie es man es heute an einigen Stellen sieht, wo unsere Kämpfer gegen die Natur frevelhaft Holz fällen und aufbereiten. Und schließlich ein ödes, finsteres Feld, festgestampft wie ein Exerzierplatz, mit geschmolzener Oberfläche, darin kleine Öffnungen, die die verkohlten oder vom Atomsturm fortgerissenen Bäume hinterlassen hatten ... Auf dem geschmolzenen Boden lagen wahllos abgerissene Panzertürme, ragten hochkant die Gehäuse von Gefechtsfahrzeugen wie Streichholzschachteln, daneben verbogene Geschützlafetten, zu wundersamen Knoten verschlungene Kanonenrohre, Schützenpanzerwagen und Kraftfahrzeuge, zerknautscht wie alte Taschentücher. Wir gingen zum Stützpunkt der Kompanie, der 1.200 Meter vom Epizentrum entfernt speziell eingerichtet worden war und über ein gut entwickeltes Netz von Verbindungsgräben, soliden Bohlenbelag sowie Deckungen für Geschütze und Mannschaften verfügte. Er stand noch, aber die Stoßwelle hatte die Trennwände zerstört und alle Räume mit Sand zugeweht. Die Hauben der Kanonen waren abgerissen, die Geschützoptik blind, und von den zwei am Eingang zum Stützpunkt angebundenen Pferden fanden wir nur noch die Zügel, die armen Tiere hatte es ins Nichts fortgerissen. Ich habe diese zerfetzten Zügel gesehen, und ich werde die Erinnerung daran mein Lebtag nicht los."[6]

Es folgen Auszüge aus weiteren Augenzeugenberichten: „Im Augenblick der Explosion schien die Erde zu verrücken, unter den Füßen zu entgleiten, ein dumpfes Grollen ertönte, ein Krachen, ein blendend heller, gleißender Feuerpilz schoß in den Himmel."[7]

„Der Anblick der vor Angst wahnsinnigen, geblendeten und verkohlten Haustiere tat weh, mit Grauen denke ich an die entwurzelten Bäume, den verschwundenen majestätischen Eichenwald, an die rauchenden Überreste mehrerer Dörfer, die kläglichen Überreste der Kampftechnik."[8]

„Immer wieder trafen wir in den Schützengräben oder einfach auf offenem Feld Kühe, Ziegen, Schafe und andere Haustiere, die man dem Atom geopfert hatte. Einige standen noch und kauten Gras, anderen waren die Augen ausgelaufen, das Fell versengt, und wieder andere (besonders Pferde) lagen bereits auf dem Boden, mit grauenvollen Wunden."[9]

„Später stellte sich heraus, daß die Soldaten, die an der geheimen Maßnahme beteiligt waren, aber neben ihnen auch die Bevölkerung in den umliegenden Orten, eine nicht unerhebliche Strahlendosis abbekommen hatten."[10]

Hier noch ein Augenzeuge, Michail Arensburg aus Lettland. Er war Untersergeant des Pionierbataillons, das auf dem Tozkojer Übungsgelände Dienst tat. Arensburg beschreibt die Deckung für die Kommandoführung. „Der Unterstand war übrigens richtig schön, wie eine Metrostation. Von unseren Leuten gebaut."[11]

Und daneben ein Foto. Arensburg als junger Soldat. Und ein Foto des Pionierzugs – der Leutnant mit seinen Soldaten und Sergeanten. Von den

22 lachenden Burschen hat ein einziger überlebt. Und den Journalisten flehentlich gebeten: „Photographieren Sie mich bitte nicht, ich sehe furchtbar aus."

Noch einige Eindrücke: „Obwohl die Bombe überirdisch gezündet wurde und wir so weit entfernt waren, fühlten wir, wie sich für einen Augenblick die Erde unter unseren Füßen aufbäumte wie eine Welle im Meer ... Unsere Geräte begannen wie wild auszuschlagen, funktionierten nicht mehr ... Zum Ort der Detonation stürmten Panzer und Soldaten, mit ‚Hurra', versteht sich ... Der Turm eines Panzers wurde nach der Explosion sage und schreibe 150 Meter weit geschleudert. Und der Eichenwald mit den jahrhundertealten Bäumen lag auf der Erde wie Gras im Herbstwind ... Die hohen Tiere fuhren sofort ab, buchstäblich ein paar Minuten nach Vollendung des Spektakels. Ohne Festessen und feierliche Reden auf den Frieden in der ganzen Welt. Hinter ihnen, auf dem Versuchsgelände blieben nicht nur zahllose Tierkadaver mit abgerissenen Gliedmaßen und verkohlten Flanken zurück. Sondern auch menschliche Leichen. Die Aktion war so schlecht geplant, daß die Panzer während der inszenierten Angriffe mehrfach Soldaten überrollten, die in Zelten im Gebüsch saßen. Natürlich wurden diese Verluste mit keinem Wort erwähnt. Ich glaube, hier sollte in erster Linie ein Experiment an Mensch und Tier durchgeführt werden ... Ich habe vielleicht erst jetzt begriffen, daß wir alle Versuchskaninchen waren."[12]

„Den Offizieren zeigte man das Gebiet vor und nach der Atomexplosion. Der dichte Eichenwald war nur noch eine schwarze Brandfläche mit verkohlten Stümpfen. Die Kampftechnik – unsere wie die unserer potentiellen Gegner – zusammengeschmolzen, deformiert. Schützengräben und Unterstände gab es nicht mehr, die obere Schicht der Erde hatte sich gleichsam abgelöst. Alles war eingeebnet. Ein grauenvoller Anblick."[13]

Noch ein Wort zu dem Waldmassiv. Die Eichen von Tozkoje hatte Peter der Große setzen lassen. Mehrere tausend mächtige Eichen. Bis zu 250 Jahre alt. In einem einzigen Augenblick eine solche Menge von Prachtbäumen bis auf den Stumpf zu verbrennen! Wenn das kein Wunder ist! Hätten Sie das vermocht? Ich auch nicht, beim besten Willen. Dazu brauchte es unseren Georgi Konstantinowitsch. Der nicht allein ein Siegbringer, sondern auch ein Wundertäter war.

4.

Nur in unserem Land wurden derartige Experimente durchgeführt! Lediglich bei uns und nirgendwo sonst! Wir eilten wieder einmal allen anderen Staaten voraus!

Die Übungen waren also erfolgreich zu Ende gegangen – und was kam dann? Schukows Beförderung. Ihn hatte die atomare Strahlung nicht getroffen. Er hielt sich abseits vom Epizentrum. Saß in einem Betonbunker. Und zog es vor, nach den Übungen das Explosionsgebiet lieber nicht zu besichtigen. Auf ihn warteten grandiose Taten – weit weg vom Tozkojer Militärversuchsgelände.

Und die 45.000 jungen Männer? Sie hatten angegriffen, sich verteidigt in einem Gebiet, in dem die Strahlungsintensität so hoch war, daß die Meßgeräte versagten. Nicht mehr anschlugen. Was wurde aus diesen Menschen? Schukow erwähnt sie niemals wieder. Am 9. Juli 1992 – 38 Jahre nach dem Atomtest – rief die Armeezeitung *Krasnaja swesda* die Erinnerung an sie wach. „Der Leiter der Übung, G. K. Schukow, dankte allen Teilnehmern für ihre Meisterschaft, ihre Standhaftigkeit und ihren Mut ... Elementarste Schutzmaßnahmen wie die Entaktivierung der Technik, der Waffen und Uniformen wurden nicht angewendet. An den Übungen nahm eine gewaltige Anzahl Menschen teil. Es erfolgte keinerlei spezielle medizinische Kontrolle ihres Gesundheitszustands. Zur Geheimhaltung verpflichtet und vergessen, lebten sie, so gut sie konnten, ohne jede Fürsorge von seiten des Staates ... Jeder hatte einen schriftlichen Eid leisten müssen, 25 Jahre Stillschweigen zu wahren über das Geschehen."

25 Jahre Stillschweigen. Wozu? Was konnte ein Teilnehmer der Übung schon groß erzählen? Daß es sie gegeben hatte? Das wußten alle. Drei Tage nach der Atomexplosion, am 17. September 1954, erschien bereits eine entsprechende TASS-Meldung. Was konnte ein Teilnehmer noch erzählen? Daß die Bombe ungeheuerliche Zerstörungskraft besaß? Wer wußte das nicht? Angenommen, ein Übungsteilnehmer hätte sich verplappert und ausgeplaudert, daß bei der Atomexplosion eine Feuerkugel entstand, daß die Lichtstrahlung Häuser und Bäume verbrannte, Panzerstahl schmelzen ließ, daß die Stoßwelle jedes Bauwerk in Bruchstücke verwandelte, Panzergehäuse plattdrückte und Panzertürme abriß. Angenommen, diese Tatsachen würden weiter und weiter erzählt und landeten schließlich bei den gegnerischen Geheimdiensten. Wäre das alles neu für unsere Feinde?

Übrigens begann man gleich nach der Übung, die Soldaten und Offiziere, die daran teilgenommen hatten, schnellstens auszumustern. Das erste Alarmzeichen war blutiger Durchfall. Die Betroffenen durften den Ärzten nichts sagen. Militärgeheimnis. Die Ärzte schauten und wunderten sich: Das sah nicht aus wie Ruhr, wie Cholera auch nicht ... Da verfiel einer vor aller Augen, und niemand konnte ihm helfen. Und für die Armee war er auch nicht mehr zu gebrauchen. Also schickte man ihn und seinesgleichen nach Hause: Sollten die zivilen Ärzte damit klarkommen. Aber auch denen durften die Kranken kein Sterbenswort verraten.

Und noch eine Massenplage: Impotenz. Rufen wir uns die Schilderungen der Übungsteilnehmer ins Gedächtnis: Gerade stieg die atomare Feuerwolke in den Himmel, da hallten schon die Kommandos „Zu den Waffen!", „In die Fahrzeuge!", „Zum Angriff – vorwärts!" Eine Atomexplosion – das bedeutet Temperaturen von Millionen Grad. Im Augenblick der Detonation verbrennt eine Unmenge Sauerstoff, zudem verdrängt die Stoßwelle kolossale Luftmassen. Im Epizentrum entsteht ein luftleerer Raum. Und diese Leere saugt wie ein Staubsauger Erde und Staub in sich hinein, die später ausfallen und über der gesamten Umgebung niedergehen. Abertausende Soldaten und Offiziere stürmten durch das Epizentrum zum Angriff, während von oben radioaktiver Schmutz auf sie herabrieselte ...

Die Armeezeitung *Krasnaja swesda* gebraucht den Terminus „Impotenz" nicht. Über die Teilnehmer der Übung heißt es schlicht: Bei diesem klappte das Familienleben nicht mehr, jenen hat die Frau verlassen ... Oder: „In der Familie gab es immer mehr Unstimmigkeiten ... Seine Frau machte ihm unsinnige Vorwürfe, er sei nicht treu. Bald kam Alexej zu dem Schluß, daß das einfach eine Finte war, mit der sie ihr eigenes Unbefriedigtsein und vielleicht auch ihre Untreue überspielte."[14] Alexej, das ist Oberleutnant Alexej Roschkow. Er fuhr einen Panzer, 15 Kilometer von der Atomexplosion entfernt. „Im Augenblick der Detonation befanden sich die Panzerfahrer in ihren etwa drei Meter tief in die Erde eingegrabenen T-34-Panzern. Einziges Schutzmittel waren Gasmasken."

Roschkow saß in einem Panzer, drei Meter in der Erde, 15 Kilometer vom Epizentrum entfernt. Was sollte da ein Infanterist sagen, den kein stählerner Mantel umgab und der nicht drei Meter tief in der Erde steckte, sondern in einem Schützengraben acht Kilometer von der Explosionsstelle?

Binnen weniger Minuten Tausende gesunde junge Männer impotent zu machen, ist das etwa kein Wunder? Zugegeben, ein negatives, aber trotzdem könnten weder Sie noch ich ähnliches vollbringen. Das vermag nur der böse Wundertäter Georgi.

Wegen Impotenz flog man nicht aus der Armee. Aber es gab weitaus ernsthaftere Erkrankungen. Massenhaft. Zur Wahrung des Geheimnisses wurden in den Unterlagen sämtlicher Teilnehmer falsche Einträge vorgenommen, die besagten, sie hätten sich im September 1954 im Fernen Osten, am Polarkreis oder in Mittelasien aufgehalten. Die Konsequenzen sahen so aus: Da kommt ein ausgemusterter kleiner Soldat in sein Dorf zurück. Geplagt von einer unerklärlichen Krankheit. Wie kann ihm der dörfliche Äskulap helfen, wenn unser Soldat nicht einmal andeutungsweise über die Ursachen sprechen darf? Und selbst wenn er es täte, würde ihm niemand glauben, wo doch in den Papieren etwas ganz anderes geschrieben steht, versehen mit den entsprechenden Unterschriften, durch offizielle Stempel beglaubigt. Wer sollte ihm vertrauen, wenn ihn ein Dokument, ausgegeben von der heimatlichen Sowjetmacht, als notorischen Lügner entlarvte? Deshalb starben die Teilnehmer der Übung ergeben, wortlos und schnell.

Die offiziellen Historiker von der Lubjanka appellieren an mich, ich solle meiner Geschichtsschreibung ausschließlich Dokumente zugrunde legen. Sehr richtig, verehrte Genossen. Dabei gilt es lediglich den simplen Fakt zu beachten, daß sich unsere heimische Macht nicht gerade durch Redlichkeit auszeichnet. Eine Lüge kostet sie, unsere Liebteure, ein kaltes Lächeln. Das Schicksal der Teilnehmer jener Atomübung ist ein Beispiel für die massenhafte Fälschung von Dokumenten. Die Macht schützte sich vor den Folgen ihres Verbrechens gleich durch eine doppelte Mauer: den Schweigeeid der Teilnehmer und die Fälschung ihrer Dokumente.

Weshalb wurden Zehntausende Soldaten und Offiziere zum Stillschweigen verpflichtet, warum nahm man ihnen einen Schweigeeid für 25 Jahre ab?

Damit die Invaliden Schukow nicht die Stimmung verdarben. Damit er ruhig leben und Bücher schreiben konnte, in denen zu lesen steht, wie sehr er sein Volk, seine wunderbare Heimat und die weise Kommunistische Partei mitsamt ihrem Zentralkomitee liebte.

Unter Stalin kam in der Zeit der Massenerschießung eine Formel in Umlauf: „Zehn Jahre ohne Recht auf Briefwechsel". Da wurde einer umgebracht, und den Verwandten sagte man: Er sitzt. Und wenn sich nach zehn Jahren noch einer an den Ärmsten erinnerte, wurden entsprechende Nachfragen beantwortet mit einem stereotypen „Während der Haft an Schnupfen gestorben". Und für die ganz Hartnäckigen gab es noch ein Phantasie-Sterbedatum als Zugabe.

„25 Jahre Schweigepflicht" und „zehn Jahre ohne Recht auf Briefwechsel" sind Früchte ein und desselben staatlichen Wunderbaums. Schukow hatte sehr gut kalkuliert: Sollten sich die Teilnehmer doch nach 25 Jahren beschweren ... Wer würde ihnen glauben, wenn in den Dokumenten etwas ganz anderes vermerkt war?

„Wenn man den ‚Liquidatoren' von Tschernobyl keine Bescheinigungen ausgab in dem allgemeinen Durcheinander, aus Nachlässigkeit oder Schlampigkeit, so wurde denjenigen, die die Folgen der Havarie in dem Atombetrieb ‚Majak' im Ural 1957, der Atomtests auf dem Truppenübungsplatz Tozkoje und auf dem Versuchsgelände von Nowaja Semlja beseitigten, oder den Strahlenopfern anderer Störfälle einfach der Mund verboten unter Androhung rechtlicher Schritte, was im übrigen jeder unterschreiben mußte. Und als sie dann über alles reden durften, verlangte man von den Unglücklichen Papiere. Aber woher sollten sie diese Nachweise nehmen, wenn sie weder im Zentralarchiv des Verteidigungsministeriums in Podolsk noch anderswo zu finden waren? Vernichtet oder vielleicht gar nicht erst ausgefertigt? Wie viele Menschen mußten vor der Zeit sterben, nur weil sie nicht einmal dem Arzt offenbaren durften, woher ihre Krankheit in Wirklichkeit stammte! … Manchmal will einem da ein ketzerischer Gedanke kommen: Sollte das vielleicht Staatspolitik sein?"[15]

Ein ketzerischer Gedanke, alles was recht ist. Aber wahr.

5.

In Rußland versucht niemand, die Opfer der verbrecherischen Schukowschen Experimente ausfindig zu machen. Doch gottseidank ist die Sowjetunion zusammengebrochen, auseinandergebröckelt. Und in einigen der abgefallenen Staaten sorgt man sich wenigstens um diese Menschen. So hat die lettische Zeitung *Tschas* die Spurensuche aufgenommen. Auf freundliche Einladung der Redaktion weilte ich im Frühjahr 2001 in Riga und konnte mit Überlebenden sprechen. Was sie berichteten, verdient ein gesondertes Buch. Ihre Schilderungen sind nichts für Zartbesaitete: Wie am dritten Tag die massenhaften Erkrankungen begannen. Wie in der Steppe, im Gebiet Tschkalow, hinter vielen Reihen Stacheldraht Zeltstädte errichtet wurden, in denen Tausende Teilnehmer der Übung dahinsiechten. Wie ein Aufstand losbrach und mit welchen Mitteln er niedergeschlagen wurde. Darauf verstehen wir uns.

Ich gestehe, daß ich der Meinung war, wenn ein Mensch nicht nach einer Woche starb, nicht nach einem Jahr oder zehn, dann mußte er weit weg vom Epizentrum gewesen sein oder strahlungsunempfindlich. Das sollte sich als Irrtum erweisen. Vor mir saßen kräftige alte Männer. Diejenigen, so schien es, die Glück gehabt hatten, die nach dem Schukowschen Zauberkunststück noch fast ein halbes Jahrhundert überlebten. Doch Glück, stellte sich bald heraus, hatte nur Schukow gehabt, der weit weg war von der Explosion und gut geschützt unter der Erde. Alle anderen verschonte die Strahlung nicht. Scheinbar gesunde Männer zeugten auf einmal Kinder mit rätselhaften Krankheiten. Die Konsequenzen des Schukowschen Atomspiele auf dem Militärgelände von Tozkoje offenbarten sich mit furchtbarer Intensität in der zweiten Generation, in den folgenden Generationen. Plötzlich wurden Kinder geboren mit riesigen Köpfen und weichen Knochen.

Ich kann es nicht vergessen, das bittere Schluchzen des alten Mannes: Warum hat uns keiner gesagt, daß wir keine Kinder haben dürfen? Warum hat uns keiner gewarnt?

6.

Es heißt zumeist, auf dem Militärgelände Tozkoje habe es zwei Kategorien von Versuchstieren gegeben: zum einen Zehntausende Pferde, Kühe, Schafe, Schweine, Hunde und Katzen, zum anderen die 45.000 (respektive 60.000) Soldaten und Offiziere. Doch es gab noch eine dritte Kategorie: die Gefangenen.

In ihrer Ausgabe vom 15. September 1999 druckt die Zeitschrift *Literaturnaja gaseta* den Bericht des sowjetischen Offiziers Kapitän Mladlen Markovic ab. Kein sehr russischer Name, deshalb muß ich etwas erklären. Nach dem Zweiten Weltkrieg wurden in der Sowjetunion Tausende Offiziere für die Armeen der „Bruderländer" ausgebildet: für Polen, die Tschechoslowakei, Ungarn, Bulgarien, Rumänien, Jugoslawien, Albanien. Dann der unerwartete Bruch mit Jugoslawien. Die jungen Jugoslawen hatten die Wahl: nach Hause zurückzukehren, wo man sie als Stalin-Spione einsperren würde, oder in der Sowjetunion zu bleiben. Eine rein theoretische Wahl, denn alle, die nach Hause wollten, wurden auf Stalins Befehl bei uns eingesperrt, als jugoslawische Spione. Mladlen Markovic blieb, wie viele andere, nahm die sowjetische Staatsbürgerschaft an und wurde in die Streitkräfte der UdSSR aufgenommen. In dem Atomexperiment auf dem Tozkojer Militärgelände hatte man ihm eine ganz besondere Rolle zugedacht. Denn nach ihm würde, wenn es schiefging und er dabei umkam, kein Hahn krähen.

„Der Leiter des chemischen Dienstes des Militärbezirks Südural, Oberst Tschichladse, führte mich in ein großes Dienstzimmer, wo hinter einem Tisch mir unbekannte Zivilisten saßen. Er stellte mich vor, drehte sich um und ging. Ich nehme an, daß Tschichladse nicht in die bevorstehende Aufgabe eingeweiht war. Die Unbekannten stellten sich nicht vor, richteten keine einzige Frage an mich. Mein Einverständnis oder meine Zustimmung spielten keine Rolle. Man las mir einen Befehl vor: ‚Ab morgen sind Sie zum Leiter eines Kurses zur Messung der Strahlung bei der praktischen Anwendung einer Atomwaffe in der Sowjetunion ernannt. Sie haben Häftlinge in der Strahlenmessung zu unterweisen und zusammen mit ihnen nach den Explosionen der Atombombe die Strahlung festzustellen.' Dann folgten noch Erläuterungen zu meiner Verantwortung und meinen unbegrenzten Rechten: Für jeden Ungehorsam durfte ich Untergebene standrechtlich erschießen, ohne mich dafür vor irgend jemandem rechtfertigen zu müssen. Zum Schluß mußte ich unterschreiben, das Militärgeheimnis für 25 Jahre zu wahren. Ich war damals 27.

So war das: Personen, die ich nicht kannte, wiesen mir in mündlichem Befehl eine Dienststellung zu, die in der Dienstordnung nicht vorkam, befahlen mir ohne jedes schriftliche Dokument, eine Gruppe Häftlinge auszubilden, von denen ich ebenfalls nicht das Geringste wußte. Die einzige Spur auf dem Papier war meine Unterschrift unter der Schweigeerklärung.

Den Container und die Apparatur bewachten rund um die Uhr zwei Posten mit Maschinengewehren. Das Territorium, wo ich mit meinen Kursanten lebte und arbeitete, durfte niemand betreten …

Unsere gesamte Schutzausrüstung bestand aus der üblichen Gasmaske, firnisgetränkten Strümpfen und einem Umhang aus Papier. Die Luftwelle der Atomexplosion erlebten wir in offenen Gräben. Und während die ‚angreifende Seite' mit Artillerie und Luftstreitkräften dem ‚Gegner' an den Flanken zusetzte, fuhr ich in einem Panzer zum Epizentrum. Im Umkreis von zehn Kilometern war die Strahlung erhöht, im Epizentrum betrug sie 48 Röntgen. Nachdem ich in den Kommandopunkt zurückgekehrt war und der Führung Meldung über die Strahlungssituation erstattet hatte, legte ich noch einmal zusammen mit allen anderen den Weg zum Epizentrum zurück, wobei wir mit Fähnchen den Aktivierungsgrad des Geländes markierten. Damit war meine Rolle als Hauptversuchskaninchen auf dem Tozkojer Militärgelände zu Ende.

Ich konnte mich nicht auf den Beinen halten, als man die Gefangenen wegbrachte. Über ihr Schicksal habe nichts mehr erfahren. Man legte mich auf eine Pritsche, wo ich mehrere Tage ohne jede medizinische Hilfe liegenblieb. Die Strahlendosis wurde nicht gemessen. Daß meine Behandlung gar nicht vorgesehen war in den Plänen des Tozkojer Szenariums, erfuhr ich authentisch 40 Jahre später, als ich aus dem Archiv eine Kopie meines Dienstverzeichnisses anforderte, in dem schwarz auf weiß geschrieben stand, daß ich ab 7. August, also 37 Tage vor der Atomexplosion, dem Befehlshaber des Nordkaukasischen Militärbezirks unterstellt war. Mich also sehr weit vom Ort jener Ereignisse befand …

Kein Wunder, daß das folgende halbe Jahrhundert lang mein Schicksal wie auch das der Tausenden anderen ‚Versuchspersonen' umsponnen war von einem Netz aus offizieller Desinformation und Lüge, zusammengehalten durch unsere Unterschriften unter den Geheimhaltungserklärungen. Machte man den Mund auf, galt man sofort als Staatsfeind. Und das ganze ‚Staatsgeheimnis' besteht darin, daß ich bis zum heutigen Tag keine Wohnung habe, daß die Armee, in der meine Jugend und meine Gesundheit verlorengingen, mir nicht das Recht zugesteht, in ihren Militärkrankenhäusern behandelt zu werden."[16]

Man hält mir vor, Experimente an Gefangenen, wie ich sie in meinem Buch *Das Aquarium*[17] beschreibe, hätte es nur unter Stalin gegeben. Nein, verehrte Genossen, bei Schukow gab es sie auch. Und ebenso nach ihm.

7.

In der TASS-Meldung vom 17. September 1954 heißt es: „Ziel der Versuche war das Studium der Wirkung einer Atomexplosion. Die Tests erbrachten wertvolle Ergebnisse, die den sowjetischen Wissenschaftlern und Ingenieuren helfen, die Aufgaben des Schutzes vor einer atomaren Invasion erfolgreich zu lösen."

Diejenigen, die für Schukows Experimente herhalten mußten, vertreten dazu ihre eigene Meinung: „Das Leben hat gezeigt, daß die so teuer erkauften Erfahrungen keinerlei Sinn haben. Menschen, die sich in der Zone der atomaren Einwirkung befinden, verlieren, selbst wenn sie überleben, die Gefechtsfähigkeit und den Willen zum bewaffneten Kampf, ganz gleich, welche hohen moralischen und physischen Qualitäten sie auch auszeichnen mögen.

Unsere Teilnahme an diesem originellen Atomversuch war lange Jahre ein Militär- und Staatsgeheimnis, niemand untersuchte uns nach der Übung, niemand behandelte die Kranken … Am 20. November 1954 wurde bei mir im Rahmen einer Vorsorgeuntersuchung im linken Lungenflügel ‚ein walnußgroßes Infiltrat' entdeckt", schreibt Gennadi Ambrasewitsch am 23. April 1997 in der Zeitschrift *Nesawissimost* (Unabhängigkeit).

Er erkrankte an Tuberkulose, lag sieben Monate im Lazarett, dann wurde er aus den Streitkräften entlassen – unter Zuerkennung einer Rente, die man ihm später wieder nahm. Ich betone noch einmal: Auch in diesem Falle berichtet ein Offizier, der die Atomexplosion in einem Panzer erlebte.

Bei den Bewohnern der umliegenden Dörfer und Ortschaften hat sich Schukow nicht bedankt, obwohl auch sie ihre Dosis abbekamen. Und es gab noch einen Unterschied. Die Teilnehmer der Übung erfüllten ihre Gefechtsaufgaben, dann wurden sie fortgebracht. Die Dorfbewohner aber blieben im Gebiet des eigenhändig produzierten Tschernobyl. Während der Übung hatte man sie evakuiert, danach kamen sie zurück … Ich möchte Sie nicht ermüden mit der Statistik der onkologischen Erkrankungen im Umkreis des Tozkojer Militärversuchsgeländes. Ich versichere Ihnen nur, daß diese Statistik wenig Erfreuliches offenbart.

All das zeigt, wie sehr Schukow sein Volk, seine Soldaten und Offiziere liebte.

Überschlagen wir nun den Wert der gewonnenen Erkenntnisse. Die Teilnehmer der Übungen wurden zu Tausenden aus der Armee entlassen und kehren nicht wieder dorthin zurück. Wozu brauchen sie die Erfahrung des Durchbruchs durch ein atomares Epizentrum, wenn sie ohnehin nie mehr dienen werden? Sie können diese Erfahrung doch nicht weitervermitteln, niemanden aufklären über das, was sie sahen. Wozu sollen die Erkenntnisse dann aber gut sein? Hätte Schukow Zehntausende Menschen verstrahlt, zu Anämie und anderen schweren Erkrankungen verurteilt und danach befohlen, sie zu behandeln, hätten wenigstens die Ärzte etwas lernen können. Aber nichts geschah. Wären die Teilnehmer nach der Atomexplosion einer medizinischen, strahlentechnischen und chemischen Kontrolle unterzogen worden, hätten Militärärzte, Strahlenschutzexperten und Spezialisten für chemische Abwehr Erfahrungen gesammelt. Doch nichts geschah. Wären Kampftechnik und Gerät nach der Kernexplosion entaktiviert worden, hätte das wieder anderen Fachleuten Erkenntnisse liefern können. Aber es gab keine Entaktivierung. Wer hat dann etwas aus dieser Übung gelernt und was? Eine seltsame Logik: Da bringt man Zehntausenden Menschen bei, unter den Bedingungen einer realen Atomwaffenanwendung zu handeln, und dann sterben sie alle. Wozu also die Bildungsbemühungen?

Kurz nach der Atomübung auf dem Militärgelände Tozkoje erhielten unser mitteldeutschen Genossen den Auftrag, einen Film zu drehen. Er hieß „Weißes Blut" und hatte folgendes Sujet: Die verfluchten westdeutschen Revanchisten strecken ihre Hand nach Atomwaffen aus. Sie schicken ihre Offiziere zur Ausbildung in die Vereinigten Staaten von Amerika. Aber die Amerikaner sind nicht dumm und nutzen eine Abteilung westdeutscher Offiziere als Versuchskaninchen in einem Manöver, bei dem Atomwaffen zum Einsatz kommen. Man sieht eine Atomexplosion in der Wüste. Die deutschen Offiziere, eingehüllt in silbrige Skaphander von beinahe kosmischer Anmutung, werfen sich in die Attacke. Bei einem reißt die Schutzmaske, er atmet radioaktiven Staub ein … kehrt nach Hause zurück, wird von den größten medizinischen Koryphäen behandelt, doch niemand kann ihm helfen. Und im letzten Bild des Filmes wendet der Sterbende dem Zuschauersaal sein Gesicht zu, ruft auf zu etwas Gutem, sagte etwas wie „Menschen, ich habe euch geliebt! Seid wachsam!" Und unsere Zuschauersäle heulen. Unsere Fäuste ballen sich. Unsere Herzen sind erfüllt von edlem, gerechten Zorn.

Und nun vergleichen wir den Atomthriller mit der rauhen sowjetischen Wirklichkeit. In „Weißes Blut" agieren sieben bis acht Mann. Bei uns waren es 45.000. Oder mehr. Im Film handelt es sich um Freiwillige. Unsere Soldaten und Offiziere hat niemand um ihr Einverständnis gebeten, ihre Einwilligung eingeholt. Die Offiziere auf der Leinwand tragen silberfarbene Skaphander. Bei uns taten es Papierumhänge. Die Deutschen wurden behandelt. Die sowjetischen Soldaten und Offiziere nicht. Die bösen Amerikaner erprobten die Wirkung von Atomwaffen an ihren Juniorpartnern. Wir – an den eigenen Leuten.

8.

Wenn es um das Verbrechen auf dem Militärübungsgelände Tozkoje geht, sind zwei Klassifizierungstypen anzutreffen.

Der erste Typ: Die Atomexplosion war eine herausragende Leistung unseres militärischen Denkens. Nur uns und allein unter der Führung des größten strategischen Genies Genossen Schukow konnte eine solche Ruhmestat gelingen.

Praktisch liest sich das so:

„Diese Maßstäbe setzende Übung unter maximaler Annäherung an eine von den Truppen noch nicht erlebte und beherrschte Gefechtswirklichkeit forderte keine Opfer. Kein einziger Teilnehmer kam ums Leben oder wurde verwundet, kein Fahrzeug zerstört. So hoch lag das Niveau der Organisation, das vollkommen durchdrungen war von der persönlichen Beteiligung und Einflußnahme G. K. Schukows."[18]

Oder in der Wertung des Generalobersten W. Barynkin: „In der Reihe der bedeutenden Maßnahmen dieser Periode ist die Truppenübung im September 1954 auf dem Militärübungsgelände Tozkoje des Militärbezirks Südural besonders hervorzuheben. In ihrem Verlauf wurde erstmals in der Praxis der operativen Vorbereitung das Handeln von Truppen bei Angriff und Verteidigung unter den Bedingungen der Anwendung von Atomwaffen geprobt. Das Konzept, der Plan und die Vorbereitung dieser in der sowjetischen Truppenpraxis beispiellosen Übung wurden erarbeitet und umgesetzt unter unmittelbarer Beteiligung von Marschall der Sowjetunion G. K. Schukow, dem die Übungsleitung oblag. Die Übung war methodisch-experimenteller Natur, trug Forschungscharakter. In ihrem Verlauf konnte die Einwirkung einer Atombombe mittleren Kalibers auf Ausrüstung, Kriegstechnik und Mannschaften studiert werden."[19]

Der zweite Klassifizierungstyp: Bei der Tozkojer Übung handelt es sich um ein Verbrechen!

Die Zeitschrift *Literaturnaja gaseta* widmet diesem Thema am 15. September 1999 einen Artikel mit der Überschrift: „Ein Atomschlag auf Rußland". Und der Untertitel fährt fort: „Ausgeführt von der Sowjetarmee vor 45 Jahren".

In dem Material heißt es: „Die Wahl des Ortes für den Versuch war kein Mißgriff, sondern ein Verbrechen. Auf dem sowjetischen Sechstel der Festlandsfläche der Erde läßt sich kaum ein dichter besiedeltes Gebiet ausmachen als das zwischen Wolga und Ural. Wie sich auch schwerlich fruchtbarerer Boden finden läßt oder ein malerischerer Fluß als die Samara, die 600 Kilometer lang ist und in der gleichnamigen Stadt mit ihren mehr als einer Million Einwohnern in die Wolga mündet, den besten Verkehrsstrom Europas, einen Strom, in dem die ‚Führer', wenn sie zu den Übungen anreisten, so gerne badeten. Nach der Zündung der Atombombe kam keiner von ihnen mehr auf diese Idee.

Nennen wir sie beim Namen, die Staatsfunktionäre, die eine entscheidende Rolle spielten bei der Wahl des Ortes für die Atomexplosion: L. P. Berija, N. A. Bulganin, L. M. Kaganowitsch, W. M. Molotow, G. M. Malenkow (nach Erinnerungen von Generalleutnant A. A. Ossin)."

Hier erkennen wir zwei Herangehensweisen.

Die erste: Die Atomexplosion auf dem Übungsgelände Tozkoje ist eine großartige Leistung und Schukow damit ein herausragendes militärisches Genie. Denn er wählte die schönsten Gegenden Rußlands mit den fruchtbarsten Böden. Er hatte die überwältigende Idee, die Wirkung der Atomwaffe an lebendigen Menschen zu erproben! Wobei ihm kein Gehilfe, kein Stellvertreter, kein Stabsabteilungsleiter zur Seite stand. Er tat alles allein! Wofür ihm Ruhm gebührt! Und eine Gedenktafel auf dem Übungsgelände: „Unter der persönlichen Führung Schukows".

Die zweite Herangehensweise: Die Zündung einer Atombombe auf dem Militärgelände Tozkoje ist ein infames Verbrechen. Aber bei dieser Interpretation findet Schukows Name aus unerfindlichen Gründen keine Erwähnung. Hier wird auf eine ganze Bande von Halunken verwiesen: Berija, Bulganin, Malenkow, Kaganowitsch, Molotow. Sie haben das Verbrechen auf dem Gewissen. Und flugs ist ein ehrenwerter Generalleutnant A. A. Ossin zur Stelle, der sich an Berija erinnern kann, nicht aber an Schukow. Obwohl Schukow offiziell als Übungsleiter fungierte. Obwohl Lawrenti Berija ein wasserdichtes Alibi hat. Er war bereits am 26. Juni 1953, also mehr als ein Jahr vor der Atomexplosion, verhaftet und am 23. Dezember 1953 um 19.50 Uhr – neun Monate vor der Übung – erschossen worden. Aber das beunruhigt unsere Generäle nicht weiter: Alle Ruhmestaten gehen auf Schukows Konto, alle Verbrechen sind von Berija!

Und nur ein einziges Mal erwähnt ein unmittelbar Beteiligter, der ehemalige Untersergeant Michail Arensburg, den Hauptorganisator des verbrecherischen Experiments. Untersergeant Arensburg diente in dem Pionierbataillon, das zum Personalbestand des Tozkojer Militärgeländes gehörte und nicht nur für die Übung hierher abkommandiert war. Deshalb ist im Unterschied zu Zehntausenden anderen Soldaten und Offizieren seine Teilnahme an dem Experiment auch durch eine entsprechende Bescheinigung aus dem Zentralarchiv des Russischen Verteidigungsministeriums offiziell verbürgt. Arensburg berichtet weiter: „Auf dem Übungsgelände gab es einen Klub, wo man den Soldaten Filme zeigte, ich verdiente mir dort etwas dazu als Filmvorführer. Aus meinem Fensterchen konnte ich allerhand sehen, zum Beispiel die Generalsessen. Ich habe auch Marschall Schukow gesehen, er war mehrere Male bei uns. Alle hatten schreckliche Angst vor ihm. Wenn sich sein Auto näherte, stoben die Generäle wie Hühner auseinander, um ihm bloß nicht unter die Augen zu geraten. Einmal hat Georgi Konstantinowitsch einem General in aller Öffentlichkeit die Schulterstücke heruntergerissen und ihn davongejagt."

Ja, dieses Herunterreißen von Schulterstücken. Das tat Schukow zu gerne. Und mit einem Gefühl tiefster Befriedigung, bei Offizieren, Generälen und Admirälen. Ein Sadist schlitzt seinem Opfer den Bauch auf und holt vorsichtig die Gedärme heraus, damit das arme Opfer die eigene Ausweidung mitverfolgen kann. Das verschafft dem Sadisten Befriedigung. Schukow hat keine Bäuche aufgeschlitzt, zumindest liegen bisher keine entsprechenden Erkenntnisse vor, aber er fetzte Biesen und goldene Schulterstücke herunter. Und weidete sich daran. Dafür habe ich mehr als genug Beweise. Die ich nur deshalb nicht anführe, weil Ihre Lektüre sonst monoton und ermüdend würde. Lassen Sie uns dieses Herunterreißen von Biesen und Schulterstücken unter einem etwas anderen Blickwinkel betrachten. Vom Standpunkt des ZK der KPdSU aus.

Die Zuerkennung der Generals- und Admiralsdienstränge wie auch deren Aberkennung fällt nicht in die Kompetenz des Verteidigungsministers und seiner Stellvertreter. Sie werden per Erlaß des Ministerrats der Sowjetunion verliehen. Und nur der Ministerrat besaß das Recht, Generäle und Admiräle zu degradieren oder ihnen schlechthin ihre Dienstränge zu nehmen.

Doch das ist nur der sichtbare Teil. Daneben gibt es noch einen unsichtbaren. Alle Kaderfragen entschied in der Sowjetunion das Zentralkomitee der KPdSU. Jeder Divisionskommandeur, ob er nun Generalmajor war oder erst Oberst, gehörte zur Nomenklatura des ZK. Steigen wir etwas höher hinauf in den Dienststellungen und -rängen, haben wir es bereits mit der Nomenklatura des Politbüros zu tun. ZK und Politbüro fällten geheime Entscheidungen. Was dann hieß, „die Instanz hat entschieden". Danach faßte der Ministerrat sozusagen in eigenem Namen den gleichen Beschluß, der schon auf höherer Ebene vorentschieden worden war.

Schukow fetzte Schulterstücke herunter, riß Generalsbiesen ab. Aber nicht um die daran ablesbare Grausamkeit und Brutalität geht es hier, sondern um Schukows Dummheit. Schukow kannte keine Grenzen in seiner Macht, wollte sie nicht kennen. Er tat, was er ohne Zustimmung des ZK und des Politbüros nicht tun durfte. Eigenmächtig maßte er sich die Kompetenzen der sogenannten „Direktivinstanzen" an. Man braucht gar nicht darüber zu diskutieren, ob Schukow die Machtergreifung vorbereitete oder nicht. Er war schon dabei, die Decke der Macht an sich zu reißen. Nur tat er das sehr ungeschickt und unklug.

Schukows Dummheit bestand in folgendem: Bring ZK und Politbüro unter deine Fuchtel, dann kannst du tun, was dir gefällt, und wenn es das Aufschlitzen und Ausweiden von Generalsbäuchen ist. Aber solange du sie noch nicht unter deiner Fuchtel hast, halte dich an die geltenden Spielregeln und Sitten.

Oder um es mit einem russischen Sprichwort zu sagen: Wer eine schiefe Fresse hat, sollte nicht so laut „Hopp!" schreien.

* * *

Die kommunistischen Agitatoren des heutigen Rußland reden der jungen Generation ein, sie brauche sich für Schukow nicht zu schämen. Die Kommunisten sagen: In jeder Herde gibt es schwarze Schafe, jede Nation bringt Monster hervor, in Deutschland hatten sie ihren Hitler, wir haben Schukow. Zwei Schurken vom gleichen Kaliber, meint man.

Doch die Unterschiede sollten uns nicht entgehen: Die Größenordnung des Schadens an Menschen, wie ihn Schukow verursachte, ist beispiellos. Die Orte von Schukows größtem Versagen schmücken heute Marmortafeln. Wir sollen hierauf auch noch stolz sein.

Und noch eins: Unter Schukows Regie starben nicht jene, die man für Feinde der Sowjetunion hielt, sondern die eigenen Leute.

Biographische Annotationen

Abakumow, Viktor Semjonowitsch (1908–1954): Generaloberst (1945). Ab 1932 in den Organen der Politischen Hauptverwaltung (GPU) und des Volkskommissariats für Innere Angelegenheiten (NKWD) tätig. Ab 1939 Leiter der NKWD-Verwaltung des Gebietes Rostow. Ab Februar 1941 Stellvertreter des Volkskommissars für Innere Angelegenheiten der UdSSR. Am 19. April 1943 Übernahme der Funktion des Stellvertretenden Volkskommissars für Verteidigung der UdSSR (Volkskommissar für Verteidigung war J. W. Stalin) und zugleich des Leiters der Hauptverwaltung Spionageabwehr SMERSCH. Abakumow leitete die Ermittlungen wegen Machtmißbrauchs gegen höchste Repräsentanten des NKWD und Befehlshaber der Streitkräfte. Ab 1946 Minister für Staatssicherheit der UdSSR. Am 12. Juli 1951 verhaftet, am 19. Dezember 1954 zum höchsten Strafmaß verurteilt und am gleichen Tag erschossen.

Berija, Lawrenti Pawlowitsch (1899–1953): Marschall der Sowjetunion (1945). Seit 1946 Mitglied des Politbüros des ZK der Allunions-Kommunistischen Partei (B). Ab 1921 in den Organen von Tscheka-GPU-NKWD tätig. 1926 wurde Berija Vorsitzender der GPU Georgiens. Ab 1931 1. Sekretär des ZK der Kommunistischen Partei Georgiens. 1938 Ernennung zum Volkskommissar für Innere Angelegenheiten der UdSSR. Am 30. Juni 1941 entstand das Staatskomitee für Verteidigung (GKO). Über die gesamte Existenzdauer des GKO gehörte Berija diesem mit höchsten Vollmachten ausgestatteten Organ an, das die Staats- und Kriegsangelegenheiten führte. In der Endphase des Krieges war Berija einziger Stellvertreter Stalins im GKO. Außerdem hatte er während der gesamten Kriegsdauer und in der Nachkriegszeit die Funktion des Stellvertretenden Vorsitzenden des Rates der Volkskommissare (SNK) der UdSSR, also des Stellvertreters J. W. Stalins als Regierungsoberhaupt, inne. Zugleich wurde Berija am 20. August 1945 Vorsitzender des Staatskomitees für das Problem Nr. 1 (die Entwicklung von Atomwaffen). 1952 organisierte und leitete Berija eine Verschwörung zur Beseitigung Stalins. An Stalins Todestag am 5. März 1953 erfolgte seine Ernennung zum 1. Stellvertreter des Regierungsoberhaupts und Minister für Innere Angelegenheiten. Berija bereitete einen Staatsstreich vor, um die Macht an sich zu reißen, wurde jedoch im Zuge einer Gegenverschwörung kaltgestellt und am 26.

Juni auf einer Sitzung des Präsidiums des ZK der KPdSU verhaftet. Verurteilung zum höchsten Strafmaß, am 23. Dezember 1953 um 7.50 Uhr Erschießung Berijas durch Generaloberst P. F. Batizki (später Marschall der Sowjetunion).

Jeremenko, Andrej Iwanowitsch (1892–1970): Marschall der Sowjetunion (1955). Im Ersten Weltkrieg Gefreiter. Seit 1918 in der Roten Armee. Durchlief alle Dienststellungen vom Kommandeur eines Zugs bis zum Befehlshaber einer Armee und eines Militärbezirks. Im Zweiten Weltkrieg befehligte Jeremenko sukzessive die Westfront und die Brjansker Front, die 4. Stoßarmee, die Südostfront, die Stalingrader Front, die Südfront, die Kalinin-Front, die Selbständige Primorje-Armee, die 2. Baltische und die 4. Ukrainische Front. Nach dem Krieg war Jeremenko Befehlshaber des Karpaten-Militärbezirks, des Westsibirischen Militärbezirks sowie des Nordkaukasus-Militärbezirks.

Konew, Iwan Stepanowitsch (1897–1973): Marschall der Sowjetunion (1944). Seit 1918 in der Roten Armee. Während des Bürgerkriegs brachte es Konew bis zum Korpskommandeur und zum Leiter eines Armeestabs, stieg wieder zum Regimentskommandeur ab und erlebte einen neuerlichen Aufstieg. Den Zweiten Weltkrieg begann Konew als Befehlshaber der 19. Armee, die er in einer geheimen Operation aus dem Nordkaukasus in das Gebiet Tscherkassy in der Ukraine verlegte. Von November 1941 bis zum Kriegsende befehligte Konew Fronten: die Kalinin-Front, die Westfront, die Nordwestfront, die Steppenfront, die 1. Ukrainische Front. Nach dem Krieg war er Oberkommandierender der Zentralen Gruppe der sowjetischen Streitkräfte in Österreich, Befehlshaber des Karpaten-Militärbezirks, 1. Stellvertreter des Verteidigungsministers der UdSSR, Oberbefehlshaber des Gruppe der sowjetischen Streitkräfte in Deutschland.

Krjukow, Wladimir Viktorowitsch (1897–1959): Generalleutnant (1944). Vor dem Zweiten Weltkrieg Kommandeur eines Kavallerieregiments in der von G. K. Schukow befehligten Division. Im Krieg Divisionskommandeur, danach stand Krjukow an der Spitze des 2. Gardekavalleriekorps. Bereicherte sich in besonders großem Ausmaß an Beutegut. Auf Befehl seines Gönners Schukow wurde Krjukow mehrfach gesetzwidrig mit höchsten staatlichen Orden ausgezeichnet. 1948 Verhaftung und Verurteilung zu 25 Jahren Freiheitsentzug unter Beschlagnahmung des Vermögens. Nach dem Tod J. W. Stalins wurde das Urteil „aufgrund neu zutage getretener Umstände" aufgehoben.

Kusnezow, Nikolai Gerassimowitsch (1905–1974): Flottenadmiral der Sowjetunion (1955). Im Ersten Weltkrieg Soldatendienst als Freiwilliger. Um in die Flotte zu kommen, fälschte Kusnezow sein Geburtsdatum und machte sich drei Jahre älter, weshalb in allen offiziellen Dokumenten das Geburtsjahr 1902 angegeben ist. Vor dem Zweiten Weltkrieg war Kusnezow Kreuzerkommandant, Berater in Spanien, Kommandierender der Pazifikflotte. Von 1939 bis Kriegsende Volkskommissar der Seekriegsflotte, nach dem Krieg 1. Stellvertreter des Verteidigungsministers der UdSSR. 1956 wurde Kusnezow auf Befehl G. K. Schukows zum Vizeadmiral degradiert und aus den Streitkräften entfernt.

Merkulow, Wsewolod Nikolajewitsch (1895–1953): Armeegeneral (1945). Seit 1921 in den Organen von Tscheka-GPU-NKWD tätig. Ab 1938 1. Stellvertreter des Volkskommissars für Innere Angelegenheiten der UdSSR. Im Februar 1941 zum Volkskommissar für Staatssicherheit ernannt. Ab 1950 Minister für Staatskontrolle der UdSSR. Am 18. September 1953 verhaftet. Am 23. Dezember 1953 Verurteilung zum höchsten Strafmaß und Erschießung am gleichen Tag.

Rokossowski, Konstantin Konstantinowitsch (1896–1968): Marschall der Sowjetunion (1944). Im Ersten Weltkrieg Unteroffizier. Seit Oktober 1917 in der Roten Armee. Vor dem Zweiten Weltkrieg kommandierte Rokossowski eine Schwadron, ein Regiment, eine Brigade, eine Division und ein Korps. 1937 verhaftet, drei Jahre in Untersuchungshaft. 1940 aus dem Gefängnis entlassen und zum Korpskommandeur ernannt. Im Zweiten Weltkrieg befehligte Rokossowski ein mechanisiertes Korps, danach die 16. Armee. Ab Juli 1942 war er nacheinander Befehlshaber der Brjansker Front, der Don-Front, der Zentralen Front und der 1. Belorussischen Front. Dank kluger Truppenführung erreichte Rokossowski als erster die Grenze des Deutschen Reiches in der Stoßrichtung Berlin. Da Stalin jedoch verhindern wollte, daß ein Marschall mit polnischem Namen Berlin einnahm, versetzte er Rokossowski in den benachbarten Frontabschnitt und stellte G. K. Schukow an seinen Platz. Am 24. Juni 1945 befehligte Rokossowski die Siegesparade. Nach dem Krieg war er Verteidigungsminister Polens. Von 1956 bis 1962 Verteidigungsminister der UdSSR.

Ruslanowa, Lidija Andrejewa (1900–1973): Mit G. K. Schukow befreundet. Betrieb in besonders gravierendem Ausmaß den Raub von Beutegut. Auf Befehl Schukows unter Umgehung geltender Gesetze mit einem Gefechtsorden ausgezeichnet. Nach dem Krieg wurde Ruslanowa verhaftet und verbrachte nach der Verurteilung einige Jahre in Haft. Auf Betreiben G. K. Schukows kam Ruslanowa nach dem Tod J. W. Stalins auf freien Fuß.

Schukow, Georgi Konstantinowitsch (1896–1974): Marschall der Sowjetunion (1943). Im Ersten Weltkrieg Unteroffizier. Seit 1918 in der Roten Armee. Schukow durchlief alle Dienststellungen vom einfachen Soldaten bis zum Korpskommandeur und zum Stellvertretenden Befehlshaber eines Militärbezirks. 1939 befehligte er in der Mongolei ein selbständiges Korps, danach eine Armeegruppe. Ab 1940 Kommandierender des Kiewer Sondermilitärbezirks. Am 13. Januar 1941 zum Chef des Generalstabs der Roten Arbeiter- und Bauern-Armee ernannt. Im Juli 1941 wurde Schukow von diesem Posten abgelöst und in eine niedrigere Dienststellung versetzt – als Kommandeur der Reservefront. Ab September 1941 Kommandierender der Leningrader Front, ab Oktober 1941 der Westfront. Ab August 1942 1. Stellvertreter des Volkskommissars für Verteidigung und Stellvertreter des Obersten Befehlshabers. Ab Juni 1945 Oberbefehlshaber der Gruppe der sowjetischen Besatzungstruppen in Deutschland. Von März bis Juni 1946 Befehlshaber der Landstreitkräfte. Ab 3. Juni 1946 führte Schukow den Militärbezirk Odessa, ab 4. Februar 1948 den Ural-Militärbezirk. Unmittelbar nach Stalins Tod wurde Schukow nach Moskau zurückgerufen und zum 1. Stellvertreter des Verteidigungsministers der UdSSR ernannt. Er war als Ausführender an der Verschwörung gegen Lawrenti Berija beteiligt. Verantwortlich für Massenexperimente an Soldaten und Offizieren. Am 9. Februar 1955 Ernennung zum Verteidigungsminister der UdSSR. Einer der wichtigsten Drahtzieher hinter der Einberufung und Durchführung des XX. Parteitags. Am 22. Juni 1957 organisierte Schukow mit Unterstützung des KGB-Vorsitzenden Iwan Serow einen Staatsstreich, bei dem das Präsidium des ZK der KPdSU mehrheitlich zugunsten Nikita Chruschtschows abgelöst wurde. Er bereitete einen weiteren Staatstreich zur Entmachtung Chruschtschows, der Gewinnung unbeschränkter Herrschaft und der Einführung einer Militärdiktatur vor. Im Oktober 1957 im Zuge einer Gegenverschwörung aller Posten enthoben und in den Ruhestand versetzt.

Serow, Iwan Alexandrowitsch (1905–1990): Armeegeneral (1955). Serow absolvierte die Militärakademie „M. W. Frunse". 1939 in die Organe des NKWD abkommandiert, wo er in einer steilen Karriere binnen sieben Monaten mehrere Dienststellungen durchlief. Ab September 1939 Volkskommissar für Innere Angelegenheiten der Ukraine. Verantwortlich für Verhaftungen, Deportationen und Massenvernichtungen in den Gebieten, die durch den Moskauer Pakt über den Beginn des Zweiten Weltkrieges (Molotow-Ribbentrop-Pakt) an die Sowjetunion fielen. Ab Februar 1941 1. Stellvertreter des Volkskommissars für Staatssicherheit der UdSSR. Von Juli 1941 bis Februar 1947 Stellvertreter des Volkskommissars für Innere Angelegenheiten der UdSSR. Daneben 1945 Berater des NKWD der UdSSR beim Ministerium für gesellschaftliche Sicherheit Polens. 1945 bis 1947 Stellvertreter der Zivilverwaltung des Oberbefehlshabers der Gruppe der sowjetischen Besatzungstruppen in Deutschland. Er betrieb Raub und Diebstahl von Beutegut in besonders großem Ausmaß. 1947 bis 1954 1. Stellvertreter des Ministers für Innere Angelegenheiten der UdSSR. Ab 1954 Vorsitzender des Komitees für Staatssicherheit (KGB) der UdSSR. Serow war aktiv am Staatsstreich vom 22. Juni 1957 beteiligt, bei dem G. K. Schukow durch mehrheitliche Entmachtung der Mitglieder des Präsidiums des ZK der KPdSU Nikita Chruschtschow zur Macht verhalf. Ab 1958 Leiter der Spionageverwaltung (GRU) des Generalstabs. 1963 Aberkennung des Ehrentitels Held der Sowjetunion, Degradierung zum Generalmajor, Versetzung nach Turkestan sowie ab 1965 in den Ruhestand.

Simonow, Konstantin Michailowitsch (1915–1979): Kommunistischer Agitator, Verfasser phantasiereicher Berichte über G. K. Schukow, Autor „bestellter" Büchern über den Krieg. Glühender Anhänger des Stalin-Kults. Nach der Machtergreifung Chruschtschows stellte sich Simonow als treuer Kampfgefährte auf dessen Seite und beteiligte sich mit ebenso vehementem Eifer an der Entlarvung Stalins. Nach dem Sturz Nikita Chruschtschows erneut Stalin-Verteidiger.

Stalin (Dschugaschwili), Jossif Wissarionowitsch (1879–1953): Seit 1922 kommunistischer Diktator der Sowjetunion. Während des Zweiten Weltkrieges Vorsitzender des Staatskomitees für Verteidigung (ab Juni 1941) und des Verteidigungsressorts (ab Juli 1941 bis 1947). 1943 ließ er sich zum Marschall und zum Generalissimus der Sowjetunion ernennen.

Telegin, Konstantin Fjodorowitsch (1899–1981): Generalleutnant (1943). Vor dem Zweiten Weltkrieg politischer Kommissar in den NKWD-Truppen. Während des Krieges Mitglied des Militärrates (politischer Kommissar) mehrerer Fronten. Ab 1945 Mitglied des Militärrates der Gruppe der sowjetischen Besatzungstruppen in Deutschland. Diebstahl von Beutegut in besonders schwerem Falle. 1947 Verhaftung, Verurteilung zu 25 Jahren Haft unter Konfiszierung des Vermögens. 1954 auf Betreiben G. K. Schukows aus dem Gefängnis entlassen und wieder in den Generalsrang erhoben. 1956 Versetzung in die Reserve.

Timoschenko, Semjon Konstantinowitsch (1895–1970): Marschall der Sowjetunion (1940). Im Ersten Weltkrieg einfacher Soldat. Ab November 1917 in den Reihen der Roten Armee. Er durchlief alle Stufen der Dienstleiter: Er war Gemeiner, Kommandeur eines Zuges, einer Schwadron, eines Regiments, einer Brigade, einer Division und eines Korps, kommandierte Militärbezirke. Im September 1939 als Befehlshaber der Ukrainischen Front beteiligt an der Zerschlagung Polens durch Streitkräfte der Sowjetunion und Hitler-Deutschlands. Ab Januar 1940 befehligte Timoschenko die Truppen der Nordwestfront, denen es gelang, unter den Bedingungen des Polarwinters die theoretisch unüberwindliche Mannerheim-Linie auf der Karelischen Landenge zu durchbrechen. Ab Mai 1940 Volkskommissar für Verteidigung der UdSSR. Im Krieg Mitglied des Hauptquartiers des Obersten Befehlshabers und Kommandierender mehrerer Fronten. Nach dem Krieg stand Timoschenko an der Spitze mehrerer Militärbezirke.

Wadis, Alexander Anatoljewitsch (1906–1968): Generalleutnant (1941). Seit 1930 in den Organen von GPU und NKWD tätig. Ab 1939 an der Spitze der NKWD-Verwaltung des Gebietes Ternopol. Während des Krieges Leiter der Sonderabteilung des NKWD in mehreren Armeen und Fronten. Ab 1943 leitete Wadis die Verwaltung Spionageabwehr SMERSCH der Zentralen Front. 1945 übernahm er die gleiche Funktion in der Gruppe der sowjetischen Besatzungstruppen in Deutschland. Wadis ermittelte gegen Marschall G. K. Schukow und dessen Umgebung wegen Machtmißbrauchs. Im Juli 1945 in das Transbaikal-Gebiet versetzt. 1951 aus den Organen des Ministeriums für Staatssicherheit entlassen. 1954 wurde Wadis der Generalsdienstrang aberkannt.

Wassilewski, Alexander Michailowitsch (1895–1977): Marschall der Sowjetunion (1943). Im Ersten Weltkrieg am Anfang seiner Offizierslaufbahn. Seit 1918 in der Roten Armee. Vor dem Zweiten Weltkrieg Generalmajor, Stellvertretender Leiter der Operativen Verwaltung des Generalstabs der Roten Arbeiter- und Bauern-Armee, ab August 1941 an der Spitze dieser Verwaltung. Im Juni 1942 zum Chef des Generalstabs ernannt. Daneben seit Oktober 1942 Stellvertreter des Volkskommissars für Verteidigung der UdSSR (J. W. Stalin). Ab Juni 1945 Oberkommandierender der sowjetischen Truppen im Fernen Osten. Von 1949 bis 1953 Minister der Streitkräfte der UdSSR.

Anmerkungen

Kapitel 1: ... ist heilig zu sprechen

1 Zeile aus der Ballade „Gestern kehrte er nicht zurück aus dem Kampf" des Moskauer Schauspielers und Liedermachers Wladimir Wyssotzki (1938–1980). Wyssotzki schrieb Texte und Musik für mehrere hundert Lieder, die er auch selbst vortrug. Sein Liedschaffen ist noch heute außerordentlich beliebt in Rußland.

2 *Krasnaja swesda* vom 4.2.1997

3 *Krasnaja swesda* vom 3.8.1996

4 Ebd.

5 Befehl des Ministeriums der Streitkräfte des Bundes Sozialistischer Sowjetrepubliken Nr. 009 vom 9.6.1946

6 *Wojenno-istoritscheski schurnal* (Militärhistorische Zeitschrift) Nr. 5/1993, S. 27

7 *Wojenno-istoritscheski schurnal* (Militärhistorische Zeitschrift) Nr. 5/1990, S. 22

8 *Wojenno-istoritscheski schurnal* (Militärhistorische Zeitschrift) Nr. 10/1988, S.17

9 *Wojenno-istoritscheski schurnal* (Militärhistorische Zeitschrift) Nr. 5/1990, S. 23

10 *Wojenno-istoritscheski schurnal* (Militärhistorische Zeitschrift) Nr. 1/1992, S. 76

11 Korpskommandeur: Bis zum Beginn des Zweiten Weltkrieges gab es in der Roten Armee keinen Generalsdienstgrad. Auf den Oberst folgten der Brigadekommandeur, der Korpskommandeur, der Armeekommandeur 2. Ranges, der Armeekommandeur 1. Ranges und der Marschall der Sowjetunion. 1940 wurde ein neues Dienstgradsystem für den höchsten Kommandeurskader eingeführt. Nach dem Oberst kam nun der Generalmajor, der Generalleutnant, der Generaloberst, der Armeegeneral und der Marschall der Sowjetunion.

12 *Marschaly Sowjetskogo Sojusa* (Die Marschälle der Sowjetunion). Ljubimaja kniga, Moskau 1996, S. 35

13 *Wojenno-istoritscheski schurnal* (Militärhistorische Zeitschrift), Nr. 5/1994, S.19

14 *Krasnaja swesda* (Roter Stern) vom 11.2.1996

15 Oktober-Plenum des ZK der KPdSU. Stenographischer Bericht. Moskau 1957

16 Ebd.

17 N. Smirnow, *Wplot do wysschej mery* (Bis zum Höchstmaß). Moskowski rabotschi, Moskau 1997, S. 139

18 *Wojenno-istoritscheski schurnal* (Militärhistorische Zeitschrift) Nr. 12/1988, S. 32
19 *Krasnaja swesda* (Roter Stern) vom 30.11.1996
20 B. Sokolow, *Neiswestny Schukow: portret bes retuschi* (Der unbekannte Schukow: ein Porträt ohne Retusche). Rodiola-plus, Minsk 2000, S. 538
21 ZK der AKP (B): Von 1925 bis 1952 gehörte zum Parteinamen Kommunistitscheskaja Partija (Kommunistische Partei) das vorangestellte Attribut Wsjesojusnaja (Allunions-), des weiteren stand nach dem Namen in Klammern der Zusatz (B) für Bolschewiki. (A.d.Ü.)
22 *Wojenno-istoritscheski schurnal* (Militärhistorische Zeitschrift) Nr. 3/1993, S. 24, unter Verweis auf das Archiv des Präsidenten der Russischen Föderation, Fonds 73, Verzeichnis 1, Akte 84, Blatt 30 f.
23 *Krasnaja swesda* (Roter Stern) vom 19.9.1995
24 *Wojenno-istoritscheski schurnal* (Militärhistorische Zeitschrift) Nr. 6/1989, S. 55
25 *Krasnaja swesda* (Roter Stern) vom 1.3.1997
26 Verzeichnis der Führungspositionen in der UdSSR
27 *Wojenno-istoritscheski schurnal* (Militärhistorische Zeitschrift) Nr. 12/1988, S. 32

Kapitel 2: Ein Debüt mit Rätseln

1 A. Buschkow, *Rossija, kotoroj ne bylo* (Ein Rußland, das es nicht gab). Olma-Press, Moskau 1997, S. 559
2 G. K. Schukow, *Wospominanija i rasmyschlenija* (Erinnerungen und Gedanken). APN, Moskau 1969, S. 154
3 Volkskommissar: Bis 1946 gab es in der Sowjetunion keine Minister und Ministerien, sondern Volkskommissare (Narkomy) und Volkskommissariate (Narkomaty).
4 *Sowjetskaja wojennaja enziklopedija. W 8 t.* (Sowjetische Militärenzyklopädie in 8 Bdn.). Wojenisdat, Moskau 1976–1980, Bd. 8, S. 353
5 M. W. Sacharow, *Nowaja i nowejschaja istorija* (Neuere und neueste Geschichte) Nr. 5/1970, S. 23
6 G. K. Schukow, *Wospominanija i rasmyschlenija* (Erinnerungen und Gedanken). APN, Moskau 1969, S. 172
7 Ebd., S. 173
8 Ebd., S. 162
9 *Wojenno-istoritscheski schurnal* (Militärhistorische Zeitschrift) Nr. 1/1992, S. 76
10 GPU: Nach der Reorganisation der Wserossiskaja Tschreswytschainaja Kommissija (Gesamtrussische Außerordentliche Kommission) WTscheka lautete die offizielle Bezeichnung des Staatssicherheitsorgans in den Jahren 1922/23 Gosudarstwennoe Polititscheskoje Uprawlenie (Staatliche Politische Verwaltung) GPU. (A.d.Ü.)
11 Lubjanka: Das Staatssicherheitsorgan wird häufig danach benannt, wo es seinen Sitz hatte: am Lubjanka-Platz im Herzen Moskaus. (A.d.Ü.)

Kapitel 3: Wozu brauchte Stalin die Alandinseln?

1 F. Halder, *Kriegstagebuch.* Bd. 3. Kohlhammer, Stuttgart 1964, S. 29 (Eintragung vom 30.6.1941)

[2] *Krasnosnamenny baltiski flot w bitwe sa Leningrad* (Die baltische Rotbannerflotte im Kampf um Leningrad). Nauka, Moskau 1973, S. 8
[3] *Wojenno-istoritscheski schurnal* (Militärhistorische Zeitschrift) Nr. 3/1973, S. 78
[4] F. Ruge, *Woina na more 1939–1945* (Der Seekrieg 1939–1945). Wojenisdat, Moskau 1957, S. 209 (Übers. aus dem Dtsch.)
[5] Zit. nach Aussagen des Flottenadmirals I. S. Issakow in der Zeitschrift *Snamja* (Das Banner) Nr. 5/1988, S. 77
[6] *Wojenno-istoritscheski schurnal* (Militärhistorische Zeitschrift) Nr. 4/1962, S. 34
[7] *Bojewoi put Sowjetskogo Wojenno-Morskogo flota* (Der Kampfweg der Sowjetischen Seekriegsflotte). Wojenisdat, Moskau 1974, S. 537
[8] H. Picker (Hrsg.), *Hitlers Tischgespräche im Führerhauptquartier: Entstehung, Struktur, Folgen des Nationalsozialismus*, 2. Aufl. Ullstein, Berlin 1997 (Eintragung vom 5.6.1942)
[9] Der vollständige Text des Plans befindet sich in dem Sammelband *1941 god: Perwaja kniga* (Das Jahr 1941: Erstes Buch). Demokratija, Moskau 1998, S. 418 ff.

Kapitel 4: Schukow und das Erdöl

[1] H. Picker (Hrsg.), *Hitlers Tischgespräche im Führerhauptquartier: Entstehung, Struktur, Folgen des Nationalsozialismus*, 2. Aufl. Ullstein, Berlin 1997, S. 445 (Eintragung vom 18.5.1942)
[2] *Wojenno-istoritscheski schurnal* (Militärhistorische Zeitschrift) Nr. 6/1992, S. 45
[3] Ebd., S. 47
[4] Vgl. V. Suworow, *Der Eisbrecher: Hitler in Stalins Kalkül*. Klett-Cotta, Stuttgart 1989
[5] J. T. Ejdus, *Schidkoje topliwo w woine* (Flüssiger Kraftstoff im Krieg). Akademisdat, Moskau 1943, S. 74 f.
[6] B. Mueller-Hillebrand, *Das Heer 1933–1945: Entwicklung des organisatorischen Aufbaues*. Bd. 3. Mittler, Frankfurt a.M. 1969, S. 55
[7] G. K. Schukow, *Wospominanija i rasmyschlenija* (Erinnerungen und Gedanken). APN, Moskau 1969, S. 197

Kapitel 5: Das Rezept des Scheiterns

[1] *Nesawissimaja gaseta* (Unabhängige Zeitung) vom 5.3.1994
[2] *Nakanune woiny. Materialy soweschtschanija wysschego rukowodjaschtschego sostawa RKKA 23–31 dekabrja 1940* (Am Vorabend des Krieges. Die Materialien der Beratung der obersten Kommandoführung der Roten Arbeiter- und Bauern-Armee vom 23.–31. Dezember 1940). Terra, Moskau 1993, S. 151
[3] Ebd., S. 151
[4] L. Batechin, *Wosduschnaja moschtsch rodiny* (Die Luftstreitmacht der Heimat). Wojenisdat, Moskau 1988, S. 160
[5] *Wojenno-istoritscheski schurnal* (Militärhistorische Zeitschrift) Nr. 7/1971, S. 21

Kapitel 6: Die Beratung im Dezember

[1] G. K. Schukow, Referat auf der Beratung der Obersten Kommandoführung der Roten Arbeiter- und Bauern-Armee am 26.12.1940

[2] G. K. Schukow, *Wospominanija i rasmyschlenija* (Erinnerungen und Gedanken). APN, Moskau 1969, S. 191

[3] *Nakanune woiny. Materialy soweschtschanija wysschego rukowodjaschtschego sostawa RKKA 23–31 dekabrja 1940* (Am Vorabend des Krieges. Die Materialien der Beratung der obersten Kommandoführung der Roten Arbeiter- und Bauern-Armee vom 23.–31. Dezember 1940). Terra, Moskau 1993, S. 153 f.

[4] Ebd., S. 170

[5] Ebd., S. 334

[6] G. K. Schukow, *Wospominanija i rasmyschlenija* (Erinnerungen und Gedanken). APN, Moskau 1969, S. 191

[7] *Nakanune woiny. Materialy soweschtschanija wysschego rukowodjaschtschego sostawa RKKA 23–31 dekabrja 1940* (Am Vorabend des Krieges. Die Materialien der Beratung der obersten Kommandoführung der Roten Arbeiter- und Bauern-Armee vom 23.–31. Dezember 1940). Terra, Moskau 1993, S. 177

[8] Ebd., S. 255

[9] Ebd., S. 321

[10] Ebd., S. 323

[11] Ebd., S. 210

[12] Ebd., S. 350

[13] G. K. Schukow, *Wospominanija i rasmyschlenija* (Erinnerungen und Gedanken), APN, Moskau 1969, S. 190

Kapitel 7: Wie Schukow Generaloberst Pawlow schlug

[1] A. Kusnezow, *Babi Jar.* Possew, New York 1986, S. 265

[2] *Wojenno-istoritscheski schurnal* (Militärhistorische Zeitschrift) Nr. 12/1986, S. 41

[3] G. K. Schukow, *Wospominanija i rasmyschlenija* (Erinnerungen und Gedanken). APN, Moskau 1969, S. 193

[4] *Wojenno-istoritscheski schurnal* (Militärhistorische Zeitschrift) Nr. 6/1989, S. 6

Kapitel 8: Über den ersten Sturm auf Königsberg

[1] *Iswestija* (Nachrichten) vom 22.6.1993

[2] *Wojenno-istoritscheski schurnal* (Militärhistorische Zeitschrift) Nr. 12/1986, S. 41

[3] G. K. Schukow, *Wospominanija i rasmyschlenija* (Erinnerungen und Gedanken). APN, Moskau 1969, S. 192

[4] Staatliches Militärarchiv der Russischen Föderation, Fonds 37977, Verzeichnis 5, Akte 564, Blatt 32–34

[5] *Nakanune woiny. Materialy soweschtschanija wysschego rukowodjaschtschego sostawa RKKA 23–31 dekabrja 1940* (Am Vorabend des Krieges. Die Materialien der Beratung der obersten Kommandoführung der Roten Arbeiter- und Bauernarmee vom 23.–31. Dezember 1940). Terra, Moskau 1993, S. 389)

[6] Ebd., S. 389

[7] *Iswestija* (Nachrichten) vom 22.6.1993

[8] *Wojenno-istoritscheski schurnal* (Militärhistorische Zeitschrift) Nr. 2/1992, S. 22

[9] *Wojenno-istoritscheski schurnal* (Militärhistorische Zeitschrift) Nr. 12/1986, S. 41
[10] *Nakanune woiny. Materialy soweschtschanija wysschego rukowodjaschtschego sostawa RKKA 23–31 dekabrja 1940* (Am Vorabend des Krieges. Die Materialien der Beratung der obersten Kommandoführung der Roten Arbeiter- und Bauernarmee vom 23.–31. Dezember 1940). Terra, Moskau 1993, S. 389
[11] *Krasnaja swesda* (Roter Stern) vom 15.6.1996
[12] *Krasnaja swesda* (Roter Stern) vom 31.5.1996

Kapitel 9: Auf Budapest!

[1] *Iswestija* (Nachrichten) vom 22.6.1993
[2] W. A. Anfilow, *Bessmertny podwig* (Die unsterbliche Heldentat). Wojenisdat, Moskau 1971, S. 137
[3] *Krasnaja swesda* (Roter Stern) vom 27.12.1990
[4] Polessje: Die von Sümpfen, Seen und Wäldern bedeckte Polessje-Niederung mit einer Ausdehnung von ca. 270.000 km^2 erstreckt sich in Südbelorußland, der Nordukraine sowie Westrußland im Delta des Flusses Pripjat und den Mittelläufen von Dnepr und Dessna. (A.d.Ü.)
[5] G. K. Schukow, *Wospominanija i rasmyschlenija* (Erinnerungen und Gedanken). APN, Moskau 1969, S. 193
[6] Ebd.
[7] *Nakanune woiny. Materialy soweschtschanija wysschego rukowodjaschtschego sostawa RKKA 23–31 dekabrja 1940* (Am Vorabend des Krieges. Die Materialien der Beratung der obersten Kommandoführung der Roten Arbeiter- und Bauern-Armee vom 23.–31. Dezember 1940). Terra, Moskau 1993, S. 389
[8] B. Sokolow, *Neiswestny Schukow: portret bes retuschi* (Der unbekannte Schukow: Porträt ohne Retusche), Rodiola-plus, Minsk 2000, S. 198

Kapitel 10: Von einem, dem die Lage schleierhaft blieb

[1] *Wojenno-istoritscheski schurnal* (Militärhistorische Zeitschrift) Nr. 11/1988, S. 21
[2] *Wojenno-istoritscheski schurnal* (Militärhistorische Zeitschrift) Nr. 2/1992, S. 23
[3] Ebd.
[4] *Wojenno-istoritscheski schurnal* (Militärhistorische Zeitschrift) Nr. 4/1991
[5] G. K. Schukow, *Wospominanija i rasmyschlenija* (Erinnerungen und Gedanken). APN, Moskau 1969, S. 301

Kapitel 11: Gefechtsmäßig handeln!

[1] *Wojenno-istoritscheski schurnal* (Militärhistorische Zeitschrift) Nr. 12/1986, S. 40
[2] G. K. Schukow, *Wospominanija i rasmyschlenija* (Erinnerungen und Gedanken). APN, Moskau 1969, S. 218 f.
[3] *Snamja* (Das Banner) Nr. 5/1988, S. 90
[4] Ebd., S. 82
[5] *Wojenno-istoritscheski schurnal* (Militärhistorische Zeitschrift) Nr. 3/1995, S. 41

6 *Krasnaja swesda* (Roter Stern) vom 30.7.1993
7 G. K. Schukow, *Wospominanija i rasmyschlenija* (Erinnerungen und Gedanken). APN, Moskau 1969, S. 248

Kapitel 12: Den Spieß gegen sich selbst kehren

1 *Wojenno-istoritscheski schurnal* (Militärhistorische Zeitschrift) Nr. 5/1991, S. 13
2 I. Ch. Bagramjan, *Tak schli my k pobede* (So gelangten wir zum Sieg). Wojenisdat, Moskau 1988, S. 46

Kapitel 13: Wie Schukow Moskau rettete

1 *Wojenno-istoritscheski schurnal* (Militärhistorische Zeitschrift) Nr. 2/1990, S. 50
2 G. K. Schukow, *Wospominanija i rasmyschlenija* (Erinnerungen und Gedanken). APN, Moskau 1969, S. 300

Kapitel 14: Wie die „Zerschlagung der Deutschen" bei Moskau ausging

1 *Wojenno-istoritscheski schurnal* (Militärhistorische Zeitschrift) Nr. 2/1995, S. 17
2 *Wojenno-istoritscheski schurnal* (Militärhistorische Zeitschrift) Nr. 6/1973, S. 37
3 *Sowjetskaja wojennaja enziklopedija. W 8 t.* (Sowjetische Militärenzyklopädie in 8 Bdn.) Wojenisdat, Moskau 1976–1980, Bd. 1, S. 289
4 G. K. Schukow, *Wospominanija i rasmyschlenija* (Erinnerungen und Gedanken). APN, Moskau 1969, S. 300
5 B. Mueller-Hillebrand, *Das Heer 1933–1945: Entwicklung des organisatorischen Aufbaues*. Bd. 3. Mittler, Frankfurt a.M. 1969, S. 23 f.
6 Zit. nach der russischen Ausgabe von K. Reinhardt, *Die Wende vor Moskau: Das Scheitern der Strategie Hitlers im Winter 1941/42*. Wojenisdat, Moskau 1980, S. 138
7 A. T. Rybin, *Stalin i Schukow* (Stalin und Schukow). Gudok, Moskau 1994, S. 23
8 *Wojenno-istoritscheski schurnal* (Militärhistorische Zeitschrift) Nr. 11/1976, S. 13
9 *Wojenno-istoritscheski schurnal* (Militärhistorische Zeitschrift) Nr. 2/1991, S. 24, unter Verweis auf das Zentralarchiv des Verteidigungsministeriums der UdSSR, Fonds 208, Verzeichnis 2511, Akte 1035, Blatt 63 f.
10 *Krasnaja swesda* (Roter Stern) vom 14.3.1993
11 Ebd.
12 G. K. Schukow, *Rasmyschlenija i wospominanija* (Erinnerungen und Gedanken). APN, Moskau 1969, S. 211
13 *Wojenno-istoritscheski schurnal* (Militärhistorische Zeitschrift) Nr. 2/1995, S. 17

Kapitel 15: Vorwärts – auf Sytschewka!

1 *Krasnaja swesda* vom 4.2.1997
2 G. K. Schukow, *Wospominanija i rasmyschlenija* (Erinnerungen und Gedanken). APN, Moskau 1969, S. 401 f.

3 A. M. Samsonow, *Snat i pomnit* (Wissen und erinnern). IPL, Moskau 1989, S. 136
4 *Krasnaja swesda* (Roter Stern) vom 10.1.1985
5 G. K. Schukow, *Wospominanija i rasmyschlenija* (Erinnerungen und Gedanken). APN, Moskau 1969, S. 395

Kapitel 16: Und noch einmal – auf Sytschewka

1 *Krasnaja swesda* (Roter Stern) vom 18.2.1998
2 *Wojenno-istoritscheski schurnal* (Militärhistorische Zeitschrift) Nr. 11/1977, S. 32
3 G. K. Schukow, *Wospominanija i rasmyschlenija* (Erinnerungen und Gedanken). APN, Moskau 1969, S. 435 f.
4 Ebd.
5 Ebd., S. 436 f.
6 Ebd., S. 437
7 M. Chodarenok/O. Wladimirow, *Nesawissimoje wojennoje obosrenije* (Unabhängige Militärrundschau) vom 8.6.2001
8 E. v. Manstein, *Verlorene Siege: Erinnerungen 1939–1944*. 12. Aufl., Bernard und Graefe, München 1991
9 *Wojenno-istoritscheski schurnal* (Militärhistorische Zeitschrift) Nr. 4/1994
10 E. v. Manstein, *Verlorene Siege: Erinnerungen 1939–1944*. 12. Aufl, Bernard und Graefe, München 1991, S. 399
11 G. K. Schukow, *Wospominanija i rasmyschlenija* (Erinnerungen und Gedanken). APN, Moskau 1969, S. 421
12 *Marschal Schukow. Kakim my ego pomnim* (Marschall Schukow. Wie er in unserem Gedächtnis lebt). Moskau 1988, S. 239

Kapitel 17: Über die herausragende Rolle

1 *Wojenno-istoritscheski schurnal* (Militärhistorische Zeitschrift) Nr. 3/1992, S.32
2 *Wojenno-istoritscheski schurnal* (Militärhistorische Zeitschrift) Nr. 3/1992, S. 31
3 K. K. Rokossowski, *Soldatski dolg* (Soldatenpflicht). Wojenisdat, Moskau 1968, S. 217
4 *Wojenno-istoritscheski schurnal* (Militärhistorische Zeitschrift) Nr. 12/1987, S. 44
5 *Wojenno-istoritscheski schurnal* (Militärhistorische Zeitschrift) Nr. 2/1995

Kapitel 18: Was Orden erzählen

1 *Nesawissimaja gaseta* (Unabhängige Zeitung) vom 5.3.1994
2 *Marschaly Sowjetskogo Sojusa* (Die Marschälle der Sowjetunion). Ljubimaja kniga, Moskau 1996, S. 36
3 B. Baschanow, *Wospominanija bywschego sekretarja Stalina* (Erinnerungen des ehemaligen Stalin-Sekretärs). Tretja wolna, Paris 1980, S. 63
4 A. Buschkow, *Rossija, kotoroj ne bylo* (Ein Rußland, das es nicht gab). Olma-Press, Moskau 1997, S. 561

Kapitel 19: Und wie er die Frontsoldaten liebte!

[1] Zeile aus der Ballade „Das Strafbataillon" des Moskauer Schauspielers und Liedermachers Wladimir Wyssotzki (1938–1980)
[2] *Krasnaja swesda* (Roter Stern) vom 6.10.1999
[3] Ebd.
[4] *Krasnaja swesda* (Roter Stern) vom 9.12.1999

Kapitel 20: Die rechte Hand

[1] A. M. Sidnew. Aussage beim Verhör am 6.2.1948
[2] J. P. Annenkow, *Dnewniki moich wstretsch. Zikl tragedij* (Die Tagebücher meiner Begegnungen. Ein Tragödienzyklus). Moskau 1991, Bd. 2, S. 270
[3] N. W. Petrow/K. W. Sorokin, *Kto rukowodil NKWD 1934–1941* (Wer leitete das NKWD 1934-1941). Swenja, Moskau 1999, S. 381 und 389
[4] *Marschaly Sowjetskogo Sojusa* (Die Marschälle der Sowjetunion). Ljubimaja kniga, Moskau 1996, S. 36
[5] Das gesamte Vernehmungsprotokoll ist veröffentlicht in der Zeitschrift *Wojennye archiwy Rossii* (Die Militärarchive Rußlands) Nr. 1/1993, S. 197
[6] A. Kusnezow, *Babi Jar*. Possew, New York 1986

Kapitel 21: Warum Schukow in Deutschland keine Ordnung schaffen konnte

[1] A. M. Sidnew. Aussage beim Verhör am 6.2.1948
[2] *Wojenno-istoritscheski schurnal* (Militärhistorische Zeitschrift) Nr. 5/1990, S. 22
[3] Komintern: Abkürzung für Kommunistische Internationale oder 3. Internationale. Von 1919 bis 1943 internationale proletarische Organisation mit Sitz in Moskau, in der Vertreter der verschiedensten kommunistischen Parteien der Welt vertreten waren und unter dem Einheitsfront-Diktat der KPdSU programmatische Grundlagen und Strategien für die kommunistische Weltherrschaft ausarbeiteten. (A.d.Ü.)

Kapitel 22: Von einem Bolschewiken, der weinte

[1] *Wojennye Archivy Rossii* (Die Militärarchive Rußlands) Nr. 1/1993 (Bericht an Stalin vom 23.8.1946)
[2] *Nasch sowremmenik* (Unser Zeitgenosse) Nr. 5/1993, S. 16
[3] Ebd.
[4] *Krasnaja swesda* (Roter Stern) vom 21.5.1988
[5] *Krasnaja swesda* (Roter Stern) vom 24.7.1999
[6] N. S. Chruschtschow, *Ogonjok* (Das Feuerchen) Nr. 34/1989, S. 10
[7] *Magasin* (Der Laden) vom 16.9.1999, S. 37

Kapitel 23: Der engste Kreis

[1] A. Buschkow, *Rossija, kotoroj ne bylo* (Ein Rußland, das es nicht gab). Olma-Press, Moskau 1997, S. 560

[2] *Wojennye archiwy Rossii* (Die Militärarchive Rußlands) Nr. 1/1993, S. 243
[3] Brief von I. A. Serow an Stalin vom 8.2.1948. Veröffentlicht in *Wojennye archiwy Rossii* (Die Militärarchive Rußlands) Nr. 1/1993, S. 212
[4] J. Aleschkowski, *Ruka. Powestwowanie palatscha* (Die Hand. Bericht eines Henkers). Russika, New York 1980, S. 74
[5] *Krasnaja swesda* (Roter Stern) vom 28.2.1996
[6] *Wojenno-istoritscheski schurnal* (Militärhistorische Zeitschrift) Nr. 1/1992, S. 49
[7] *Russkaja mysl* (Russisches Denken) vom 21.6.2001
[8] *Russkaja mysl* (Russisches Denken) vom 8.2.2001
[9] *Wojenno-istoritscheski schurnal* (Militärhistorische Zeitschrift) Nr. 6/1989, S. 82
[10] *Russkaja mysl* (Russisches Denken) vom 22.2.2001
[11] Ebd.
[12] A. Buschkow, *Rossija, kotoroj ne bylo* (Ein Rußland, das es nicht gab). Olma-Press, Moskau 1997, S. 560
[13] N. Smirnow, *Wplot do wysschej mery* (Bis zum Höchstmaß). Moskowski rabotschi, Moskau 1997, S. 156 f.

Kapitel 24: Das negative Wunder

[1] A. Buschkow, *Rossija, kotoroj ne bylo* (Ein Rußland, das es nicht gab). Olma-Press, Moskau 1997, S. 559
[2] *Krasnaja swesda* (Roter Stern) vom 29.9.1989
[3] *Krasnaja swesda* (Roter Stern) vom 28.12.1996
[4] *Krasnaja swesda* (Roter Stern) vom 9.7.1992
[5] *Krasnaja swesda* (Roter Stern) vom 29.9.1989
[6] *Nesawissimost* (Unabhängigkeit) vom 23.4.1997
[7] *Krasnaja swesda* (Roter Stern) vom 9.7.1992
[8] *Literaturnaja gaseta* (Literaturzeitung) vom 15.9.1999
[9] *Nesawissimost* (Unabhängigkeit) vom 23.4.1997
[10] *Krasnaja swesda* (Roter Stern) vom 19.7.1996
[11] *Tschas* (Die Stunde) vom 27.1.2001
[12] Ebd.
[13] *Krasnaja swesda* (Roter Stern) vom 9.7.1992
[14] Ebd.
[15] *Krasnaja swesda* (Roter Stern) vom 27.8.1998
[16] *Literaturnaja gaseta* (Literaturzeitung) vom 15.9.1999
[17] V. Suworow, *Akwarium* (Das Aquarium). AST, Moskau 1994
[18] *Krasnaja swesda* (Roter Stern) vom 25.12.1998
[19] *Krasnaja swesda* (Roter Stern) vom 31.5.1996

Register

Inhalt

Pour le Mérite

FRANZ W. SEIDLER (HRSG.)
VERBRECHEN AN DER WEHRMACHT
Kriegsgreuel der Roten Armee 1941/42
320 S. – viele s/w. Abb. – geb. im Großformat – € 29,80.

Weiterhin lieferbar:
KRIEGSGREUEL DER ROTEN ARMEE Bd. II: 1942/43
320 S. – viele s/w. Abb. – geb. im Großformat – € 25,80.

FRANZ W. SEIDLER
DIE WEHRMACHT IM PARTISANENKRIEG
Militärische und völkerrechtliche Darlegungen zur Kriegführung im Osten
288 S. – 32 überwiegend farbige Bildseiten – viele s/w. u. farb. Abb. – geb. im Großformat – € 25,80. – Das Standardwerk zum Partisanenkrieg im Rußlandfeldzug.

FRANZ W. SEIDLER
PHANTOM ALPENFESTUNG?
Die geheimen Baupläne der Organisation Todt
160 S. – viele s/w. Abb. u. farb. Baupläne – geb. im Atlas-Großformat – € 20,40. – Dieses Buch zeigt die Pläne der Reichsregierung für die Alpenfestung und den damaligen Stand der Baumaßnahmen.

KARL RADL
DIE BLITZBEFREIUNG MUSSOLINIS
Mit Skorzeny am Gran Sasso
288 S. – 32 überwiegend farbige Bildseiten – geb. im Großformat – € 25,80. – Packender Bericht des Adjutanten Skorzenys über das gewagte Kommandounternehmen, das den italienischen Duce aus der Bergfestung am Gran Sasso befreite.

WALTHER DAHL
RAMMJÄGER
Das letzte Aufgebot
272 S. – viele Fotos u. Karten – geb. im Großformat – € 20,40. – Das Standardwerk zum Thema der Tagjäger der deutschen Luftwaffe, die in letzter Konsequenz auch die feindlichen „fliegenden Festungen" in der Luft rammten und so zum Absturz brachten.

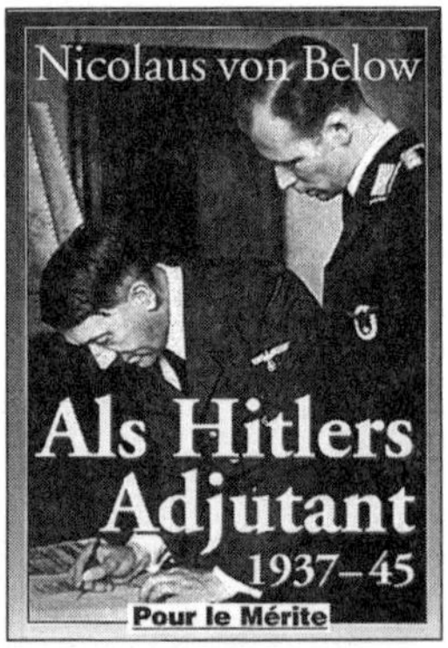

NICOLAUS VON BELOW
ALS HITLERS ADJUTANT
1937–1945
448 Seiten – 32 überwiegend farbige Bildseiten – geb. im Großformat – € 25,80. – Der Autor erlebte die Erfolge und den Untergang des Dritten Reiches aus nächster Nähe mit. Die Erinnerungen dieses Soldaten zeugen von hoher charakterlicher Noblesse.

Verlag für Militärgeschichte